令狐萍——著

萍飄美國

新移民實錄

增訂版

謹獻給我的親人與朋友們

目錄

增訂版序言

自《萍飄美國——新移民實錄》由北嶽文藝出版社於2003年出版以來，受到各界好評，讓我深受鼓舞。轉瞬十八年已逝，秀威出版社的蔡登山主編熱情鼓勵作者將原著以正體字增訂再版。

新版的《萍飄美國》不僅更新完善全書每一章節，亦新增「後記」、六個附錄：附錄三～七為讀者提供學習研究美國史與華僑史的參考指南，附錄八有六篇關於此書的評論與對作者四十載研究寫作的梳理與綜述。

書前部分包括作者為正體增訂版新加的序言，原版的作者自序。書後部分（除原有的附錄一、二）包括新增的六個附錄。附錄三「1999年以來有關華僑華人研究的中英文學術專著與專論」，以及音像資料。附錄四「美國華裔大事年表」，囊括從華人移民美國至今的與美國所有華裔有關大事。附錄五「華僑華人研究主要專有名詞及概念中英對照表」。附錄六「中外主要華僑華人研究機構及組織」。附錄七「美國2010人口普查有關亞裔華裔主要數據」，其中包括6個數據表。附錄八有六篇評論，包括亞裔研究著名學者美國亞利桑那州立大學李唯教授撰寫的《萍飄美國》書評；中國大陸作家、中國作家協會會員韓晗博士為《中華英才》雜誌「名師名校」專欄撰寫的「令狐萍：學海無涯樂為萍」（《中華英才》，2013，6，1）；北美最有影響華文報紙《世界日報》記者金能爾先生的人物專訪「萍飄美國：美國華人歷史研究學家令狐萍」（《世界週刊》人物專欄，2006年1月15日）；美國聖路易藝術展覽館研究員、《世界日報》記者周密女士的人物專訪「鑽研中國現代史·令狐萍胡佛挖寶」（《世界週刊》人物專欄，2017年1月22日）；秀威出版社的【作家專訪】美國杜魯門大學教授令狐萍談新書《金山謠——美國華裔婦女史》（2017年12月22日上午11時）；以及《世界週刊》主編韓傑先生的「封面故事：傳統唐人街，疫情過後何處去」（《世界週刊》2020年6月28日）。

我衷心感謝秀威全體員工與上述作者。此外，秀威的主編蔡登山先生、洪仕翰編輯、杜國維編輯、陳彥儒編輯、鄭伊庭小姐在本書的出版過程中，鼎力提攜，我沒齒難忘。

原版序

　　我不是宿命論者。我從不相信命運。然而，我生命歷程中的一些偶然事件，卻不知不覺鋪就了我的人生之路。

　　我出生時，父母為我取名「萍」。多年後，全家人閒話談起我們兄妹四人名字的來由。父母說，因父親別字「劍青」，故為哥哥起名「靖」，大姐取名「虹」，意謂青虹二劍，侍立在側。二姐出世，被取名「硯」，父母希望她穩重沉著，開通練達。對於我的名字，父母竟然一時語塞，說不出其中有任何寓意，頗感歉意。我對此的注解是，到我出生時，父母的命名雅興已被生活的憂慮消磨殆盡，隨便撿起一個女性化的「萍」字，作為我的代號。父母不知，待我能識字讀書之後，竟私下裡將自己的名字攀比附會一些文人雅士，並由此對我的名字生出了不少自豪感。比如，文學家邵飄萍，萍蹤浪跡，一生浪漫曲折。早期女作家石萍梅（也是外祖母的同學與摯友），才華橫溢，穎脫朋輩。更重要的是，這種自發的認同感使我內心深處產生了一個祕密的呼喚，和一種朦朧的使命感：待我長大後，我會到處飄遊，我會努力成為一個有作為的人。

　　文革中，大學堂關閉，造成中學師資短缺。一些中學校不得不破格選拔個別優秀在校學生代執教鞭。一夜之間，我成為同齡人的老師。戰戰兢兢的小老師，想盡招數來贏得學生的尊敬。其拿手好戲是引用歷史故事，借古道今，引學生就範。這點小小的成功，後來竟促成我在高考恢復後，選擇冷門，跳入「史」坑，並從此越陷越深不能自拔。

　　文革中，休學在家，我也自學自練了一些小本事。我習畫，練琴，讀醫書，還自學英語。自學不僅增加人的知識，它的最大優點是增強人的自信心。我對英語的愛好與自信幫助我在大學期間選擇美國史作為研究方向。當中美建交，國門開放後，中外文化交流的浪潮也將我推入太平洋，飄往美國。一飄就是十八載。這十八年，臥薪嚐膽，勵精圖治，有了一點學術成就，又受託寫作此書。

　　十八年中，我在美國大地飄遊，從首都華盛頓到西海岸，又從西海岸到中西部。每到一處，我喜歡觀察周遭人物風情，體驗美國社會人情冷暖。做

作者在家中，1998年。

學生時，經濟拮据，常常為了節省房租（日常開支中大項）而不斷搬家。行囊簡單，搬家也自然容易。搬了多少次家，我已數不清。但旅行拍照的開銷是從來省不得的。十八年來積累了成箱成箱的照片。這些照片記錄了美國的各處風情，旅美生涯的不少瞬間，可謂珍貴。但照片難以細描我與美國社會各個側面的接觸交流，也無法捕捉這些接觸交流在我內心深處引起的震動與感受。在我學習的校園，我的同學包括從西西里來的托尼、新加坡的巴尼、西德的莫尼卡，但更多的是在環境優裕的中產階級家庭長大的美國青年。從大都市到小城鎮，我結識了三教九流各色美國人。他們中有學富五車的教授學者、有緬腆敏感的同性戀青年、有精明成功的生意人，也有以政府救濟金為生的潦倒白人。觀念迥異，背景有別，他們的行事舉止有時使我目瞪口呆。但更多的時候，我們相互理解，言語投機。人類的共性與普通感情往往能夠超越膚色的差異與文化的不同；同為地球村民，我們可以同甘共苦。這些經驗與感受時時在內心翻騰攪動，欲找突破口，噴發而後快。然而生活的節奏急促，學業與事業的壓力接踵，我不得不一再壓制內心的寫作衝動，直至今天。

近十多年來，隨著出國熱的持續升溫，「海外華人自傳」的紀實性文學更不斷湧現。筆者無意湊熱鬧或趕潮流，更無為自己作傳之想。我的生命既很平凡，也很漫長，還不到「樹碑立傳」之時。然而十八年的時間可以將我從青年變為中年，將一個精力旺盛的學生磨成一個好苦思冥想的學者。我不僅繼續執迷於觀察接觸美國社會人生，更沉醉於對其反復琢磨思考。這些青年的奔波感受與中年的觀察思考將在本書中展現與讀者，並與讀者探討美國多元化的社會體制、習俗、價值觀。筆者希望讀者對美國的認識與理解不僅僅局限於浮光掠影的印象與草草急就的觀感，而是入骨入木的瞭解，與清醒冷靜的分析。美國究竟是「天堂」，是「地獄」，是「戰場」，還是任何別的東西，希望讀者在讀完本書後，會有個答案。

致謝

　　一九九八年返國，與中國社科出版社及中華美國學會接洽我的史學專著《金山謠——美國華裔婦女史》出版事宜，因該書入選美國福特基金贊助的中華美國學會「美國學叢書」。其間，得以與人民出版社的鄧蜀生編審（鄧為中華美國學會理事）會面。上大學時學習美國史，讀過多少由鄧蜀生主編的美國史專著，鄧蜀生因而成為我長期景仰的人物之一。鄧先生很欣賞《金山謠》的紮實研究與文筆功力，因此希望我除學術著作外，寫一部在美國的經歷，為中國年輕人提供經驗與借鑒，由東方出版社（人民出版社的一部分）出版。鄧先生的熱情邀約，令我大受鼓舞，立即在教學之餘，動筆寫作《萍飄美國》。幾年後，書稿殺青，但鄧先生因愛妻秦文患病在床，停止一切出版工作。我雖未能與鄧先生合作最後完成《萍飄美國》的出版，但本書從寫作計劃的萌發，到章節的編排與內容的取捨，均由鄧先生在側鼓勵肯定。在此，特別感謝鄧蜀生先生。

　　《萍飄美國》得以與讀者見面，全蒙山西北嶽文藝出版社的抬愛。對於祖居與出生成長的太原，我向有報效桑梓的情愫。《萍飄美國》是我近二十載海外生活所獲取的知識與經驗的結晶。將這些知識與經驗奉獻家鄉的父老青年，是我「落葉歸根」的心願之一。北嶽文藝出版社的李建華副總編輯慧眼卓識，熱情推薦《萍飄美國》的出版，出版社的其他部門也協力支持。在此，感謝李建華副總編輯與北嶽文藝出版社。

　　我衷心感謝所有在我的旅美生涯中給予我幫助、鼓舞並支持我寫作此書的朋友們（按在書中出現的先後次序）：周錫瑞教授（Dr. Joseph W. Esherick）、理查·布朗教授（Dr. Richard Brown）、艾倫·溫克勒爾教授（Dr. Allan M. Winkler）、路易斯·魏德教授（Dr. Louise Wade）、荷波·班尼迪克特教授（Dr. Hope Ann Benedict）、彼得·勃格教授（Dr. Peter Boag）、珍尼·普雷斯內爾女士（Jenny Presnell）、羅勃塔·波林女士（Roberta Perlin）、簡·威爾斯女士（Jan Wells），比爾·威爾斯教授（Dr. Bill Wells）、林達·斯特勞斯女士（Linda Straus）、瑪麗·弗瑞德瑞克森教授（Dr. Mary Frederickson）、章沛先生、路君平先生、高桐律師和宗吾冰女

士。同時，我也感謝那些不願在本書中透露真實姓名的朋友。我衷心感謝我的恩師曹克瑛老師對我的培養與厚望。我也感謝程人乾教授、崔繁枝教授、梁鴻飛教授，以及所有我從小學到大學的老師（無法一一列舉，在此一致感謝）對我的的啟蒙。

我也感謝與我長期筆交的美國史研究前輩、武漢大學的劉緒貽教授對本書的支持，以及熱心對書中某些人名的核實。我感謝中國社科出版社的曹宏舉副編審對本書的大力支持。也感謝美國亞利桑那州立大學的李唯教授為本書校正某些美國華裔政治家的中文名字。

杜魯門州立大學會計專業研究生劉有眾小姐擔任本書的打字工作，不勝辛勞，在此致謝。我也感謝杜魯門州立大學在本書寫作過程中給予的幫助。

最後，沒齒不忘的感謝獻給深愛我的家人：先父令狐溥、母親馬慧瑗、哥哥、姐姐、二姐。父親一生坎坷，歷經曲折。前半生走南闖北，身居要職，為國效力。後半生雖默默無聞，仍憂國憂民，並辛勤哺育子女。幼時父親為我們縫衣、煮飯、甚至梳辮子的情景，至今歷歷在目。為父親做傳，是我多年的夙願。然而，直至父親2000年辭世，仍未能將願望付諸於行。《萍飄美國》第一章略述父親生平，也算是對父親在天之靈的一點交代。母親上進好強，能力不凡。為人師表，盡職敬業，是我終身楷模。哥哥、姐姐、二姐對我始終百般呵護，竭盡全力，扶持幫助。沒有家人無私的愛，便沒有我的今天，便沒有《萍飄美國》。為此，這本書是獻給他們的。

第1章　名字是否昭示未來

1.引子

　　一九八五年夏季的一個夜晚，紐約肯尼迪國際機場同往日一樣，迎來送往，緊張繁忙。一架從北京經舊金山抵紐約的中國民航客機剛剛降落。不久，乘客魚貫走出艙門。他們多為中國人。看得出，許多是初次抵美，滿臉興奮與新奇。其中一位年輕女乘客順著人流，走向行李傳送帶，等待行李到達。在嘈雜的人聲中，她面色凝重，若有所思，似乎陷入回憶……

　　一九五六年的一個凌晨，古城太原橋頭街一處深深的宅院的上房中，突然傳出一陣嬰兒響亮的哭聲。在外屋焦急地踱步的男人聽到哭聲，一臉的緊張鬆弛下來，但雙眼仍急切地盯著裡屋的房門。頃刻，一個中年的接生婆開門伸出頭來：「令狐先生，恭喜你，是個女孩。她們母女平安。」

　　這個女孩就是我，二十九年後在紐約機場沉思的女青年。

2.我的家世

　　父親叫令狐溥，字劍青。令狐一姓，人們常誤以為是北方突厥，入侵胡人，或夷戎姓氏。其實，令狐家族發端於華夏文明的搖籃：山西南部，是道地的炎黃子孫。考證中國人的姓氏起源與形成，多與中國氏族社會的祖先圖騰崇拜，和早期階級社會中的職業分佈、職官名稱、與居住地域有關。如「熊」、「馬」、「牛」等氏族反映這些部族的早期信仰崇拜。為皇族養馬的氏族便以「司馬」為姓。居於城門附近的家族則被人稱為「東門」、「西門」等。這些姓氏揭示出中華文明的起源與發展；而人口的繁衍，社會勞動的分工，階級的出現，均可從中國的姓氏中窺見一斑。（注：關於中國姓氏的起源，參見史國強著《中國姓氏起源》，山東大學出版社，1990年；程柳森編著《百家姓辭典》，香港：藝文印書館。）

　　待我上了大學，進入歷史系後，也略略考證過我們家族姓氏的淵源。令狐複姓原出自姬姓，為周文王姬昌的後代。春秋時，文王的七世孫魏顆，曾

生擒秦國大將杜回，勞苦功高，被晉君受封於令狐（今山西省臨猗縣西），其子魏顆遂「以邑為氏」而改姓令狐，令狐一族從此逐漸繁衍。令狐姓氏不但具有極為榮耀的家世淵源，其得姓的歷史也十分悠久，至今已有兩千四百年以上。關於令狐氏的這段悠長源流，《唐書》的《宰相世系表》中有著十分詳盡的記述：「出自姬姓，周文王子畢公高裔孫畢萬為晉大夫，生芒季，芒季生子武子魏犫，犫生顆，以獲秦將杜回功，別封令狐，生子頡，因以為氏，世居太原。」令狐一氏，在歷代朝廷聲名顯赫，不是晉國大夫，便是唐朝宰相。做不成宰相的族人，便當史官，撰寫春秋。令狐德棻，廣涉文史，在唐高宗時，任祕書丞，曾奏請高宗購募補錄遺書，主編《周書》，拯救了大量散失的古典書籍。

這個家族，發跡於山西，成長於山西，更稱盛於山西。翻開一部中國史，在漢末三國以前，留名青史的令狐氏人物，幾乎全是山西人。如漢武帝時的令狐茂，三國時的令狐邵，南北朝後魏的令狐仕等，都出自山西的令狐氏。

然而朝代更疊，狄戎南侵。官宦望族與朝廷一同南遷。令狐氏也轉輾遷徙中國西南，在貴州落戶。從此，在中國北方，令狐一姓幾近絕跡。直至明朝，令狐家族中的數支，才又北遷。行至山西南部，長途跋涉中的勞苦困頓，使得家族中許多成員，無法繼續北行，遂在本地擇村而居。故而現在晉南的臨猗、平陸、運城等縣有不少令狐姓氏。從貴州北遷的令狐氏中的一些更為堅忍頑強的成員，則繼續北行。其中一門，遷至太原北門外的傅家窯。我的父親便源出此族。重返北方的令狐族，不似一千多年前的祖先，失去了以往與朝廷的聯繫，多在民間，其中郎中、教書匠不在少數，使得行醫與教書成為令狐氏族的兩大傳統職業。

治病救人，教書育人，均屬高尚，也為世人尊重。但為官入仕，仍是令狐家族的理想。祖父名「殿卿」，其父母苦心孤詣由此可見。祖父忠厚老實，沒有謀得一官半職，但也繼承了祖先傳下來的多畝地，又在太原經商，並娶精明能幹的王氏小姐為妻。生活小康安適，祖父母生育有四男一女。父親為幼子，頗受疼愛。同他的幾個哥哥一樣，少年時期的父親也被父母送去省城學做生意。

父親對做生意沒有興趣，屢次從商行偷跑回家。如此數次，祖父母只好依他願望，送他去讀書。在三晉高中讀書兩年後，父親於一九三三年考入北京的中國大學，攻讀政法。此時祖父的生意做得很成功，在經濟上有能力提供父親讀大學，也希望父親能學業有成，光宗耀祖。

中國大學位於北京西單門框衚衕原清朝鄭王府的舊址。學校將舊王府改造翻新，並增建幾座現代化大樓。原駐美大使、外交部長王正廷任校長，許多名人教授被聘請任教。其中不乏激進的左翼人士。經濟系主任張友漁為著名左翼教授，延聘史復亮、劉侃元、黃松令（解放後成為天津市市長）等左翼經濟學教授。在這些左翼教授的影響下，父親參加了左翼學生運動組織，民族解放先鋒隊，並成為該組織的骨幹分子。在「一二・九」學生運動時，血氣方剛的父親帶頭組織

父親，1940年代。

遊行示威。在南池子示威時，遊行的學生被警察用消防龍頭猛澆冷水。十二月的寒風頃刻將他們濕透的棉袍凍成冰板。但學生們仍不退卻。隨後軍閥宋哲元又派大刀隊驅散學生。因其左翼激進活動，父親被國民黨政府拘留數月，在獄中吃了不少苦頭。

一九三七年七月，父親大學畢業，準備與幾個左翼同學一道留學日本。盧溝橋事變的槍聲，將父親的求學計劃與人生命運完全改變。父親和幾個同學到了張友漁家，與張討論他們打算投奔抗日將軍傅作義的想法。張極力支持他們並答應介紹他們給傅作義。八月初就在他們準備出發時，日本軍進入北京城，狂捕濫殺，尤其是對貌似學生的年輕男子，格殺勿論。父親在日軍進京的第二天，與幾位同學化裝成商人，坐火車南下天津。在天津，這些熱血青年組成平津流亡同學會，準備到南京請願，敦促蔣介石抗日。因此時蔣介石還未宣佈抗戰。父親買了船票，乘船到南京參加請願活動。客輪一出大沽口，父親便見一具具穿綠軍裝中國士兵的屍首，漂滿水面，慘不忍賭。

輪船剛出大沽口，便有消息傳來，日軍已逼近上海，「八・一三」淞滬抗戰已開始。因上海戰事，輪船不敢南行，便折返煙臺。父親與同船的二百多名學生下船，欲鼓動山東省主席韓復渠抗戰。九月，父親加入河北軍閥孫殿英的部隊，在政訓處宣傳抗日。

抗戰結束後，父親回到山西，被任命為國民黨山西省黨部書記。並於一九四五年冬天與母親結婚。

母親馬慧瑗出身於太原的名門世家。太原的世家包括馬家、曾家、溫家、李家、朵家、賈家等。馬家祖居橋頭街，人稱「橋頭馬家」。外祖父在山西大學外語系畢業後，便在市政府做公務員。因個性耿直，不善逢迎，

外祖父一直停留在公務員的職位。公務員的薪水不高，但屬於他名下的兩處房產的收入足以贍養家小。外祖母是太原另一世家賈家的幼女。晚清時代，纏足仍是衡量女子外貌，家教的重要標誌，為女子婚嫁的前提。五歲時外祖母被愛女心切的父母纏足，執拗的外祖母一意反抗，又哭又鬧。白天被父母纏足，夜晚自己偷偷放足。父母無奈，說沒有纏足怎麼能嫁人，乾脆去唸書吧。外祖母因此成為中國最早期的女學生之一。外祖母聰穎好學，是女師的高才生，尤好吟詩寫作。

母親，1940年代。

我至今仍記得兒時我們與外祖母同居一院，外祖母不善女工家務，閒時不是讀書，便是彈琴，十分風雅。母親是長女，生性不似呆板的外祖父，卻與外向活躍的外祖母十分相似。母親讀書十分出色，又會彈鋼琴舞花劍，活躍非常。因此在師範讀書時一直任班長。好寫作演講的母親常常給報社投稿，被電臺請去演講。在一次演講中母親與父親相識。父親隨即展開了激烈的攻勢，二人於半年後結婚。一個是官場青年才俊，一個是世家名媛淑女，婚禮聲勢浩大，轟動太原城。父母婚後的第二年，哥哥出世，第三年大姐出生。因父親字劍青，哥哥和大姐便被取名「青」與「虹」，意為青劍與虹劍，輔佐父母。

一九四九年春天，解放軍逼近太原，圍城的炮聲隆隆。父母抱著兩歲的哥哥和數月的大姐，鑽在桌子下面，席地而睡。四月二十四日，解放軍打開城門，太原解放。一批解放軍衝進父母的住宅，舉著手榴彈高喊著：「出來！不出來我們就扔手榴彈了！」兩個解放軍士兵抓起桌上的電話「卡卡」幾下摔壞，其他人將父親立刻帶走。

在山西省第一監獄的看守所，父親被關了九個月。每日寫交代材料，也做些簡單勞動：糊火柴盒，修理建築等。獄中伙食簡單，一日三餐，都是玉米糊。每兩周，看守所允許母親給父親送些小菜、烤饅頭片和換洗的衣服，但夫妻不得會面。父親住獄期間，母親帶著年幼的哥哥與大姐，生活無著，靠變賣首飾渡日。一九四九年七月，母親帶著哥哥，大姐搬回橋頭街的娘家，與外祖母和舅舅們同住。一九五〇年一月，政府認為父親已交代清楚過去的歷史，將其釋放。但出獄後，父親仍受街道居委會治安員的監督管制，被監督勞動。夏天抬糞，冬天抬雪，並隨時要接受居委會治安委員的訓話或

母親（前左二）與同校老師們，1950
年代。

到派出所交代歷史。這些年，父親雖整日勞動，但無正式工作單位，因而沒
有分文收入。養家的重擔落在解放後做小學老師的母親的肩上。

　　母親每天天不亮，便得趕到學校。先學習馬列著作，然後教課。中午匆
匆回去吃午飯，飯後又趕去上班。下午放學後，母親訪問家長，直至天黑才
能回來。晚飯後，又批改作業至午夜。沒有正式工作的父親便負責做飯，帶
孩子等家務。除了哥哥與大姐，一九五二年二姐又出生。為了補貼家用，父
親曾嘗試著做裁縫，擺攤賣雜貨等。

　　父親在青年時，走南闖北，跋山涉水，吃過很多苦。後來身居要職，也
享受了榮華富貴。自認能曲能申，能上能下。但進入中年後遭受的精神折磨
與體力支出，使他終於健康崩潰。一九五四年七月，父親得了傷寒，一病不
起。幸虧以往的家庭醫生，中醫侯大夫不怕受牽連，及時為父親治病。父親
得以死裡逃生，但瘦得形銷骨立，無法從事任何體力勞動，只能在家養病。

3.父母為我取名「萍」

　　母親說，我出世那天，她看到空中有白光閃過。人們說這是吉兆，這
孩子將來肯定不凡。母親是知識分子，並不迷信，但生活的磨難使她身心俱
憊，便難免對一些渺茫虛幻的跡象心存一線幻想，默默希望這個孩子能給家
裡帶來一些好運。

　　哥哥與大姐出世時，父母正官運亨通，躊躇滿志。哥哥與大姐的命名便
顯露了他們當時的志嚮。二姐出世時，父母已受過許多精神與體力的磨難，
對政治與官場興趣全無，只求全家平安。二姐的名字「硯」，便反映了父母

此時小心翼翼、務本求實的心態。

　　雖然父母暗自希望這個新生兒能給家裡帶來些好運，但無暇為我的名字多費斟酌。既然是個女孩子，叫「萍」就不錯。誰知這個名字竟然影響了我後來的遭遇。

　　自我出生後，父母境遇改善，生活確實有了轉機。我出生後兩個月，父親被解除管制，可以申請正式工作單位，受僱到市民文補學校當教員，教授數學。同年年底，公安局工作人員與父親聯繫，介紹父親到南城區文教局教研室工作，並在隨後的審幹肅反（1957年）運動中，暗中保護父親的安全。父親有了固定收入，家中經濟情況開始好轉。

　　因為父母雙雙工作，我在三歲時便被送入全托的幼兒園。從星期一到星期六，我在幼兒園住宿。星期六下午，我被接回家，在家裡渡過週末。星期一一早，便又被送到幼兒園。多年後，我和在美國的朋友閒聊，談到從三歲起，我便在類似國外寄宿學校（Boarding school）的全托幼兒園住宿三年。美國朋友，尤其是女性朋友，都認為將那麼年幼的孩子送去寄宿學校，對父母，對孩子都太殘酷了。我和丈夫也偶爾想過待孩子上中學時送去寄宿學校接受鍛鍊，培養獨立生活的能力，但總也下不了決心，捨不得孩子離家。我現在仍記得在幼兒園時，星期六是我最開心放鬆的一天。星期六下午在幼兒園用餐時，我總是吃不到心上。目不轉睛地盯著教室的門，等待來接我回家的父親或母親出現。星期六晚上和星期天上午，我在家玩得真高興。但星期天吃過晚飯後，我便不再玩耍，開始為明天發愁。我又得離開家去幼兒園了。星期一一早，爸爸騎車帶我去幼兒園。在去幼兒園的路上，我一路向父親念叨：「星期六早點接我，爸爸，星期六早點接我。」不過，自來美國以

左起：表姐、二姐、作者、外祖母、姐姐、哥哥，約1959年。

前，我從未置疑過送學前幼兒全托住宿的重要性及其對學齡前兒童心理發育的影響。相反，我很感激父母的決定。幼兒園的嚴格教育增強了我的獨立性與對環境的適應性，也使我在學業上先人一步，打下了日後學業出眾的基礎。父母也自豪地對我說，你是家中受過最完整教育的人。

三年的幼兒園生活是我第一次離開家，體驗獨立「漂泊」的滋味。雖然我很不情願去幼兒園，但父親一轉身離開，我便開始勇敢地面對現實，在幼兒園適應得很好，是那種聽話懂事的孩子。我所在的幼兒園，是一所小學的附屬幼兒園，在太原市的幼兒教育中，頗為領先。幼兒園的主任姓王，戴副眼鏡，文質彬彬，有點類似母親。我因此對她有著莫名的好感。我的老師姓張，非常年輕，梳兩條過膝的大長辮子。她是母親過去的學生，但並未因此對我有所偏向，仍然嚴格要求我。幼兒園的老師負責教學，阿姨則照顧孩子的起居。在眾多的幼兒園阿姨中，我最喜歡高阿姨與董阿姨。高阿姨一如她的姓氏，長的高高瘦瘦，手腳利落。董阿姨個子矮小，但非常和善，對我寵愛有加。

在幼兒園，我學會了自己照顧自己。我的衣服總是整齊乾淨，鞋帶總是繫得緊緊的。四歲升入中班後，我不光能照顧自己，還經常幫助小班的小朋友繫鞋帶。

三、四歲的小孩，已有他們的小社會。與成人社會無異，這裡也有階級劃分。乾淨精幹、伶牙利齒、爭強好勝的孩子居統治地位，邋遢窩囊、說話不利索的孩子則受人支配。適者生存的規律在人之初的年齡便已被印證。我可能屬於前者，因為我從未記得被任何孩子欺負過、支使過。

4.坎坷童年

進入小學，我學習成績一直名列前茅，任少先隊中隊長。但我的班主任老師從不提名讓我當大隊長。我總以為是自己不夠優秀，因此更加嚴格要求自己。父母知道是因為他們的歷史問題，我們兄妹四人雖然成績優秀，但永遠不會在學校受到重點培養。但為了避免刺激孩子的自尊心，父母親從未向我們談起實情，總是說，聽老師的話，繼續努力吧。

一九六六年，文化革命開始，我首次從迷惑中清醒，但又更加迷惘。那年夏天，父母整日神情緊張，憂心忡忡。晚上下班，吃過晚飯後，便開始翻箱倒櫃，尋找舊物。我第一次看到從箱底翻出的父母結婚照。照片中的父母

作者（前左四）與其大家庭，1964
年。

親真是年輕漂亮。父親穿著燕尾服，戴著禮帽，右手拿著手杖，左手挽著母
親。端正的鼻梁上架著一副金絲眼鏡，典型的紳士派頭。母親一襲雪白的新
娘禮服，頭帶花環，長裙拽地。抿嘴淺笑，酒窩深陷，像片中的新郎新娘和
平時穿著灰色或藍色列寧裝，灰布制服的父母判若兩人。看我望著這些舊照
片發呆，父母緊張地說，這些都是封資修的東西，我們得把它們毀掉。這些
代表父母舊日生活的照片都被撕成小片，再慢慢被燒掉。我開始明白，我的
家庭不同於那些革命幹部或工人階級的家庭，我的父母與剝削階級有關。

　　銷毀掉舊照片、舊文件等雜物後，父母開始把家裡的藏書都一捆一捆
紮起來，準備送到廢品收購站，收購站將以一分錢一斤書的價格作為廢紙收
買它們。賣掉這些書我真是捨不得。它們是我最親近的朋友。每天下學後，

作者的父、母親，1998
年。

在學校工作的父母和上中學的哥哥姐姐們還都未
回家。我放下書包，便一頭栽進書堆中。一上小
學，我便開始在放學後閱讀，先讀少兒文學，進
而發展到長篇小說。起初是生吞活剝，遇到生
字時，或望文生意，或乾脆跳過。但越讀生字越
少，便越是沉迷。書中的天地比現實世界要美好
寬大得多。讀了不少當代小說後，我開始涉足古
典小說。文革前我們與外祖母同居一院，我們住
北房，外祖母住南房。好吟詩唸書的外祖母收藏
有許多古典小說，放學後我便跑到外祖母的書房
翻找我有興趣讀的書。閱讀使我敏感善感，也啟
發了我的文學悟性。《三國》、《水滸》中人物

的剛烈，結局的悲壯，讓我嗟嘆不已。《紅樓夢》主人公的風花雪月，多愁善感，使我在閱讀時又哭又笑。《鏡花緣》中異國異地的離奇故事，激出我不少周遊列國的幻想。外祖母與世紀同庚，青年時也充滿了創作的熱情與當作家的夢想。那時白話文剛出世，通俗小說甫待風行。與同齡的知識青年一樣，外祖母開始收集白話小說，並嘗試寫作。師範畢業後，結婚生子，使外祖母的理想破滅。但她的摯友石萍梅則考入北京女師大，日後成為著名女作家，並不顧眾議，與左翼作家高君宇相愛。石萍梅每次返並探親，總要來看望外祖母，帶禮物給年幼的母親。石萍梅的成功使外祖母很受鼓舞，不斷以其範例鼓勵少年時的母親求學上進。聽了外祖母與母親講述的故事，我開始對新文學著迷，流覽了外祖母收藏的全部白話小說，包括郁達夫的小說、郭沫若文集、魯迅文集、茅盾文集、巴金文集、老舍文集。其中《石萍梅文集》與蕭紅的《呼蘭河傳》給我的印象最深。我甚至在內心攀比附會。石萍梅離開故鄉，一舉成名。我的名字「萍」是否也意味著萍蹤浪跡，我會漂移異鄉，追求理想？反省過去，我感到這些書籍對我的啟蒙作用比我在學校受到的任何正規教育要大的多。

現在這些寶貴的書籍要變成廢紙了。我和哥哥姐姐一道，把這些書一趟一趟地送往廢品收購站。廢品收購站空前地忙碌，舊書報堆積如山，來不及處理。看來，除了父母親與外祖母，還有不少與剝削階級舊文化有關連的人。

剛把家中的舊照片、舊文件、藏書處理完，母親學校的紅衛兵便來抄家了。九月的一天，我放學回家，一進巷子，便看到院門口有許多看熱鬧的人。從人叢中擠進去，卻被眼前的景象驚呆了。滿院紙片、雜物和散亂的家

左起：作者，二姐，姐姐，太原迎澤公園，1973年。

具，一些戴著紅袖章的紅衛兵在給父親和母親每人戴一頂紙糊的高帽子。又高又尖的高帽子上用毛筆書寫有「歷史反革命分子令狐溥」、「歷史反革命分子馬慧瑗」。震驚、恐懼、屈辱，分辨不清的許多感情一齊襲來，我失去了思維的能力。前不久，我在街上曾看到紅衛兵押著一些戴木牌紙帽的牛鬼蛇神站在敞篷卡車上遊街示眾。場面令人生畏，但畏懼中又夾雜著些莫名的興奮。現在這種事發生到我家，發生到父母頭上。父母是歷史反革命？他們也是牛鬼蛇神？我腦袋發木，思維不清。進入家門，環顧四周，看到牆皮被鏟掉，天花板被捅破，窗玻璃被砸碎。滿地狼藉，無法立足。哥哥、大姐、二姐站在一個牆角發呆。

我完全記不清那天晚上全家在哪裡吃飯、過夜的。第二天，戴著木牌與高帽子的父母和我們兄妹四人被紅衛兵押到長途汽車站，遣送到父親的出生地傅家窯村。在長途車站等待長途車發車時，全家人蜷縮在一個角落裡。但父母披掛的木牌與高帽仍然引來不少圍觀的人。我感覺無限屈辱，無地自容。還好，這些圍觀的群眾只是好奇地觀看，沒有人喊口號，或是對父母親拳腳相加。

傅家窯離省城太原六十華里，民風還算純樸。但村裡也組織了紅衛兵。一到村裡，父母便被喝令掛著牌子，戴著高帽，敲著簸箕在街上遊行。一些村民感嘆道：「想不到令狐家的兒子上了大學，做了官，現在這樣回來。」善良的本家大叔，父親的堂兄弟收留我們暫住他家。

第二天，全家人便被要求上工勞動。哥哥和大姐年輕，學得快，勉強跟得上農業小隊裡的其他人。父親兒時做過一些農活，所以幹起活來還算過得去。母親最慘，在城市長大，五穀不分，哪裡會種地。母親笨拙的舉動常引來一些村民的訕笑。一次，母親生病，滿嘴起泡。一個外號叫「三彎彎」的刻薄的村民說：「回去把尿盆裡的尿鹼吃上，泡就下去了。」這些日子，父親整日唉聲嘆氣，母親總是紅著眼圈，滿眶淚水。

不過，善良厚道的村民還是很多的。有的人提出，不必全家都出工，二閨女可以留在家裡給全家人做飯。這樣，十四歲的二姐當了伙頭軍，下工以後，不再是冷鍋冷灶，精疲力竭的一家人，可以馬上吃到熱飯。二姐從小愛吃也善吃，一有零花錢便買了零食來吃。沒有零食時，便自己做著吃。小小年紀，便會炒雞蛋，烙蔥花餅，很有口福。此時，二姐有了用武之地。雖然物質匱乏，仍變著法不斷改變花樣做飯，給疲憊勞頓的父母與哥哥、大姐帶來些許安慰。

我那年剛滿十歲，被免去勞動。我或者在家幫二姐做飯，或者和村裡其他小姑娘一道玩。因為年紀小，忘事快，很快我便忘掉了抄家時受到的屈辱與驚嚇，對純樸的鄉村生活與自然風光充滿了新奇。

三個月後，父母將我送回城裡外祖母家。第二年，文革進入糾正錯誤的階段，被遣送農村的鬥爭對象也可以返回城市。因此，全家回城。在此期間，我們住的北房已被人佔住，全家人只好擠在外祖母的南房中。不久，父親復職，全家搬入父親學校的一間辦公室居住。

5.自學成癖

父母都被集中住在學校搞「清隊」（清理階級隊伍）運動，我們兄妹四人閒置家中無事可做，便給自己找事情做。讀書是我們的最愛。家裡的藏書在文革期間便已做為廢品處理掉，書店只出售毛選或政治文選，公立圖書館也不對大眾開放。但這幾年我卻將我在文革前還沒有讀過的中外名著全部涉獵。從哪裡找到這麼多書來讀？我們用的是簡單原始的「以物易物」的交換方式。用家裡劫後倖存的幾本書和同學或朋友家裡的書交換、借閱。無論走到哪裡，只要看到一本還未讀過的書，便想方設法要借到手。想不到在此古今中外名著禁止公開出版發行的年代，在民間散存的這些書籍的流通率，閱讀率是如此之高。越是禁書，越是想看。常常是，某人從某處借到一本好書，只有兩個禮拜的期限。在此期間，許多熟悉的朋友也都想看此書，大家便將兩週的時間分攤。有時每人只有一天或半天的時間。還書一定要準時守信，否則壞了名聲，下次再難從此朋友處借到書。因此，借到書後，便不分晝夜，寢食俱廢，一口氣將書讀完。我曾經創造過在三個小時內讀完四百多頁的長篇小說的記錄。雖然學校關閉，無法接受系統規律的教育，但這種狼吞虎嚥式的博覽卻也開闊了知識面，提高了文學修養。

除了閱讀文學書籍，我們還發展了許多其他興趣。哥哥從小喜歡繪畫，家裡有關人體臨摹、繪畫基本技法之類的書籍，在數度搬遷之後，竟然還被奇跡般地保存下來。我們翻出這些書籍，自學繪畫。寫生、臨摹數月之後，每人都有幾本畫冊完成。後來，哥哥買到了一盒專門用來做相片上色的水彩。那時彩色膠卷還未被發明，彩色照片都是攝像館的技師在黑白相片上著色而成的。兄妹四人都興奮異常，我們也可以像照相館一樣，將黑白照片變成彩色照片。先試著給幾張相片著色，效果還不錯，便乘興翻出家中所有的

照片，全部上色。父母回家後看到這些花花綠綠的彩色照片，啼笑皆非。

　　一次，我去一個叫王梅的同學家玩，王梅取出她的小提琴，為我演奏了一支當時的流行歌曲《水兵之歌》，開頭的歌詞我還記得。「彩燈把藍色的大海照亮，幸福的喜訊傳遍了萬里海疆……」。歌曲隨後描繪毛主席視察軍艦，水兵們是如何激動喜悅。這首歌與文革初期的充滿了火藥味的語錄歌或造反歌相比，歌詞頗為抒情，旋律也算優美。王梅的琴技剛剛超過學琴初期「吱吱扭扭」的階段，勉強可以拉出一些調子。但她的琴聲在我聽來，卻是如此悅耳，她的右手上下運弓的姿勢也異常優美，而且她在閱讀五線譜樂譜。這一切都令我羨慕不已。從此，我開始對音樂著迷。幾經曲折，找到一本小冊子《怎樣閱讀五線譜》，學會了讀譜。進而又開始研究樂理。哥哥幫我從朋友處借到一本厚厚的音樂原理，我便開始生吞活剝地咀嚼歌曲的調式、和絃的結構等。要深入領會，必須反覆閱讀。但書是別人的，不能永久佔有。我便開始動手在筆記本上抄錄書中的重點章節。哥哥的朋友聽說我在抄書，對此刻苦精神，大為感動。便告訴我哥哥：不要讓你妹妹再抄書了，我可以把這本書送給她。得到這本書，真是欣喜若狂。但我不可能感動每一個書的擁有者，所以，做筆記或抄錄原文的技巧在這些年得到了極大的錘鍊。那年代翻印書籍最普遍的方法是手抄。我不僅有幾十本筆記本的分類摘抄或讀書感想，還手抄了三厚本鋼琴練習曲。頗有愚公移山的氣概。

　　後來，不知什麼機緣又觸發了我對中醫學的興趣。我們找到了一本中醫手冊，陰陽虛實寒熱表裡，望聞問切的基本概念也記了一些，又把外祖母收藏的一本《藥性歌括四百味》也據為己有，可惜沒有實踐的機會，無法鞏固提高書本知識。

與姐姐（前右）、二姐，1970年。

在所有的這些雜七亂八的興趣中，有兩樣愛好我始終堅持不懈，一是手風琴，一是英語。當時自學它們並無長久的遠大理想，只是為了考驗自己的恆心與耐力。爸爸從學校借回一部舊手風琴，我們兄妹四人均興致勃勃地開始輪流學琴。新奇感過後，哥哥姐姐們學琴的熱情開始減退。只有我一人每天堅持練琴。拉手風琴，要夏練三伏，冬練三九。我雖然還沒有修到那種境界，但除了每天固定的練琴時間外，不論坐著站著，只要雙手空閒，手指便在腿上不停彈動，練習指法。我的父母也輾轉托人為我找過幾位手風琴家，讓我拜師學藝。我雖然沒有機會成為專業手風琴演奏家，但這種特長豐富了我的生活。在中學、大學期間我一直被選入學校樂隊或樂團，頻繁參加各種文藝演出。一九七二年，我進入相當於高中的師範班。學校暫時沒有音樂教師。校黨委決定要我教授全校的音樂課，我又開始自學聲樂與彈奏鋼琴。音樂成為我生活中不可或缺的一部分。

學習英語，是受父親的影響。父親會英文、日文。雖然沒有機會使用，但不時用英文或日文做筆記，以免日久遺忘。一九六九年，學校復課後，也設有英語課。英語教程不教授語法與英文常用語，不採用循序漸進的教學方法，而是緊跟政治形勢，教授一些政治或軍事用語。如「毛主席萬歲！」（Long Live Chairman Mao）、「不許動，舉起手來！」（Don't Move! Hands up!）。所以，在中學時學到的英語極為有限。我的英語知識大部由自學得來。看到我對英語有興趣，爸爸託人為我買來《大學英語教程》。我跟著教程，一步一步，初步掌握英語，到師範畢業時，我已自學完好幾套不同的大學英語教材，對英語的興趣日濃。

這些年的自學不僅開闊了我的知識面，更重要的是培養了我獨立思考、獨立組織運用知識的能力，與嚴守作息自我約束的學習和工作習慣。這種學習工作習慣，我在日後受益無窮。

6.幸遇良師

一九六九年，文革高潮結束。關門停課數年的學校也開始復課，稱「復課鬧革命」。各個科目的傳統名稱都被取消，冠之以革命化的新名稱。比如化學與物理課被合稱為「工業基礎課」；生物課改稱「農業基礎課」；地理與歷史課被取消，代之以「政治課」，教授黨史、馬列著作、毛著與中央重要文件。只有數學課與語文課仍保有原稱。這兩門課也是我的最愛。數學老

師姓鄧，曾經是市重點教師，與其他幾位優秀數學教師一道，被教育界稱為「八大金剛」。學生戲稱他「鄧金剛」。鄧老師不愧是金剛，講解數學概念簡單明瞭。但學生們最佩服的是他在黑板上畫圓的本事。他很少用教學圓規，需要畫圓時，便以右手小拇指做圓心，大拇指與食指輕輕提著粉筆，左一劃，右一劃即成非常標準的圓。鄧老師另一個令學生傾心的本事是彈粉筆頭。上課時如有學生走神打盹兒，他便輕輕掰下一小段粉筆頭，放在右手食指上，然後用大拇指一彈，粉筆頭便「碰」地一聲落在打瞌睡的同學的桌上，驚醒其周公夢。夢醒後，該學生不知所措，一臉尷尬，其他學生則被其窘相引得哄笑成一團。鄧老師彈粉筆頭百發百中，從未失誤。因此，學生很少在他的課堂上睡覺。偶爾有人昏睡，其他學生便興奮地等待著看好戲。所以無論是好學的學生還是厭學的人對數學課都很有興趣。文革中休學在家，我和哥哥姐姐們讀了不少趣味數學書籍，常常以解數學題為遊戲。有了好老師，我對數學的興趣更濃。

語文老師姓張，是山東大學的高才生。更難得的是，張老師身材高大，非常英俊瀟灑，常被人誤認為是電影明星。他講課時喜歡背著手，一邊講授，一邊在講臺上踱來踱去。文革期間，知識分子被稱為「臭老九」，「知識越多越反動」，受到社會的歧視。一般人普遍認為「知識無用」。思想單純的中學生們故而無心向學，中學老師的日子很不好過。但人們的感官還並未完全麻木，對真正美的東西還是會被吸引的。不論是講解古文，還是閱讀現代文，張老師都是全身心沉浸，滿臉陶醉。一班學生受他感染，也沉醉於中華文學的精美世界中。處於青春發育期的女學生，情竇初開，更是如醉如癡，暗戀老師的人不在少數。我在同班同學中，年齡較小，性覺悟要差一些，因此還沒有走火入魔般癡迷老師，只是十分佩服他的學問。在語文課上，最令我興奮的是每當沒有人能回答他的問題時，他便把目光轉向我，指名要我回答問題。因為我讀書多，雜七亂八的知識便比同齡人要多出許多。別人答不出的問題我一般都有答案。不同於一些極左的老師，張老師識才愛才，對我的知識面與中文寫作都很欣賞，常將我的作文作為範文，在全班高聲朗讀。

這兩位老師給我的兩門基礎課打下了堅實的基礎。

在所有的課程中農業課最不受學生重視。教授農業課的老師身材矮小，不足一米五。在他的課堂上，女生閒話聊天，男生滿地亂竄，將紙折的飛機越過老師的頭頂，扔來扔去，盡情搗亂。農業課因此索性被學生叫做「搗亂

課」。農業課老師不受學生尊敬，不僅僅因為他武大郎的身段，更主要的原因是他點頭哈腰，見風使舵的個性。當抗美援朝戰爭爆發時，他便將自己的名字改做「喜援」，以示政治進步。他出生於地主家庭，但為了顯示其政治立場堅定，階級覺悟高，對所謂「工農兵家庭」出身的學生曲意逢迎，百般遷就，而對所謂「家庭出身不好」的學生總是另眼相看。因為對學生不能一視同仁，「出身好」的學生鄙視他。「出身不好」的學生厭惡他，使得他在學生中沒有任何權威。

初中畢業後，我考入一所高中的附設師範班。考師範的原因很簡單。高中畢業生要下鄉，而師範畢業生則被國家保障分配工作。當時大學停止以考試招生的制度，只接受被單位推薦的「工農兵學員」。我家庭出身不好，入大學無門。況且外祖母和母親都是師範出身，母親是著名的優秀教師，其學生升學率居高不下，頗受學生與家長的尊敬。與母親一同在街上行走，總會有人不時上前打招呼「馬老師，您好！」幼時與小夥伴玩耍，最喜歡的遊戲之一是「上課」。我當老師，其他人是學生。我找出母親的一副舊眼鏡戴上，拿個小棍充做教鞭，模仿著母親開始講課。此時，對母親安排的前途，我很容易就接受了。

沒想到和我們想法類似的人還真不少，報名人數遠遠超過預備招收的人數。太原市教育局的領導遂決定通過考試甄選學生。不知什麼原因，我所在的中學竟沒有接到這項通知。但是，在考試舉行的那天，我的表姐偶然從一個朋友處得知師範考試的消息，便立即騎車趕到我家。此時距考試時間只有半個小時。我對考試毫無思想準備，但匆忙中顧不得多想，抓起一支鋼筆，便隨表姐抵達考場。考試分數學與語文兩科。解數學題是我的愛好之一。我很快便完成了數學答卷。語文考試除了測試考生的文法與文學知識面，主要考察考生的寫作能力。它要求考生自己命題，寫一篇文章。我想既然是考師範，應該寫與教學有關的題目。稍稍思考後，我決定給文章命題為「我的理想」，又很快打了腹稿，便立即動筆，一氣呵成。我先是敘述自幼我便嚮往當一名教師，常常在遊戲中扮演老師。隨後論證教師對社會與人類的貢獻。結尾充滿信心期待理想的實現。監考老師不時在我桌旁駐足，微笑著閱讀我的作文。

沒想到我倉促上陣，戰績卻很輝煌。在近千名考生中，我竟然名列第一。我因此進入太原二十中附設的師範班。

那年，恰逢鄧小平重返中央，整頓恢復社會秩序。教育界又開始強調

教學質量，注重基礎教育，時謂「教育回潮」。這幾屆的學生因而成為「回潮」的受益者，七七年高考恢復後，錄取的學生多為「回潮」時期的高中生。這兩年，我們紮紮實實地接受了必要的基礎訓練。我們的課程與一般高中班無異，只是多了音樂與美術。我們的語文老師兼任班主任。

　　語文老師叫曹克瑛。曹老師是河南鞏縣人，說話時透出濃重的河南鄉音。他身材中等，相貌平常，微突的顴骨上，一雙小眼睛炯炯有神。他常年穿著一套臂肘處磨光了的藍色毛料制服，一隻大搪瓷茶缸總不離手。氣質風度與我初中時的語文老師完全不同。但是，兩個語文老師對他們的事業同樣執著沉迷，對有才華的學生同樣不拘一格，欣賞愛護。曹老師擔任我們的班主任，從此影響了我的一生。他強調基礎訓練，「訓練有素」一詞是他的口頭禪。在師範讀書的兩年，我們的語文知識，從標點符號的使用，到文言文的斷句，都被他結結實實地「訓練」一番。除了強調文化課，他認為師範班的學生，將來為人師表，從言行到舉止的各種訓練都是必要的。曹老師當過軍人，也把我們這一班學生當軍人來訓練。全班五十名學生中，除了三名男生之外，全是女生。全校師生因此戲稱我們班為「紅色娘子軍」，曹老師則為娘子軍的「黨代表」。曹老師是共產黨員，這個稱謂對他真是非常恰當。他要求我們「站如松，坐如鐘」，「站有站樣，坐有坐樣」，我們每天都要被他拉到操場上，進行隊列訓練。我們可以和軍人一樣排著方陣，在行進中時而向左轉走，向右轉走，前進後退，五十人步伐一致，始終不亂。每年學校開運動會，我們班總是被邀，在開幕式上進行隊列表演。那時幾乎每週全校師生都要被集合在大禮堂，由校黨委書記傳達中央文件或做政治時事報告。這種每週集會的高潮，是觀看我們班學生列隊進入大禮堂。我們列隊兩行，一律用左手執紫紅色坐凳的坐腿，右手隨著行進的步伐，整齊地甩動，非常「訓練有素」。全校師生目不轉睛，凝神觀看，直到我們全部入座。我們為這種枯燥的政治學習，添加了一些調色劑。我們班級的一舉一動，都成為全校學生注意的中心，全班學生對此頗有自豪感。這班「訓練有素」的學生畢業後，都成為各學校教學的骨幹。

　　我對曹老師畢生感激的，是他在當時一切「唯成份論」的政治形勢下，不畏流俗，培養重用我這個「家庭成份不好」的學生。因為我會拉手風琴，他任命我為班委會的文藝委員，負責豐富班級的文藝生活，編排組織文藝節目，參加學校每學期舉行的文藝匯演。我很珍惜老師為我創造的機會，工作非常努力。我主編的牆報每期都色彩明麗，內容豐富。課餘課後，悅耳的琴

聲總是伴著歡愉的歌聲從教室的窗戶中飄出。每次學校文藝匯演，我們班的節目總是名列第一。但是曹老師對我最為欣賞的，是我的文學修養和紮實的各種基礎知識。他要全班同學觀察學習我的學習方法，每學期期末考試前要我為全班做輔導。他經常在課堂上講授學習方法、學習技巧。在一次這樣的講授中，曹老師以我做為範例，並感慨地下結論說：「你們三年也趕不上令狐萍！」對他的評論我在受寵若驚之外，深感不安，擔心這種特殊的評價會使我脫離群眾。但全班同學對我的優異表現早已心服口服，都已各自在內心做出了同樣的結論，對曹老師的評論，絲毫不感到過分或是對他們的冒犯。大家還給我起了兩個善意的綽號，一個是「三年趕不上」，另一個是「全面發展」。大家對我掌握的知識無條件的信賴。有的同學遇到生字時，不去查字典，而是跑來問我。對一些爭執不下的問題，大家會說：「去問令狐萍。」我的回答往往是最後裁決。我對同學們的問題總是有求必應，回答時不厭其煩。從小父母總是對我說：「驕傲自滿是你最大的敵人，謙虛誠實將永遠是你的朋友。」雖然我對在同學心目中的特殊地位深感快樂自豪，但並不認為我因此便「高人一等」。在師範學習的這兩年半，我的自信心極大增強，首次感到，只要自己努力，即使「家庭成分不好」，我也會被大家接受肯定的。我不再為我的家庭出身而感到自卑。

7.十六歲的中學教師

在太原二十中師範班學習的第二個學期，學校任命我為音樂教師，教授全校的音樂課。當時我還是學生，校方做出安排，我仍然上所有主課，包括語文、數學、物理、化學、生物、政治，而在副課（音樂、體育、美術）的時間，去教授初中班的音樂課。因為文革中大學堂關閉數年，造成中學師資短缺。我們學校因為沒有足夠的音樂教師，竟然無法開設初中的音樂課。我組織文藝匯演的突出表現，引起了學校黨委的注意，決定破格取用我為初中班的音樂教師。因此，一夜之間，我成了我的同齡人的老師。雖然從小常在遊戲中扮演老師，這次卻是真格的。我真有「趕著鴨子上架」的感覺。但考慮到這種特殊的安排，表現了校方對我的信任與重視，我便硬著頭皮開始教課了。我先是逐句教唱，然後讓學生分組唱，其間再調劑著教點樂理，一節課倒也過得挺快。我又組織全校的文藝匯演，成立學校宣傳隊，編排節目，參加市區匯演。我還嘗試著寫了一個歌舞劇，表現學生在學校勞動中的感

受，代表學校參加全市的文藝匯演。

　　一九七四年底，我們師範班的同學正式畢業，將被分配到全市的小學校任教。在分配之際，學校黨委也在醞釀選拔個別優秀學生留校任中學教師。我早已兼課近兩年，全校的老師學生都估計我會被留校無疑。誰知我的家庭出身再次成為問題。對於我的學習成績與表現，大家一致把我列為第一。但是，當校黨委與分配小組按慣例考察家庭出身時，我父母在國民黨政府中的職位把他們嚇住了，沒有人敢做出最後決定。這時曹克瑛老師挺身而出。在校黨委會上。他拍著桌子表態：「我是校黨委成員，也是班主任，我對令狐萍最有發言權。全校學生中沒有任何人能比得上她。她可以教語文、數學、物理、化學、音樂，她可以教任何課程。令狐萍是留定了！有什麼問題，我包了！」因此，我被留校任教，教授語文。分配過程中的這些波折，是我後來斷斷續續從其他老師口中聽到的。我們兄妹四人在學校學習成績均十分優秀，但我比哥哥姐姐們幸運的是，我遇到了像曹老師這樣敢於抗拒流俗，主持正義的恩師。

　　短暫的「教育回潮」僅持續兩年之後，新的政治運動又分散了學生對學習的熱情與注意力。雖然「造反有理」已成為過去，「讀書無用」仍主導大部分學生的行為。多數中學生無心向學，不少調皮學生專以搞亂為樂。中學老師一般要花許多精力整頓課堂秩序，啟發調動學生的學習興趣。但常常是事倍功半，收效甚微。畢業留校後我還不到十八歲，比我的學生大不了幾歲。和學生站在一起，不像老師，頂多像個大姐姐。年紀太輕，沒有可以震攝學生的威嚴。硬的來不了，便只好來軟的。我在講課中大量穿插與當日課程有關的古今中外歷史故事。學生愛聽故事便不再搞亂。看到學生聽得入迷，我便更加起勁地到圖書館借閱各種歷史書籍來豐富講課內容。當時讀史書的動機很簡單，只想讓學生好好聽課，忘記搞亂。沒想到，這些史書竟在不知不覺中將我引入學史、研史的終生事業。

8.幸運的新三屆

　　一九七六年十月，推行極左路線的「四人幫」被打倒。從此極左路線對中國社會與政治的不良影響終算告一段落。鄧小平再度主持工作，對內實行恢復整頓，對外主張開放建交。恢復整頓的措施之一，便是從一九七七年開始建立全國高等院校招生考試制度。大專院校不再接收基層單位推薦的「工

農兵學員」，而通過全國統一考試來選拔學生。

在此之前，我對上大學是根本不報任何幻想的。我沒有插過隊，進不了工廠，更當不了兵，因此沒有資格做「工農兵學員」。即使我有這些經歷，我也不會被推薦上大學的。任何一點社會特權都只能由「家庭出身好」的人來享受，「家庭出身不好」的人對任何好事都不敢做非分之想。

而現在，講出身，論成份的時代恐怕將要成為歷史了。中央政策明文規定，大專院校招收學生的標準，將以高考成績為主。我真是興奮異常，我可能會有機會上大學了。就在我興奮雀躍，對前景充滿希望時，新的變故發生了。

那天，晚飯過後，父親說頭有些暈，便半躺在床上休息。不一會，我偶然回頭，看見半躺著的父親的身體在慢慢向右傾倒。我忙跑過去扶他起來，並急著問：「爸爸，你怎麼啦？」父親口角流涎雙脣蠕動，卻只發出「嗚嚕」「嗚嚕」的聲音。同時右半部身體僵直，不能移動。聽到我驚慌的聲音，全家人都急忙圍攏過來，很快意識到，父親患了中風。

我們快速將父親送到醫院。正如我們所料，父親的腦血管栓塞，引起半身痲痹，失去語言功能，是典型的「中風不語，半身癱瘓」必須立即輸入叫「低分子右旋糖酐」的藥物，擴張血管，阻止病情惡化。父親癱瘓住院，打亂了正常的生活秩序。全家人都飲食不安，輪流日夜在病床邊照顧父親。在父親癱瘓的那一刹那，我便朦朦朧朧意識到了問題的嚴重性，並暗自決定不考大學了，我要在家伺候服侍父親。

父親住院的這幾個月，日子在焦慮忙亂中一天天渡過。「低分子右旋糖酐」那時屬於稀缺藥物，醫院沒有庫存，必須由病人家屬自己設法購買。父親要連續接受輸液，直到病情穩定。我們必須保證「低分子右旋糖酐」的供應。母親在醫院照看父親，我們兄妹四人便分頭騎車到各個藥店，各個醫院尋找「低分子右旋糖酐」，同時到處托人找關係買藥。

父親病情好轉後，我決定報考大學。但數月已過，我沒有複習功課，準備考試的時間了。我於是選擇報考文科。因為我畢業後的幾年，一直教授語文。數理化忘了大半。文科考生只需準備語文、政治、史地、數學等科目。在這些科目中，只有數學我需稍加複習，其他幾科知識我在教學中經常運用。不必複習即可參加考試。

考試分區舉行，我任教的第二十中學地處太原河西區，我屬於河西區的考生。考試分兩天進行，第一天上午考數學，下午考語文。第二天上午是政

治，下午是史地。考場在河西區的一所中學。第一天上午的數學考試，進行得很順利，離考試結束還有近一小時，我便全部答完，頭一個交了卷。監考的老師看我這麼早就交卷，一面微笑，一面將考卷又還給我，說：「還有很多時間，你再檢查檢查吧！」我把考卷從頭至尾檢查了一遍，找不出什麼問題，便交卷第一個走出了考場。數學從小就是我心愛的科目之一。在師範讀書時，我數次在全校舉行的數學競賽中取得前三名，是數學老師的寵兒。雖然畢業後，幾年沒有摸弄數學，但當年的根底還在那裡，對付文科的數學考試還是輕而易舉。我步履輕鬆地走出考場，到臨近的一個同學處吃了午飯，還小睡了一會。然後精神抖擻地返回考場，參加下午的語文考試。

一進校門，便發覺情形異常。到處靜悄悄的，不見人影。我慌忙跑進教學樓，進入指定的考試教室。一開門便傻眼了。所有的考生都低著頭，在忙著答題。這是怎麼回事？一名監考老師走過來，告訴我：「考試已進行了半個小時。按照規定，考試開始半小時後，考生便不准入考場。你回家吧！」原來我記錯了考試時間，才發生了這種遲到半小時的錯誤。我真是懊悔極了，恨不得打自己幾個耳光。這樣重要的考試，我怎麼能記錯時間呢？四門科目中，一門是零分，即使其他三門是滿分，我的總分也上不了錄取線。入大學是無門了。看著我滿臉的懊惱沮喪，幾位監考老師動了惻隱之心，聚在一起一面小聲商量，一面上下打量我，然後其中一位老師走過來，說：「我們破例讓你入考場。因為你上午數學考得特別好，我們不忍心讓這樣的考生失去入學的機會。」我大喜過望，快步走到我的課桌前入座，拿起筆便埋頭作題。雖然我失去了近四十分鐘，但我仍然按時寫完了答卷，對自己的臨場發揮，自我感覺也很好。我一交卷，幾個監考老師便圍攏過來，拿起我的答卷閱讀。

我仔細訂正第二天的考試時間，再不敢犯同樣的錯誤。回家後和全家人學說我考試中的波折及化險為夷，媽媽感嘆地說：「小萍，你命好。總有貴人幫助。」我想，也許是吧。但實際上我一生都在學校打轉，或當學生或當老師。幫助我的貴人也都是老師，說明絕大多數的教師都有惜才愛才的通病。我自己不也同樣嗎？因此，我對我一生中遇到的所有老師，不論是我自己的老師，還是我的孩子的老師，都畢恭畢敬，不敢直呼其名，總以「某某老師」相稱。

高考成績終於揭榜，我在全區近萬名考生中名列前十名，可以報考全國重點院校。但父親剛大病初愈，全家更擔心舊病復發。我決定報考山西大

學，可以不離太原。萬一父親生病，可以就近照
顧。在對專業的選擇上，我可以從中文系、政治
系和歷史系中擇一。我教中學語文時，落下了一
改作文就頭痛的毛病。進入中文系，畢業後當中
學語文老師，是少不了改作文的。雖然我對文學
情有所鐘，但受不了改作文時的頭痛，不能報中
文系。政治系是給對於從政有興趣的人設置的。
父母的坎坷經歷，使我對政治敬而遠之。唯一的
選擇似乎是學歷史了。如果畢業後當歷史教師，
不光受學生歡迎，而且不必改作文。我因此進入
山西大學歷史系，成為高考恢復後的第一屆大學
生之一。

作者在山西大學讀書時
期，1979年。

這屆大學生因在七七年參加考試，故被稱為「七七級」，與其後的「七
八級」，「七九級」被統稱為「新三屆」。因為這三屆學生集中了文革後、
高考恢復前十數年累積的優秀學生，學生年齡較大，社會閱歷豐富。這些多
年被關在大學門外的人才一旦得到了機會，真是如飢似渴，求知慾旺盛，學
習自覺性極強。這三屆學生的個人素質及人生閱歷都深受社會各界的尊重，
故被稱為「新三屆」以區別於文革前的大學畢業生，文革中的「工農兵學
員」，以及七九年之後幾乎全為由應屆高中升入大學的學生。

9.與美國史結緣

山西大學創建於一九〇二年，與北京大學同為由庚子賠款而設立的早期
中國大學之一，也是中國建校最早的三所大學之一。這所歷史悠久的高等學
府，培養了歷代山西的學子名士。我們家庭中的許多成員曾在此就學，不少
世交朋友也曾在該校執教。外祖父在本世紀二十年代初畢業於山大外語系。
大舅、二舅與四舅都曾在山大數學系就讀。數學系名教授王耀堂是二舅的老
師，也是我們的世交。王教授在文革中被打成「反動學術權威」，隔離監
禁，最後不堪虐待，以竹筷插入鼻孔而亡。

進入這所與家世有著各種淵源的大學府，我百感交集。但最多的感覺是
機會來之不易，因而對此機會倍加珍惜。真如久枯的秧苗，貪婪地吸吮知識
的甘露。很多人認為歷史枯燥乏味。我在中國與美國遇到許多人，一聽我是

學歷史的，便鼻子一哼，很是不屑。這些人大概都沒有學過歷史，因而不知歷史的重要性。司馬光氏說「讀史以明鑒」，亞里士多德也稱歷史為「聰明學」。我年齡日長，沒有越活越糊塗，而是日漸聰明，大概就是因為我讀了歷史。

進入歷史系還真是投對了門庭。山西大學雖未被列入全國重點院校，但該大學的歷史系卻是全國的重點系，名牌教授雲集。如世界著名東歐史專家程人乾、中國一流撚軍史專家江地、太平天國史權威喬志強等均在此系任教。

當時歷史系的課程設置是前三年專攻專業基礎課，第四年學習選修課。專業基礎課分為中國史與世界史兩大科。每一科又按年代分為古代、近代、現代歷史。第一年學習中國與世界古代史，外加中國歷史要籍介紹及選讀、哲學、英語和體育。第二年學習中國近代史、世界近代史、政治經濟學、英語及體育。第三年學習中國近代史、世界近代史、考古學概論、政治經濟學、歷史地理與山西地方史專題。第四年學習撚軍和太平天國史、資本論研究、方志學和犧盟會與新軍。

在眾多的教授中，不乏好老師。但對全系學生印象最深的有三位。這裡按他們課程的順序來介紹。第一位是教授《中國歷史要籍介紹及選讀》的崔繁芝教授。崔教授是北大中文系古文專業的畢業生。個子不算高，柳眉鳳眼，雙頰紅潤，相貌出眾。歷史系教授多為中老年男性，女教授廖若晨星。年輕貌美的崔教授因而格外吸引學生的注意力。但她令學生折服的，不僅是「貌」。更多的是「才」與「德」。她講解歷史古籍，神采飛揚，語言生動，學生目不轉睛，聽得如醉如癡。更難得的是她認真嚴謹的教學態度。每次上課，她都要求班長喊「起立」，全班站立，她也站在講桌前，目光炯炯，環視一周，然後向全班鞠躬，微笑著說「坐下」。如此一站一坐，令學生注意力集中，不敢分神。

第二位教授是哲學教授梁鴻飛。梁鴻飛教授是東北人，個子卻很瘦小。但他聲如洪鐘，響亮悅耳，天生了一副演說家的好嗓子。哲學是理論抽象的學問，講不好極易將學生催入夢鄉。我記得中學時的政治課便包括哲學、經濟學及黨史。每次上課我都得和不斷襲來的睡意搏鬥。而梁教授的講授澈底改變了學生對哲學課的偏見。聽他的課不但神清志爽，而且簡直是美的享受，藝術的享受。他以《紅樓夢》開場白中的「好了歌」來解釋人生觀中的辯證法，用莎士比亞筆下的人物闡明矛盾的統一對立。古今中外的名人名著

都被他手到拈來，巧妙運用。我們不僅是在學習哲學，而且是在欣賞一門綜合藝術。

第三位教授是教授世界現代史的東歐史專家程人乾教授，程教授同樣個子不高，但非常精幹利索，渾身掩不住的學者氣質，令人肅然起敬。程教授青年時被國家選送留學波蘭，返中後成為國內史學界東歐史與世界現代史的翹楚。他講課的特點是既博大精深，又深入淺出。他能非常詳盡地介紹每個歷史事件與專題的研究狀況，從而引發學生對歷史研究的濃厚興趣，也使他的講授具有深度。他的沉著自信，以及帶有浙江口音的普通話使他像歷史的見證人，具有極強的感染力與說服力。上他的課，我的筆記總是記得很多。

大二那年，中美正式建交，推動美國史研究的熱潮。歷史研究性的期刊雜誌開始陸續刊登有關美國史的研究論文。我上大學前便已自學英文多年。進入大學後，在學校設置的兩門英語課程之外，我閱讀英文史學著作，收聽英文廣播。我隨身總是帶有記滿了英文詞彙的小筆記本，得空便拿出習誦。當時這樣認真學英文，並非刻意打算出國。那時國門還未大開。出國留學仍在絕大多數人的想像力之外。我只是打算報考美國史研究生，專攻美國史。

進入大三，我開始在《山大學報》《史學月刊》等學術雜誌發表關於羅斯福外交的論文。同年，學校要求學生選擇研究方向，我便自然地選擇了美國史。但是山西大學歷史系沒有美國史專業。學習美國史全靠自學。我便一心一意地決定在畢業那年報考武漢大學美國史研究所的著名美國史專家劉緒貽教授的研究生。

然而大學的最後一學期，研究生報名考試的前夕，我卻被迫必須決定是否放棄報考研究生。因為此時學校黨委已在醞釀畢業生的留校人選。我的高考總分在歷史系七七屆111名學生中名列第一。因此在入學時被系領導指定為七七屆的學習委員。在隨後四年的民主選舉中，我一直被同學選為學習委員。每學期的各科考試，我總拿最高分。大家都認為我會學習，會考試。作為學習委員，要經常和各科教授打交道，統籌協調班級中與專業學習有關的事務，全系教授對我也都很瞭解。因此我自然成為歷史系留校的第一候選人。但全系師生也都知道我準備報考外地研究生的事實。此時，校黨委領導開始輪番找我談話，勸我放棄報考研究生，留校任教。並同意我在留校後繼續研究美國史。這是一個有關前途的重大決定，我和父母哥哥姐姐們商量。

全家人都傾向於我留校。原因如下，第一，留校在大學教書是一種特殊的榮譽，人們都知道只有最優秀的學生才會被留校。第二，考上研究生，畢業以後也是在大學教書，留校和考研究生殊途同歸。第三，留校教書，仍在太原，不必離家到外地。權衡再三，我聽從了校黨委的建議，放棄報考研究生。研究生沒有考成，卻從此開始了與劉緒貽教授的筆緣，多年來與劉教授書信往來不斷。遺憾的是，我至今還沒有機會與劉緒貽教授見面。

在畢業分配時，對於留校人選，競爭非常激烈。因為在各種去向的選擇中，留校做助教仍屬上乘。其他的選擇包括在太原市和各區縣的中學教書，在各地文史館做檔案管理及文史編纂工作，或者在省、市、縣政府機構做行政幹部。為了公正客觀，歷史系的領導決定以兩個標準決定留校人選。第一是四年考試總分，第二是留校考試。七七屆每個學生四年的考試成績都被匯總，然後按分數高低排定名次。排名結果我是第一，總分1625分，比第二名1400分，多出200多分。留校考試是綜合各科的考試，難度很大，又無從準備。因此，沒有多少學生有勇氣參加考試。最後有十幾名學生參加了考試。我得分最高。然後綜合這兩項標準，前幾名學生被決定留校。

這樣，我成為歷史系助教，被分配在世界現代史研究組，教授世界現代史，同時研究美國史。

作者（二排右二）大學畢業時全班合影（局部），山西大學，1982年。

10.考試出國

　　一九八四年，教育部決定派遣文科學生出國留學。報考公費出國的考生必須通過EPT（English Proficiency Test）考試。同年年底，山西省教育廳也決定以同樣方法選派留學生。聽到教育廳招考公費留學生的消息，便抱著試試看的想法報了名參加EPT考試。因為只是試試看，便沒有任何心理壓力，臨場時毫不緊張，居然通過了考試。接下來是專業考試與政治審查，也都一一順利通過。

　　突然，去美國留學從我的想像力之外一步躍入我的現實。全家人都為我感到高興與驕傲。父母更是悲喜交集：想起過去二十多年來，孩子們因為我們的歷史問題失去了多少進取與發展的機會；只有小女兒趕上了好時代。

　　接下來的這些日子，便在忙亂中渡過。先是被集中培訓英語，然後是與美國的大學聯繫，不久又準備申請資料，向美國的大學遞送入學申請。最後美國喬治城大學的錄取通知書來了。便又開始到學校外辦，省教育廳，省教育廳外辦各個機關，申請蓋章，直到領到因公出國的護照。離家出國便猛然間變得非常真切現實。剛被決定選拔出國時的興奮，與隨之而來的忙碌奔波，突然被深深的惆悵所代替。

　　我真的要離開家人，獨自飛越太平洋，在異國飄流。

第2章　波托馬克河畔的徘徊者

1.飛越太平洋

　　從北京飛往紐約肯尼迪國際機場的民航波音747飛機緩緩起飛。這是一個晴朗的夏日的上午。從弦窗望出去，地面的房屋、道路、森林、山脈，越變越小，直至灰濛濛的一片。飛機繼續上升至萬米高空。機窗外陽光明亮，白雲如絮。機內，白衣藍裙，年輕美麗、笑容可掬的空中小姐，穿梭往來，殷勤地給乘客們遞茶送水。乘客基本上為中國人，很多人都是首次出國，大家互相詢問，你去美國哪個城市，做什麼？不少乘客在熱烈地討論著美國生活。

　　我也為大家的情緒所感染，思緒逐步由離別親人的悵然轉入即將在一個陌生國度生活的興奮與期盼。我拿出隨身攜帶的袖珍《通訊錄》逐頁翻看。出國前我蒐集了不少可能有用的人名、地址及電話號碼，以備不時之需。《通訊錄》的第一頁是中國駐美大使館的地址：美國華盛頓特區康納迪格大道230號（現地址為威斯康辛大道2201號。Embassy of the People's Republic of China, 2201 Washington Avenue, N.W., Washington D.C.20007）。孤身一人在異國生活，最主要的依靠是中國的使領館。有這個地址壯膽，心裡踏實不少。第二頁是中國民航紐約辦事處的地址及電話號碼。民航飛機抵達紐約後，我還要轉乘美國航空公司（American Airline）的飛機去首都華盛頓。萬一飛機晚點或發生什麼意外之事，好與民航聯繫。第三頁是在華盛頓的一個朋友的地址。朋友將到機場接我和同行的幾位同事。隨後是喬治城大學國際學生中心主任的地址與電話。抵達華盛頓後，將要去學校報到，準備開學事宜。再之後是許多人名及地址電話號碼，中國人、美國人都有。四顧其他乘客，看到不少人也和我一樣，在翻看類似的小記事本。看來，越大洋，闖美國，這個護身符似的小小通訊錄還真是不可或缺。

　　「女士們，先生們。飛機現在正在越過太平洋。」機上的廣播打斷了我的沉思。我連忙扭頭靠向弦窗。透過雲絮，蔚藍色的太平洋非常平靜，像一面藍色的鏡子，真不愧為「太平洋」。寬闊的大洋再次提醒我中國與美國之

間的地理距離。這一去，就不知何時才能還鄉？

　　航空小姐開始為乘客送午飯。用餐前，航空小姐送來了雪白溫熱的小毛巾供乘客擦手。午飯是大米飯燉牛肉，一小碟紅紅綠綠的生菜，一小碟各色水果塊，和一塊奶油蛋糕。我食慾大開。取出刀叉，先嘗牛肉，味香肉爛。我很快解決了大米與牛肉。轉向生菜。生菜碟裡有綠色的生菜，紅色的櫻桃番茄，和黃色的蘿蔔片，色彩很是鮮豔。叉起一叉生菜，放入嘴裡。生菜色澤豔麗，但毫無味道。嚼起來「咯吱」有聲，像牛吃草。「牛吃草」的比喻不禁令我想起兒時我們全家被趕到農村時，我拿菜幫菜葉餵鄰居的母牛的情景。母牛瞪著圓圓的大眼，「咯吱」「咯吱」嚼著我一片片遞過去的白菜葉，安詳專注……。這個聯想讓我暗自發笑。也有些搞不清西方人到底是比東方人進步還是落後。不過不論是進步，還是落後，還是有些方面比我們進步，有些方面比我們落後，東西方文化的差異是明顯的。還未到美國，坐在中國民航的飛機上便已在初初嘗試西方文化的味道了。

　　用畢午餐。我蓋上機上備有的小毯子，閉目養神。我告訴自己，只有吃好睡好，積蓄精神，才能對付這二十多小時的漫長飛行與時差引起的身體不適。朦朧中，我似乎在給學生上課，但不知怎麼的，我又成了學生，坐在那裡聽講。我極力想弄清楚我究竟是老師還是學生。突然坐凳倒塌，我跌出教室……這麼一跌，我突然驚醒。看到座位上方「請繫好安全帶」的警告燈在閃亮。原來飛機碰到了氣流在上下震動。這一緊張，我完全清醒，但心臟還在「突突」地狂跳，雙手不由緊緊抓住坐椅的扶手。看看那些空中小姐，面不改色，仍若無其事地為乘客服務。我慢慢安下心來，聽天由命。

　　窗外漆黑一片，機內的大燈也都熄滅。機上開始播放一部美國電影。我戴上耳機，觀看電影。

　　終於，飛機越過了太平洋，在舊金山國際機場著陸。機上響起一片掌聲。原來，心情緊張，生怕飛機墜入太平洋的人不止我一個。

　　飛機卸下一部分乘客，又載上一部分從舊金山登機的乘客，便繼續東飛。當天午夜（實際上是北京時間第二天中午）抵達紐約肯尼迪機場。

　　肯尼迪機場真大。南來北往的乘客，魚貫疾行，忙而有序。機場候機廳四通八達，標誌清楚。但對於初到美國的人，這一切都令人眼花撩亂，頭暈目眩。跟著同機的夥伴到了海關，要從傳送帶上取出行李，通過農業局的檢查，然後方可將行李再簽字，托運到所乘的新航班。

　　行李傳送帶前，麇集著許多乘客，等待傳送帶將自己的行李送來。我

帶了一大一小兩個箱子。大箱子是硬殼的，裡面裝有羽絨衣、冬秋衣褲、床單、書籍和一些小工藝品。小箱子是軟皮的，裝有夏季衣物和不少中西藥品。出國之前讀了不少美國生活指南一類的書籍，知道美國沒有我們享受慣了的公費醫療，求醫買藥都花費不菲。因此全家人發揮了極大的想像力，把一切能想到的疾病的對症藥、中藥西藥、大包小瓶全部買來，塞了半箱子。他們倒不是希望我生病，只是怕我生病無錢求醫買藥。我從小體弱多病，進入少年後，才逐漸強壯，但每年冬春的傷風咳嗽，夏秋的拉稀泄肚，還是少不了的。但是，到美國後，我卻極少生病。真應了我們中國人說的「有備無患，備而不用」。有了藥品，便不會患病。不生病，這些藥品便成了累贅。所以，這些從萬里之外帶來的寶貴藥品都讓我在歷次的搬家過程中一點點逐步扔掉。常常一邊扔一邊會心痛地想起當年家人怎樣幫我打包這些藥物。

不一會兒，大箱子在傳送帶上出現。很好，一切順利。我連提帶拖拿下大箱子，等待小箱子也很快出現。但是，一直等到傳送帶送出所有乘客的行李，停止傳動，小箱子也未出現。怎麼回事？我向民航紐約機場辦事處的人員詢問，他們回答說，可能機場人員誤將這件行李送到去別的城市的飛機上；也可能這件行李被誤裝到另一架去華盛頓的飛機，現在已經到達華盛頓了。你到華盛頓再找吧。

因為尋找行李耽擱了時間，錯過了去華盛頓的班機，得等第二天早上的另一趟班機。意外地困在紐約，人地生疏，況且折騰半天，離天亮也只有幾個小時了，便留在機場等待天亮。

這幾個小時真不好過。我心情沉重，完全沒有初到美國的新鮮興奮感。真是出師不利，一到美國行李便找不到。以後不知還會有什麼麻煩呢。轉而又想，也許那件行李已經到達華盛頓了，在那裡等我呢。不必庸人自擾瞎擔心。就這樣，一會兒失望，一會兒希望地熬煎到天亮。

天亮後乘坐美國航空公司的第一趟班機，飛抵華盛頓。一到華盛頓國際機場，取出那件倖存的行李，我便向機場人員詢問在哪裡尋找丟失的行李。他們指點我找到美國航空公司的丟失行李認領處。我滿懷希望，小箱子一定在那裡。進去一看，那裡倒有一、兩件行李，但都不是我的。我的心又沉了下來。看來小箱子是丟了。我也聽說過美國的航空公司會補償乘客行李損失。但我只需要我從中國帶來的物品，全家人滿懷愛心給我準備的那些衣物藥品，我在美國哪裡能買得到！丟失行李認領處的辦事員拿出一張行李認失單，讓我填寫，並告知找到行李後將通知我。我將信將疑。雖然我乘坐美國

航空公司的班機從紐約到華盛頓，但行李是在民航的這一段丟失的。美國航空公司會負責嗎？

我心情沮喪地給朋友打電話。朋友來機場接我，然後將我送到曾來美國短期訪問過的朋友幫我聯繫好的臨時住處。

這個臨時住處位於喬治城大學附近的一個住宅區，是一所民房。房主是夏皮洛太太。夏皮洛太太領我進去，指著其中的一間屋子讓我請便。原來這是一家未註冊的小旅店。客人都是通過熟人輾轉介紹來的。每晚每人收費十美元，還可以使用廚房做飯。十美元的收費標準，在華盛頓簡直是便宜得不可思議。但小旅店條件簡陋，四壁空空，唯一的家具是地上的幾張光禿禿的床墊。

住在這個下等的小旅店，裝在小箱子中的許多日用品丟失，又帶來不少日常的不便。留美的生活遠沒有想像中那麼浪漫愜意。

十天後，夏皮洛太太在前廳叫我，說有人找我。我走到前廳。有點不相信我的眼睛。一個身穿美國航空公司制服的工作人員，提著我的小箱子站在那裡。我早已認為這件行李是丟定了。現在突然失而復得，真是又驚又喜。雖然這一箱的物品價值並不是太高，但其中滿溢的殷殷親情，在哪裡用金錢能買到！

2.美國最初印象

美國人和初來美國訪問或居住的外國人寒暄聊天，開場白一般總是，「你喜歡美國嗎？」「你對美國有什麼印象？」來自人口眾多國家的人士的回答也一般是：「我喜歡這裡的安靜。一路上，只見車，不見人。」

的確，美國給外來者的第一印象是車多人少。高速公路上，各色轎車、卡車飛馳而過。車流滾滾，不省晝夜。美國人擁有世界上人均最多的車輛，美國人坐車旅行的里程數高居世界第一。本世紀初，一批工程師發明了用裝配線生產產品的設想。天才的汽車製造商亨利·福特（Henry Ford）立即將此設想運用於福特汽車公司。他早已夢想著生產價格便宜的輕型汽車。裝配線的設想將會使他的夢想成真。一九一三年，福特在其工廠使用裝配線，每一個半小時即可裝配一輛汽車。這種裝配線生產的汽車被稱為「T型車」（Model T），成為日後廉價的家用汽車的雛形。至年底，福特汽車公司的裝配線每十秒鐘便可裝配一輛車，該廠出產美國汽車總數的一半。到一九二

七年，美國有二千七百萬輛註冊的汽車。大量的汽車推動了高速公路的建設。三十年代，各州開始建公路，但是，直到二戰結束之後，美國才有能力修建州際高速公路。一九五六年，艾森豪威爾政府通過《州際高速公路法令》，撥款二百六十億美元，修建長達四萬英里的聯邦高速公路。

高速公路的修建又反過來推動汽車工業的發展，造成「以車帶步」，家家有車的局面。因此，美國高速公路四通八達，鐵路與其他公共交通體系卻不及歐洲工業化國家發達。在美國沒有車，就等於沒有腿，寸步難行。富人窮人，好車破車，都得有一輛車。在一部名為《英雄》（Hero）的美國電影中，那個被誤以為是捨己救人的英雄，原是個窮困潦倒的以撿破爛為生的越戰退伍軍人。他去撿破爛，都是開著一輛破車。在美國，連乞丐都有車，不算太誇張。當然人手一車，基本上還是中產階級的形象。即使美國的所謂「中產階級」（從有固定收入的工人到經濟寬裕的律師、醫生，都稱他們自己為中產階級）的人數比例再高（百分之八十），也還是有不少居住內城的貧窮美國人，養不起汽車，得以步代車，或仰賴市區的公共交通。

既然汽車如此普遍、重要，中國留學生美國化的第一步也是買車。留學生一般經濟拮据，買不起新車。但省吃儉用，花個四、五百美元買輛二手車還是做得到的。有了車，就有了機動性，就會發現或利用更多的機會來增長見識，擴大郊遊，增進財源。特別是男生，從小擺弄的玩具中，多是汽車、飛機等。到了美國，便有機會擺弄真車，大過車癮了。當然在這痛快過癮的背後，也隱藏著不少深痛的悲劇。由於不熟悉美國的文化，包括汽車文化，留學生的車禍率要高出一般美國人。由於缺少購買保險的觀念，更由於無錢購買傷殘保險與人壽保險，一旦出了車禍，造成傷殘或死亡，留學生或其家屬便處於極大困境中。

美國人住房的寬敞，也令許多新來者嘆羨。若以領土面積而論，中國與美國不相上下。只是中國多山地高原，適於人居住的平坦地帶不足國土總面積的三分之一。而美國在路易斯安那土地擴張，西部開發之後，將大片廣闊的中西部平原囊括其中。美國領土除阿帕拉契亞山地與落磯山脈之外，其餘皆為平原。由於「地廣」，也就相對地「人稀」。美國人口密度在九十年代為每平方英里六十八人；而同時期中國為每平方英里二百八十八人，日本為每平方英里八百多人。香港在世界上人口密度最高，為每平方英里一萬三千多人。所以外國人除了羨慕美國人車多之外，更喜歡美國人寬敞的居住條件。

一般四口之家的中產階級家庭，都會有三間臥房、兩間浴室、兩間車庫的住房。三間臥房中，夫妻一間，兩個孩子各佔一間。此外還有客廳、書房，家庭活動室由全家共用。所以四口之家的一所房子，大小各種房間會有近十間。

當然，住在內城的貧窮美國人，便沒有如此寬敞的住房了。他們多居於租賃的公寓中。一般公寓套房為三室一廳或兩室一廳。人口眾多的人家，孩子們得合居一室。客廳也得兼做書房、活動室，成為多功能房間。

無論是買房分期付款，還是租房付房租，美國人花在居住上的費用要佔收入的近三分之一。當他們聽說我在中國每月的房租只有一元人民幣（約十四美分），是我的月收入的五十分之一，驚異地咋舌。當然這一月一元的房租還是八十年代的標準。中國大單位的宿舍，建房修房的費用都是國家撥款補貼，房租只是象徵性的一點收費。

與「住」相比，美國人在「吃」上的錢所佔的工資比例就小得多了。初到美國，每買到或看到一件物品，都要在心中把價格折成人民幣，來比較貴賤。買一磅雞腿，需六十至七十美分，約合人民幣五元，和在中國買一隻雞的價格相近。八十年代美國的最低小時工資是三點二五美元，工作一小時，便可買四、五磅雞腿。而在中國買同樣重量的雞，得花去我一週的工資。總之，美國人用不到十分之一的月收入，便可填飽肚子。連鎖超市以賣食品為主，也兼賣藥品與小日用品。大的連鎖超市在美國東北部有「安全路」

美國超市貨物充盈，1999年。

（Safeway），在中西部有「海威」（Hy-Vee），在西部有「阿爾伯特桑」（Albertson）等。這連鎖超市，一般地處交通要道，招牌醒目。開車容易進入，停車場寬大。店門自動開啟，方便購物後推著購物車的顧客。進入店內，寬敞明亮。商品分門別類，整整齊齊置放於一排排的貨架上。貨架之間有通道，每個通道的上方都懸有該通道商品的類別名稱。要找所需的商品，先看通道上方的分類名稱標誌。找對通道，然後再細細在貨架上尋找。初來乍到的人，都會為超市貨物的豐富而驚嘆，被各種不同的價格搞得頭暈。

每家超市每週都會有一些商品減價（On sale），以吸引顧客，與同類商店競爭。同一商品，每週價格都會有變化。有時原價與銷價後的價格會相差一倍。觀察一段後，便學精了，每週專買這些減價的商品，可以節省很多錢。對於可以久存的食品，在減價時可以多買一些，以備後用。超市每週都將商品廣告免費送到各家各戶。可以比較每個超市的廣告，選擇貨物便宜的商家。當地報紙也經常在週末版中附有大量廣告，許多廣告中還有「折價券」（Coupon）。折價券上表明持有此券購買某種商品，會折價多少多少等。不光經濟拮据的留學生懂得精打細算，美國中產階級家庭的主婦同樣會開源節流。在超市，常常會看到一些美國的家庭主婦，手持著折價券，仔細尋找相應的商品。

美國人著裝很講究場合，而且不論西服便裝，顏色與款式的搭配，都得成龍配套。上班族的男士，一般要穿襯衫打領帶，西裝革履。而女士們則要穿西裝套裙。從頭上的首飾，到手中的錢包，腳下的鞋子，都得與服裝搭配協調。衣服穿一天必須換掉，第二天絕不可穿同樣的衣服。週末假日，都換上休閒便裝。看似隨意，但便裝也要穿得自然協調，與周圍的環境、氣氛都要一致。

各式服裝，品牌很重要。同樣款式的服裝，若是名牌，價格便比雜牌要貴出許多，可達一倍甚至數倍。青年人中流行的名牌有「湯米・希爾費格」（Tommy-Hilfiger）、「耐吉」（Nike）、「愛迪達」（Adidas）等。我讀過一篇文章，耐吉系列產品，大多在亞洲國家製作。一雙耐吉運動鞋，成本只有兩至三美元。放到美國商店的貨架上，便價格近百元。從三美元至一百美元，這九十七美元到哪裡去了？可能一部分給了麥可・喬丹（Michaele Jorden）。明星運動員為名牌產品做廣告，百萬美元，唾手可得。

青少年易受環境影響，難以承受同齡人的恥笑（peer pressure）。所以不論是富家子弟，還是領政府救濟金的窮人家的孩子，身上穿的，多為「湯

米‧希爾費格」，足上登的，盡是「耐吉」、「愛迪達」。家有青少年的家長都會有這種體驗。早上去上學，孩子抱怨沒有衣服穿。而房內壁櫥中、地板上，卻滿是散亂的衣服。有時，新聞報導某少年因為一件名牌上衣而丟掉性命。不良少年，見名牌而起歹意，上前搶奪。名牌上衣的主人護衛財產，被亂刀捅死。如此案件，不時有聞。難怪乎一些家長、教育家、社會心理學家呼籲，在中小學中實行穿校服的制度。大家一律，再不必為早上沒有衣服穿，為名牌衣服而喪命擔心。

外國留學生，沒有父母提供財源，許多人學費、生活費尚無著落，自然無從趕潮流，講究名牌了。好在大學校園中，環境要自由不拘許多。夏天穿條短褲，T恤衫，便成。天氣涼了，便在T恤衫上套件絨衣（Sweater Shirt）。天氣再冷，外面加一個短外套（Jacket），就對付過去了。當然，經濟寬裕的學生，這些T恤、絨衣、外套都會是名牌。手頭拮据，穿上雜牌亮相，也不會有人當面取笑。

行、住、食、衣之外，我個人對美國印象最深的，是它的潔淨。如何潔淨可以用兩個切身的例子來說明。在中國的許多大城市、尤其是工業城市中，上街走一圈，如果你穿的是皮鞋，便可見鞋面上有一層明顯的浮塵。用手帕擦一下鼻孔，手帕上會落下兩個黑印。到了美國之後，我很驚異地發現，不論出去走多久，鞋面上不會有塵土。使勁擦鼻孔，紙巾上不會出現任何黑印。另外一個例子是，無論是在校園、在鬧市還是任何地方，絕少看到有人咳嗽吐痰。我從未抽過煙，也沒有氣管炎，但在中國時，經常感覺喉嚨發癢，不時有分泌物排出。來美國之後，喉嚨不再有黏液。空氣清潔，污染程度低，人便不易有上呼吸道感染。沒有上呼吸道感染，便不會有黏液分泌。這就是為什麼在美國很少見人吐痰的原因。

說到吐痰，聯想到以前中國許多城市發動過禁痰運動。若隨地吐痰，會有帶紅袖章的衛生檢查員上前，罰你五毛。隨地吐痰，除了說明社會的文明程度還有待提高之外，還有許多其他客觀的原因。比如，抽煙的人太多。中國的煙民比率在世界各國居高不下。留心觀察，煙民大多有咳嗽吐痰的毛病。此外，吐痰的主要原因是空氣污染。混濁的空氣引起反射性的咳嗽及各種上呼吸道疾病。這種上呼吸道疾病讓人又咳嗽又吐痰。並不是中國人喜歡隨地吐痰，而是空氣污染使人喉嚨分泌痰液，不得不吐。如果沒有痰，你讓他吐也吐不出來。所以要想禁絕吐痰的惡習，恐怕得先從禁煙、禁止環境污染做起。

這節題為「美國最初印象」，其中大部分感受，確實是我對美國最初的印象。但因此書是到美國十八年後寫成，其中不免夾雜一些日後的體會。在此說明。

3.美麗的首都華盛頓

華盛頓政客雲集，人文薈萃，不愧是美國政治與文化的中心。美國最高行政首腦——總統工作與居住的白宮、美國政客搖脣鼓舌，大展脣槍舌劍的國會山、莊嚴高聳的華盛頓紀念碑、肅穆雄渾的傑佛遜紀念堂、沉默但令人震顫的越戰英雄紀念碑、眾多的藝術，歷史與自然博物館、位於霧谷的國務院、國防部的五角大樓……都集中於華盛頓，並敞開大門，向遊客免費開放。

在傑弗遜紀念堂前，華盛頓，1987年。

不論是過往的遊客，還是常住的居民，華盛頓都是最值得看，最值得生活的地方。

因為在喬治城大學，只是暫時訪問，我已決定在八六年春季到其他大學，正式註冊上課。所以，在華盛頓這四個月中的每個週末，我都與朋友結伴，或獨自出外，觀賞名勝，體察人情。所到之處，總是留連忘返。

第一個週末，我去白宮參觀。進入白宮，大約要排一、兩小時的隊。每天清晨，白宮側面與背面的街道上便排起長龍。遊人耐心地沿著專為白宮遊客設立的欄杆與鐵鏈，緩緩移動，一點點接近白宮。終於挨到白宮西側門，遊客魚貫進入，先通過安全檢查門，然後路過玫瑰園。玫瑰園中，各色玫瑰，姹紫嫣紅。多少新聞發佈會曾在這裡舉行，多少國君政要曾在這裡演講。然後進入白宮圖書室（The Library of White House）。室內藏書兩千七百冊以上，內容包括美國社會生活的各個重要方面：生物、歷史、小說、科學、人文科學。隨後依次進入一樓對遊客開放部分的各個房間。1.朱紅室（The Vermeil Room），這個房間收展各屆總統用過的餐具、總統簽署文件用的鋼筆、和反映總統日常生活的照片，其中包括尼克森總統女兒婚禮的照片。2.瓷器室（The China Room），歷屆總統用過的瓷器、餐巾等均在此陳列。3.外交招待會室（The Diplomatic Reception Room），橢圓形的地毯上繪

有美國五十個州的象徵物。富蘭克林・羅斯福總統就在這裡發表著名的爐邊談話。4.東室（The East Room），這是白宮中最大的房間，國宴、記者招待會、婚禮等均在此舉行。5.綠室（The Green Room），原是湯馬士・傑弗遜總統的餐室，現在用來舉行招待會。房間四壁全用綠色綢子裝飾，故而得名。6.藍室（The Blue Room），以其橢圓形著名，被認為是白宮中最漂亮的一間，常被總統用來接待國賓。房間裝飾為法國式。門羅總統用過的幾把椅子和一張沙發都罩以天藍色綢子放在那裡。克里夫蘭總統曾在這裡舉行過婚禮。7.紅室（The Red Room），四壁飾以紅色織物，小型招待會多在這裡舉行。第一夫人們也常在這裡接待貴賓。8.國宴室（The State Dining Room），用來舉行國宴，可容納140名客人。遊人依次參觀之後，沿過道從北門出來。白宮二樓與三樓是總統及其家屬居住的地方，不對遊人開放。參觀白宮一周約二十分鐘。

第一次參觀白宮（我隨後又參觀過白宮多次），我心情激動，感慨萬千。人生真是不可思議，變幻莫測。十年前，我可曾想到過跨出國門，飛越大洋，居住美國首都，參觀總統官邸嗎？

第二個週末，我和從普林斯頓驅車來的幾個朋友去了國會山。迤邐兩英里半長的林蔭廣場（The Mall），是華府精華所在。其起點是國會，終點是林肯紀念堂，一柱高聳的華盛頓紀念碑可算是其中心。林蔭廣場的北側是憲法大街（Constitution Ave.），東西向貫穿。大街兩側是史密思桑尼亞系列（Smithsonian Institution）的大大小小的博物館。由林蔭廣場南行一英里是傑弗遜紀念堂（Jefferson Memorial），北行則是白宮。白宮南面為著名的圓形廣場（Ellipse）。

我們從喬治城地區出發，經過威斯康辛大街（Wisconsin Ave.），M街（M Street），到賓西法尼亞大街（Pennsylvania Ave.），沿賓西法尼亞大街經過白宮，繞道憲法大街，驅車到國會山，然後停車。此時我感到能夠到世界頭號強國的政治中心遊覽，確實不枉此生。因此近兩週的憂慮、艱辛頓時拋至腦後。

我們登上國會山，進入國會大廳。大廳入口處有警務人員先檢查遊客隨身攜帶的背包物品，通過檢查後，即可放行。令人驚訝的是，堂堂的國會，這是唯一的安全警衛措施。遊客在國會內部串遊，無人干涉。據說中國來的某學者誤闖入一議員的辦公室，該議員曾很客氣地邀他談了一會兒天。

遊客被一批批由國會導遊率領，進入圓形大廳（rotunda）。大廳四壁為

一幅幅大型油畫，描繪了美國的早期歷史。圓形大廳中央的地面有一金屬圓鏡，導遊讓遊人們湊攏傾聽，然後他走到另一邊低語。從金屬圓鏡這裡，其聲清晰可聞。由於屋頂為圓形，無論在大廳的何處講話，聲音都會通過屋頂折射到大廳的中心，其原理類似中國北京天壇的回音壁。

上樓進入眾議院（House of Representatives），坐在旁聽席上，俯視樓下一排排議員座椅與講壇上總統向議員報告的座椅，設想美國政客如何在這決定美國政治風雲變幻的所在，唇槍舌劍，相互攻訐。

出了眾議院，我們又步入參議院（Senate）。參議院的格局類似眾議院。但兩院各有分工：眾議院主要負責財政稅收，參議院掌管人事任免。周遊國會一圈後，將門票收起作為紀念。

國會東面，靠北的白色建築為最高法院（Supreme court），靠南的圓頂建築物為國會圖書館（Library of Congress）。由於時間有限，在最高法院內匆匆瀏覽一圈，看了半小時的介紹最高法院及其聽證會的電影，便步出法院，向南進入國會圖書館。

國會圖書館的閱覽室為一圓形大廳。大廳中間設有服務臺。環繞服務臺是一排排的書桌與坐椅，讀者可在此讀書研究。圓形大廳四壁，巨大的書架從天花板及地，滿置各類圖書，氣勢宏大，令人嘆為觀止。

走出國會圖書館，轉到國會山後面，放眼一看，林蔭廣場雄渾開闊，潔白的華盛頓紀念碑巍然聳立。站在國會山，以林蔭廣場、華盛頓紀念碑為背景，幾個人合影留念，真是很有紀念意義。

從國會拾級而下，步入憲法大街。大街兩側有一系列的博物館，統稱史密思桑尼亞博物館系列。在大街的南側從東往西有：國家藝術畫廊（又名國家美術館，National Gallery of Art）、冰場（Ice Rink）、歷史與工技博物館（Museum of History and Technology）。大街的北側有國家檔案館（National Archives）。從憲法大街與十三街交界處往南兩個街區到林蔭廣場的南側，從東向西有佛立爾美術館（Freer Gallery）、藝術與工業博物館（Arts and Industries）、希而商博物館（Hirshorn Museum），與國家航天博物館（Nation Air Space Museum）。眾多的博物館各有千秋，但沒有時間一一領略。我們挑選了歷史與工技博物館、國家美術館、和國家航天博物館三處重點參觀。這幾處確實是博物館中最值得觀看的。

先到歷史博物館。館內分有原子技術、紡織、物理、計算機、醫學等部分。原子技術部展現了美國最新科學技術。大型的環形高能原子加速器的模

型放在展廳中心，引人注目。紡織部展有一部早期的紡車，與中國傳統的紡車十分相似，可見人類的想像創造力是基本相同的。一幅毛澤東打乒乓的杭州織錦畫也作為紡織品掛在展廳。醫學部展現了美國從早期醫學到現代醫學的發展過程。展品全部為大型實物模型，使人有身臨其境之感。

醫學部的頭一個展廳頗似中國的中藥房。兩壁有一排排的藥罐和藥斗。可見西方醫學的起步階段與中國傳統醫學類似，只是中醫停留在起初的階段，沒有像西醫那樣形成一套以解剖為基礎的系統的科學的學科。第二個展廳展示了牙醫醫學的發展過程。早期的牙醫器械都很簡陋。第三個展廳設有早期醫學院上解剖課的模型：病人躺在手術臺上，大夫在做手術。那時還沒有嚴格的消毒制度及麻醉技術。手術臺四周是一層層的看臺，學生繞看臺而坐，居高臨下觀看手術。展廳還展有最新的心臟移植手術。展覽模型非常逼真：人工心肺機給病人供氧供血，一名護士在操作機器，另一名護士正將器械車推進手術室，牆上的螢光幕顯示出病人的心電圖。

電話部的展品包括從最老式的電話到最新式的電話。據說若美國現在還使用老式的接線臺，那麼全美國的婦女都去接線也忙不過來。可見電話在當今使用量之大。

隨後又到國家美術館。國家美術館西樓展有十三至十九世紀歐洲繪畫與雕刻。我們主要觀賞了歐洲繪畫。中世紀歐洲油畫題材多為聖經故事及希臘與羅馬神話。人物形象逼真，栩栩如生。

出了西樓到東樓。兩樓之間的小瀑布（Cascade），與瀑布前的幾塊幾何體雕塑，很有現代派風格。整個美術館的東樓由天才的華裔建築師貝聿銘設計，具有抽象派風格，與廳內展品相得益彰。對於外行人，這些現代派的繪畫雕塑真是莫名其妙，不可名狀！有的繪畫只有幾大塊濃墨；有的則僅是一幅白紙，四周繪了些彩色；有的純粹是幾何體的拼合，好似七巧板。

國家航天博物館最為精彩。一入展廳，便見登月火箭的模型矗立，遊人排成長龍等候進入參觀。另一展廳設有轟炸廣島與長崎的兩顆原子彈模型：小男孩（Little Boy）與胖子（Fat Man）。兩顆原子彈都不算大，長約二至三米。小男孩直徑較小，故而得名，其爆炸力為13,000 TNT。胖子的直徑為小男孩的兩倍，其爆炸力為20,000 TNT。這兩顆原子彈雖然不大，卻把廣島與長崎夷為平地。展廳中還有美國聯盟五號與蘇聯宇宙飛船對接的模型，許多遊人都在模型前拍照做紀念。

在參觀國家航天博物館之前我們先登上華盛頓紀念碑。遊人要先在碑下

排隊等候二十多分鐘，方可進入碑內。同行的時先生知識廣博，非常健談。邊聊邊等，不覺已到門口。進入紀念碑內部，乘電梯（一次可坐二十人左右）七十秒鐘便到達紀念碑頂部。出了電梯，頂部四面都開有小窗口。從窗口鳥瞰，華府市容風光盡收眼底。

建造華盛頓紀念碑的設想在1783年的大陸會議上提出。在1848年的美國獨立日時開始破土動工，中經三十七年，於1885年2月21日竣工。現在恰逢其落成百年。全部工程耗資$1,187,000。紀念碑表面全部為大理石，從底部到頂部高達555英尺5+1/8英寸（169,29公尺），基深36英尺10英寸，全碑重達90,854噸。

令人印象深刻的是，所有展覽館、法院或檔案館都配合實物，放映電影，給人以親臨其境之感。遊人若有時間的話，在每一處細細觀看，恐怕一天都看不完一處。

此外，從白宮到國會、林蔭廣場這一帶，街上多處停有小販的流動售貨車，出售點心、小吃、飲料、服裝及各種旅遊紀念品。遊人可以步行遊覽各處，走得累了、餓了，可到售貨車旁買些吃食飲料，小憩片刻，非常方便。白宮南面的圓形草坪附近有問事處（Information Booth），免費提供遊客介紹白宮、華府名勝的小冊子。

除了名勝，華盛頓的景色也十分迷人。特別是華盛頓的櫻花，波托馬克河岸邊，道路兩旁，到處種滿了櫻花。深紅的、粉白的櫻花，在櫻花盛開的季節，形成濃密的花雲花霧。如歌似詩，令人燻燻欲醉。總讓我想起魯迅先生對日本上野櫻花的描寫。

可惜我在美國的第一年無緣看到美國的櫻花。因為還未開春，我已離開了華盛頓。後來到華盛頓開會，做研究，恰逢春季，這才領略到了櫻花的魅力。

春季觀櫻花，夏季則到波托馬克河上戲水弄槳。若不想下水，也可坐在河岸上的樹蔭下，輕輕啜吸清涼飲料，悠閒地觀望河中的船隻。各色的船隻大小不等，速度不一，透露出弄水人的喜好與心境。驍勇的青少年，專愛乘由馬達帶動的快艇，把時速加到最快，在身後留下一道道白浪。談情說愛的情侶，則喜歡坐那種雙人的，用雙腳交替踩動踏板的小船。兩人齊心協力，踩動踏板，小船便破浪前進。若配合不協調，作用相抵，小船便東扭西歪，或在原地打轉。船的進退全靠兩人協調。操作控制這種遊船，對於今後兩人長相斯守的愛情婚姻，實在有太多的象徵意義。

華盛頓雖然美麗迷人，但也有不足的地方。華盛頓城建於一片窪地之中，因此，每年從五月開始，空氣便濕熱難耐。亞利桑那的夏季，是乾熱。刺目的陽光，乾熱的沙漠風，會把人身體中的水分都吸乾，極易中暑脫水。而華盛頓的夏季，正好相反，潮濕悶熱。是那種熱得發不出汗的熱，全身的衣服都貼在身上，讓你煩躁易怒。所以，遊歷華盛頓，最好在春秋兩季。

華盛頓自然景觀美麗，但種族關係複雜，為黑人比例最高的美國大城市之一，故被稱為「巧克力城」。黑人雖然人口眾多，但經濟力量微弱。多數黑人在各種公共與私立的機關、公司從事服務性工作。不論走到哪裡，搬運工、清潔工、門衛、司機，大部分都是黑人。種族對立與階級對立幾乎一致。當然，眾多的人口會反映出一定的政治力量。近年來，歷屆華盛頓的市長，幾乎都是黑人。政客競選，一定要把黑人關心的問題納入競選綱領。

4.頻頻搬家・三個房東

我在華盛頓四個多月的生活，並不總是那麼詩情畫意。從人人有飯吃、事事靠領導的社會主義國家乍然來到這個一切靠自己、市場經濟主宰一切的國度，真是諸多的不適應。雖然中國自一九七八年起，便已實行經濟改革，逐步引入市場經濟。但在八十年代中，多數國民對於資本主義制度的運作與市場經濟的基本概念，都還很陌生。

我自幼至今，大部分的時間都離家住校，自以為非常獨立。到了美國，我的獨立性才受到了真正的考驗與錘鍊。在這裡，沒有親人可以哭訴，沒有領導可以依靠，事無巨細，全靠自己。從選擇醫療保險、決定專業方向、到挑選日用品，都是一人做事一人當。到美國之前，一切與前途有關的決定都是父母做主、領導做主，或隨波逐流，由政治形勢做主，很少有自己選擇的自由。現在，我可以為我的生命、前途做主，真是太多的自由了！但我對這種自由很不習慣。什麼事都由自己來決定，心理的負擔太重了。

這幾個月，最大的困難是保持收支平衡。我是公費生，每月有國家發放的四百美元做為生活費。和許多投靠在美親戚，自費赴美的留學生相比，我是幸運多了。自費生雖說有親戚做經濟擔保人，但這種擔保大多是有名無實。許多所謂「親戚」也是自費學生在出國前，通過層層關係，找到的贊助人。只要贊助人願出一紙證明，保證擔負被資助人來美後第一年的費用，美國使領館便有可能為接受贊助的學生頒發簽證。這種資助關係，只是來美的

一種方式手段。雙方互有默契，心領神會。雖然在法律上，贊助人有義務提供被贊助人一年的費用，但在實際上，極少有贊助人真正出資贊助。抵美之後，自費生將真正成為自費生，一切生活費用自己負責。以學生的身分赴美，便受移民局法律限制，不得打工。但是要生活，必須要工作。那麼，沒有工作許可，也沒有工作技能，甚至沒有多少英語交流能力，怎麼能找到工作呢？天無絕人之路。大部分自費生都湧到美國的中餐館去非法打工。在這裡打工，不需要打工卡。英語不好，可以在廚房洗碗切菜。工資不高，每小時兩塊錢，但足夠糊口了。老闆不高興時，明申斥暗敲打，也只好「大丈夫能屈能伸」，忍下算了。

有國家的資助，我不至於淪落到以洗碗切菜謀生的地步。但住在夏皮洛太太的小旅店，住宿費不是按月算，而是以日計。一天十美元。對於臨時暫住幾天的過客，這個小店真是再便宜不過了。但我不是臨時過客。待在這裡一月，將花去我四分之三的月生活費。剩下的一百元，要用於吃飯、醫療保險、公共交通，和一切其他開銷。

我得搬出這裡，尋找便宜的住處。這幾個月，我很多的精力都花費在尋找便宜住所。我看報紙分類廣告，到學校的房產科（Housing Department）翻看該科提供的房東名單，尋找合適的住所。我的要求不高，只要離學校近，房租便宜即可。誰知要滿足這兩項條件還真不容易。離學校近的住所，房租都很高，比夏皮洛的小店還要貴。較便宜的地方又都在波托馬克河的對岸，每日往返學校很不方便。

就這樣蹉跎一月之後，才在廣告上找到一處地方。是維吉尼亞州一個小城伯塞斯達（Bethesda）的一處公寓。這個公寓是兩室一廳，真正的房客是一個中年黑人婦女和她的兩個讀中學的女兒。她和女兒們住其中的一間大的臥室，將小的臥室分租給我，收月租兩百元，我在決定分租之前，先去那個公寓查看一番。這個公寓區看起來還不錯，乾乾淨淨，整整齊齊。進入我將要分租的公寓套房，裡面也是乾淨整潔。這個黑人婦女也很熱情，心下頗為滿意，便當場拍板，付了月租，再另外付一個月的月租，作為保證金。

這個黑人婦女便成為我的第一個房東。房東叫瑪麗，是個寡婦，在一個政府機關做清潔工。瑪麗收入不高，便將一間臥室分租出去，增加收入。瑪麗說話高喉大嗓，尤其愛大笑。瑪麗愛潔成癖，家裡廚房，廁所總是擦得一塵不染。瑪麗往往工作到很晚才歸家。兩個女兒也常不在家。住到這裡倒也自在安靜。

但是，一個最大的問題是交通問題。從這裡到喬治城大學，得先乘公共汽車到地鐵站。然後坐地鐵紅線，到洛斯林（Rosslin）下車。然後再徒步通過橫跨波托馬克河的基橋（Key Bridge），此橋以《星條旗永不落》的歌詞作者弗蘭西斯·司各特·基（Francis Scott Key）的名字命名。最後抵達學校。這樣又坐車又走路，到學校一來一回要用兩個多鐘頭。費時不說，還費錢。往返乘公共汽車，地鐵的交通費每天四元硬幣。每月八十元。房租加交通費，將近三百元，幾乎和夏皮洛的小店不差上下。而夏皮洛的小店離學校很近，步行只需十五分鐘。

這樣住了將近一月，不但沒有節省開支，每天來回跑路，搞得疲憊不堪。日子長了，也發現住在別人家，有許多不便。比如瑪麗做飯時，我得錯開時間，等她做完我再做。因為廚房太小，容不下兩人同時活動。即便是飢腸轆轆，也得耐心等待。早上起來，大家都得用廁所。但廁所只有一個。有時要緊急出恭，憋得頭冒冷汗。

我只好和瑪麗商量，是否可以解除約定。瑪麗說，搬家可以，但保證金得給我留下。

這樣，我又得被迫搬回夏皮洛的小店。

沒想到，美國這樣大的地方，竟然沒有我容身之處。我走在基橋上，望著橋下汩汩的河水，一時間突然心灰意冷，竟然想倒不如跳下去算了。這個念頭把我嚇了一跳。我想到了萬里之外的親人：年幼的兒子、年邁的父母、丈夫、兄弟姐妹。他們都在期待著我學成歸國。我怎麼能讓他們失望悲傷。我暗暗責備自己意志軟弱，經不起波折。

在夏皮洛處住了十天之後，有人介紹我和一個叫薩比娜的老太太聯繫，說或許可以租她的房子。我給薩比娜打電話，問她願不願租一間房給我。薩比娜說，你先來我家一下，然後我再考慮。我按著地址找到薩比娜的家。她的家就在喬治城地區，是那種兩家合壁的房子（townhouse），即把一所房子分成兩半，一半住一家。老太太的房子顯得有些荒涼破敗。院子裡不但沒有花，而且滿是亂草。上了臺階，踏入門前的長廊，腳下的地板吱吱作響。

我按了門鈴，半天沒有動靜。看來門鈴壞了。我又敲了幾下門。不久，聽到裡面有人應聲「來了。」房門打開，一個消瘦的老婦人走了出來。她身著一身顯得陳舊的套裝，鷹鉤鼻，兩眼深陷，乾枯的灰白頭髮凌亂。她說：「我剛下班回來，請進。」

走進前廳，裡面光線陰暗，所有的家具都和老太太一樣，顯得陳舊，灰

濛濛一片。我坐在一個舊沙發上，和老太太聊天。老太太一邊問話，一邊兩眼尖利地上下打量我。會談的結果，可能令老太太滿意。她說：「我可以租一間房子給你。」然後，便領我上樓看房間。樓上有三個房間，她讓我住其中最小的一間。裡面放有一張床，和一個小小的床櫃。一個帶浴缸的廁所也在樓上，可以讓我使用。做飯要下樓與老太太合用她的廚房。

薩比娜收我二百五十元房租。這裡離喬治城大學也很近，步行半小時便可到校。情況有所改善。我開始安心下來。薩比娜不住在樓上的臥室，卻住在地下室，熱水鍋爐的旁邊。每天出入不走正門，而是從後門直接溜進溜出地下室。我常常搞不清她的行蹤，或者在家還是不在家。廚房旁邊有個樓梯通往地下室，有時我在廚房做飯，她會突然從地下室無聲地冒出，嚇我一跳。她消瘦的身材、尖利的嗓音、古怪神祕的舉止，很容易讓人把她同童話中的巫婆聯繫起來。一次，我遏制不住好奇，從廚房旁邊的樓梯上向下探望。地下室漆黑一片，我什麼也看不清。突然「汪」，「汪」兩聲狂犬的吠聲，嚇得我扭頭便往樓上跑。

是老太太的狼犬。這隻外表兇惡的狼狗是薩比娜的忠實伴侶。自從搬到這裡，我未見過她和任何人往來。客廳裡壁爐上面也擺著一些蒙塵的小鏡框。她和我講過這個鏡框裡的人是她已故的丈夫。那個鏡框裡是他的兒子。她經常和我驕傲地談起她的兒子。說她的兒子在紐約做事，很快就會回來看她。我記得有不下三次，她告訴我她的兒子明天就來了。但第二天我回到家，裡面仍是和往常一樣死氣沉沉的。不像有遠客來訪。當我問她，你兒子今天要來嗎？她會突然一愣，似乎不明白我在問什麼。如此幾番，我也就不把她說兒子明天要來的事當真。

薩比娜心情好的時候，會從地下室上來，和我一起在客廳裡聽她的舊唱片。她喜歡古典音樂。聽得興奮時，便會跪在唱機前，雙手打拍子，和著樂聲哼唱。這種時候，她雙頰緋紅，面含微笑，一掃慣常的巫婆模樣，變成一個相當漂亮的老太太。她說她會彈鋼琴，年輕時曾教過音樂。但她的家裡沒有鋼琴，因此無法印證。

週末，薩比娜不上班，我們會一起用餐。這時，她會聲音尖利地告訴我，怎樣端起盤子，怎樣在吃吐司時不把麵包屑掉在外面。她高傲地揚著頭，一副破落貴族的樣子。

天氣漸漸變冷。晚上坐在桌前看書，冷得坐不住。夜裡睡覺，常常會凍醒。我要求薩比娜打開樓上的暖氣開關。她看看我，說：「妳應該吃些維生

素藥片，就不會覺得冷了。」但仍然不打開暖氣。一天，我冷得受不住了，找到了暖氣開關，打開了樓上的暖氣。薩比娜回來發現了，衝上樓來，尖聲說：「你為什麼把暖氣打開？天氣並不是那麼冷！」此時是十一月底，室外已是呵凍成冰。美國各處建築物內都有空調，冬暖夏涼，溫度始終是人體最感到適宜的華氏七十五度。只有薩比娜的家，像個冰窖。滿室的寒氣逼得人待不住。我這時突然明白為什麼薩比那睡在地下室的熱水鍋爐旁邊，為什麼她的房子位置適中，樓上的三間臥室長期空著，但卻沒有學生來租住。

我只好再次翻找報紙上的分類廣告，尋找新房東。我發現一個廣告，登廣告人尋找安靜的大學生，幫助做輕微的家務，報酬為食宿。我正需要一個住的地方。看到這則廣告，立即撥通電話。接電話的是這家人的女主人，簡單說明我的職責，並約我在她的辦公室見面。她是個律師，辦公室在離喬治城大學不遠的威斯康辛大街上。我如約到她的辦公室，雙方互相相面，都感覺滿意。

我搬到了第三個房東的家。這一家我也許不應該叫房東，因為我不交房租。但因為他們是房子的主人，也為了稱呼方便，所以仍以房東相稱。這家人是從南美來的猶太人。丈夫是作家，每天關在書房裡埋頭寫作。妻子是律師，整日在外工作打拼。三個孩子都在上中學或小學。我的職責是每天給全家人準備晚餐。這工作實在非常簡單。因為夫婦倆經常出外應酬。晚飯只有三個孩子在家吃。美國人吃飯也很簡單。我經常只需準備一盆生菜沙拉，便是晚飯了。

第三家房東不似前兩家那樣經濟拮据，而是屬於中產階級的上層，住在環境幽雅的住宅區，擁有一所寬敞漂亮的房子。此時已是隆冬時節，但房東家裡到處都溫暖宜人。我的房間在樓下，裡面家具一應俱全，還有一臺彩色電視，和一部電話。我的房間設有一門直接通向院子，我享有充分的隱私與獨立。

在這裡住不多久，我又得準備搬家了。這次搬家不是從維吉尼亞搬到華盛頓，也不是從城西搬到城東，而是要橫跨美國大陸，到西部去。

除了因生活費用拮据而頻頻搬家，使生活動盪不安之外，最難忍受的是與家人分離，特別是與幼小的兒子分離。我離開太原的那天，一大早就得動身到火車站。與家人一一告別時，才一歲多的孩子彷彿予感到了什麼，緊抱著我不放。我不得不狠狠心，硬將他遞給小保姆。但心卻一陣絞痛。那刻骨銘心的痛我多少年後都難以忘卻。一想到孩子沒有母愛的幼年，我總是痛苦

自責，長期有一種犯罪感。

和美國朋友拉家常時，聽說我隻身離開僅一歲多的孩子，他們很不理解。尤其是美國母親們，總是問：「你們為什麼不全家一起來呢？妳怎麼能捨得丟下妳的孩子呢？」我也很難理解我這種似乎不合人性的抉擇後面隱藏的社會文化背景。我說，我何嘗不想與全家一同來美國？但這是我們國家的政策，公費出國人員不能攜帶家屬。我對國家的政策很理解。這樣做是為了保證人才不外流。她們便說，既然你不能和你的家屬同來，你就應該待在中國。如果我是你，我是不會離開我的孩子去讀什麼學位的。我無言以對。但心中在想，出國的機會如此難得，沒有人會輕易放棄的。如果我當初真的兒女情長，放棄出國，別人都會認為我沒出息。在中國，沒有一個人，包括我丈夫及家人，覺得我的決定不合情理。也許我們中國人，千百年來吃慣了苦，對於各種艱難困苦──包括肉體的痛苦與心靈的痛楚──的忍受力比別的國家的人要強得多。

那麼，我對與親人離別的痛苦的忍受力是不是很強呢？在美國的第一年，我每三天寫一封家信。家人也以同樣的頻率給我回信。每天晚上，不讀一讀家信，我便不能安心。而讀了信，思家之情更是強烈，難以入眠。從此，我有了失眠症。在街上，看到美國的年輕母親推著嬰兒車，拉著孩子的小手散步，我會看得發呆，會設想我的孩子現在在做什麼。在美國的頭四年，幾乎無一例外，每天晚上總是夢見我回國了，去幼兒園接兒子。幼兒園裡那麼多孩子，我找來找去，總是找不到我的兒子。夢境千變萬化，但夢的結果總是一樣：我找不到兒子。這時，我便會抽泣著從夢中驚醒，再也睡不著。

5.到西部去

美國西部，對我一直有著神祕的吸引力。

對美國西部的最初的書本知識，來自於福爾摩斯的一篇小說。小說描寫一個冒險家在內華達山地的奇異經歷。福爾摩斯筆下的內華達怪異詭詐，到處是險山惡水。這個故事只給我留下了一個非常片面的、模糊的對美國西部的印象。

上大學以後，閱讀美國史，才開始對美國西部史有了系統的知識。

美國西部，泛指密西西比河以西的地區。美國人對西部的興趣，源自多種原因。較為源遠流長的原因可能與歐裔美國人對古老亞洲國家的興趣有

關。他們認為開發西部，便可橫跨太平洋與東亞諸國直接通商，不必經大西洋，受歐洲強國的制約。更為直接迫切的原因則為擴張土地，安置移民，緩和因資本主義經濟發展，人口增加而引起的內部壓力。

　　對西部的開發，是個逐漸的過程，其中不乏血與火的暴力。始自獨立戰爭勝利，美國人已逐步向西擴張。至十八世紀末，美國農夫已西移至密西西比河，並仰賴密西西比河運送他們生產的穀物至歐洲市場。此時法國元首拿破崙接收大部分原屬西班牙殖民者控制的西部土地，包括密西西比河的出海口新奧爾良。法國人借此向在密西西比河地區經商的美國商人徵收高額稅款。

　　懼於法國人對新奧爾良的控制與拿破崙的野心，美國總統傑弗遜於一八〇三年派遣詹姆斯・門羅（James Monroe）到巴黎與法國人談判購買新奧爾良，並指示他可以出價至一千萬美元。出乎門羅的意料，法國人拒絕出售新奧爾良，卻要價一千五百萬美元出讓法國在北美的全部領土，史稱「路易斯安娜購買」。路易斯安娜購買將從密西西比到落磯山，從英屬北美到墨西哥灣的大片土地劃歸美國，將美國領土擴大一倍。路易斯安娜購買是美國西進運動的第一步。

　　其後，傑弗遜敦促國會通過議案撥款贊助考察包括在路易斯購買中的地區，傑弗遜並指定其私人祕書曼瑞維特爾・路易斯（Meriwether Lewis）為考察隊的領隊。路易斯又指定他的朋友威廉姆・克拉克（William Clark）為其

路易斯・克拉克塑像，二人為開發美國西部先驅，2016年。

助手。這次歷時長達兩年的探險，在美國歷史上稱為「路易斯——克拉克探險」（Lewis-Clark Expedition）。

路易斯——克拉克探險隊一行四十人於一八〇四年春從聖路易斯出發，沿密蘇里河逆流而上。探險隊此行的目的有三。第一，探尋從密蘇里河通往大洋的航路。第二，與居住在西部疆域的美洲印第安人建立聯繫。第三，搜索有關西部自然資源的第一手資料。為了保證探險順利，探險隊專僱一名法裔加拿大皮毛商與其印第安妻子為翻譯。探險隊在一八〇五年抵達太平洋，並於一八〇六年九月返回東部。路易斯——克拉克探險蒐集了關於廣袤的西部的大量寶貴資料，刺激大批白人向西移民。

西進的白人移民不可避免地與居住在大平原（Great Plain，密西西比河與落磯山之間的遼闊草原地帶）的印第安人相遇。大批印第安人感染白人攜帶的天花病毒，不戰自敗。倖存的印第安人被迫逐步西遷。

美國人不僅從印第安人手中劫掠土地，並鯨吞蠶食鄰國墨西哥的土地。一八三六年，美國策動德克薩斯獨立於墨西哥。一八四五年，美國正式吞併德克薩斯。一八四六年，美國發動侵略墨西哥的戰爭。一八四八年，美國與墨西哥簽訂條約，墨西哥正式割讓德克薩斯，新墨西哥和加利福尼亞給美國。

隨後，美國繼續向西北擴張至「俄勒岡地區」（Oregon Country俄勒岡地區是從北加利福尼亞到阿拉斯加以南的地區）並在此與英國發生衝突。一八四六年，英美以北緯四十九度分界瓜分俄勒岡地區。至此，美國完成在美國本土的領土擴張。

從一八三十年代開始，美國東部移民開始大批西遷。除了獲取土地和在與印第安人的皮毛交易中獲利之外，許多西進的移民也嚮往著西部獨立自由的生活，和西部大平原與落磯山區的自然美景。

在美墨戰爭期間，摩門教徒——西進移民中最大的一支——也在猶它建立新家園。摩門教徒於一八三〇年在紐約州西部建立獨立教派，因不斷受排斥與歧視，其領袖喬瑟夫・史密斯（Joseph Smith）遂決定率領會眾西遷。摩門教徒先遷於俄亥俄，隨後至密蘇里，最後定居伊利諾的內奧烏（Nauvoo, Illinois）。摩門教徒在伊利諾逐步繁榮昌盛，引起其他教派的猜忌。一八四三年，史密斯宣佈摩門教允諾一夫數妻，招致與其他教派的暴力衝突。一八四四年，史密斯與其兄被亂眾殺死。摩門教徒被迫再次西遷。

摩門教新領袖布里奇曼・揚（Brigham Young）選擇大鹽湖盆地（Great

Salt Lake Basin）做為摩門新家園。至一八六〇年，三萬名摩門教徒已定居於猶它州的鹽湖城與其他九十多個城鎮。

一八四八年，黃金在加利福尼亞州被發現。黃金的誘惑吸引了無數美國東北部的小業主、平民、失業者與冒險家開赴西部發掘黃金，也招致了大批移民從歐洲及亞洲，漂洋過海，來美國實現黃金夢。

黃金被發掘的消息，也在十九世紀五十年代傳入中國。此時，正值鴉片戰爭結束，中國淪為半封建、半殖民地社會。西方列強竟相將其工業產品傾銷中國，導致傳統的自給自足經濟崩潰、商人破產、手工業者失業、農民傾家蕩產。南方沿海省份，尤其是廣東、福建，首當其衝。內憂外患與凋敝的經濟，迫使大批廣東福建的失業農民及手工業者，典賣家產，或以人身作抵押，購買船票，告別妻小，抵達加利福尼亞州。大部分抵美的華工都懷著到美國擺脫貧困，發財致富的夢想，視美國為黃金地。美國因此被廣東、福建移民稱為「金山」。

黃金潮（Gold Rush）對於美國西部發展有著重大影響。源源湧入的移民將印第安人的文化毀滅殆盡。與此同時，勤奮的移民也創造了西部的商業繁榮。

今天，美國西部各州，不僅經濟繁榮，而且在文化教育上領先一步。對於一向以其文化遺產驕傲的東北部形成嚴重的挑戰。

但是，這些都是書本知識。我想去親身感受西部、瞭解西部。因此，到西部的學校去唸書，便順理成章，成為邏輯的選擇。

我與俄勒岡大學的歷史系聯繫，對方很快寄來了研究生入學申請表。我寄出申請表後不久，歷史系便同意接收我為碩士研究生。

動身前幾週，我與周錫瑞教授電話聯繫。周錫瑞教授是我通過山大歷史系的捻軍史專家江地先生認識的。赴美前夕，江地教授將他在美國的幾個同行的地址轉抄給我，叮囑我有困難時可與他們聯繫。其中之一便是周錫瑞。

我模模糊糊地記得江地教授告訴過我，周錫瑞此人相當不得了。專攻中國近代史，對捻軍史也頗有研究，是西部大學中東亞研究的翹楚。現在要去俄勒岡大學，周錫瑞在此教書，當然要請他多關照。

撥通電話，對方的聲音聽起來很年輕，而且是略帶中國南方口音的標準中國話。我已在心中設想過周錫瑞的模樣，一個老學究式的漢學家，操著生硬的漢語講話。我懷疑是不是撥錯了電話，因此，重複問道：「你是周錫瑞教授嗎？」對方回答：「我是周錫瑞。」我向他詢問了俄勒岡大學的情況，

他都用漢語回答，而且字正腔圓，用詞準確，語調非常自然，聽起來和中國人無異。一般外國人，即使學習中文多年，仍然掌握不了中文的四聲。四聲發不准，聽起來便洋腔怪調。看不到他的面孔，我便推測，能講這麼地道的中文，他一定是華裔。最後，我終於抑制不住好奇心，也顧不得唐突，問道：「你有中國血統嗎？你們家有中國人嗎？」他笑著回答：「我是純粹的老美。但是我的愛人是中國大陸人。」他又說：「到了幽景（Eugene，俄勒岡大學所在地），妳可以先來我們家住。」頓時，我感到一股溫暖，心中對一個陌生地方的惶惑與疑懼，立刻煙消雲散。還未到西部，便已感覺到西部人的隨和平易與友善了。

第3章　西部風情

1.校園生活

　　一下飛機，便感受到幽景的從容閒適。幽景機場不太大，完全沒有紐約肯尼迪國際機場、華盛頓國家機場那種令人呼吸急促的緊張繁忙。我按周錫瑞教授在電話中指示的，找到機場的輕形載客麵包車（Limousine）。坐上車，告訴司機我將前往的地址，便開始觀望車窗外的景致。

　　機場位於幽景城的北角。周教授的家在幽景城稍稍偏東南的地段。從機場到他家大約半小時的路程。汽車先經過一段農田。雖然是早春，這裡天氣已開始轉暖，地裡的禾苗綠油油一片。在繁華的首都生活近半年後，這一片片墨綠的田地，讓我身心一陣輕快，呼吸也似乎變得深緩悠長。

　　車子進入市區，路兩旁也不斷閃過一些樓房，但頂多不過三、四層。不似紐約和華盛頓的一些高層建築，從下面經過，會感覺高樓壓頂，令人窒息。市區街道上也有些行人，但比起華盛頓，行人要稀少多了。

幽景市民居，1986年。

汽車開出市中心，進入居民住宅區。這些民居和我在華盛頓的第三個房東的住所相比，要簡單樸實的多。汽車在一所三層樓的小住宅前停下。司機幫我卸下我的兩件行李，收了車費之後，便駕車駛去。

　　我輕輕按了按門鈴，一位年輕中國婦女應聲打開門。是周錫瑞教授的妻子，她一頭齊肩的短髮，額前的瀏海齊齊的，一副學生模樣。她微笑著開口講話，一口道地的北京話。我一時弄不清我是在美國還是在中國。

　　在周教授家住了一個星期，我一邊熟悉環境，準備開學，一邊尋找住處。周教授的妻子帶著我到學校的各主要辦公室轉了一圈。周教授的妻子是西安大學考古系的畢業生，在俄勒岡大學繼續攻讀考古學碩士。我對她專門抽時間陪我深感過意不去。她笑著說：「這是慣例。每次有新同學來，我都要導遊一番。」

　　在美國的留學生，對同學一般都很熱情。幫助提供各種資訊，帶新同學去商店買東西，確是「禮先一飯，義不容辭」。有中國同學的大學，一般都有「中國學生學者聯誼會」（Chinese Student and Scholar Friendship Association）。聯誼會是留學生自治性的組織。主要宗旨為幫助留學生與學者瞭解適應美國環境，順利完成學業，並向美國社會介紹宣揚中國文化。新生到校之前，最好和該校的中國學生學者聯誼會聯繫。聯誼會會派人到機場接機，幫助新生安頓，並提供許多適合留學生情況的有用資訊。臺灣來的留學生，也組織有「中國同學會」（Chinese Student Association），發揮同樣功用。除了聯誼會，國際學生辦公室可以說是留學生在國外的領導，一言九鼎，深關留學生利害。某外國留學生是否合乎學校招生標準？是否可以給被錄取的某留學生簽發簽證？某留學生或訪問學者的家屬是否可以與該學生或學者同時前往該校？留學生應該選什麼課？留學生是否可以在校內或校外打工？幾乎事無巨細，留學生都得得到國際學生辦公室的主任首肯。

　　但是不必因此對國際學生辦公室主任或其他工作人員心生畏懼。同學校的其他機構一樣，國際學生辦公室是專為國際留學生服務的，而不是專門刁難外國人的官僚機構。只要你要求合理，他們都會盡量滿足你。如果你對於學校的規章制度乃至移民法律有不解之處，都可以放心向國際學生辦公室詢問，尋找答案。

　　許多學校的國際學生辦公室還與當地社區居民與熱心人士聯合組織「東道主家庭計劃」（Host Family Program），幫助外國留學生適應美國大學的教學環境和美國的社會生活。該計劃為每一位外國留學生分配一個參加該計劃

的當地美國家庭作為東道主家庭，在學習與生活各方面為留學生提供幫助。例如，到機場迎接新到的留學生，邀請留學生參加其家庭或社區的各種聚會等。

各種基督教派的教堂，也以幫助外國人解緩初來乍到的種種不適應，作為侍奉耶穌、傳播教義的一項功德。許多教堂設有免費英語課、烹飪課，幫助留學生家屬學習英語，瞭解美國文化。不少教堂還號召教友捐贈日用物品，分送給需要的留學生。

幽景的一家長老教會（Presbyterian Church）每週二舉辦一次免費午餐，邀請外國留學生與學者就餐。在美國，常常會聽到「天下沒有免費的午餐」之說。但這頓午餐確實是免費的。當然教會希望通過午餐，吸引異教徒，對他們進行工作，最終使他們皈依宗教。餐前，一定有禱告。餐中，有教會熱心人士邀請你參加星期日的禮拜或講經活動。從這個意義上講，午餐不是完全免費，或者可以說，午餐是教會吸引會眾的廣告費。有少數的中國學生可能由此而與教會接觸並受洗入教。但大多數中國學生與學者，在接受了多年無神論的教育後，難以再為宗教所「麻醉」。這種午餐聚會成為留學生結識朋友、交換資訊的純粹社交活動。

中國人對待宗教的這種實利主義，除了無神論的教育，也和中國人的宗教文化傳統有關。在中國，只有在災禍臨頭時，人們才禱告上蒼。只有在有所期盼時，人們才去寺廟裡許願進香。宗教從未成為大多數中國人日常生活的一部分。這種態度自然反映在留學生學者中。看來教會花在中國人身上的廣告費，多半是白費了。

一週以後，我搬出周教授家，簡單安頓下來，學校便開學了。

在美國大學求學的第一步，是選課。選課對我們來自不同教育體系的留學生，可真是一門不簡單的學問，是正式上課之前的重要一課。美國教育體制也反映其國體，給予個人以最大的自由與選擇餘地。從高中開始，每學年學校便編輯印發一本選課指南。內容包括學校要求學生畢業所需的課程與學分，以及各種課程的簡述。學校對於高中學生畢業的要求也是依美國大學對新生錄取的要求而定。例如美國大學一般要求申請入學本科的高中畢業生具有四年的英語訓練，三年的基礎知識（包括數學、物理、化學、生物、社會學），和三年的外語訓練。高等中學便相應的要求高中畢業生在四年高中期間，選修一定數量的上述課程。每一學年，學生可以根據這些要求，選擇達到畢業所需的課程與自己喜愛的課程。進入大學，選課的原則與在高中大同

小異。因此，選課，對於美國的大學新生不算難事，仔細閱讀一番學校的課程介紹（Bulletin）與每學期的課程表（Class Schedule），便可對症選擇自己本學期的課程了。

同美國一樣，中國的教育體制也反映其國家制度。文革以前，中國的教育體制參照蘇聯，為中央集權。國家教育部統一規定教育方針，各省市地教育局依次執行。七十年代末，全國開始實行改革開放的政策。高等教育體制也嘗試引進西方一些教育制度。但改革開始，經驗缺乏，引進的制度零散不全面，所以直至九十年代初，高等教育制度仍為中央集權制。國家統一招生，統一畢業分配。大學四年期間的課程基本為學校規定的必修課，學生沒有選擇課程的機會。

因此，進入美國大學，選課是中國留學生的第一難題。一本厚厚的課程介紹與一本密密麻麻的課程表，會搞得人一頭霧水。反覆翻看，仍不得要領。比較直接有效的辦法，是撇開課程介紹，專心研究本系為研究生編的《研究生課程指南》一類的手冊。先讀本系對碩士研究生或博士研究生的畢業要求，然後再根據此要求，針對性的選課。正如教授們課餘會後閒談的話題多半是自己教授的課程與學生在課堂上的表現等等，學生們在一起閒聊也多半是某個教授如何難纏，佈置一大堆參考書，要求學生寫多少讀書報告等等。這種背後議論雖有偏頗過激之處，但其中不乏別人的經驗教訓與先見之明，實在是各種課程的免費廣告。只要你留神細聽，多方比較，就會找出實用的參考資料。對於選擇課程，瞭解每個教授厭惡喜好，這種閒談可以算是對研究生課程指南的補充。恰如正史與野史，各有優劣，只有放在一起比較，才能相得益彰。

選課之後，如何聽課，如何對付考試，也有許多學問。聽課對於學理科的中國留學生，不算太困難。數學公式、化學方程式，國際通用。其間夾雜的英語，即使聽不懂，連蒙帶猜，也勉強跟得上。最苦的是文科學生，沒有一定的專業詞彙可以背誦掌握，詞彙量無邊無涯。許多在國內曾經是英文專業的中國留學生，在留學的最初階段都有很大的語言困難。對教授的演講，不得要領，對同學的討論發言，不知所云。因此不是顯得呆頭呆腦，便似劉姥姥進了大觀園，出盡洋相。

中國留學生中，不乏鳳毛麟角、出類拔萃的人才。但在留學的最初階段，他們多半是「茶壺煮餃子，肚裡有貨嘴裡倒不出」，難以在課堂表現其才學。對比其他國家的留學生，似乎哪國留學生在語言方面都比中國人占優

勢。英國來的留學生，自然沒有語言問題。雖然英美兩國人相互取笑各自的口音與用詞的差異，但同屬盎格魯－撒克森文化，算同文同種。西歐文化，一向與英美文化接近。因此，西歐國家的留學生，一般也英文流暢，沒有交流表達的困難。從前殖民地國家來的學生，由於殖民統治的歷史，英語成為其官方語言或第二語言，因而也使用流暢。例如印度或非洲國家的留學生，以及東南亞國家的留學生，雖然其英語口音很重，但語法正確，用詞準確。所以他們與美國人也無太大語言隔閡。

各國留學生中，要屬東亞中、日、韓三國的留學生英語最蹩腳。但日本與韓國，自二戰以來為美國的盟國，經濟、政治、文化多方受美國影響，美國化的程度很高，其留學生對美國文化的熟悉程度也不次於西歐與前殖民地國家的學生。雖然英文不靈光，這種文化的熟悉可以大大幫助日本與韓國的學生與美國人交流。

而中國大陸在開放之前，已與外部世界隔絕三十載。對各國文化的瞭解因而落後三十年。所有的這些文化與歷史的差異，中國留學生都得在數年，甚至在數月中補課趕上。所以語言與文化的差異造成的文化衝擊（Cultural Shock）是每個中國留學生都程度不同地體驗過的。

除了前面談到的選課作為文化衝擊的事例之一，聽課中的文化衝擊也不少。中國的大學，各科系有全國統一的教材。而美國的教授則有充分的自由設置自己的課程，選擇該課的教科書與參考書。有條理的教授，會在其教學大綱中詳細列出每個課時的演講題目與指定學生閱讀的書目。遇到這樣的教授，用功的學生有章可循。特別是中國留學生，一定要課前預習，課後複習才能跟得上，因此需要這種有計劃有條理的教授。

有些散漫的教授，則沒有什麼教學大綱可循。講課時信口開河，漫無邊際，聽的學生丈二金剛摸不著頭腦。還好，這樣的教授一般對學生比較寬容，考試評分也會手下留情。

相反，為數不少的教授喜歡給學生出難題，或者佈置成堆的教科書與參考書要求學生寫各種讀書報告，或者大考、小考、突然襲擊考（Pop quiz），經常不斷。中國的大學，一般只有期中考試與期末考試。而美國的教學體制，從高中階段開始，便考試頻仍。十天一大考，五天一小考，幾乎每週都有考試，搞得學生疲於奔命。許多大學教授，也沿襲這種教學習慣，頻繁考試學生，樂此不疲。學生們則盡量避免選此類教授的課。不幸的是，這些課程往往是基礎必修課，不選修、不及格便畢不了業。學生們只好硬著頭皮與

先生打消耗戰。

　　不少學習文科的中國學生，在課堂上聽講時，拿個小錄音機做錄音，以便課後反覆聆聽。一些朋友也給我出此建議。但我決定不採用聽課錄音的方法。因為其弊病之一，是依賴錄音機，便不去努力聽講，竭力記錄，進而影響聽課效力與英文記錄能力。其弊病之二，是課後反覆播放，會多花費時間。而時間是留學生最寶貴的財富。

　　這樣，上課時，我得動員全身的細胞配合做記錄。耳朵豎起來，使勁聽，把所有捕捉到的信號反射到大腦。大腦再整理這些信號，然後傳遞到手上，手忙腳亂地把這些信號記下來。一節課下來，全身疲憊。最初幾個禮拜的筆記，常常會自己都看不懂。只有對照課本，才能理出頭緒。但是堅持不懈，三個月下來，竟然能將百分之九十的教授演講都筆錄下來。日後，我寫論文搞研究，作口述訪談，用英文同步記錄訪談對象的口述，很少遺漏，曾令許多人驚異。這點功夫，都是讀研究生時拚命記筆記練出來的。

　　聽課與討論時，我的另一個感受是，許多教授講授與學生討論的內容，就史實來講，我都在中國學過甚至教過。但是中國的歷史專著都將外國人名、地址與事件名稱翻譯成中文。或按音譯，或按意譯，譯名之後也不附有外文原文。當然譯著者在翻譯時一定是絞盡了腦汁，力求翻譯準確，接近原文。（我自己在出國前，也常常筆譯，知道編譯人員不是故意把外國名稱翻譯得面目全非）。怎奈單音節的象形文字要表達多音節的字母文字，實在是力不從心。常常在中文中找不到與英文對應的發音，便只好揀發音最接近的中文來湊數。這樣，中文譯名與外文原名的發音常常會相差甚遠。比如「莎士比亞」與「Shakespeare」、「拿破崙」與「Napoleon」。因為上學時這些專有名詞都是學的中文譯名，在美國課堂上聽講時聽到英文專有名詞便得先在記憶中搜尋對應的中文譯名，找到後便一切釋然。找不到則懵懵懂懂。這樣中英文來回尋找、對照，便顯得反應遲鈍，並常常失掉發言的時機。對於意譯的名詞，情急中更是找不到。例如「文藝復興」與「Renaissance」。中國留學生在課堂上一般沉默寡言。除了中國師道尊嚴的文化傳統不鼓勵學生暢所欲言之外，對英文名詞的生疏也使許多人欲言又止。所以，我希望今後的外文譯著，或日常生活中引入的外文名稱，不用翻譯成似是而非的中文，而直接用英文或其他外文的發音與拼寫。這樣雖然在書寫中可能會影響中文的整體與美觀，但起碼忠實於原文原意，不會造成誤解或反應遲鈍。

我在俄勒岡大學讀美國史碩士時，除了一門功課得了B外，其餘各門都是A。而這門得了B的功課是中國近代史。當然考試成績並不是衡量一個人掌握知識程度的唯一與絕對標準。但從分數上看，中國人學中國史學不過美國人，很丟臉面。最讓我不服氣的是，我拿了B不是因為我不懂中國史，或者是考試時答題論述不如美國學生深刻，而是因為我課堂發言不踴躍。我所有的讀書報告、論文與書面考試都是A，唯有課堂發言這一項被周錫瑞教授打了B分。學期結束時，周錫瑞找到了我，解釋為什麼這門課給我B的成績。他說：「妳這門課的學期成績本來應該是A的，但我故意給了妳一個B，為了激勵妳以後踴躍發言。」

　　我在這門課上確實不夠活躍。我在中國專攻了三年中國史，畢業後又在大學教過三年書。論學識，我可以做同班同學的老師。因為有這層思想包袱，我沒有自認為是深刻的見解是不會發言的。要發言必須要一鳴驚人。就在我搜腸刮肚，不斷整理思路尋找深刻的分析見解時，別的同學一個接一個的發言，你一言，我一語，把我準備要說的話幾乎全部說盡。看大家都說的差不多了，周教授會點名叫我：「令狐萍，妳從中國來，談談妳的見解。」我不願拾人牙慧，重複別人已經談過的論點。但一時又想不出更為新穎獨到的見解，只好三言兩語回答了教授的提問。不但沒有一鳴驚人，連我自己都不滿意我的回答。

　　現在教授為了幫助我克服弱點，專門給了一個B來激將，真夠用心良苦。周錫瑞的預料也很準確。這個B從此逼著我上課搶著發言。我不再考慮一鳴驚人，或深思熟慮。老師一提問，便先張口為強，先發制人。從此，我再也沒有因為課堂討論不踴躍而丟過分。我這樣做，不僅僅是為了成績與分數，更是為了逼迫自己改變「三緘其口」的羞怯個性與「少說為佳」的文化習性。在美國這個商品社會，不敢表現自己，不善表達自己，只有在一系列的競爭與測試中，名落孫山，失去晉升與進取的機會。

　　中國人因為文化的習慣與語言的障礙，難以在課堂發言討論時脫穎而出。但在書面考試時，中國學生便有機會展示「廬山真面目」了。為了拿到或維持獎學金，中國留學生必須成績優秀。因此，中國留學生一般比美國學生學習刻苦多倍。功夫下到了，成績自然會上去。此外，在中國受到的辯證唯物主義教育，與長年唯物辯證看待與分析問題的習慣，此時也顯示出其優越性。尤其是文科的中國留學生，在回答問題時，會將內因、外因、經濟、政治、文化、心理各方面都層層分析，點水不漏，教授不得不認為你的回答

平衡中肯（Well-balanced），值得一個高分數。

　　我選過一門美國西部史課程。任課的教授為理查‧布朗。布朗教授年約六旬，臉色總是如吃醉酒般通紅。講課時滔滔不絕，只要求學生洗耳恭聽，很少要求學生發言或提問。但他喜歡考試。俄勒岡大學採用季度制度（Quarter System），一學年有三個學期，每學期三個月。一般其他課程只有期中與期末考試，外加讀書報告與論文。西部史的課程則有兩次期中考試，一次期末考試。所以這門課是一月一考。每次臨考，我都不敢掉以輕心，仔細閱讀指定的書籍，額外閱讀有關的書籍。然後假想命題，列出一些我認為是課程要點的論文題。並就這些題目，一一列出提綱。然後再在提綱下詳細列出論證的事例與邏輯關係。無論是在中國讀大學，還是在美國讀研究生，這都是我傳統的考試複習方法，久經考驗，屢試不爽。這一次也不例外，兩次期中考試與期末考試我都得了A。布朗教授驚喜地每次都在答卷後面寫上大段評語：「我從沒有想到一個外國學生答題能夠如此詳盡，如此嚴密。英語不是妳的母語，但妳對它的掌握超過了美國的研究生。我非常感謝妳在這門課上所付出的努力。我真希望有更多學生像妳一樣。有妳這樣的學生選我的課，我很感榮幸。」

　　付出的努力被教授肯定，並大加褒揚，我又感動又自豪。可見，功夫不負有心人。考試前開夜車，複習準備，這些辛苦都沒有白費。同時，我如此用功複習不光是為了考試成績，也是為了自己實實在在地掌握知識。考試前的複習，將學期中學到的知識系統化，條理化。這種歸納分析的過程，會使書本上的知識，化為自己的知識。如果聽課像吃飯，考試複習就是消化。每次複習功課，準備考試，我都感到收穫很大，學習到許多知識。因此，對待考試複習，我總是積極樂觀，心理狀態處於最佳。複習全面，考場發揮一般便不會有意外。我的這些苦心，看來教授都很瞭解。我以前一直認為布朗教授不太有人情味。因為他課前課後不多與學生交談，一付師道尊嚴的樣子。但實際上，他體察學生心理，細致入微，人情味很濃。

2.西部打工仔

　　中國留學生不光學業負擔重，許多人還為經濟來源的有限而時感困擾。比較幸運的學生獲得中國政府或美國大學的獎學金，可以不太擔心收支平衡。許多靠親戚贊助來美或沒有獎學金的自費留學生，則在到達美國的第一

天，就得考慮如何打工掙錢，來完成學業。

留學生打工可以分為校內與校外兩種。美國移民局規定，以留學生簽證F-1來美的外國留學生，必須全職讀書，每學期保證至少上12個學分的課程。低於此數，將會失掉其學生身分，被遞解出境。還規定留學生只能在校園內打工，在校園外打工則為非法。

在校園內的工作不光合法，和校外打工相比，也比較輕鬆。這樣的工作包括在學校的圖書館做學生雇員、在學生食堂洗碗切菜，或者在暑期為學校清理學生宿舍。這三種工作我都做過。我打工的原因不光有經濟的，還有文化的。從經濟上講，從國家領取的生活費用有限，精打細算僅夠每月吃住。若有額外開銷，就必須打工增加收入，來維持收支平衡。決定打工的另一個原因，是藉此暸解美國的社會與文化。學習美國史，除了書本與課堂，更應該深入美國社會，體察人間百味。

我先找到圖書館的工作，在校內的各種工作中，圖書館是打工學生的第一選擇。因為這種工作乾淨輕鬆，閒暇時還可以抽空看書。因此，每個空缺，總有長長的一隊申請人在那裡等待。

我抱著碰運氣的想法也在圖書館工作申請人的名單上填上了我的名字，但並不抱多大希望。誰知，我運氣不錯，填了申請表後不久，就有圖書館的工作人員打電話來，通知我去圖書館面試。

這是我有生以來第一次被人面試。好在這只是按鐘點付錢的臨時性工作，沒有什麼值得緊張的。我按指定的時間去了圖書館的人事處，被領到了圖書出借處（Circulation Department）的圖書分類組。面試我的人是分類組的監工（Supervisor）丹尼斯。丹尼斯戴副眼鏡，脣上一撇小鬍毛，看起來很平易近人。他簡單問了我一些問題，諸如我的專業與興趣愛好等，便決定僱用我。

我的職務名稱是圖書上架員（shelfer）。圖書館每天有成百上千冊的圖書被歸還，需要人將它們分類，放還到書架上去。分類組雇有三、四十名學生，分班來工作。這種工作不需要什麼技術，只要會讀美國國會圖書館圖書分類法（Library of Congress System）即可。國會圖書館圖書分類法將各種類型的圖書按英文字母順序分門別類。如A類書一般為雜誌與工具書，D類為歷史書，P類為文學書等。每一類下，再用阿拉伯數字區分更細的分支。分支內再用英文字母與阿拉伯數字進一步區分。每一本書的側面都貼有以國會圖書館圖書分類法編排的書號（Call number）。每個書號都有至少四行：第

一行是英文字母表示書的類別,第二行是阿拉伯數字表示類別中的分支,第三行又是英文字母與阿拉伯數字代表更細的分類,第四行是書的出版年代,如(PL/300/D3/1998)。

分類員要從第一行開始讀,然後第二行,第三行,依次而行,將圖書按書號次序排好。這道工序叫分類(Sorting),在圖書館出借處後面的分類處(Sorting Aera)進行。分好類的書然後被按順序放入一個個帶輪的分類車(Sorting cart)。分類車狀如書架,一般有三至四層。分類員再將這一車車圖書推入圖書館藏書的大書架邊,按書號將圖書一本本歸架。

這種工作看起來簡單,但做起來也不太容易。裝滿了書籍的一車書,超過四、五百斤。若是一車裝訂起來的雜誌就更重了。推著這樣沉重的一車書,相當吃力。要把每一本書放到準確的位置,得不斷在高大的書架上爬上爬下。這樣幹一小時,我便感到飢腸轆轆,頭暈眼花。蹲下身子將書放入書架的底部,再站立起來時,便會兩眼發黑,頭發暈,要將雙手扶著書架默立幾分鐘,才能緩過來。

除了將書籍分類上架,分類員的另一個職責是檢查放錯位置的書籍,查到後將書放回正確的位置。這種工作叫Shelf reading。檢查錯置的書籍似乎比分類上架要輕鬆些,但連續讀上半小時書號後,也會雙眼發花到不能再讀書號。

除了體力消耗以外,我還得克服自己的心理障礙。出國前,我在大學教書,習慣於「為人師表,誨人不倦」。現在,我只是一名打工的學生,要讓別人呼來喝去,很有些心理不平衡。在美國打工掙錢,並不丟人現眼,或有辱尊嚴。美國學生需要花錢時便去打工,非常自然。不僅家境貧寒的學生要打工,富家子弟也會替人割草,或在餐館端盤洗碗,並不有失身分。這些道理我都明白。但在打工的第一個星期,心裡總是疙疙瘩瘩的。

說到個人尊嚴,校園內的工作大概是個人尊嚴最不受侵犯的工作了。這些工作有些類似於在中國替公家幹活。美國的公立學校或國家贊助的企業靠政府的稅款支持,因此大家都是替公家幹活。不像私人企業,老闆盯得雇員緊緊的,生怕你只拿錢不幹活。在校園內工作,學生監工一般都通情達理,平易近人,不會把學生雇員當奴隸看待。當然,這裡是資本主義社會,靠競爭吃飯。偷奸耍滑,便有被炒魷魚之虞。不過,我注意觀察,雖然監工不是時時緊盯,但極少有美國學生偷懶窩工。看來自由競爭與法律規範,會迫使人們循規蹈矩。美國人良好的工作態度與高工作效率,都是法律與競爭的

結果。

　　做了一段分類員以後，丹尼斯將我調到東亞圖書部為中、日、韓文書籍分類上架。工作條件因此大為改善。東亞圖書部書籍集中，不必推著沉重的車子來回走。為中文書分類上架，在心理上似乎輕鬆多了。究竟是自己的母語，中文書看起來要親切多了。心情愉快，工作便顯得容易。在分類上架的過程中，可以順便流覽有趣的書籍。因此，我工作時並不感到是在工作。每次上工，都覺得時間過得飛快。許多中國同學來此處閱覽中文書報，對我的這份工作都羨慕不已。

　　暑期到了，我不再選課讀書。因此想趁閒再多打些工掙錢。除了圖書館的工作外，我又找了一份在學生食堂的工作。和圖書館一樣，學生食堂也雇有大批學生工作。食堂工作有許多種，每樣活大家輪流幹。在餐前我們幫助準備每餐的各種菜式。就餐時間，大家便站在盛放各種食品的櫃檯（Serving Line）後面，給依次而來就餐的學生往盤子裡盛飯。

　　櫃檯裡每樣食品被盛光後，負責盛飯的人（Server）要從背後面向廚房的窗口處大聲呼喝：「土豆泥！」「米飯！」廚房內的人便會應聲端出更多的土豆泥或米飯，放入櫃檯內。

　　每當我負責盛飯時，我總是生怕前面的哪樣菜被吃光，我得探頭向廚房內大叫。我生性羞怯，嗓門又小，似乎從來不會喊叫。這種時候，我真是尷尬萬分。背後排隊的學生不耐煩的等著空蕩的菜盆被重新裝滿，我這裡憋得面紅耳赤，都喊不出聲來。好不容易，鼓足勇氣聲嘶力竭地發出一聲土豆泥的喊聲，叫聲卻立刻被廚房內各種鍋盤碰撞的嘈雜所淹沒。不得已，我只好繞道走到廚房，直接從裡面端出一盆土豆泥來。其他打工的伙伴看我這樣辛苦，都忍不住笑我。

　　在食堂打工，我學會了許多美國炊具、食品的名稱，和許多美國菜的烹飪方法。如果不在食堂打工，這些知識恐怕我很難有機會學到。更重要的是，在食堂我結識了許多被拒於象牙塔之外的最為平凡卑微的美國人，瞭解到了美國社會的另一面。

　　在食堂正式工作的炊事員，多是婦女或上了年紀的男士。偶有個別年輕的男炊事員，交談後，便會發現他們有各種各樣生理或心理的缺陷。鮑勃是個瘦高的年輕人，一頭火紅的頭髮，蒼白的膚色。他幹活很實在，也愛和人開玩笑，但開玩笑的結果總是他吃虧。因為他吐字含混，口齒不清，又反應遲鈍。所以，對別人的玩笑總是一笑了之。因為生理上的缺陷，他從未上過

高中，也找不到其他技術性的工作。他很羨慕我們這些讀書人。布萊恩是個三十多歲的男子，五官端正，一切正常。只是煙不離口。下班以後，他靠喝啤酒，看電視，偶爾吸毒打發時間。他只有高中程度，但講話很有條理。他似乎對生活已經看透，一副玩世不恭的模樣，與老實厚道的鮑勃截然相反。但性格迥異的兩人卻是形影不離的好友。

這個暑期，除了在圖書館與食堂工作以外，我還找了第三份在校園的工作：清理學生宿舍。清理學生宿舍的工作，每年只能在暑期進行。因為暑期，大部分學生都離校回家找暑期工作，一方面掙錢補貼自己，一方面增加工作經驗。學校的學生宿舍因此基本都空了出來。學校的房屋管理處便趁此機會澈底清理修整學生宿舍，為新學期到來的學生準備好宿舍。

學校有十幾棟大樓都是學生宿舍，每棟樓有一、二百個房間。把這些房間全部清理一遍，工程浩大。所以學校每年在暑期都要僱用大批學生，組成許多清潔隊（Cleaning crew），清理宿舍。

每一隊大約有二十人，由一名學校的專職清潔工（Custodian）帶隊，指點並監督學生。參加清潔隊的有不少美國學生，但許多外國留學生，一來暑期無家可歸，二來因為學生簽證的限制，不好在校外打工，便找到這份工作。

美國的大學一般要求大學一年級的學生（Freshmen）住在學校宿舍。這樣做有許多原因。其一，離開父母，進入大學，是美國青少年走向成人，走向獨立的第一步。辛勤的父母一方面可以喘一口氣，慶幸自己平安渡過了作為叛逆少年家長的艱苦時期，完成了為人父母的一部分責任；一方面又開始為獨立生活的兒女擔憂。孩子能適應大學緊張的功課嗎？孩子在家從來沒有進過廚房，怎麼會給自己燒飯呢？住在學校宿舍，便成為從依靠父母到獨立生活這中間的過渡。住在學校宿舍，便可在學生食堂吃飯，燒飯的煩惱解決了。不用做飯也就不用花時間買菜，所有的時間都可用在學習上。而且，在學校住，既安全又方便。去上課，到圖書館，都在步行的範圍內。省去父母不少擔心。

其二，從學校的角度來考慮，校方也希望新生有一個良好的開端，以便順利完成四年的學業，畢業走向社會。衡量一個大學優劣的標準之一，是該校學生的畢業率。畢業率達到百分之七十五以上的學校很可以為此沾沾自喜。而大學生中途退學或轉學，多半發生在第一年。新生住在學校，一方面可以避免受社會的不良影響，便於學校監督管理；一方面居住集中，易於形成同年級學生的各種社團，或找到知心好友。許多有關大學生在校

率（Retention rate）的調查研究發現，如果新生在第一年找到志同道合的朋友，形成自己的小社會圈，便不會生退學或轉學之念。

從第二年開始，學生可以自己在校外找房租住，開始獨立生活。

新生大多還是循規蹈矩的。從父母的監護下轉到學校宿舍管理員的監管之下，一般學生還是能接受的。但無法無天、調皮搗蛋的人哪裡都有。大學生也不例外！儘管學校房屋管理處規定學生在住校一年後退還學生宿舍時，要保持原樣，否則將會被扣掉押金。仍然有一些學生在搬出宿舍後，留下滿地狼藉。有些調皮的學生還在牆上塗鴉，有的讓人捧腹，有的則不堪入目。

我們這些清潔隊員，要把所有的房間清掃，擦抹乾淨。清理的第一道工序，是搬出所有學生丟棄的物品。然後擦洗乾淨所有家具：床鋪、床頭桌、椅子、書架、壁櫥。玻璃窗與窗臺也都要擦洗。擦洗完後，用吸塵器將地毯吸乾淨。隨後是鋪床。先是在床墊上鋪上床罩。床罩上面是床單，床單枕頭的一端翻折到毯子上面。最後把毯子與床單的四角都壓到床墊之下。鋪好的床平平整整，賞心悅目。一間學生宿舍便清理完畢。

每個清潔隊又分成幾個小組。每組三至四人。大家分工合作，齊心協力，不到兩個鐘頭便可清理完一間宿舍。

和我在一個小組幹活的學生中，有個美國女孩叫安。安是大學四年級的學生，學文學。她利用暑期，一邊選修兩個學分的課程，一邊在清潔隊工作。在接觸安之前，我對美國女孩的印象是，她們大部分都愛虛榮，愛趕時髦，華而不實。安改變了我的偏見。安的父母居住在俄勒岡州的波特蘭市（Portland, Oregon）。她是個獨生女兒，和一個從南美來的青年結婚。說話做事，安都非常成熟老練，也很樸實憨厚。在一塊兒幹活，她總是先揀比較髒、累的活，把輕鬆容易的工作留給同伴。我常常忘記她是個美國女孩，年紀也比我輕，恍然中，常常覺得她很像我的姐姐們。

另一個同組的伙伴叫巴尼。巴尼是從新加坡來的留學生。因為新加坡只有一所大學，即新加坡國立大學，入學競爭非常激烈。所以家裡有錢的學生，都到海外讀書。因此，美國西海岸的大學中，新加坡學生的比例相當高。俄勒岡大學有一千多名從亞洲國家來的留學生，其中有三、四百名是新加坡人，其中的新加坡華人居多。巴尼的家庭背景我不太瞭解，不知他父母是否富有。但他說他完全不依賴父母，學費與生活費用完全靠打工支付。他已結婚，太太在家帶他們一歲大的女兒。他怎麼能靠打工來養活全家並交納

學費，這對我一直是個謎。但可以想見，他的生活一定非常艱苦。他告訴我，他們全家每個月用在食品上的花費只有三十元。中國留學生一般都非常節省，但每人每月的菜金最少也得七十元。巴尼一家三口，怎麼用這每月三十元度日呢？巴尼解釋說，他們每月消費的牛奶與乳製品，來自美國政府的社會福利機構——婦女、嬰兒與兒童營養計劃（WIC, Women, Infant and Children）。這樣他們食品中最重要的營養成份便有了。他們只需自己花錢買麵包與青菜。而這些食物，他們都是利用減價券，買最便宜的。難怪巴尼這樣瘦骨嶙峋，沒有一件衣服能架得起來。但巴尼說，我雖然瘦，但不弱，我很有精神。確實，巴尼是很有精神。每天總是高高興興，一雙手總是不停地幹活，一張嘴不停地講話。

　　這裡，順便詳細介紹一下婦女、嬰兒與兒童營養計劃。該機構的全稱是婦女、嬰兒與兒童特別補充營養計劃（Special Supplemental Nutrition Program for Women, Infants and Children，簡稱WIC），屬於美國農業部食品與營養服務組織（Food and Nutrition Service）的下屬機構。該機構在美國五十個州、三十三個印地安人保留地，及美國屬地，如關島、波多黎各等地都設有分支機構，為低收入家庭的孕婦、一歲以內嬰兒的母親、一歲以內的嬰兒，以及五歲以下的兒童，免費提供營養食品，包括牛奶、乳製品與雞蛋。據統計，美國百分之二十五的孕婦與產婦，百分之四十五的一歲以內嬰兒，都接受該機構的免費營養食品。該機構於一九七二年建立，已經為低收入家庭的婦女與兒童服務四分之一世紀多。許多有家眷的留學生也都接受這種救濟。每年聯邦政府都撥專款贊助該機構。當然羊毛還是出在羊身上。聯邦政府購買營養食品的錢自然來自美國納稅人的腰包。但用納稅人的錢買食品救濟婦孺，要比製造武器彈藥更有利於民生。

　　第二年暑假，我繼續在清潔隊工作，但這次不是清潔單身學生的宿舍，而是專為有家眷的研究生設立的學生宿舍。後者比前者的難度與勞動強度要大多了，但工資並不增加。單身學生宿舍沒有廁所與廚房，只有一間寢室，兩人共用。住宿生在每層樓設有的公共衛生間如廁淋浴，在學校的食堂吃飯。因此只清理寢室要容易多了。而住家屬的學生宿舍，一般為一間或兩間臥室的套房，包括客廳、廚房與浴室。在這一套房中，最難清理的是廚房與衛生間。從廚房裡油煙的氣味、油膩的厚度，以及污跡的位置，我們便可以判斷是哪一國籍的人曾經住在這裡。中國人有「食不厭精，燴不厭細」的名聲，酷愛烹炒，每頓飯都要搞得油煙滿屋。如果看到爐臺上，抽油煙機的風

口有層層油膩,搬走的房客十有八九是中國人。來自南亞的印度人與巴基斯坦人喜歡燉煮,所用調料與香料氣味濃烈,經久不散。因此,不論是否是做飯時間,經過印度或巴基斯坦留學生的宿舍前,都會聞到這濃烈的氣味。而美國人正相反,不炒、不燉,卻偏愛用烤箱。不論是主菜還是點心,都得用烤箱烘烤一番。這樣烤箱四壁與底部便油煙斑斑。可以想見,清理這些爐臺與烤箱,真是工程艱巨。

而衛生間比廚房也好不了多少。牆上有積累的水印與皂跡,很難除掉。抽水馬桶裡也有一圈圈的黃印,得用強力洗滌劑沖洗。

所以,我們每清理一套房,便先從廚房與衛生間下手。每人戴上口罩與橡皮手套(因為除垢的清潔劑都含有很強的化學藥品,長期接觸,對皮膚與鼻膜有害),先用專用來清理烤箱與爐臺的強力清潔劑在爐臺上與烤箱內大噴一頓。然後進入衛生間,用專門清理水垢的清潔劑在牆上與馬桶內也噴灑一番。隨後關上衛生間的房門,讓化學藥品慢慢發揮作用。

噴灑完衛生間,再返回廚房。這時,專門對付油污的清潔劑已發生作用,便可以用海綿來擦洗爐臺與烤箱。許多油污與油煙一次去不掉,還得再一次次噴灑清潔劑,直到爐臺與烤箱明光錚亮,沒有一點斑跡,才能通過監工的驗收。

擦淨爐臺與烤箱,又進衛生間,接上水龍帶,仔細沖洗整個衛生間。沖洗完畢,再用紙巾把水珠全部擦乾。

然後。便可以清理廚房的壁櫥與整個房間的窗戶了。整個套房都清理完後,還不算大功告成。另一個艱巨工程還在後頭,給水磨石地板打蠟。先得用含有醋酸的藥水灑在地板上,等待二十分鐘後,地板上原有的舊蠟便會與地板分離。然後用一柄大硬刷,刷起舊蠟。隨後用水沖洗地板,再用專用的吸水器吸去地上的污水。之後,用溫熱的墩布把地板擦得乾乾淨淨。待地板完全乾燥,便可用乾淨的布刷沾上乳白的地板蠟,均勻地在地板上抹上薄薄的一層。打蠟之前,我們必須將各處再清理一遍,將所有的工具都搬到套房門外。然後,開始打蠟。由裡到外,逐步向門口移動。最後站在門外,將門口的一小處地板打蠟。整個清理工作到此結束。

這種專業訓練,對我做家庭主婦大有裨益。我的爐臺和烤箱一有油跡,我便不能袖手,非得把它們都擦得光滑明亮不罷休。不但不以此為苦,反而將清洗廚房作為我在做了大量腦力勞動之後的休息與調劑。

在校園外打工,主要是在中餐館。我們在前章已經談過,持F-1簽證的

學生在校園外打工屬非法，因此留學生能夠找到的工作只有在中餐館。因為是非法打工，只得任憑老闆剝削。剛到美國的留學生，英語不流利，沒有幹餐館的經驗，便只能從廚房做起。洗碗切菜，打掃衛生，什麼活都得幹，每小時的工資只有兩美元。一位同學和我談起他初到美國時，在首都華盛頓的一家中餐館幹活。他說最苦的活是切肉。要把凍得鐵硬的雞分解開來，冰渣、骨渣常常在手上戳出一道道血口。

洗碗切菜打雜活做得有了些經驗之後，便可升到炒鍋。炒鍋，顧名思義，是將食物在油鍋中炸好。當客人點菜後，加湯一燴即可。做炒鍋的人還要同時兼裝碼，即給廚師準備好炒菜料。

有經驗，英語流利的學生可以做侍者。做侍者老闆給的小時工資更低，每小時不到兩元。所以侍者的主要收入來自小費，這樣可把每小時的工資拉至十美元。一些作侍者的學生在週末狠狠打工兩天，便可賺足一月的伙食費。

在餐館打工，除了兩腳不停，兩手不閒的忙累之外，最大的缺點是受氣。受老闆的氣，受大廚、二廚的氣。當老闆的生意好時，心情愉快，會和打工的伙計談天說笑。生意不好時，便橫眉立目。當然老闆的日子也不好過，一週七天，一年三百六十五天，都在餐館打轉，非常辛苦。大廚、二廚一般有廚藝，但文化不高，有時會取笑這些打工的大學生、碩士生、博士生。

除了打半工的留學生，中餐館還僱用做全工的中國人。這些人多半自費來美國，投靠親戚，結果只能在餐館打工。餐館老闆一般每月出一千至一千三百（視地區不等）的薪水，包吃包住。全工的工人每天幹十二至十三小時的活，中間只有一小時休息。一週幹活六天。

不少中餐館，還僱用偷渡來美國的非法移民。從大陸來的偷渡者，來自福建沿海的一些省份，如連江、長樂兩縣。這兩縣，與臺灣隔海相望，渡海謀生為傳統職業。有些村落的青壯年，幾乎全部偷渡到美國。偷渡的費用一般為三萬五千至四萬美元，窮困的村民自然出不起。全村人便採用互助的形式，湊集偷渡費，今年張家的兒子走，明年李家的兒子去。大部分偷渡者為未婚的青年，但也有一些已婚的，忍痛離開妻小，隻身偷渡。

偷渡者的動機有種種。其中之一是跟潮流，向「錢」看。看到別人家的兒子到了美國一年就寄回來一萬元美金，便想，美國的錢真是好掙，我們也應該出去。此外，自從農村經濟改革，包產到戶之後，每戶只分得一小塊

地，僅父母耕種便足夠了。有的年輕人怕吃苦，不屑於農活，整天遊手好閒，打架鬥毆、賭博，因此被公安局立案。擔驚受怕的父母因此決定：與其在家惹事生非被公安局抓去，不如到美國碰運氣去吧。

現代的偷渡者並不真的去渡水出境，而是乘飛機出國。（偷渡的路線一般為：閩南──香港──泰國──南美。）偷渡人先被提供到香港旅遊觀光的護照與簽證。這種護照與簽證都是真的。抵達香港後，偷渡人又被提供去泰國的假簽證。到了泰國，偷渡人拿到去南美的假簽證，然後乘飛機到南美。在去南美的飛機上，偷渡者便撕毀假證件，投入馬桶。當飛機途徑紐約時，便下飛機。

一下飛機，人蛇便被美國移民局捕獲，隨後又被放行，等待聽證。從此，人蛇便消失在紐約茫茫人海中。人蛇一俟釋放便被蛇頭派人接至某中國餐館，第二天便開始幹活。人蛇在偷渡前，一般由可靠的中人做擔保，將偷渡費放在中人處。人蛇一到紐約便往家中打電話，告知已安全抵美，偷渡集團便立即從中間人手中拿走偷渡費。從此，人蛇將蟄伏在中餐館苦幹，直至還清偷渡費。有的人蛇在還清偷渡費之前企圖逃跑，被偷渡集團的打手抓獲，嚴加拷打，甚至送掉性命。

在中餐館打工的人蛇，起薪為每月三百美元，並在餐館吃住。白天在餐館的廚房幹活，洗碗切菜。晚上便蜷縮在餐館的樓梯下，打個地鋪而眠。逐步做到月薪一千美元，苦幹三年以後，可以償清偷渡費。但身分問題仍無法解決。許多偷渡客在美國十數年，身為非法移民，再也無法回鄉探親。

以上這些敘述，都是我耳聞目睹，搜集來的資料。至此我還沒有體驗過在中餐館打工的酸甜苦辣。在美國留學，不在中餐館打工算不得留學。許多中餐館都自詡其為「留學生的搖籃」，培養出了一批批的博士、碩士。因此，第二年暑假，我決定也「體驗」一下生活，到中餐館去打工。我連問了三家幽景市中心的中餐館，都說不需要人，將我摒退。第四家是個中型的餐館，老闆娘上下打量了我一陣，當即僱用我做侍者，週末晚上從六點做到九點，每小時工資兩元外加小費。

這家餐館的老闆是越南華僑。一九七五年，乘船作為難民來到美國，一文不名。先是在別人的中餐館打工，攢足一些錢後，便自己獨立開店。老闆在廚房炒菜，算做大廚，並僱用一名二廚兼打雜。老闆娘在店堂招呼食客，兼做帶位、侍者及收銀。

週一至週五，生意不忙，老闆娘一人在店堂對付。週末生意好，老闆

娘便打電話讓我上工。老闆娘分出三分之一的檯面讓我招呼。因為收入主要來自小費，便得笑臉相迎，曲意逢迎客人。中餐館的客人，半數以上會留下占餐費百分之十的小費。但也有些客人，吝嗇非常。無論你服務如何周到小心，也會食畢抹嘴便走，不留分文小費。以前便聽過在中餐館打工的同學說，黑人一般不留小費。我想，黃種人與黑人都是少數民族，不應以有色眼光看待黑人兄弟姐妹。但是我接待過一個黑人顧客，還真的不付小費就走，真是有負厚望。有個白人女顧客，點了宮保雞丁，我在菜單上記下，送入廚房。待大廚炒好菜後，我將菜端出。這個顧客鄒起眉頭，硬說這不是她點的菜。我向她解釋，這確實是你點的菜。這時老闆娘走來，謙卑地滿臉堆笑，對顧客說：「沒關係，菜拿錯了，我去給妳換一個。」將這盤宮保雞丁端入廚房，我滿心委屈，告訴老闆娘：「我並沒有拿錯菜，是她自己點的。」老闆娘立即斂去滿臉的笑容，惡狠狠地說：「客人永遠不會錯，只有妳錯。這盤菜的價錢要從妳的工資裡扣除！」

老闆娘不光不講理，還總是緊緊盯著我，不讓我有半點空閒。客人一來，要迎接客人入座，然後遞茶送水。待客人點菜後，在等菜的空閒中，我或者要接待新的客人，或者要趁空收拾髒碗碟送入廚房，或者把洗好的碗碟從洗碗機中取出，分類擺好，總之，一雙手，兩條腿要不停地動。稍一遲慢，老闆娘便會發來指令。

不光老闆娘潑辣，大廚、二廚也欺我是新手，總是先出老闆娘的客人的菜。我的客人的菜，等上半小時，也不見蹤影。這樣在等菜的中間，我又得多幹雜活。菜上得慢，客人自然不滿意，會不給小費或只留很少小費。第一晚辛苦三、四個小時，我只有不到六、七元的小費。

精明的老闆娘只在六點到九點之間僱用我。因此九點過後，便不付任何薪水。如果九點以後，我的客人還未離開，服務半天，我應該得到這筆小費。我便得耐心等待。但等待期間我還得無償幹活。如果我不想替他們白幹活，到九點便下工，便會失去那個客人的小費。因為老闆娘會替我打發客人，小費便歸她了。這樣精明地算計自己的同胞，難怪留學生都說有三分奈何不去中餐館打工。中餐館老闆的厲害，我算是真正領教了。打了三天工，我便再也忍受不下去了，離開了這家餐館，結束了我的「體驗生活」。

辭工之後，感覺我真是幸運。我受不下餐館老闆的氣，可以拔腿便走。假如我是自費生，也沒有任何獎學金，再受氣，我不也得忍氣吞聲嗎？有個叫王飛的同學，在中國名牌大學的建築系畢業，畢業後在建築研究所工作，

娶了自己的同班同學，一位著名科學家的孫女為妻。本來事業家庭美滿，卻被出國潮推動，自費來到美國留學。建築與藝術，在美國都屬高尚的冷門，資金短缺，根本沒有可能拿到獎學金。王飛只好既讀書（要保持學生身分必須全職讀書），又在餐館打工。受了老闆的氣，便抽煙發悶。打工勞累，又占去學習時間，因此書讀得一塌糊塗。不久，夫人也自費赴美，與王飛團聚。看到丈夫的倒霉樣，深悔出國。但既已出國，便得咬著牙，挺下去。「功不成，名不就」，兩手空空，是無顏見「洋」東父老的。

在校外打工，除了中餐館外，還可以為美國家庭幫助做家務，沒有報酬，但可以免費在美國人家食宿。食宿是留學生的主要開銷，解決了食宿問題，便解決了國計民生。因此中國留學生對這種工作的機會是非常歡迎的。可惜這種機會不多，難以成為留學生的打工選擇。

但是，我卻幸運地得到了這種機會。在首都華盛頓，我找到了這種不需要房租的房東。在幽景，一家猶太夫婦尋找大學生幫他們做家務，看護他們五歲的兒子，將啟示貼到了俄勒岡大學招工廣告欄上。我打電話去詢問，女主人說要先面談一下，才能決定。

這家人，非常小心謹慎。面談時夫婦倆均在座，用各種各樣的問題來探測我的人品、習性，並記錄下我的社會安全號碼（Social Security Number），與我的兩個導師的姓名與地址。這種謹慎，我可以理解。將一個不知根底的陌生人，接到自己家，並要將親生兒子託付其人，關係重大，不可等閒視之。面談後，這對夫婦說，兩個禮拜以後，他們會打電話告訴我他們的決定。這兩個禮拜中間，這對夫婦又面談了其他的應徵人，反覆各方比較；同時也調查了我的底細。最後，終於決定僱用我。

這對夫婦，姓雷古德。丈夫是房地產的經紀人，妻子是小學教員。他們有個五歲的兒子，叫強納森，長得非常漂亮可愛。

他們挑中了我，我也選中了他們。他們的住宅環境幽雅，位置適中，離學校只有十分鐘的步行路程。他們要我幫忙做的家務，是每天清潔房間，偶然幫助看護強納森。雷古德太太說：「這些活，大概每天需要兩小時，我們不付妳工資，但妳在這裡吃住；我們的房子離大學這樣近，妳若租一間這樣的房子，每月至少得兩百美元。」我合計了一下，他們說得在理。住在這裡，我每月將不會有任何花銷。省下的錢便是掙來的錢。

我搬到了雷古德家。雷古德太太每天在上班之前，將我需要特別清理的地方都列在背面帶膠的便箋上，然後將便箋貼在水槽旁邊的櫃子上。我夜晚

讀書做功課，總是睡得很晚。早上八點鐘起床後，雷古德一家均已離開。我草草吃點早飯，去學校上課，先不忙做清理工作。因為雷古德太太說。只要我每天下午三點之前清理乾淨住所即可。

上了三節課後，已是中午。我飢腸轆轆地趕回家中，吃了三明治，填飽肚子便開始幹活。雷古德太太估計得很準確。這套兩千多平方米的三層小樓，大大小小有十一個房間。要把每個房間凌亂的物品都整理歸位，將廚房廁所都擦洗乾淨，然後把樓上樓下所有的房間都用吸塵器吸一遍，至少得兩個小時。每天下午，我還得去圖書館工作兩小時。所以，我必須馬不停蹄，在三點鐘之前將整個住宅都清理乾淨。每天中午，我都是大汗淋漓。來不及換洗，便又匆匆趕到學校圖書館去打工。

下工以後，回到家，簡單吃頓晚飯，便上樓到我的臥房，看書學習至午夜。

這樣每天生活緊緊張張，也沒有時間考慮太多。我和雷古德一家的關係也很融洽。大家互相尊重，沒有賓主貴賤之分。

一個週末，雷古德全家出去，我一人在家。突然有電話打來。我拿起話筒，對方說；「找雷古德太太。」我說：「他們全家都出去了。」對方說：「你是他們的傭人嗎？」（Are you their maid?）」我一愣，反應不過來，隨口說：「我不是。」

放下電話後，細想，我每天為他們做的這些事，不就是傭人做的事嗎？但我從未想過我是他們的傭人，只認為我提供服務，他們提供食宿，是一種交換。從此，我小心築起的心理堤防被攻破，失去心理平衡。被硬壓在內心深處的屈辱感覺，開始像蛇一樣嚙咬我的心。三個月之後，我辭退了這份許多人羨慕的工作。

我專攻美國現代史，隨後又做美國移民史的研究，深深瞭解我在美國的經歷與境遇並不特殊，而是非常具有代表性。從經濟落後的國家，移民到經濟發達富裕的國家，任何移民都得降低身分，委屈求全。不論你在母國受過多麼高深的教育，有多麼顯赫的地位，一俟遷入他國，便得從零開始。過去是醫生，現在頂多能當個醫療技師；過去是工程師，現在得開餐館；過去是教授，現在在小學教書都沒人要。許多學者將這種知識分子移民降格以求生存的現象稱為「降格」（downgrading）。認為「降格」是移民的必然產物，新移民必須要學會忍受這種由降格而引起的心理失落與不平衡。

我現在由大學助教「降」為研究生，是自己的選擇。像所有的移民，既

選擇了移民，就得有「降格」的心理準備，從頭幹起。只要堅持不懈，只要運氣不是太壞，總有「出頭」「升格」的一天。當然，我那時從不認為自己是移民，也從未打算移民。我是堂堂正正的中國政府的留學生。後來變成移民，是一步步身不由己的自然趨勢。

所以，我想，我們人窮，但志不應該短，不能為五斗米折腰。從此，再也不去美國人家住。

但是，中國人在美國的「降格」現象還是隨處可見，讓我心痛。一位舊金山中國領事館的領事，在任期四年期滿之後，將要卸任回國。此時，他受俄勒岡大學之邀來做一年的訪問學者，攜夫人到幽景城居住一年。一年的時間有限，領事夫婦要盡量在這一年內多賺些錢，或者省些錢買上幾大件帶回國去。

領事做訪問研究，領事夫人無事可做。在中國，領事夫人是聲名赫赫的婦科主任醫師。在美國，領事夫人不會英語，沒有用武之地。沒有工作，怎麼能賺錢呢？一天，我去超級市場買菜，看到一個中國婦女在推著一車裝在黑色垃圾袋中的飲料易開罐，叮叮噹噹，進入超市。在俄勒岡和美國某些州，每只用過的易開罐可以到超市換五美分。叮叮噹噹的響聲，吸引我向推車的婦女望去，那不是領事夫人嗎？領事夫人低著頭，不願被人看到。我也快步走過，裝做沒有看到她，以免使她難堪。

我在中國沒有插過隊，總有「缺乏鍛鍊」之嫌。在美國當學生，「插洋隊，受洋罪」，終於補上了這一課。在美國打工，雖然時不時感覺心理不平衡，但打工增加了我對美國社會的瞭解，磨煉了我的韌性，是我人生道路中重要的一段。

3.美國伯樂

我在中國讀書時，從幼兒園到大學，都遇到了一些識才愛才、提攜幫助我的良師，讓我沒齒難忘。在美國留學，我也有幸不斷受到許多正直熱心的美國教授的栽培與愛護，使我身在異國，仍能如沐春風。不論學業與生活多麼艱苦，老師的鼓勵與信任讓我充滿信心地堅持不懈。

除了前面提到過的周錫瑞教授與理查·布朗教授，我在俄勒岡大學還遇到了不少知識淵博、可親可近的教授。其中艾倫·溫克勒爾是我終生愛戴的良師與益友。

溫克勒爾教授是猶太裔的美國人，家學淵源。其父曾在哥倫比亞大學、哈佛大學等名校任教，後為辛辛那提大學校長。溫克勒爾聰明好學，受教於哈佛、耶魯。專門研究美國當代史，在史學界頗受同行尊重。溫克勒爾中等個、瘦瘦的，一副精明幹練的樣子。他非常平易近人，但又總是彬彬有禮。和人談話時，總是專注地看著對方的眼睛，認真地傾聽，然後直率地談出他的看法。讓你感覺到，你可以信任他，和他商討請教任何問題。

　　溫克勒爾教授的家庭環境與個人閱歷似乎頗能代表猶太裔美國人的一些特性。猶太人僅占美國人口的百分之幾，然而其在美國的政治、經濟、文化中的影響力舉足輕重。美國政府對以色列的優厚政策可以反映出猶太人在美國政治、經濟中的地位。對納粹德國對待歐洲猶太人種族滅絕式的暴行（Holocaust）的揭露與追蹤同樣體現猶太裔美國人的政治影響力（對南京屠殺的報導，對二戰中其他族裔受害情況的揭露，都無法與對Holocaust的暴露程度相比）。猶太裔美國人對美國文化的影響更是重大。著名的人士有相對論的創始人愛因斯坦、原子彈之父奧本海默，外交家基辛格等。此外，還有許許多多不知名的猶太裔美國人在美國的大學任教、在醫院行醫，或者在新聞媒體位居要職。有一種誇張的說法，認為猶太裔美國人把持了美國的高等教育。縱觀美國各大學，可以發現不少猶太裔教授。可見，這種誇張有一定的現實根據。猶太裔美國人的教育程度與職業結構分佈也反映出猶太裔對教育的重視與相互幫助的群體觀念。許多猶太裔美國人的慈善團體以贊助教育著名。猶太裔美國人的這些特性又與華裔美國人的特點非常相似。難怪人們常常把這兩個民族加以比較，中國人被稱做「東方的猶太人」。華裔與猶太裔文化觀念的接近，也反映在華裔美國人的異族通婚現象中。與歐裔美國人結婚的華裔美國人，許多人的配偶為猶太裔。

　　溫克勒爾教授的工作作風與處事習慣，對我影響極深。我最敬重他的是他待人的誠懇與熱心。我留學與其後教學生涯中的許多困難，都是在他的幫助與指導下迎刃而解。

　　此外，我對他的有規律的、高效率的工作習慣也深為折服。他從不熬夜，總是早起工作。每天清晨六點至九點是他寫作的時間。他不希望有人在這段時間打擾他。除了嚴格遵守作息，他的工作效率也非常高。他總是隨時處理各種信件，不讓工作積壓。我每次要求他為我寫推薦信，他總是在當天或一、兩天之內回信。與許多喜歡拖拉、積壓工作的文人、教授形成鮮明對比。我深深感激他幫人辦事的速度，因此在自己的學習與工作中也極力效

仿。在美國做社會科學領域的研究生，最主要的專業訓練之一，是大量閱讀與大量寫作。每一門課都有許多參考書要讀，許多讀書報告與論文要寫，總是感覺時間不夠用。一次，與溫克勒爾教授閒談，他說到他寫作一般不打初稿，總是直接在電腦上寫。我因此大受啟發，開始把參考書放到電腦前面來讀。一邊讀，一邊直接在電腦上寫讀書報告。常此下來，竟養成了只會在電腦上寫作的習慣。拿著筆在紙上寫不出幾個字，但一坐到電腦前，便文思如泉湧。

他的有條不紊與高效率不僅反映在工作作風上，而且體現在他對其所處環境的佈置上。他的辦公室，整潔乾淨。書籍物品都放在適當的位置。我對他愛整潔成癖印象最深的，是他辦公桌上的一羅黏膠記事本。我認為美國文具中最高明的一項產品是這種黏膠記事紙。這種紙的背面塗有膠，可以任意黏貼在任何地方。記事後，把這頁紙從記事本上揭下來，黏貼到需要的地方去，非常方便。這種黏膠記事本，有大小不等的各種型號。在溫克勒爾的辦公桌上，各種黏膠記事本，依次從小到大，像金字塔般的整齊地羅在桌上。看到他整潔到如此地步，我不禁暗暗發笑。幾年後，溫克勒爾教授與他的妻子離婚。我怎麼也想不通，如此完滿的人怎麼會與妻子合不來。有的同學開玩笑說他的妻子與他離婚，是因為他太愛整潔了。

我初讀研究生時，對美國的教學與研究方法還不熟悉，在寫作時總是習慣性地運用在中國讀書時受到的專業訓練：先假設論點，然後根據論點尋找材料，逐一從政治、經濟、文化或內因外因各方面分析；常常以一般性的結論來概括具體的個體特性。周錫瑞教授稱我的文章為「八股文」，大加撻伐。我因此對寫作論文沒有信心。中國的八股文用不上，美國的八股文還沒有學會。唯一的辦法是多讀多寫，慢慢磨煉。我選修溫克勒爾教授的「美國二十世紀史」課程時，總是先把論文的初稿交給他，讓他批改。然後我根據他的意思修改，再交給他。有時一篇論文，他會給我批改兩、三次。我當過學生，也當過老師，知道批改文章是許多教師最頭疼的一件事。但溫克勒爾卻不厭其煩，從不拒絕我的要求，總是耐心為我一次次批改。多年來，從我的學期論文到我的博士論文，以至我專業學術著作的許多修改稿，都經他的手批改過。我總是想，我欠老師的恩情是一輩子也還不清的。

我最感激溫克勒爾教授的，是他對我的無條件支持與鼓勵。無論我做出什麼決定，他都極力支持，並幫助我成功。我後來在邁阿密大學讀博士時，決定在第三個學期便參加博士資格考試。美國大學研究院的博士生教育

制度一般規定博士候選人要修滿一定的學分，然後通過博士資格考試，最後完成博士論文通過論文答辯，方可獲得博士學位。所以，獲得博士的第一步是修課，準備博士資格考試；第二步是通過博士資格考試；第三步是做博士論文。一般文科博士生都要花三年左右的時間來修課，準備博士資格考試。因為博士資格考試分多種科目，難度大，要求嚴。通不過博士資格考試便沒有資格繼續讀博士。所以，這種博士資格考試頗有「不成功，則成仁」的滋味。我在讀博士的第三個學期，便要參加博士資格考試，在系裡史無前例，人人認為我太冒進。許多教授認為我這樣做是拿博士資格來冒險；許多美國同學也開玩笑說，「你這樣拚命不是要我們難堪嗎？」只有溫克勒爾支持我的決定。他說：「你提前參加博士資格考試是可行的，我支持你。」我決定提前考試並不想冒險，也不想讓其他同學難堪，而是為了儘快修完課程，通過考試完成學業回國。在溫克勒爾的鼓勵下，我拚命修課，準備考試，不僅通過了博士資格考試，而且成績優異。

在俄勒岡大學讀書一年之後，溫克勒爾教授升遷到邁阿密大學任歷史系系主任。我一方面為他的升遷感到高興，一方面又為我的學習計劃可能因此而受影響感到不安。此時溫克勒爾教授已擔任我的導師有一年，師生彼此已非常瞭解，我已在擬定有關美國史的畢業論文的題目。溫克勒爾一走，我得重新選擇導師，一切又得從頭做起。

與兩位導師溫克勒爾教授（左一）、魏德教授在全美美國史學會的學術會議上相逢，密蘇里州聖路易市，2000年。

溫克勒爾瞭解我的困擾，推薦路易斯・魏德教授接任做我的導師。魏德教授專門研究美國勞工史與婦女史。魏德是其已離異多年的丈夫的姓氏。因為她的各種出版物均已採用魏德之姓，難以更改，所以在離婚後她一直以夫姓為己姓。魏德教授六十多歲，滿頭白髮，是一位可敬可親的教授。同時她辦事嚴謹認真，一絲不苟。課上課下，她總是身著套裙，身材筆挺，銀髮一絲不亂。

我選擇了魏德教授的「美國社會史」課程，希望通過學業加深彼此的瞭解。社會史與政治史不同，專門研究一個社會的各種群體，各種群體之間的關係，以及它們在社會經濟文化結構與經濟文化發展中的作用。雖然歐洲的學者在十八世紀中期便已開始從社會的角度來研究歷史，社會史是在二十世紀五十年代以後，才在歐美成為史學研究的一個重要分支。魏德教授備課認真，採用豐富的史料，使這門課生動有趣。每節課之前，她總是提前五分鐘來到教室，在黑板上列出當天講授專題的要點。講課時，她面帶笑容，充滿熱情，抑揚頓挫，滔滔不絕，非常的投入與陶醉。學生認真聆聽記錄，也彷彿置身於十九世紀的美國社會。

受魏德教授的影響，我開始對美國社會史興趣日濃，對這門課學的津津有味。我不光認真閱讀指定的參考書，還從圖書館找到一些相關的書籍閱讀。期末考試後的一天，魏德教授打電話到我的住所，驚喜地告訴我，我的考試答卷非常出色，她決定給我評為「A+」。她說：「祝賀妳，我為妳感到非常驕傲。」我也欣喜異常，魏德教授一般對學生的論文與答卷非常挑剔，判分極嚴，從她那裡得到一個「A」的分數，非常不易。現在，她不光給我「A」，還親自打電話告訴我，說明我的刻苦用功終於贏得了她的喜愛與信任。

從此，矜持的魏德教授不僅可敬而且可親。她像母親般地關心我，我不光和她請教學業，而且傾吐生活中的困難。一九八七年底，我完成碩士學業，從俄勒岡大學畢業，離開幽景城，但我與魏德教授仍然經常電話通信聯繫，學習生活中的大事，我都要與她商量。

4.異國同窗

在俄勒岡大學讀碩士期間，也熟悉了不少美國學生與其他國家的留學生，並和其中的一些人成為摯友。

麗薩和我同選一門課，中國近代史討論課。頭一次碰面，我便對她有好感。她穿著樸素，一件襯衫，一條牛仔褲，一雙運動鞋。講話時，語調柔和，略顯靦腆，臉色時而微紅。我們碰巧坐在一起，上課之前的幾分鐘，我們便閒聊起來。麗薩出生於加州的一個城市，父親是中學教師，母親是圖書管理員。她現在在讀東亞學的碩士，打算畢業後繼續讀博士，將來做大學教授。麗薩看似靦腆，但在課堂討論時卻非常活躍，發言中肯全面，是個有主見的人。

她沒有獎學金，像絕大部分美國大學生與研究生一樣，靠政府貸款來支付教育費用。她每週在一家餐館工作二十小時，生活忙碌。我們從來沒有在一起專門聊天，只是在課前課後簡短交談，發現彼此性格投合，互有好感。

另一個女同學荷波，個性志向與麗薩完全相反。她和我一樣，也是歷史系的碩士研究生。歷史系的研究生按規定必須選一門史學史研究的課程，所以在這門課上，沒有從其他系來的研究生，是歷史系研究生的大聚會。十五、六個選課的同學中，只有我和荷波兩人是女生。自六十年代女權運動以來，越來越多的美國女性進入高等院校。各大學中，男女性別比例一般平衡。但是在歷史學的領域中，女生還是比較少，頂多占總數的四分之一或三分之一。在這種女士人數占劣勢的環境中，歷史系的女生一般趨向於兩種類型。一種安靜內向，不多發言，但喜歡觀察揣摩，學習態度認真，成績優秀。一種外向開朗，爭強好勝，不在乎陽盛陰衰的環境，巾幗不讓鬚眉，快嘴利舌，男生一般都讓她三分。荷波比較接近這後一種類型。我不知道荷波的家族歷史，但她濃眉大眼，頭髮烏黑，頗有地中海民族的特色。她嘴脣鮮紅，大眼盼顧流盼，濃黑的及腰長髮飄逸。這種令人眩目的容貌又被時髦合體的衣裙襯托，她是驚人的漂亮。因此全班男生的目光總是隨著她轉。

荷波來自愛達荷州的首府博艾斯（Boise）。父親是機電工程師，母親是家庭婦女，她是家中的獨生女。她的母親一定是個心靈手巧的主婦。荷波的漂亮衣裙都是母親縫製的。荷波講話語音略為嘶啞，但音量很大。她在這種被男性包圍的環境中如魚得水，從不羞怯。或者討論問題，或者閒聊玩笑，非常大方，與男生沒有一點性別的隔閡。

歷史系研究生中的女生除了我和荷波之外，還有莫尼卡。莫尼卡是從西德柏林來的。北歐與西歐國家的留學生，一般英文都非常好，有些人幾乎沒有任何外國口音。因此，從外表上，很難將他們與歐裔美國人區分。莫尼卡有一頭亞麻色的頭髮，性格熱情隨和。我和她從未在一起上過課，只是在走廊

裡，或歷史系的一些聚會上碰面，簡短交談過。因為都是外國留學生，我們自然而然地接近起來。不同於荷波，莫尼卡穿著隨便。雖然沒有奪目的外貌與鮮豔的服飾，莫尼卡隨和的個性使她很得人緣。一次，她的男朋友從柏林來看她，她邀請了全系的研究生與教授到她的公寓，用德國菜來款待大家。

我對她的學業與工作能力的真正瞭解，是在我們同任一班美國通史課的助教之後。美國大學本科的基礎必修課一般都是大班，一個班設有二百至三百人。講課在階梯教室進行，教授在講臺上通過麥克風講課。這樣大的班級，教授無法和學生多接近。因此基礎課由教授授課，而討論課與作業或試卷的批改則由研究生助教來負責。每個教授都配有四至五名研究生助教，每個研究生助教負責管理大班學生中的兩組（Section）學生。每組學生約三十人左右。歷史系的課程每門一般為三個學時，一週上課三次，每次五十分鐘。週一與週三是講課，由教授在階梯教室主講。週五是課堂討論，研究生助教領導自己的小組在小教室進行討論。討論內容一般是本週教授講授的專題與指定的相應教科書與參考書。

我和莫尼卡同是布朗教授的助教，與其他三名助教一同協助布朗教授管理美國史課的學生。我頭一次在美國做研究生助教，不摸行情。便到莫尼卡的班上去觀摩學習。莫尼卡站在講臺上，隨和中透著自信。領導學生討論問題，從容不迫，頗有大將風度。她解答學生的疑問條理清晰，中肯切題。我從中得到了很大的鼓勵，不再因為自己是外國人而感到講話底氣不足。雖然我不是美國人，但就這門課來講，我掌握的書本知識比選課的美國本科學生多得多。即使我對美國的一些文化風俗不盡瞭解，我也不必不懂裝懂，我可以和學生學習。從莫尼卡領導討論課的情況，可以看出，她學識紮實，備課認真，反應敏捷。如果她繼續讀博士，將來會是個好教授。

研究生大多是本科畢業後，便直接升入研究生班。但也有一些研究生是本科畢業，參加工作數年之後，感到知識不足，想繼續充電，因此重返校門，進入研究所。也有些女性，大學畢業後隨即結婚生子。相夫教子多年後，孩子長大成人，又有時間出外工作或學習。人到中年，再度成為學生。這樣的學生，一般被稱為非傳統性（non-traditional）的學生。他們有工作閱歷，人生經驗，對再度的學習機會格外珍惜。因此非傳統性的學生，都態度認真，課堂討論時的發言，一般也比較視野寬，有深度。肯便屬於這種非傳統性的學生。他原是高中教師，已成家立業，有四個孩子。不幸發生婚變。與妻子離異後，他想重新計劃人生，改變現狀。他辭去高中教師的工作，申

請入學研究院，成為俄勒岡大學歷史系的博士研究生。他對東方文化有興趣，因此從事東亞史的學習與研究。他常常和我聊天，詢問一些有關中國文化與國情的問題。他常半認真半開玩笑地說，如果再度結婚，他希望找個中國姑娘做妻子。他問我有沒有這種可能。我說，你可以申請到中國的大學教授英文，在工作中，可能會發現情投意合的中國女孩子。我當時是為了安慰他，沒想到數年後，他真的按我所說去實行。博士畢業後，他申請到南京大學的霍普金斯中心去教書。兩年後返美，他帶回了中國太太。他的新婚妻子是他在中國教書期間認識的外語系學生。畢業後，兩人結婚抵美。肯在威斯康辛州的一所州立大學任教授，他的妻子考入同校的研究所，攻讀研究生。家庭生活幸福和諧。

在讀碩士研究生期間，我最要好的朋友是彼得。彼得是博士研究生，和我同在一間辦公室，我們因此成為朋友。彼得從華盛頓州的波特蘭市（Portland，波特蘭市地跨俄勒岡與華盛頓兩州）來，是家中唯一的男孩。彼得長的又高又瘦，戴一副深度近視眼鏡。說話慢聲細語，文質彬彬，是個非常和善耐心的人。

彼得每天從住處騎車到學校，中午不回家，在辦公室就餐。午餐是從家裡帶來的夾肉三明治、果汁和優格。他在辦公室的書報及物品，也井井有條。由此可以看出，他生活很有條理，是個謹嚴有節制的人。我第一次在美國做研究生助教，領有微薄的生活補助，因此一年終了也得向美國聯邦與地方政府報稅，填寫稅表。中國的稅務制度與美國的不同，沒有工資所得稅（九十年代以來，中國各單位的人事部門也統一為個人填報工資所得稅）。因此報稅填表對我來說，是生平第一次。稅表與一本填寫說明，我反覆閱讀數次，一頭霧水，仍不得要領。我只好就近向彼得求援。彼得說：「美國的稅務制度複雜，況且逐年有變化。別說是妳，許多美國人都搞不清如何填寫，只好僱用專業的稅務會計幫助報稅填表。妳也不必花時間去弄懂這些填寫說明。我們一起來填寫，妳照我的做，我怎麼填，妳就怎麼填。」我真是如獲大赦。我們坐在一起，逐項填寫，很快便完成了。這件事使我對彼得非常感激。美國是一個講究隱私的國家。人們對自己的年薪收入，個人生活一般都緘口不言，也很知趣地不詢問別人的這些「隱私」。特別是報稅，是個非常敏感性的個人隱私。一位我幫忙助教的教授在課堂上半開玩笑地發出如下的評論，對我印象極深。他說：「美國的男人一般隱瞞三件事：一是報稅（Income tax return），二是汽車里程表（auto-mileage），三是婚外情

（affair）。」學生聽後都哄堂大笑。我細細琢磨，也感到其中有很大的真理意義。「財」與「色」歷來是對古今中外人士的最大誘惑。儘管政府嚴加懲罰，偷稅漏稅者仍大有人在。極少有人會自願公開自己的報稅單。彼得對我的坦誠慷慨，令我十分感動。我們之間的友誼進一步加深。

彼得英俊斯文，聰明善良，但我卻從未聽他談過女朋友，也從未見任何女孩子來找他。倒是常常聽他談到他的室友懷提。一次，彼得請我到他住處聚餐。我欣然前往。

彼得與懷提合租一所小房子。當我到達他們的住所時，已經有不少客人在那裡談天，啜吸飲料。彼得將我介紹給懷提與其他客人，然後領著我參觀住所各處。房子的客廳不大，但佈置得溫馨舒適。餐廳裡也擺好了幾張餐桌。餐桌上的餐具都已整齊地放置好。一張大桌子上，擺滿了各式菜餚。有彼得與懷提為客人烹煮的菜，也有客人們各自從家帶來的菜。我帶來的一盤椰菜牛肉也在其中。小小的書房裡擺滿了書。一架樓梯通向閣樓。彼得說，閣樓上是他和懷提的臥室。

參觀過他們的住所，懷提走來和我寒暄，懷提中上等個子，一頭淺黃色的頭髮。一雙大眼睛顯得天真調皮。他在幽景城的一所中學任教，教授理科課程。看來，懷提的性格和彼得的性格頗有些相似之處，只是彼得講話似乎更溫柔一些。

與同學彼得（右一）及其朋友，俄勒岡州幽景市，1987年。

彼得招呼大家開始用餐。客人們每人拿起一個盤子，自取各種菜餚，放入盤中，然後找到座位，開始用餐。這種聚餐方式，在美國非常普遍，稱為「百家飯」（Potluck）。主人準備主菜及飲料，來客每人自帶一個拿手菜餚。大家品嘗各自的廚藝，同時盡情談天。以「百家飯」的形式聚餐，可以同時有許多客人。主人也不必擔心供應這麼多人的吃食，做不過來。大家隨意吃喝，與和自己投緣的客人交談，賓主盡歡。

聚餐後不久，彼得和懷提邀請我在一個週末一同去看電影。美國的電影院和中國的不一樣。進入大廳，可以看到有四、五個門通向不同的放映室。每個放映室門上標有在此室放映的電影名稱。每個放映室內大約可容納一百五十人左右。如此，電影院可以同時播放不同的電影。在美國看電影，一定要同時吃爆米花、喝飲料，和在中國看電影時磕瓜子頗有異曲同工之處。不同的是，由於衛生的原因，中國的電影院禁止觀眾吃瓜果，而美國的電影院鼓勵觀眾吃喝。美國的超市也出售各式爆米花。但不知什麼原因，電影院的爆米花似乎特別香。因此，看電影只是去電影院的消遣活動的一半，另一半是吃電影院的爆米花。只看電影，不吃爆米花，會覺得意猶未盡。只有一邊觀賞電影，一邊吃爆米花，啜吸飲料，才算真正過癮。但是，電影院的爆米花與飲料特別貴。大、中、小不等的爆米花，要花費觀眾一個至三個半美元。大、中、小杯不等的飲料售價也在一個半至三個半美元之間。爆米花與飲料加起來，價格可能會比電影院的門票還貴。依消費水準的不同，美國各地電影院門票價格在四至八元之間。難怪電影院希望觀眾在看電影時盡情吃喝。

彼得和懷提，在家裡自己爆好玉米花，外加兩瓶白水，放在背包裡，帶到了電影院。這樣我們既享受了看電影的全部樂趣，又不至被電影院盤剝。如此的折衷真是精細又高明。不過，一般消費者總也精明不過唯利是圖的生意人。電影院禁止觀眾攜帶自己從家帶來的食物，要想吃喝，必須從電影院的小賣部購買。彼得和懷提的食物是裝在背包裡，偷運進來的。

我對彼得與懷提的節儉與精明，印象極深，至今歷歷在目。而對那天看的電影的片名與內容情節，卻記憶朦朧。只記得那是一部描寫青年人的喜劇片。

一次，我和彼得在辦公室聊天。彼得說：「妳是學習美國歷史的，可能妳想知道美國的同性戀問題。我和懷提，是同性戀伴侶。那天在我家聚餐的客人，大多是同性戀者。」我聽後，頗為震驚。雖然我對同性戀問題不是一

無所知，雖然我也早已隱隱約約感覺彼得和懷提不是一般的室友，聽到彼得的親口坦白，我還是吃驚不小。同性戀不是美國的新發明，從基督教的《聖經》、希臘的神話到中國的《紅樓夢》，都可以窺見同性戀的蹤跡。只因美國是個比較開放的社會，提倡言論自由，同性戀的問題由此顯得較為突出。據估計，美國人口中有百分之一至百分之十為同性戀。自七十年代末以來，美國的同性戀者組成各種團體，從隱蔽轉入公開，呼籲保障同性戀者在就業、提昇等各方面的平等待遇。但是，具體到了個人，極少有同性戀者公開承認自己的性傾向。彼得說，如果他公開聲明自己是同性戀者，他會被學校開除。彼得講得不假，許多同性戀者在公開身分後，被僱主解僱，受到社會的敵視。彼得對我的坦誠與信任令我極為感動。

關於導致同性戀的原因，美國有兩種觀點。前者認為同性戀是由遺傳因素來決定。如果某人的遺傳基因中有導致同性戀的成份，該人遲早會成為同性戀者。後者認為同性戀是後天決定的，是同性戀者自己的選擇。兩種論點都還沒有確實的科學依據。無論是遺傳因素，還是個人選擇，許多同性戀者的性格似乎比較敏感善感。因此許多男同性戀者顯得「女人氣」。藝術家中的同性戀的比例似乎也高些。舊金山是美國同性戀者的大本營，許多藝術家，現代「嬉皮」都雲集此地。彼得和懷提都比較細心敏感，溫情脈脈。似乎符合男同性戀者的一些共性。彼得告訴我，他在上高中時和女孩子談過戀愛，但他發現他不喜歡和女孩子交往，從此成為同性戀。不知他的事例是否可以證實前一種觀點。他生理上的遺傳因素，使他對女性沒有興趣。彼得是家中唯一的男孩子，彼得說他的父母姐妹還不知道他是同性戀。我不知道如果他的父母知道了他的性傾向，會不會傷心失望。一些同性戀者在公開身分（out of closet）後，家人與其脫離關係。但有些同性戀者的家長在一番痛苦的思考之後，決定支持子女的選擇，並接納子女的同性戀伴侶。現代醫學的發展，使同性戀者可以將自己的基因傳給下一代。通過人工受精，同性戀者可以有自己的親生孩子。同性戀團體在呼籲美國聯邦政府與州政府通過法律，承認同性戀婚姻合法，並同樣對待同性戀婚姻。

我和彼得曾一度中斷聯繫。多年後重新取得聯繫，我得知彼得在取得博士學位後，受聘於愛達荷州立大學。彼得搬到愛達荷州，因此和懷提分手。後來彼得找到了新的伴侶布蘭特，與布蘭特一起居住在愛達荷州的波克特羅市。

5.小城故事

　　幽景城位於美國的西海岸。從幽景出發，開車不到一小時便可抵達太平洋的海灘。受海洋性氣候的影響，幽景一年只分雨季與旱季。秋天、冬天、與早春都是雨季。淅淅瀝瀝的小雨，幾乎每天下個不停。所以在雨季時，當地人一般每天出門，都要穿雨衣。春季與夏季是旱季，天天風和日麗，美麗無比。在幽景的這兩年，是我留學生活中，最溫馨美好的兩年。

　　美國西部地大物博，物產豐富，西部人故而也較東部人慷慨大度，隨意放鬆。我在首都華盛頓居住過，也多次訪問遊歷紐約、費城、波士頓等東部大城市。東部的城市人穿著比較正式，總是行色匆匆，連看你一眼的時間都沒有。特別是紐約人，似乎非常忙碌，連商店的僱員，公共設施的服務工作人員都耐心有限，遊人顧客多問一句，便會受到搶白。

　　西部人則從容閒適多了，並不急著要趕到哪裡，去和別人競爭什麼機會。他們穿著一般也比較隨便。在街上碰到的行人，男子一般穿汗衫、牛仔褲，足登涼鞋；女子或同樣裝扮，或者是短上衣，寬鬆飄逸的長裙。

　　幽景是個十多萬人口的小城。民風淳樸敦厚。在街頭、學校、商店隨意遇到的人，都會對你熱情友善。和你相識的人，就更加友好熱情了。我在幽景時，有兩個東道主家庭（host family）。一個是學校國際學生辦公室分配的，另一個是朋友介紹的。學校國際學生辦公室分配給我的美國家庭，是個單身女性。她叫克瑞斯汀，與丈夫離婚多年，獨自謀生並培養女兒成人。克瑞斯汀在一家小公司做祕書，收入不高，生活拮据。她沒有自己的汽車，每天上下班要乘公共汽車。她酷愛中國文化。雖然經濟緊張，但仍然自報奮勇參加「東道主家庭計劃」，接收了三名中國學生。

　　我們頭一次見面，是在學校的學生中心的休息室。克瑞斯汀穿著樸素，但乾淨精神。她非常愛笑，也善體人意。交談時，察言觀色，總不讓你尷尬難堪。和她在一起，我非常放鬆自如，話題也如流水般不斷。她和我瞭解中國文化，我向她學習美國習俗。我們談得非常投契。

　　克瑞斯汀沒有自己的車，無法帶我們到各處遊玩。但她常常打電話向我噓寒問暖。一次，克瑞斯汀決定邀請她的三個中國學生到家裡晚餐。在電話中她驕傲地宣佈，她要用道地的中國飯「菜粥」來款待我們。她用生硬的中文說出「菜粥」兩字，我想像不出「菜粥」是什麼樣，也無從知道「菜粥」

何時成為道地的中國飯。

　　我們三人一同騎車去赴宴。按照克瑞斯汀在電話中的指示，我們找到了她的住處。她住在高街368.1/2號。我們起初不明白為什麼她的門牌號碼是368.1/2號。到達她的住所一看，原來她租住的房子只是這棟房子的樓上部分。樓下是368號，樓上是368.1/2號。

　　克瑞斯汀正在興致勃勃地做她的「菜粥」。不知她從哪裡找來的菜譜，她的「菜粥」裡有大米、玉米、菠菜、蘿蔔等，要在鍋裡煮很長時間。一邊等待「菜粥」在鍋裡煮，我們一邊參觀了克瑞斯汀的居室。她的房子不大，陳設簡單，但非常乾淨整齊。克瑞斯汀把她收集的中國與東方工藝品都拿出來，一件件給我們看。她一一告訴我們每件工藝品的收藏過程，每件都有一個故事。她雖然清貧，但已經自費旅遊過一次中國，並且非常希望能再去中國和其他亞洲國家旅行。我們都祝願她的希望能夠早日實現。

　　「菜粥」做好了。我們慢慢喝著「菜粥」，味道還算可以，但似乎能量太低。吃過飯後，我們的肚子仍然「咕咕」作響。飯後又聊天一陣，我們告別了克瑞斯汀，騎車回家。

　　我的另一家美國家庭姓柏特里克。丈夫叫約翰，是美國陸軍的隨軍牧師，妻子叫喬治亞，在家帶管他們的四個女兒。女兒們年齡從十歲到十六歲不等。站在一起，婷婷玉立，都非常可愛。我們在園子裡玩槌球（Croquet）。槌球可以由二至六人來玩，遊戲者每人手持一柄木槌，來槌擊彩色的木球。每個人的木球要穿過數道鐵絲構成的小門，最先到達終點者取勝。遊戲不算難，但沒有經驗的新手擊球的力度與位置掌握不好，球總是過不了小門。遊戲過後，我們一同進餐。喬治亞準備的晚餐有火雞、土豆泥、生菜沙拉、南瓜排，色彩鮮豔，十分豐盛。

　　但是，一年之後，柏特里克的部隊調動到紐澤西，全家人隨軍東遷。但是，從他們的日常生活中，一點看不到有「吉普賽人」的味道。他們家中房屋寬大，陳設考究，生活非常穩定。我一直納悶，年年搬家，這麼多家具物品要打包卸包，真是太麻煩了。

　　在搬家之前，柏特里克家庭把我介紹給他們的朋友克蒂斯一家。從此，克蒂斯一家接任，做我的東道主家庭。柏特里克搬遷忙碌，卻不忘為我做出安排。我為他們的細心周到深深感動。

　　克蒂斯一家也同樣熱情好客。先生叫羅斯，是個生意人。太太叫蘇珊娜，在家操持家務。他們夫妻有三個孩子。大兒子羅勃十五歲，女兒貝麗瑞

十二歲，小兒子克拉克四歲。女兒貝麗瑞有輕度的先天癡呆症，說話口齒不太清楚，但性格甜美可人。除了我，克蒂斯一家還是另外一個中國女留學生李維的東道主家庭。

這一年的聖誕節前夕，克蒂斯夫婦邀請我和李維去他們家過聖誕節。聖誕節如同中國的春節，是一年中最隆重盛大的節日。聖誕節的前夕，也如同中國的除夕，是合家團聚、大快朵頤的時光。中國人過春節要吃餃子。美國人過聖誕節要吃火雞大餐。烤火雞費時費工，因此只有過節時人們才做火雞。火雞一般每個重量在二十磅左右。從超市買回冰凍的火雞，先得放入水槽中慢慢解凍。待火雞完全解凍後，將填料（stuffing）放入火雞肚子增進味道。填料可以自己做，也可以在超市買到現成的。填料一般是加了作料烘乾的麵包塊。食者可以根據個人喜好，將填料與切碎的芹菜、葡萄乾等拌在一起，填入火雞的肚子。然後將黃油塗遍火雞全身。填好料塗過黃油的火雞，便可以放入烤爐烘烤，一般需四、五個小時。

當火雞在烤爐內烘烤時，也是全家坐在沙發上，壁爐前聊天，下棋消遣的時間。頗似中國大年夜合家團聚，在一起包餃子、磕瓜子、看電視中春節聯歡節目的情景。這時壁爐中的劈柴燃得「劈啪」作響，音響設備中播放的聖誕音樂舒緩流暢。真是個溫馨的平安夜。

聖誕節晚會上與美國朋友，杜魯門大學，1999年。

也如同中國的春節，聖誕節時美國人都要換上新衣服。聖誕節的色彩為紅綠兩色。綠色的聖誕樹，紅色的花結，紅綠相間，十分鮮豔。人們的服飾，也都著意與這紅綠兩色協調。聖誕節期間，到處紅綠相間，氣氛快樂熱烈。克蒂斯一家人，都穿著有紅色或綠色的新衣，喜氣洋洋。

他們的聖誕樹下，堆滿了用鮮豔的禮物包裝紙包裹的大大小小的禮品盒。每個盒子都有圖案精美的標籤。標籤上寫明此禮物是聖誕老人送給某某的，或媽媽爸爸送給某某的。每人都會得到禮物。因此購買聖誕節禮品就成為一年中的大事，聖誕節也是商家最開心的節日。美國的大小生意人，在聖誕節期間的售貨率要達到全年的百分之三十甚至五十。所以，製造商與批發商聯手宣傳，每年十月底萬盛節（Halloween）一過，便推出聖誕節產品，散發廣告，引誘消費者上鉤，提醒家庭主婦現在是考慮聖誕禮品的時候了。從感恩節（十一月的第四個星期四）到聖誕（十二月二十五日）的這一個月，是聖誕節購物的高峰。據調查，美國人每人每年平均購買二百元左右的聖誕禮物。

在聖誕節時，到別人家做客，都要攜帶聖誕禮物。被邀的客人也會得到主人贈送的聖誕禮物。也可以說，聖誕節是人們以交換禮物的方式來表達對彼此的摯愛與友情的時節。李維和我都攜帶了我們從中國帶來的工藝品作為

聖誕節晚會演奏聖誕歌曲，杜魯門大學，1999年。

禮物獻給我們的主人。這時，蘇珊娜從聖誕樹下堆放的禮品盒中，選出給李維和我的禮物。我們打開包裝精美的盒子，裡面是一套粉紅、淡綠相間的休閒裝。蘇珊娜說：「你們到臥室換上，看看是否合適。」真難為蘇珊娜的細心與體貼。我們兩人穿著新衣，跑入客廳，大家都拍手說好。乘興又和克蒂斯全家合影留念。這張喜樂溫馨的照片至今仍在我的影集中。

試完我們的聖誕禮物，火雞也烤熟了。剛出爐的火雞，澄黃透亮，滿室飄香。蘇珊娜將火雞一塊塊切下來，放入一個橢圓形的大盤中，與火雞一同下菜的還有土豆泥、酸果醬、清綠的豌豆、金黃的煮玉米，以及從火雞肚子裡掏出的填料。此時的填料，吸滿了火雞的油汁，味道十分入口。

這個聖誕節的前夜，真是十分難忘。

除了上述的幾家東道主家庭，我還有一個非正式的東道主家庭，這就是莎麗一家。莎麗與丈夫有一兒一女。兒子在俄勒岡大學本科一年級讀書，是個優等生。女兒在上中學，既彈鋼琴，又跳芭蕾，活潑可愛。雖然兒女已長大成人，莎麗仍然喜歡做個家庭主婦，持續相夫教子的工作。中國傳統提倡婦女做賢妻良母。可惜莎麗不在中國，她真夠得上賢妻良母的典範。對丈夫，她關心支持，一手打理家務，丈夫完全不必為家事操心；對子女，她萬般呵護，兩個成年的大孩子，都還不免在媽媽面前撒嬌。

中國留學生與美國友人「百家飯」聚餐，俄勒岡州幽景市，1986年。

自從我到了幽景，莎麗也把我納入她的羽翼。莎麗學過中國歷史，我們在一次偶然的機會相識，由歷史談起而成為朋友。不久，他們全家邀請我去家裡做客。從此，我們的友誼日益深厚。莎麗經常帶些她做的可口蛋糕點心來看我。知道我喜愛彈鋼琴，莎麗專門為我複印了一些鋼琴曲。

我的牙齒不好，幼年與少年時經常牙痛發炎。牙醫便將有齲齒的牙齒一一拔掉。唯一倖存的那顆智齒也有齲齒，已被數次填補過，並鑲有牙冠。到了美國後，這顆大牙也時時發炎。我懼怕牙醫，也付不起昂貴的醫療費，便一直拖著。牙齒發炎時，服用一些消炎藥，牙痛得厲害時，吃個止痛片緩解。這一天，莎麗來看我，正趕上我牙痛。她看我談話注意力不集中，又不時皺眉頭。便關心地詢問我發生了什麼事。我告訴她我的牙痛。她急忙說，牙痛可不能拖延，我幫你聯繫一下牙醫。她馬上打電話給他們的家庭牙醫，為我約好了看牙的時間。

在約定的時間，莎麗開車帶我去了牙醫診所。我在中國有過多次看牙、拔牙與鑲牙的經驗，但總是無法克服對牙醫的恐懼。因此，能拖就拖，諱疾忌醫。這個美國牙醫，改變了我對牙科醫生的態度。也許美國的牙科手術器械要先進一些，牙科醫生對患者的態度要耐心一些，整個手術期間，我沒有感覺太多的疼痛。牙醫不時和我聊天，以分散我的注意力，放鬆我的神經。患牙清理填補好後，他又在上面套了一個牙冠。在此之前，我已咬壞了三個牙冠。美國牙醫給我做的這個牙冠，至今仍套在我的智齒上，完好無損。這次看牙醫的全部費用，是五十美元。對我來說，這筆費用不貲。但依美國人的標準，這種收費標準真是太公道，太便宜了。可能牙醫為我打了折扣。

如今，每年我定期到牙醫那裡檢查牙齒時，便會想到幽景的牙醫，想到莎麗，想到她那母親般的關愛。

6.印第安人保留地

印第安人是美洲大陸最早的居民。近年來，一些考古學家有了新發現。他們認為從比印第安文明更早的地層發掘出的骨頭，與歐羅巴人種更相似。從而質疑印第安人為美洲最早居民的傳統說法。早在歐洲人「發現」美洲大陸之前（約在一萬三千年至二萬七千年之前），來自西伯利亞的游牧民族，便通過連接東北亞與阿拉斯加的地橋，來到美洲。

這些游牧民族，具有蒙古人種的特徵。他們逐草地獵物而居，逐步向東向南遷徙。大約在一萬至兩千五百年之前，冰河期的冰層解凍，氣候轉暖。大批的哺乳動物因不能適應氣候的突變而死亡。堅韌的游牧民族則逐步適應環境變化，開始從以獵物為生轉化到以植物為生。農業緩慢出現。根據考古學者的發掘，在現今的新墨西哥、亞利桑那、科羅拉多州境內，普韋布洛（Pueblo）印地安人已有一至兩萬年的歷史。例如在科羅拉多州西南角的麥薩窩地國家公園（Mesa Verde National Park），阿那薩西（Anasazi）印第安人（普韋布洛印第安人中的一支）於十五，十六世紀之前建造的懸崖宮（Cliff Palace），保存完好無損。印第安人在懸崖峭壁上，建造五、六層高的城堡式大屋，包括兩百多間房屋，可容納上千人。阿那薩西印第安人以農業為主，已經會使用渠道灌溉的方式，並構築水壩，將水引到乾旱的山地梯田。他們的編織工藝與彩陶製作也均十分先進。

從社會結構上講，十五、十六世紀時，美洲的印第安人處於原始公社階段。男女分工已經出現。男子開闢荒地，外出狩獵；女子種植收穫穀物。氏族成為社會的基本單位。有影響力的氏族成員被推選為酋長。氏族一般以動物名稱命名。三、四個以上的氏族組成胞族，數個胞族進而組成部落。印第安人部落有各自的領土、方言。內部實行原始民主制。

在中部平原密西西比河流域與俄亥俄谷地的印第安人文化為墓塚文化。印第安人建造了多至數百個墓塚。大的墓塚高約七十多英尺。他們還創作了人、鳥、蛇形的巨型泥塑。由於部落間的衝突，也由於氣候的變化，在公元四、五世紀，墓塚文化部落衰落。代之以農耕的印第安人部落。在密西西比河谷的印第安人種植玉米、豆莢、南瓜，並形成位於現今的聖路易附近的約有四萬多人的城市中心。成千上萬的印第安人村莊遍佈從威斯康辛州到路易斯安那、從俄克拉荷馬到田納西的廣袤中部地區。

在大西洋沿岸的眾多印第安人部落，雖然沒有像中部密西西比河谷地的印第安人那樣創造了墓塚建築與廟宇泥塑，或發展了大規模的農業，但他們能巧妙利用自然植物作為食物、藥品、染料和調料，並且發展了獨特的食品保存技術。這些東部林木地帶的印第安人部落大多居住近水的村落。他們在漁場附近開闢田地，種植玉米。他們經常根據季節，往返遷徙於近水的漁村與陸地的村落。東北部的印第安人可以用白樺樹皮製作輕巧的獨木舟，這種獨木舟便利了他們與遠距離部落的貿易與交流。在東南部，印第安人口眾多，社會與政治組織發展更為複雜。

十六世紀中期，歐洲人到達美洲大陸。歐洲人視印第安人為落後「野蠻」的民族，歐洲人的社會觀念與印第安人的文化傳統相互衝突，導致隨後幾個世紀歐洲白人對印第安人的野蠻殺戮與隔離。

　　歐洲殖民者認為自然界資源是為人類而設的，自然資源以為人類服務為目的。人類可以改造自然使之成為有益安全的生存環境。人類與自然環境的關係是世俗功利的。而印第安人則認為人類應該為他們發現的自然感到滿足。自然世界的每一部分都是神聖的。山石、樹木、動物都有其靈性，共同構成神聖的自然。過度捕殺動物、濫用自然資源是對神靈的冒犯，將會受到自然的報復。

　　歐洲殖民者認為土地是為人類服務的資源，土地應該由個人所有。個人財產不僅是生存的必須，而且是個人獨立、物質財富、政治地位，被認同的基礎。印第安人也擁有財產觀念，各部落承認各自的領土疆域。但是他們認為土地是神聖的，必須由集體擁有。

　　當歐洲殖民者人口增多之後，對土地的需求也日益增加。他們以誘騙、欺詐等種種方式，來奪取印度安人的土地。美國獨立之後，資本主義迅速發展。美國政府有步驟地將印第安人向西驅逐。美國內戰結束後，原來生活在

俄勒岡州熱泉印第安人保留地的傳統印第安人帳篷，1987年。

北美大陸的一百五十萬印第安人已銳減至四十萬人左右，被集中在美國西部貧瘠沙漠地帶的印第安人「保留地」。

較大的印第安人保留地有位於猶它、科羅拉多、亞利桑那、新墨西哥州的那瓦荷（Navajo）印第安人保留地，在北達科它與南達科它州的蘇（Sioux）印第安人保留地。此外，俄勒岡、華盛頓、蒙大拿等州也有許多印第安人保留地。

當俄勒岡大學在三月間放春假時，學校的國際學生辦公室組織外國學生參觀在俄勒岡州東北部的熱泉（Warm Spings）印第安人保留地。從幽景出發，坐車約兩個小時，我們抵達熱泉。進入印第安人保留地，彷彿置身第三世界國家。這裡是貧瘠乾燥的沙漠地帶，道路都是土築的，因此到處塵土飛揚。印第安人多居住在磚建的長型大屋內（Long house），傳統印第安人居住的水牛皮帳篷（Tee Pee）則用來供旅遊者觀賞。

保留地內也設有醫院、學校、貿易中心等公共設施，但設備條件要比美國其他同等設施落後得多。一些接受了高等教育的印第安人，在畢業後重返保留地，為自己的同胞服務。但大多數印第安人受教育的程度有限。保留地內幾乎沒有工業，土地貧瘠，也難以發展農業。因此，印第安人一項主要的生計，似乎是製作印第安風味的首飾珠寶項鏈與手工藝品，兜售給前來觀光的旅遊者。但觀光者多數是只看不買，印第安人小手工藝者的收入十分有限。因而大多數印第安人是依靠聯邦政府的救濟金為生。保留地的生活水準與保留地外，無法同日而語。

印第安人保留地內，仍保持傳統的部落氏族制度。氏族內設有議事會，所有成年的氏族成員，不論男女，一律享有平等的選舉權。氏族或部落議事會負責處理部落內部的公共事務，以及與州政府和聯邦政府的關係。

美國歷屆政府認為改善印第安人生活狀況的唯一方法是瓦解印第安人的部落制度，鼓勵印第安人遷出保留地，以此與美國社會同化。艾森豪威爾政府曾經實行此政策，但遷出保留地的印第安人，沒有在主流社會生存競爭所必須的教育與技術水平。因此，他們雖然擺脫了保留地的貧窮，但無法擺脫城市的貧民窟。近年來，聯邦政府又實行新的政策，鼓勵土地建築商在保留地內或鄰近地區構築民宅。鼓勵印第安人以家庭為單位，遷入獨立的新居，謀職就業，逐步接受美國主流社會的生活方式。這種政策是否奏效，還有待觀察。

第4章　中部生活

1.從幽景到牛津

　　一九八七年底，我通過碩士論文答辯，從俄勒岡大學畢業。我收拾簡單的行裝，再度搬遷，這一次是飛往中部。

　　中國留學生在美國，一般流動性較大，多是「打一槍換一個地方。」求學期間，讀一個學位，換一個學校。甚至在讀一個學位期間，挪動數次的也有。搬遷的原因因人而異，但多數是因為獎學金。好似游牧民族「逐水草而居」，留學生「逐獎學金而居」。這種流動性，反映了留學生在異鄉孤軍奮戰，自立更生的闖勁與韌性。這種韌性，與其他類型的美國移民頗為相似。一般新移民初到美國，白手起家，哪裡有工作機會，便奔向哪裡。流動遷徙，生活不安定。這種流動性，同時也反映了美國市場經濟的特性。勞動人口的流動，是由供求關係來決定。對勞動力有需求的地方，自然會吸引勞工。留學雖然不是一種職業，但多數中國留學生做為研究生助教（Teaching Assistant）或者研究助理（Research Assistant），受僱於美國的大專院校，幫助教授教課，改作業，或在實驗室工作，因而減免學費，享受獎學金。因此留學生也屬於勞工的一部分，是美國大專院校僱傭的廉價勞動力。各大學的研究生助教或研究助理也都有自己的工會，代表研究生的利益，與校方談判研究生的工資與待遇。但除了市場經濟的作用之外，這種流動也反映了美國的社會制度為個人提供的機會與選擇性。人們可以利用市場經濟的靈活性，選擇自己最喜愛或最有利於發揮自己潛力的機會。

　　我決定在讀完碩士之後，申請別的學校，當然也擺脫不了市場經濟的左右。邁阿密大學已為我提供獎學金。但我在申請博士入學時，僅僅申請邁阿密大學一家，這是我的選擇。選擇邁阿密大學的原因除了我肯定會拿到獎學金之外，更主要的原因是我希望有不同的體驗。當時，我一心決定回國。因此希望在美國求學期間，能夠儘可能的體驗不同環境，以增進對美國社會的瞭解。此外，我所敬重的溫克勒爾教授在邁阿密大學教書，並擔任歷史系的系主任，能夠和往日的恩師重新聚會，令我非常興奮。

一九八七年聖誕節之後，我乘飛機到邁阿密大學所在的牛津城（Oxford）。

這一次搬遷，我有了以往的經驗，準備工作比頭一次遷往西部要充分多了。在到達牛津之前，我已和邁阿密大學的國際學生辦公室聯繫，請辦公室為我分配一家美國家庭，並幫助我安排在學生公寓住宿。我也請求他們安排人到機場接我。

一出機艙，便看到接機的人群中有人打著「邁阿密大學」字樣的招牌。我連忙向拿著招牌的人走去，自我介紹。接機的人是邁阿密大學國際學生辦公室派來的，名叫麥克。麥克是牛津社區服務計劃（Community Service Program，簡稱COSEP）的成員。社區服務計劃是牛津當地居民自發組成的一個義務性的組織。該組織成員多為對異國文化有興趣的當地各界人士。該組織的宗旨是協助在邁阿密大學就學的外國留學生適應環境，為他們提供各種免費服務。每當有新學生到達，邁阿密大學的國際學生辦公室便與社區服務計劃聯繫協調，安排人到辛辛那提國際機場去接新生。

牛津是個僅有幾萬人口的小城，城市居民多為邁阿密大學的教授、職員，或服務於大學的商界人士。當地沒有飛機場，乘飛機進出牛津的人都要到離牛津約三十英里遠的辛辛那提機場。

在從機場到牛津的四十多分鐘的路上，我從車窗觀望沿路景色。雖然俄亥俄地理位置比俄勒岡還要偏南些，但因為是內陸性氣候，這裡四季分明。此時正是隆冬季節，聖誕節時下過一場大雪，雖然高速公路上非常乾燥，路外仍有積雪未消。沿途沒有我在西海岸看慣的蒼山與翠柏，僅有起伏的丘陵，公路旁乾枯的樹枝在寒風中搖曳。眼前的蕭條景色，使我不免悵惘，開始想念西部海岸的青山綠樹。瞬及，我意識到這種悲觀情緒，便在心中鼓勵自己振作起來。不同的地方，有不同的自然環境，習慣了就好了。

汽車到達牛津，麥可將車駛入邁阿密大學的學生公寓——邁阿密公寓。停車後，他取出國際學生辦公室為我安排好的房門鑰匙，開門引我進入我的公寓。幫我將行李放下，麥可便告辭了。平安到達目的地，又有現成的住處，我非常感激國際學生辦公室以及社區服務計劃為我提供的所有幫助。

我環顧四周，考慮如何安放行李物品。這種學生公寓，只有一間屋子，但裡面包括廚房設備及浴室。麻雀雖小，五臟俱全。雖然簡單，但足夠滿足基本生活需要，因此叫做「基本房」（Utility）。公寓並配有一張床、一張桌子和四把椅子。每月房租包括水電費在內，僅有一百八十美元，非常便宜公道。因此，外國留學生與美國研究生都樂於租住這種學生公寓。

我把行李打開，將各種日用品依次放好後，便走出公寓，去熟悉四周環境。此時，學校放冬假。美國學生多回家與家人團聚歡度聖誕節與新年。許多外國留學生，趁假期到外地觀光或打工。邁阿密公寓靜悄悄的，很少有人出入。

公寓離學校非常近，只隔一個街區。去學校上課，步行五分鐘便到。我對這點非常滿意。

前面談到，美國大學生一般在第一年住校，第二年以後，在校外找公寓租住。尋找合適的公寓有幾個條件：第一公寓離學校要近，這樣每天上課下課，往返於學校與公寓之間會很方便。第二，房租要便宜，最好包括水電費。房租是否包括電費，有很大區別。因為冬天開暖氣，夏天用空調，要費很多電力，電費自然增加。因此，要非常注意暖氣與空調的使用，天氣不是太冷或太熱便儘量不開暖氣或空調。如果電費包括在房租內，便不必擔心冬天或夏天的電費帳單，可以在冬夏時盡情地使用暖氣與空調。所以，不論外界氣候如何，室內都會有舒適宜人的溫度。我永遠忘不了我在俄勒岡大學讀書時，曾經在一個叫做亞馬遜的簡陋學生公寓住過。這個公寓曾經是二戰時的兵營，用木板建成，保溫性能很差，冬冷夏熱。因為電費不包括在房費內，我和我的室友便常常不開暖氣以節省開支。冬季的夜晚，我常常在夜裡凍醒。

在尋找公寓時，這兩個條件往往很難同時俱備。離校園近，位置佳的公寓，房租一般比較高。只好根據個人具體情況，從二者中擇一。中國留學生經濟條件有限，在尋找公寓時，自然要把房租是否便宜作為首要條件。同時，新到的留學生還沒有汽車，因此公寓的位置也非常重要。所以，中國留學生大多居住在離校園近，房租便宜的公寓。從中國初來乍到的人，如果不懂行情，不知道怎樣尋找合適的公寓，只要到大多數留學生居住的公寓去租住，便不會吃虧。

那麼，為什麼只有中國學生會找到既便宜又近便的公寓？難道別人都沒有頭腦嗎？找房的第三個條件是公寓的設備與質量。如果離校園近的公寓房租也很便宜，那麼這種公寓的設備條件一定比較差。要圖便宜與方便，便只好不顧住所的條件了。好在我們中國人堅忍吃苦，留學又只是人生中的一個短暫階段，將就將就便過去了。

在到達牛津之前，我請求邁阿密大學國際學生辦公室幫我尋找公寓。我曾問過他們大多數中國留學生住在哪裡，回答是邁阿密公寓。因此，我立刻

要求他們幫我申請一套那裡的公寓。非常幸運，當時邁阿密公寓正好有一套基本房空著。

邁阿密公寓離學校近，但與超市的距離則不在步行的範圍之內了。在美國，生活節奏快，不似在中國，可以每天提著菜籃子到菜市場買菜。人們一般每週到超市採購一次，將大堆食品存入冰箱，供一週食用。這樣，步行到超市，用雙手提回一週的食品，就太困難了。我考慮我必須要買一輛車。

留學生買車，一般都買二手車（used car）。美國是個消費社會，商家樂於推銷新產品，消費者也喜歡新產品。此外，美國又是世界上汽車里程數最高的國家。在大城市的上班族，多居住於郊區或衛星城，而工作於市區。因此每天上下班開車往返於工作地點與住宅的時間，從一小時至數小時不等，汽車里程數也會從五十英里至一百英里以上不等。美國流動性高，鮮有一家人同居一地的。節假期間，人們要趕車數百甚至上千英里與父母或子女團聚。這樣，美國人每年平均汽車里程數會在兩萬英里以上。里程數超過十萬英里，汽車便開始出各種各樣的毛病。因此，每隔三年五載，人們便買輛新車，同時將舊車折價賣給汽車商（Trade in）。汽車商再轉手將舊車賣掉。因此出賣二手車的汽車商各處皆是。有的車主為了不被汽車商從中盤剝，也自己登報尋找買主。

因此，欲買車，便得到各汽車商處察看，或從當地報紙的分類廣告中尋找自己需要的車。一般來說，花一、兩千元，便可以買到較為靠得住的二手車：里程數不會超過十萬，汽車外觀也整潔無瑕。八百元以下的二手車，便會有各種各樣的毛病了。一般汽車外表有漆皮剝落或被碰撞的痕跡，汽車里程數也會高於十萬，還會有一些因汽車壽命而引起的潛藏的毛病。這種老爺車，很難侍候，不知什麼時候便會有什麼毛病。

一些熱心的中國同學開車帶我到一、兩家二手車行去看，沒有找到合適的車，我又每天翻閱報紙上的分類廣告，終於找到一輛似乎適合我需要的汽車。這是一輛里程數十萬的Buick型號的轎車，賣主要價四百五十美元。我按廣告上的電話與賣主聯繫。然後趕到賣主住處察看汽車。汽車的主人是一對老夫婦，均和藹慈祥。他們將我引到車庫。將要被出賣的汽車停放在那裡。這是一輛白色轎車，是舊了些，但還齊整乾淨。試開一下，也看不出什麼毛病。我立即和這對夫婦拍板成交。老夫婦將車中他們的物品取出，但將車中小抽屜裡的一些硬幣給我留下，說是為了我的好運（good luck）。

此時，我已經有了俄勒岡的學習駕照。美國的行車規則，各州有具體規

定，但大同小異。新司機要先取得學習駕照，才能駕車練習開車。取得學習駕照並不難，只要熟記本州的交通規則，通過考察交通規則的筆試即可。記載交通規則的手冊俗稱「藍皮書」（blue book），可能手冊封面最初的顏色是藍色的。各州縣的汽車管理局免費提供藍皮書。對於久經考場的留學生來說，記憶這種交通規則不算難事，許多人筆試時會得到滿分。我在俄勒岡取得的學習執照在此地無效，還得重新考試，取得當地的駕照。在測驗交通規則的筆試中，我得了滿分。駕車練習一段之後，我又通過了路考，取得正式行車執照。

　　有了車，生活方便多了。我可以每週開車去超市買菜。十五英里之外的漢米爾頓市有個大型的新鮮菜市場。各種蔬菜水果的價格要比一般超市低出許多。因此中國學生喜歡到那裡買菜。有了車，我也可以每隔一週到那裡買一次菜。此外，三十英里之外的辛辛那提市及其市郊的商城（shopping mall），也不是可望而不可及了。逢年過節各商家減價甩賣時，也可以開車到商城，購買一些削價的商品。學校放假時，也可以趁車到外地觀光旅遊。因此，購買汽車，成為留學生活的必須，與美國化的第一步。

2.攻讀博士

　　邁阿密大學1809年建校，為美國歷史上第七個州立大學，也是全美最優秀的文科教育大學，名列全國最優秀公立大學名單的第二十一名，被認為是具有極高教學質量，並具有私立名牌大學校園氣氛的公立大學。該校有二萬一千名在校生。

　　雖然邁阿密大學是俄亥俄州的州立公立大學之一，但該校學費較為昂貴，一年在一萬五千美元以上，接近私立大學的收費標準。較為昂貴的學費因而決定了該校學生成分的構成。絕大部分的學生來自於富裕的美國中產階級家庭，學生家長的年收入平均在六萬以上。這些富裕的中產階級家庭選擇送子女到邁阿密就學的原因，主要在於該校的地理位置、教學質量以及教學特色。

　　邁阿密大學所在的牛津城，離辛辛那提只有三十英里，相當於某些大都市中衛星城與母城的距離。到辛辛那提遊樂、購物或乘坐飛機到外地，均十分方便。美國的中產階級家庭多居於城郊的白人住宅區。這些住宅區一般環境優美，治安有效。牛津是個富裕的小城，居民多為邁阿密大學的教授、

職員以及服務性行業人士。生活安定有序，城中沒有任何大城市常見的夜總會與黃色酒吧。將子女安置此處讀書，美國的中產階級父母十分安心與放心。

　　邁阿密大學教學質量很高，教授多從名校畢業。該校被列為美國八大「公立長春藤名校」之一。此外，該校以文科教育（Liberal Arts）為主。文科教育與專門職業教育不同，其目的不在培養某行業的專門人才，而是著重於培養教育學生全面發展，瞭解人類社會的全貌，掌握寫作、演講與研究的技能，從而成為對社會有貢獻的公民。

　　我很喜歡邁阿密的校園。教學樓多為三層的紅磚樓房，牆上爬滿了翠綠的長春藤。紅樓綠藤，學府氣味十分濃厚。課間時，背著書包、挾著書本的學生們三三兩兩地走過紅磚砌的校園小路，歡聲笑語，校園滿溢著青春的氣息。歷史系的辦公與教學都在峨晚樓（Irvine）。教授們的辦公室都十分寬敞，四壁全是書，密密麻麻地擠在從天花板至地面的大書架上，令人肅然起敬。不必開口，這些書籍便展示了教授們的飽學。

　　從教授的辦公室可以窺見每個教授的性格與工作習慣。有的辦公室，書籍滿溢，但排列整齊，該教授很可能工作有條有理，不喜歡積壓工作。有的辦公室，滿地都是書籍、紙張。學生進入，無法立足，更找不到一個座位。

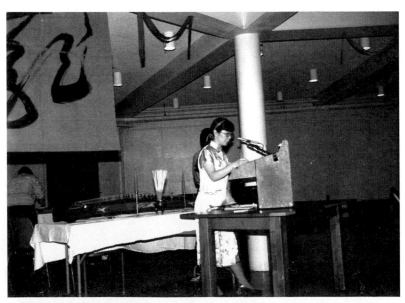

主持邁阿密大學中國留學生春節聯歡會，1988年。

該教授很可能不善於按輕重緩急的順序處理工作，只好一味積壓。文件事務越積越多，越找不出頭緒。

　　教授們的性格也各異。有的平易近人，愛與學生聊天，也不在乎學生直乎其名。有的比較嚴肅正經，待學生彬彬有禮，但談話範圍多與學術有關，不好與學生多纏。與總是西裝革履的學校行政管理人員相比，教授們一般著裝比較隨便。但如果當天要教課，教授們也一律西裝領帶，裝束整齊。

　　本科學生選修的基礎課，一般在階梯教室進行。在可容納二、三百人的階梯教室，教授必須用麥克風講課，講授提綱及專有名詞也必須用投影機（Overhead Projector）在螢幕上打出。階梯教室的教學，對教授頗具挑戰性，對學生也不具親切感，難與教授直接交流。但研究生們的課程一般在小教室進行。這些小教室，可容納二十至三十名學生，活動的桌椅可以根據教學的需要而隨意擺設。有些研究生課程，還可以在系裡的小會議室裡上。小會議室裡面沙發椅環繞著大圓桌，學生與教授團團圍坐，氣氛十分適合於課堂討論。

　　除了峨晚樓，我最常去的地方是圖書館。學校有文科、理科、藝術、西校園等四、五個圖書館。我學歷史，通常是去文科圖書館。文科圖書館也是主圖書館，叫做金圖書館（King Library）。金圖書館是一座四層樓的紅磚建築。地下室為圖書分類處。一樓、二樓與三樓放置期刊與書籍，四樓為政府檔案文件存放處。每一層都設有學習區間（Study area），放置著寬大的書桌、舒適的坐椅，與明亮的桌頭燈。學生可以從書架上找到需要的參考書，然後坐到學習區間閱讀；或者從自己的書包中取出筆記與課本，溫習功課或做作業。學習環境十分安靜便利。每一層樓還設有學習室（Study carol），內有桌椅與書架。如果你是研究生，便可以享受一點特權。向圖書館申請一間學習室，將自己的書籍、學習用品放在裡面；也可以不經借閱手續，便將你需要的圖書館書籍放在裡面閱讀。如此不僅免去背著大堆書出入圖書館之苦，也有了自己的小書房，安靜隱密，藏在裡面，潛心研究學問。

　　人們說，圖書館是衡量一個大學與研究機構的質量與規模的最好尺度。留美十八年來，出於研究的需要，我訪問使用過許許多多的圖書館、博物館、檔案館。大小不等，規模質量不一。大的如美國國會圖書館、哥倫比亞大學東亞圖書館、加州大學柏克利分校圖書館、紐約市立圖書館、美國國家檔案館，小的如不知名的地方圖書館、博物館、檔案館等。其中國會圖書館規模最大，藏書最多，據稱該館收藏有世界上所有的出版的書籍刊物。圖書

館氣派恢宏，置身其中，真讓人有「學海無涯」的感覺。其他上述大圖書館亦均藏書豐富，令人印象深刻。

　　邁阿密大學的金圖書館雖無法與上述大圖書館媲美，但其藏書也頗具規模。此外，美國各大學圖書館均有館際借書（Inter Library Loan）的服務項目。該圖書館沒有的書，可以通過館際借書的渠道，從其他收藏此書的圖書館借來，一般兩週之內，便抵達借閱者手中。圖書分類編目的電腦化及近幾年來的國際網絡化，更使讀者借閱方便。金圖書館滿足了我基本的學習、教學與研究需要。一鑽進圖書館，晝夜便失去了意義。圖書館是我生活中極為重要的一部分。不論搬遷暫居何處，只要那裡有圖書館，我便「樂不思蜀」了。

　　校園裡另外一個我喜歡去的地方，是山茱萸公園（Dogwood Park）。山茱萸公園位於學校的東北角。佔地面積雖不是太大，但建築風景精緻優美。園中的池塘總是有一群鴨子在閒適地游水、覓食。連接池塘的，是一支小溪，終年汩汩不斷。小溪上一架木橋，讓人想起故園的「小橋流水」。過了木橋向東，踏著石板路，蜿蜒曲折，一座木亭展現眼前。拾級而上，進入木亭，坐在供遊人憩息的木凳上，舉目四望，令人心曠神怡。

　　左邊，是一座花圃，各色花卉，姹紫嫣紅，爭奇鬥豔。花圃的設計師用心奇巧，在花圃的每一部分，都設計主題。學校的園林隊精心維護花圃，一年四季，花開不斷。春天裡，清麗的黃水仙迎風綻放，帶來了春的喜悅。鬱金香也當仁不讓，紅色、白色、黃色、粉色、紅黃相間、紫白相間的鬱金香，爭相開放，豔麗無比。鳶尾花則含羞帶笑，半開半合的花朵，似情竇初開的少女。夏季，玫瑰園奪人眼目。各色玫瑰怒放噴香，精緻的花瓣，玲瓏剔透，難怪情人要以玫瑰示愛。百合花花朵碩大，儀態萬千，比玫瑰更瀟灑隨意。秋季，金黃淡黃色的菊花讓人流連忘返。花圃裡各處設有石凳，與豔麗的花朵、白色的木柵，相映成趣。許多邁阿密的情人，因此選擇這個美麗的花圃舉行結婚典禮。

　　從木亭向左望，透過厚密的山茱萸樹林，一幢白樓隱約可見。此樓是學校的會議中心。許多大型國際國內學術會議都曾在此舉行。外來的學者客人也可以一睹山茱萸公園的風貌。

　　邁阿密大學歷史系的博士課程要求甚嚴。博士候選人必須從歐洲中世紀史、歐洲近代史與俄國史、美國史，以及東亞史、非洲史、近東史和拉丁美洲史等四組歷史分類中，選擇四個領域。這四個領域必須至少包括上面的

三組歷史分類。博士候選人將從這四個領域中選課，同時準備博士資格考試（"Candidacy Examinations"或"Comprehensive"）。博士資格考試分筆試與口試。筆試題目分別出自上述的四個領域，每個領域的筆試長達四小時。四個領域的筆試必須在兩週內完成。通過筆試之後，方可參加口試。口試由博士候選人的四個領域中的四個導師主持，長達兩個半小時。

此外，博士候選人必須掌握至少兩門外語，可運用這兩門外語閱讀寫作。同時，還要選擇計算機程序、統計學、系統分析、臨床心理學等課程作為研究工具，訓練獨立的研究能力。只有通過這些要求，方可參加博士資格考試。

自從進入俄勒岡大學的研究院，我已選定美國歷史為我的專業與未來的研究方向。因此選課與碩士論文都集中在美國史的領域。同時也選擇了幾門亞洲史的課程來上。進入邁阿密大學的博士研究生班後，我又選擇美國史中的美國社會史與美國二十世紀史這兩個領域進一步學習研究。從在中國大學時期的自學美國史，到現在專攻美國史，我已將美國通史閱讀學習過數次，發表過有關美國歷史的專業論文多篇，對美國歷史已經非常熟悉。我又將中國史做為我的第三個領域。在中國大學時，受過四年中國歷史的專門訓練，選擇中國史做為博士課程與博士資格考試的第三個領域，想必駕輕就熟。現在，我需要選擇第四個領域。多方比較後，我決定選擇俄國史。因為俄國是除美國與中國之外的另一個大國，作為一個歷史學家，不能不瞭解俄國史。此外，對比俄國與中國的文化與歷史，會發現許多相似之處。兩國均幅員遼闊，歷史悠久，內部民族關係複雜。在近現代史上，兩國均工業化起步緩慢，在意識形態上均以共產主義為主導（在俄國，共產黨直至一九八九年仍居統治）。

決定了四個領域之後，我便開始分別在這些領域選課，有的放矢，以便儘快達到課程要求，通過博士資格考試，然後研究寫作論文，盡早學成畢業。博士課程中，多數為討論研究寫作課（Seminar）與學術討論課（Colloquium）。二者有許多相同之處。這兩種課都要求學生在課外大量閱讀指定的參考書，授課方式均以課堂討論為主。同時，學生要在這兩種課上大量寫作，或是研究性論文，或是一般論文。二者又各有特色，討論研究寫作課重在培養學生的研究能力，學生在學期初要選擇一個研究課題，寫出提綱，在課堂上討論批評各自的提綱，然後由主講教授修改通過。此後，學生將花費大量時間閱讀研究與課題相關的第一手及第二手資料，寫出有獨到見

解的研究論文，然後在課堂上相互批評各自的論文。學生再根據教授與同學的批評意見修改論文，最後上交教授。教授則根據學生在課堂討論的表現與論文提綱、初稿及修改後的質量，而綜合評出該學生的學期分數。

學術討論課與討論研究寫作課不同，重在培養學生批判性地閱讀並分析史學著作的能力。同時，歷史系的博士研究生一般在畢業後多成為大學教授。該課旨在培養學生口頭表達自己或他人的學術成果的能力。雖然該類型的課程因教授而異，或需要寫論文，或需要寫讀書報告，但課堂發言討論是關鍵。別以為這種課很輕鬆，只要在課堂上發言就可以了。實際上在課堂上發言不能信口開河，不著邊際。要發言並發言得當，發出水平，必須在課前仔細閱讀並理解指定的參考書。因此在學術討論課中，學生花在閱讀上的時間是相當可觀的。常常要閱讀數本史學專著來準備一節學術討論課。課前不讀書，在課堂上便無法發言討論，這一節課便會顯得乏味，無甚收穫。反之，如果在課前細心閱讀分析參考書，便有大量的資料可以用來發言討論。通過討論，會對參考書有深一步的理解。

這兩種訓練對一個專業史學研究工作者，都是必不可少的。難怪系裡規定博士研究生必須至少選學四門討論研究寫作課、三門學術討論課。學生在這些課程中被教授與同學反覆錘鍊、敲打，逐步養成縝密邏輯性的思維習慣，周嚴詳盡的寫作表達能力，和窮鑽細研的研究態度，出爐畢業，成為一名學者。

教授博士研究生的教授，都競相以「刁難」學生為己任，爭著佈置大量閱讀參考書與資料，要求研究生寫作無窮盡的讀書報告與論文。每個教授都恨不得學生將一天二十四小時都花在自己這門課上。而研究生每學期必須選修四門課程，如此每天必須有九十六小時的學習才能令各種教授滿意。可憐的研究生們窮於應付，只好哪個教授抓得緊，便多花時間在那門課上。因此，教授們都不願示弱，爭相加碼。這樣研究生課程的負擔便越來越重。

要對付這些「貪得無厭」的教授，研究生必須學會合理分配時間，提高工作效率。每天必須根據當天的課程，來決定如何使用當天的時間。只有在當天晚上才需要讀第二天早上課程的參考書，讀得太早，記不住，便浪費了這些時間。寫論文也是在期限的前幾天才開始動筆。一篇讀書報告，必須在一天之內完成，多於一天，便無法完成其他課程的任務。在讀博士生期間，我發現必須如此高效率，才能完成所有課程的規定任務。為了節省時間，我將參考書放在電腦旁，雙眼閱讀，同時將要點與心得打字直接輸入電腦鍵

盤。閱畢參考書，將電腦磁片中的內容修改幾次，一篇讀書報告就出籠了。從頭至尾，不過五至六小時。久而久之，竟然養成習慣。只有坐在電腦螢幕前，才會文思大開。

一學期下來，雖然功課緊張，但也還對付得了，每門課都得了A。因此，我開始盤算，何時可以達到系裡規定的各種要求，開始參加博士資格考試。按常規，歷史系的博士候選人一般在三年的博士課程之後才參加博士資格考試。因為如前所述，博士資格考試包括三大洲歷史中的四個領域，要熟讀每個領域的歷史，並瞭解該領域重大史學問題的各種論點以及該領域各時期的經典著作。對每一個領域，博士候選人必須列出一個包括近百本書的書目，囊括該領域的所有經典著作，經指導教授通過，然後一一閱讀。四個領域便有近四百本史學專著。平均下來，一年要讀一百多本書。此外，還有各門課指定的參考書。所以，花三年的時間來準備博士資格考試，不抓緊時間還真不夠用呢。

我分析了我的具體情況，決定在讀博士生的第三個學期參加博士資格考試。我決定不採取慣例。博士研究生一般花兩年時間上指定的課程，然後用一年時間專門準備博士資格考試。我想既然選學的課程都是在自己選擇的四個領域內（美國社會史、美國二十世紀史、中國近代史、俄國史），這些課

與中國駐美大使韓敘、夫人葛綺雲、邁阿密大學研究所院長蓋瑞‧諾克合影，1989年。

程要求的參考書也都與博士資格考試書目中的書籍大同小異，如果我在暑期也繼續上課，到第三個學期末我便可以學完全部必修課。因此我可以申請在這個學期參加博士資格考試。

我把我的想法與我的導師溫克勒爾商量，他認為雖然從未有博士候選人如此做過，但實際上是可行的。他同意我的時間表，與一邊上課一邊準備博士資格考試的策略。我說，一邊上課一邊讀博士資格考試書目中與課程相關的書籍，二者互補，可能學習效果更好。溫克勒爾認為我言之有理，我的決定是審慎合理的。

消息傳出後，全系師生大嘩。許多教授都認為我這樣做，是拿博士資格考試來冒險。因為如果考試的準備工作不足，便有可能通不過考試。按規定，考試失敗的博士候選人只能補考一次，補考必須在第一次考試之後的兩週內進行。如果第一次通不過，沒有時間多準備，第二次也很可能失敗，從此失去博士候選人資格，被學校除名，前功盡棄，丟臉難堪。所以，沒有人願意提前參加博士資格考試。我在俄勒岡大學讀碩士時的導師魏德教授聽說後，也連忙打長途電話來告誡我：「不可急於求成，不可提前參加博士資格考試。」

其他讀博士的同學則一半好心、一半開玩笑地說：「萍，你不必玩命。妳這樣早就參加博士資格考試，讓我們的臉往哪放！」

其實，我決定提前考試，並不是我喜歡冒險，或者想與眾不同。一個主要的原因是修完必修課，通過博士資格考試，然後回國探望兒子。此時，我已離開兒子三年。這三年之間，幾乎每一個夜晚，我都會做同樣的夢。夢中我總是在中國，去幼兒園接兒子，但總也找不到兒子。焦急與悲痛常使我從夢中哭醒。這種對兒子魂牽夢縈的思念，讓我越來越難以忍受。通過博士資格考試後，我便可以不再上課，而只專心做博士論文。時間比較機動，我可以將孩子接來美國與我同住。如果接不來孩子，我便留在中國，在中國慢慢寫論文，通過信件與我在美國的導師聯繫。

與兒子團聚成為我拚命選課，準備博士資格考試的巨大動力。在我的作息表上，沒有週日與週末的區別。一天二十四小時，除了為了保持體力的八小時的吃飯睡眠時間，其餘時間，一概用來學習或工作。花在做飯吃飯上的時間，是極為有限的。早餐不必做，一杯牛奶，兩片土司（烤麵包）。午餐也很簡單，做個花生醬、葡萄果醬的三明治，加一杯果汁，帶到學校。午餐時，邊看書邊吃飯。只有晚餐是熱食。但也不必天天做。我通常是在週末煮

一大鍋米飯，燉一大鍋雞塊，然後放入冰箱。每天晚上，取出一部分，在爐上一熱。不到半小時，便解決問題。這幾年，我幾乎沒有看過電視電影，也沒有任何休閒娛樂活動。

博士資格考試書目上的書籍被一本本讀過，考試的日子也一天天臨近。雖然近四百本書被生吞活剝地閱讀過，但被過度使用的大腦無法將這些書的內容全部記憶，或者是邊讀邊忘，或者是將類似的書內容混淆。沒有對書籍內容確切的掌握，是無法取得高分的。我苦思冥想，想出了一個應付考試的辦法。該策略從兩個方面著手。一方面，我自己命題，將每個領域中的重大問題及各種論點深入領會，融會貫通。這樣，無論導師從哪個角度來提問，萬變不離其宗，都出不了這些重大問題的範圍。我可以根據問題的角度，當場組織已經爛熟胸中的材料。另一方面，除了掌握基本歷史問題之外，我還得熟悉各個領域的史學史（Historiography），即經典著作對歷史問題的看法與觀點。無法記住每一本書的內容，我便採用做卡片的方法。在讀書卡片上，記錄每本書的書目、作者、著作發表時間，及著作基本論點與內容概要。通常，每部著作的基本論點與內容概要，一般可以在書的前言或結論部分中找到。如果想瞭解其他學者對某部史學著作的看法，可以從學術期刊中找出書評（Book Review），如此，便可以對該著作有較全面的瞭解與掌握。在考試前的兩週，我放棄其他工作，專心閱讀我列出的關於各項領域的重大歷史問題的筆記及讀書卡片，滿懷信心地準備迎接博士資格考試。

各項領域考試的先後次序，按四個領域的主次來決定。我必須在考試第一週的星期一參加美國二十世紀史的考試。因為該領域是我的第一專攻領域。實際上，我對此領域史實與史學史的掌握瞭解程度最高。若考試順利，將會是對其後考試的一大鼓勵。第一週的星期五，我參加美國社會史的博士資格考試。第二週的星期一，我應試中國近代史，第二週的星期五，我對付最後一門博士資格考試：俄國史。

一九八九年四月初，我的博士資格考試開始。星期一上午八時，我走入考場。考場設在歷史系的研究討論室。主考老師也是我在美國二十世紀史領域的導師溫克勒爾，神情嚴肅中帶著鼓勵，交給我考題。考題分兩部分。第一部分只有一個問題：論述美國二十世紀以來各屆總統的政績與弊端，以及史學界對各個總統的評價。第二部分有兩個問題，一個問題是關於美國二十世紀以來的各項改革運動，另一個是有關美國在二十世紀捲入的每個對外戰爭。我可以選擇其中之一回答。

讀畢考題，我心中安定。考題沒有任何意外，這些大問題都在我準備的範圍之內。我開始回答第一部分的問題。我逐一列舉美國二十世紀以來每個總統的主要內政、外交政策，及其成敗得失，並結合史實，綜述史學界代表性學者對各個總統的評論分析。思路順暢，筆下不停，兩個鐘頭之內，竟然寫了洋洋灑灑的二十多頁紙。我為自己書寫速度之快也吃了一驚。可見人的潛力是很大的。只要被逼到那一步，你可以創造「奇蹟」。

答完第一部分，我不敢懈怠，卯足勁繼續回答第二部分的問題。這一部分，我選擇美國二十世紀的改革運動的問題來回答。從二十世紀初的改良運動（Progressive movement）、三十年代的羅斯福「新政」（New Deal）、五十年代開始的民權運動（Civil Right Movement），到六十年代末、七十年代初的婦女運動（Women's Movement），我都從各方面對比分析，列出每個社會改革運動對美國社會各階層的影響，及其在美國歷史上的進步意義與局限性。並將分析討論這些社會改革運動的經典著作的論點與我自己的看法也一併融入答卷。四個小時下來，我寫了有五十多頁紙的答題。

將考試卷交給主考官，我才感覺右臂及右手又酸又麻，右臂無法抬起，右手指殭硬。

第二天，溫克勒爾教授通知我，我通過了美國二十世紀歷史的博士資格考試。我士氣大振，全力準備美國社會史的博士資格考試。星期五，我奔赴考場。美國社會史的考題也都在我準備的範圍之內。因為我的答題全面中肯，導師竟給了我博士資格考試中少見的「優異通過」（High Pass）。此後，中國近代史與俄國史的考試也一路順利。兩週之內，我完成了四門博士資格考試的筆試並全部順利通過。

通過博士資格考試的筆試部分後，我可以準備博士資格考試的口試部分。口試由四個領域的導師同時主持，輪番向考生提問，考試時間為兩個半小時。按照慣例，考生在通過筆試之後，口試一般也會順利通過。所以，臨場時最重要的是保持情緒鎮定，頭腦冷靜。如果情緒好，反應快，則可以隨機應變，對付導師提出的各種問題。當然，導師通常也不應該漫無邊際地亂提問題，問題必須與考生書目上的書籍有關。

五月八日口試那天，我穿了件淺黃底色、淺灰色方格圖案的連衣裙，外罩一件淺黃色的毛衣。因為通過筆試後，我就是準博士（ABD, All But Dissertation）了。這是一生中重大的事件，當然要穿得莊重正式一些。同時，裝扮起來，自己也感覺精神振作，有助士氣。

博士資格口試的考場設在峨晚樓的麥克尼夫室（McNiff Room）。每當系裡舉辦講座或邀請史學界著名學者演講時，會場都設在麥克尼夫室。所以麥克尼夫室是歷史系的正式會議室，專門用於重要的會議。考場設在此處，足以顯示系裡對博士資格考試的重視程度。

當我到達考場時，五位主考官已在那裡等待。除了我的四位導師溫克勒爾教授（美國二十世紀史）、安德森教授（美國社會史）、王吉堂教授（中國近代史）、以及瑟斯頓教授（俄國史）之外，研究所的副院長也代表研究所在座監考。考場氣氛莊重嚴肅，令我不由緊張起來。在我的座位上坐下，環視一周，見考官們都面帶微笑，我緊張的心情逐漸鬆弛下來。

四位導師事先都已擬好他們各自的試題，現在每人都將試題放在桌上，然後依順序提問。溫克勒爾教授領先發問。隨後是安德森教授。他們的問題都很巧妙，既可以測試出我對美國史學研究的瞭解程度，又不顯得偏頗刁鑽。只有王吉堂教授的問題，使我一時難以作答。他的問題主題與資格考試的書目全無關係，況且問題的要點模稜兩可，含糊不清，我揣摩不出他到底在問我什麼問題。其他幾位教授也一臉茫然，互相交換不解的眼神。我請王教授複述他的問題，仍然是不得要領。我便試著開始以我對他的問題的理解，來一條條論述我的答案。最後我說，我希望我的答案回答了王教授的問

通過博士資格考試口試部分，成為準博士，邁阿密大學麥克涅夫室，1989年。右一為溫克勒爾教授。

題。王教授點頭認可。其他幾位教授和我同時鬆了口氣。口試繼續進行。我回答完俄國史導師瑟斯頓教授的所有問題後，口試完畢。

　　溫克勒爾教授請我在門外等候。五位主考官關起門來，在裡面決定我的命運。走廊裡，幾位博士候選人同學已在那裡焦急地等候。見我開門出來，他們上前好奇關切地詢問口試的情況。我向他們描述一番。此時，溫克勒爾教授開門出來，滿臉笑容，告訴我：「祝賀妳！」我進入麥克尼夫室，五位考官都一一和我握手，祝賀我考試成功。溫克勒爾教授尤為高興激動。他長時間地和我握手，並發自內心地說：「萍，我真為有妳這樣的學生而感到驕傲。」我也非常感激他對我的全力支持。如果沒有他的鼓勵，我恐怕難以做出提前參加博士資格考試的決定。在我讀碩士與博士的這些年，他無保留地給予我各種支持鼓勵。而我唯一能報答老師的，便是努力學習，爭取優異成績，為他臉上增光。這一刻，對我們師生二人都非常難忘。

　　此時，我已買好回中國的機票，安排了行程。四天之後，我就要動身回國了。望著溫克勒爾教授，這四年的學習歷程一一再現。對於能否順利辦好兒子的出國手續，攜子返回美國，繼續學業，我心中沒有一點把握。但我已做出決定，如果兒子來不了美國，我將留在中國，撫養兒子，同時寫作我的博士論文。我把我的這些決定與安排都告訴了溫克勒爾教授。他一面點頭讚許，一面又叮囑我自己保重，如果需要什麼幫助，一定要讓他儘快知道。我心情複雜地與老師道別。一面為自己成為準博士而感到欣慰，一面又感覺前途未卜，心中一片茫然。

獲得博士學位，1991年。

3.回國探子

　　一九八九年五月十二日，我啟程回國。坐在飛機上，想起四年前初次抵美的情景。四年中的酸甜苦辣也一齊湧上心頭。四年來，不論學習工作再忙，我都保持定期與父母通信。一接到父母來信，我便立即回信。因為我若晚回信幾天，父母便會以為厄運降臨，我在國外發生了什麼不測。不知道我的消息，他們總是往壞處猜測。因此，日夜寢食不安，實在忍受不了煎熬，便打長途電話或電報來詢問。所以，我從不敢延誤回信。父母也總是一接到我的來信，便即刻回信。因此，每二十天內，我們便會往返通信一次。

　　知道年邁的父母日夜為我擔憂，我寫家信總是「報喜不報憂。」只寫我在美國的趣聞軼事，對我遇到的所有苦惱與挫折隻字不提。這些家信，勾畫出一幅中國赴美留學生的美妙生活畫面。恐怕不只我一人如此，留學生多有相同的心境。隻身國外，即使諸事順利，家人也難免擔憂。倘若遇有困難家人在萬里之外，真是鞭長莫及。既然家人無法幫忙，又何必讓他們操心擔憂呢？所以，大家給親人回信，專挑留學生活中快樂的片斷，而留學生活中時常遇到的苦惱與挫折，便由自己默默地承擔化解。

　　此刻，即將要與父母見面了。我突然產生了一種強烈的衝動，我只想撲進母親的懷裡，痛痛快快地大哭一場。將這四年積累心中的委屈與痛苦，都哭出來，哭個乾淨。我歸心似箭，急切地盼望飛機趕快著陸。

　　飛機先抵達上海虹橋機場，然後繼續北行飛往北京首都國際機場。已經是晚上十點多，弦窗外一片漆黑。飛機飛到北京上空時，從弦窗向地面望去，只見一些疏疏落落的燈火。也許是近鄉情怯，我突然感到心情緊張，一顆心「撲通」、「撲通」地跳個不停。

　　飛機安全降落在首都國際機場。走入機場大廳，四年前還是寬敞明亮、金碧輝煌、剛剛開啟使用的首都國際機場，現在顯得狹小陳舊、光線暗淡，到處灰濛濛的一片。取行李，過海關等各種手續費時近一小時，最後終於全部辦妥。

　　候機大廳門外，密密麻麻接機的人群早已在那裡等候多時。人群前面兩個男人在拚命地叫喊招手。我立刻認出他們是我的哥哥與大姐夫。那年還沒有北京到太原的直達飛機或長途汽車。兩地之間的交通工具仍是火車。父母親年邁不便遠行，所以專門派哥哥與大姐夫乘坐火車，來北京接我。

見到久別的親人，我真是又高興又難過。千言萬語，竟然不知從何談起。那時，北京還沒有出租車。哥哥和大姐夫已在機場附近找了間招待所。我們三人便趁著月色，拖著我的兩件行李，走到那間招待所下榻。

第二天，我們坐公共汽車進城。這一天是五月十三日，是俄國總理戈爾巴喬夫首次訪華抵京的日子。汽車駛入長安街，經過天安門廣場時，不見歡迎戈爾巴喬夫的人群，卻見一堆堆的人叢與許多帳篷。一些學生領袖，舉著擴音器，在人叢中慷慨激昂地演講。

一九八九年春，北京大學學生在校園興辦各種「民主沙龍」，呼籲政府進行民主改革。四月十五日，前黨中央總書記胡耀邦的去世，更觸發了學生們要求改革的願望。四月十八日，數千名學生上街遊行，並向政府提呈三項要求：第一，為胡耀邦重新恢復名譽；第二，要求政府為一九八七年反對精神污染、反對資產階級自由化運動中所犯的各種錯誤公開道歉；第三，要求某些國家領導人辭職。四月二十二日，北京各大學學生舉行追悼會紀念胡耀邦，民主示威運動進一步發展。五月四日，是五四運動七十週年紀念日，出現大規模的群眾示威遊行。由於得不到政府的答覆，兩千多名學生在五月十三日開始舉行絕食抗議活動。

公共汽車中的乘客都擠到車窗旁，一邊觀望外邊的人群，一邊熱烈地議論。大多數北京市民都受此次民主運動的影響，人人在談改革，處處都可見討論的人群。有些新聞報導說，民主運動期間，許多流行的電視劇的收看率降低，北京的犯罪率，特別是小偷小摸案件，大大降低，市民們在公共場所也比過去文明有禮貌。現在親眼看到普通民眾對民主改革的熱切反應，我也非常激動。國家在迅速改變。自從一九七九年實行對外開放改革後，隨著科學技術的交流，西方的民主觀念也逐步滲入。人們在大庭廣眾中公開談論自己對政局的見解，說明中國的民主程度已大大提高。我對此感到非常欣慰。

回到家鄉，進了家門，見到了四年不見的雙親。父母親比過去要蒼老些了，但精神還都很好。母親激動地說：「小萍，妳總算回來了。這幾年妳一定吃了很多苦。」我的喉頭哽咽，但我竭力克制著滿眶的淚水。望著年邁的父母，在飛機上時打算在母親懷中痛哭的強烈衝動此時完全消失。我不能讓父母再為我擔心。收去淚水，我和父母談論我一路上的趣聞。

兒子現在還在幼兒園。一年前，父母和二姐托人將兒子送入太原市最好的一間幼兒園——康樂幼兒園。從父母來信中，我已知道，雖然幼兒園師資設備是太原市第一流的，學生可以全托住校，週末由家長接回家，但兒子不

喜歡去幼兒園。每禮拜去幼兒園之前，總是傷心地大哭一場，姥姥、姥爺不忍心，便讓他在家裡多待幾天。這樣一週七天，頂多在幼兒園待兩三天。我不能親自撫養兒子，父母將他做晚生子一般疼愛。不僅我的父母寵愛他，我的哥哥姐姐們也都對他視如己出。二姐的兒子磊磊比我的兒子只大四個月，兩個孩子天天在一塊兒玩耍。玩具食品衣物，二姐總是一買兩份。一次，二姐來信說，當磊磊叫媽媽時，兒子也撲到二姐懷裡，叫著「媽媽！媽媽！」看到這裡，我心如刀割。多年來伴隨我的負罪感更加強烈。雖然兒子有眾多親人的呵護，但他最需要的是只有我才能夠給予的母愛啊！

母親說，二姐已經去幼兒園接兒子去了。我迫不及待地等著兒子回來。不久，門外響起童稚的笑語。二姐和兒子回來了。二姐說：「快叫媽媽！」兒子躲在二姐身後，有些害羞，只是笑，卻不肯叫「媽媽」。

我打開行李，滿箱的玩具衣物，都是給兒子的。這些禮物，都是我在回國前，和我的導師麗雅・安德森在美國最大的玩具連鎖商店Toys "R" Us挑選的。兒子的注意力立刻被玩具吸引了，興高采烈地一樣樣試著玩。

我目不轉睛地盯著兒子，看得忘乎所以，卻渾然不覺。兒子，終於見到你了，從此我再也不離開你了！我再也不希望重複那纏繞我一千四百六十多個夜晚的惡夢。

不久，兒子便與我親熱起來，跟著我到處跑。拉著兒子的小手，孩子細嫩柔軟的皮膚接觸我的手心，立刻感覺骨肉相連，不禁雙眼濕潤。

我的生理時鐘非常敏感，對時差的反應特別強烈。北京時間與美國東部時間整整相差十二小時，因此中國與美國正好日夜相反。回國後，我的生理時鐘不能立刻調整過來，因此日夜顛倒。白天頭昏腦脹，無精打彩，夜晚輾轉側臥，無法成眠。如此折騰了十天，才算終於適應了當地的時間，睡眠轉為正常。

一旦克服時差，我便著手為兒子辦理出國手續。如何辦理手續，先從何處下手，我沒有任何主意，也無先例可循。因為此時中國留學生家屬探親陪讀的政策剛剛實行不久，對於留學生子女出國探親，國家還沒有明文規定，全看各地方的具體執行情況。

我先去太原市公安局詢問。多次詢問後瞭解到要辦護照，必須先由所屬各級領導機構審批。各級領導都同意蓋章後，方可申請護照。我回到我的原單位山西大學，請求校黨委批准我帶兒子陪我留學，回答是模棱兩可：我們還從未有此先例，要研究研究。

多日詢問、打聽、請求，毫無進展。家人勸我，如果為兒子探親的手續辦不了，妳應該先去美國完成學業，然後回國與兒子團聚。無奈，我於六月二日坐火車抵達北京，在六月三日早上到達位於北京秀水東街的美國駐華大使館辦理返美簽證。簽證手續的辦理還算順利，美使館的簽證官同意為我簽發簽證，並告知當天下午來使館領簽證。

　　下午兩點鐘，使館開始辦公後，我排在等待簽證的長隊中，等待進入使館。排在我前面的人一一進入使館，終於輪到我了。美國大使館門外把門的中國衛兵接過我的護照翻看兩下，然後說：「黃條呢？」「什麼黃條？」我不摸頭腦。衛兵說：「沒有黃條，一邊站！」我看看其他排隊等簽證的人，確實每人護照中都夾著一張黃條，做為進入大使館領取簽證的許可。當使館人員為我批准簽證申請時，並沒有發給我一張黃紙條。我不知行情，也沒有主動要求這樣一張紙條。沒有這張許可證，我便進不了美國大使館，拿不到簽證。我已買好了當晚返回太原市的火車票。現在一切計劃都被打亂。我立時急得渾身冒汗。我和衛兵反覆解釋說，沒有人告訴我，也沒有人給我這張許可證。衛兵鐵青著臉說：「為什麼別人都有許可證？」從此不再理睬我。

　　我只好離開大使館，在使館區一帶徘徊，不知如何是好。當我走到秀水北街美國駐華大使館的住宅區附近時，一位年輕美國婦女從大門中走出。我突然靈機一動，如果她能帶我進入大使館，便有辦法領到簽證了。我抱著孤注一擲的想法上前，告訴這位美國女士我的處境。她同情地說：「我就在使館工作，我可以領妳進去。」我喜出望外，和她一道走向使館。進入大門時，把門的衛兵瞪著我，吃驚地張大了嘴，但沒有阻攔，為我和美國婦女放行。

　　進入使館後，我感激地向美國婦女道謝。她說：「這算不了什麼。祝妳好運！」沒想到，進入使館後，還有一關。沒有許可證，使館的工作人員不發給我簽證。簽證申請的批發是由美國的簽證官員辦理，但簽證申請批准後，發放簽證的手續是由美國大使館的中國工作人員來進行。發放簽證的中國工作人員是個男青年。他先是拒絕發給我簽證，因為我沒有許可證。我只好耐著性子，做他的工作。我說我一切手續齊全，簽證官已給我批發了簽證，只是忘了給我一張許可證，你能不能和你的上級商量一下，通融通融。好說歹說，這位男青年總算同意進去和上級商量。他的上司是美國人，和他一同走出來，我將情況又解釋一遍。這個美國人說：「你可以拿到你的簽證。」我一顆懸著的心，總算最後落下來。

取到簽證後，我在長安街漫步。準備回到住宿的旅館，收拾行裝回太原。這時，一輛三輪車突然駛到我身邊。蹬車的男子有五十多歲，衝著我說：「妳看起來像個學生，也許是個留學生。來，上車吧！我義務為參加民主運動的學生服務。」然後，不由分說，便拉著我上車。六月的北京，十分炎熱。長安街豔陽高照，行人個個滿頭淌汗。我又感動又慚愧。感動的是北京普通市民對民主的熱情是如此高漲，對學生運動是如此支持。慚愧的是我雖然是留學生，但並不是專程來參加民主運動的。

當晚乘火車回到太原，第二天休息一天，又和家人講述我在北京的遭遇。晚上大姐夫來到家裡，說：「快看電視！」我連忙打開電視，是晚間新聞，報導政府平定了在天安門的反革命暴亂。隨後是一兩幅模模糊糊的簡短圖像，看不出什麼究竟。

我大惑不解。昨天我還在北京長安大街徜徉，似乎一切平靜正常，今天卻發生了反革命暴亂。

不久，政治局勢開始轉變，中美關係極為緊張。美國政府對中國政府實行經濟制裁。中國政府強烈譴責美國政府干涉中國內政。雙方劍拔弩張，中美外交關係隨時可能中斷。中國各級政府開始清查參加反政府民主運動的人士。各大專學校中參加過民運的學生也開始「檢查」，「反省」自己的過去的行為。公安局停止辦理一切護照簽發手續。不僅為兒子辦探親無望，我能否返美繼續學業也成問題。

中美之間緊張對峙的局勢持續一月多後，雙方對對方的怒火逐漸降溫。中美之間的航班逐步恢復正常運行。公安局也開始辦理涉外手續，包括簽發護照。

我又重新燃起了希望，決定再為兒子出國手續的辦理試一試。我騎著自行車趕到山西大學，找到了負責外事工作的劉校長。劉校長正在開會。我便坐下來等待。等待一小時多後，劉校長開完會回來。我和劉校長談到我在國外是如何思念年幼的兒子。父母年事日高，難以繼續照管兒子。我希望學校能批准我的兒子到美國探親。劉校長深表同情，同意批准我的兒子出國探親。我真是大喜過望。又和劉校長聊了一會兒，感到劉校長真是個非常開明、通情達理的領導。

為兒子辦理出國手續的第一步成功了。但是距離拿到護照與簽證還非常遙遠，希望還是非常渺茫的。因為在我所屬的單位山西大學同意後，我還得經過山西大學的上級機構，山西省教委出國管理處的同意。而通過這一關的

機率是非常小的。這恐怕也是劉校長很痛快地便給我放行的原因。

我很感激劉校長，這第一步的成功給了我很大的鼓舞。有了第一步，才會有第二步、第三步。我繼續奔波。這些天，兒子繼續上幼兒園。這樣我會有時間到處跑，為他辦手續。兒子還不懂護照、簽證等文件的具體含義。但他知道媽媽每天在忙著為他「辦手續」，辦好了手續，他就可以到美國，和爸爸媽媽在一起生活了。

太原的七月天，正當三伏。我每天頂著烈日，騎著自行車，到處託朋友、找熟人，希望能找到關係幫我通過省教委這一關。夜晚，我輾轉側臥，苦思冥想可以打通辦護照阻礙的各種方案，各種步驟，難以成眠。老天不負有心人，多日的奔波思索終於有了結果。從一個朋友處瞭解到在省教委出管處做幹事的一位幹部竟然是我的老朋友張琦。聽到這個消息，我真是興奮得無以復加。

我立即找到張琦的住所。數年未見的老朋友，一見面自然非常親熱。大家互敘幾年來各自的生活。然後我提到我在國外極度思念兒子，父母年邁難以再照顧兒子，希望老朋友能幫忙說服出管處的處長，高抬貴手。張琦滿口答應：「我一定盡力幫忙。」

我滿懷感激地走出老朋友的家。回國以來，第一次感覺心情放鬆。真是柳暗花明，絕路逢生。看來辦理兒子的出國手續有希望了。全家人也為這個好消息歡欣鼓舞。兒子高興地跳著叫著：「我要去美國了！我要去美國了！」

一週以後，我去省教委出管處探訪，處長與我的老朋友張琦都在那裡。我開門見山，請求處長批准我兒子赴美探親的申請。處長今天似乎心情很好，一反往日冷若冰霜的清高，滿臉含笑地說：「我們已經研究了妳的情況，決定批准妳的申請。」張琦向我一擠眼睛，連忙從保險櫃中拿出公用信箋簿，取出鋼筆，飛快地寫好介紹信。介紹信說明省教委已批准我為兒子申請出國的請求，希望公安局幫助辦理護照。然後在介紹信上蓋上紅紅的省教委出管處的大印。我目不轉睛地看著張琦辦理這一切，心撲通撲通地跳著。想不到這最難打通的關節竟然被打通了。如果沒有老朋友幫忙，我即使磨破嘴脣也說服不了這位處長。

懷揣省教委出管處的介紹信，我又到了市公安局護照辦公室，申請兒子的護照。這次我手續齊備，有美國大學研究院出的資助證明，有街道辦事處的證明信，有所屬單位山西大學的批准，也有省教委出管處的介紹信，應

該有希望拿到護照了。辦理護照的工作人員拿過我的各種證明文件，翻了一遍，然後說：「辦護照要找辦公室主任。」但主任不在辦公室。

第二天上午，我又跑到護照辦公室。幸運得很，主任今天在。我連忙說明我的情況，要求主任為我辦理護照。主任接過我的證明文件，說：「我們研究研究吧。妳回家等著吧！」他既不告訴我是否可以拿到護照，也不說明我需要等多長時間。我只好悻悻地回家了。

這一等就是一個禮拜。這個禮拜中，我又到處跑，希望能找到認識公安局護照辦公室主任的熟人。我的臉被太陽曬得褪皮，我的嘴角因心急上火起了泡。終於，當中學教師的哥哥打聽到他的一個學生家長認識這位護照辦公室的主任。我和哥哥立即在當天晚上找到他的學生家，請家長幫助說情。

也許家長的說情起了作用。第二個禮拜我去公安局，護照辦公室主任說：「我們現在在填寫一批護照。你兒子的護照也在其中。妳下個禮拜來取護照。」

第三個禮拜的星期一上午，不到八點，我便趕到公安局護照辦公室等待。辦公開始後，工作人員終於將兒子的護照交給我。

拿著兒子的護照，我不太相信這是真的。多少天的努力終於成功了。但在此之前，我從未有太大的把握與希望，只是一鼓作氣地一步一步地辦著手續。

回到家中，家人一方面慶幸我們從此可以全家團聚，一方面又為即將到來的別離而感到惆悵。大姐和二姐分頭上街購買兒子一年四季所需的衣物用品，連同我從美國給兒子帶回來的一大箱玩具，裝了滿滿三大箱，我又帶了一箱丈夫需要的專業書籍。

我計劃直接帶著兒子與行李到北京辦理兒子的簽證，簽證辦好後，便購買飛機票，直接飛往美國。所以從太原坐火車到北京的那天，便成為與家人告別的時刻。滿頭白髮的父親抱著兒子不肯放手，突然老淚橫流，哽咽地說：「姥爺會很想你。」這是我生平第一次看到父親流淚。年近古稀的父親，不知道他是否會再見到心愛的小外孫。

到了北京，找到離使館區較近的一家旅店住下。第二天，天剛亮，我們便前往美國大使館。使館外面，早已排滿了長長的隊伍。許多人半夜便來此排隊，以便保證能夠進入使館大門。八點半，使館開始辦公，排著長隊的申請人魚貫進入使館。由於六四以後申請赴美的人數增多，美國大使館簽證處特別在使館庭院內設立幾張辦公桌，加速處理簽證申請。並且簡化了手續，

申請人若被批准，當時便可拿到簽證。

　　我和兒子在十點半時進入使館，等待十五分鐘後，我們被叫到一張桌前。簽證官是個年輕美國婦女，操著有外國口音的普通話問兒子的年齡與名字。兒子一一作答。她又簡單地詢問我在美國的情況，然後便給兒子簽發入美簽證。整個過程不到十分鐘。

　　隨後又花了三天的時間將兒子的飛機票訂好。七月二十一日，母子兩人帶著四個大箱子從北京飛往美國。

4.我的美國朋友

　　在牛津只待了三年多時間，但這小城好似我的第二故鄉。在這裡，我不僅完成了我的博士學業，而且結識了許多親密的美國朋友。他們構成了我的美國家庭，分享我生活中的喜怒哀樂。

　　珍妮是我最要好的朋友之一。珍妮是邁阿密大學金圖書館的館員。除了圖書館專業的碩士學位之外，珍妮也獲有歷史學碩士學位。（美國大學的圖書館員，一般都擁有圖書館專業與某一專門學科的雙重碩士學位）。因此她被指定專門負責選購、管理歷史、政治方面的專業書籍，協助歷史系、政治

作者與好友珍妮，俄亥俄州牛津市，1996年。

系及其他社會科學學科的教授與學生的研究工作，並教授歷史系研究生如何使用專業書籍的課程。

到圖書館借閱圖書，一有疑問，我便去找珍妮。僅接觸一兩次後，我對珍妮便頗有好感。珍妮是愛爾蘭裔美國人。她身材高大，肌膚雪白，頭髮烏黑，一雙碧藍的大眼睛閃閃發亮。珍妮講話時語調溫柔，滿臉誠懇敦厚。不知怎麼的，她的音容笑貌總讓我想到我的二姐。二姐有一雙烏黑的大眼睛，對我總是體貼關切。珍妮也很喜歡和我說話。自然而然地，除了有關專業的話題之外，我們談話的範圍越來越廣。珍妮告訴我她的學習與生活中的各種趣事瑣聞，我和珍妮談中國文化，談我的家庭，我的個人喜好。不久，我們便成為無話不談的密友。

在美國多年，接觸了不少各型各色的美國女性。許多美國家庭主婦，相夫教子，掌管家事井井有條，不次於中國傳統社會中的「賢妻良母」。許多美國職業婦女，精明強幹，說話辦事都咄咄逼人，一付女強人樣，確是「巾幗不讓鬚眉。」珍妮和這些女性都不同。她比我年輕三、四歲，仍是單身，所以不屬於賢妻良母型。珍妮非常謙虛誠懇，一點沒有職業婦女中常見的鋒芒外露。但是珍妮綜合了這些不同女性的優點。沒有「相夫教子」的需要與習慣，珍妮卻非常善於體察人意，對人格外關心。她非常敬業，事業心極強，工作出色。珍妮是個優秀特殊的女性。

寫作博士論文時，我需要參考大量的資料。許多參考書籍與資料是通過館際借書從別處借來的，只能借閱兩週的時間。珍妮知道我需要長期參考這些資料，所以當這些書籍與資料一到達，她便為我一件件複印下來。這些資料為我寫作博士論文以及其後的教學研究，都提供了極大的幫助。

除了大量使用邁阿密大學的圖書館，寫作博士論文期間，我曾去紐約、華盛頓特區的檔案館、博物館與圖書館蒐集資料。在動身之前的前兩天，我工作完畢回到住所。住所的門有兩道。第一道是紗門，不上鎖。第二道是有鎖的木門。我一拉開紗門，突然一個沉甸甸的信封掉了下來。我滿心好奇，打開信封，裡面沒有任何字跡，卻有兩紙筒的二角五分的硬幣，價值20元。我先是不解。誰把這些錢放在我門口？略一思索，隨即恍然大悟。一定是珍妮。我們曾經在一起討論過我的研究計劃。珍妮知道我要外出蒐集資料，搞研究。她知道蒐集資料時，需要大量複印資料，便給我準備了許多硬幣。因為一般圖書館都備有需要硬幣操作的複印機。珍妮的細心周到讓我感動不已。

一天下午，我回到住所，正準備做飯，突然有人敲門。打開門，原來是珍妮，雙手捧著個大蛋糕。一見我，珍妮滿臉笑容：「祝妳生日快樂！」什麼？生日快樂？原來今天是我的生日？！可能在我們的閒談中，我告訴過珍妮我的生日。言者無意，聞者有心。不想珍妮默默記住了我的生日，自製了蛋糕為我慶祝生日。我一時感動得雙眼濕潤。我出生長大在我們國家經濟窮困的年代，家中從來沒有慶祝生日一說。因此我們兄妹幾個，都記不清自己的生日。偶然填寫表格時，需要填寫「出生年、月、日」，都得找來戶口本查看。而西方人，則對生日十分重視。無論成人還是孩子，生日那天都要慶祝一番。邀集親朋好友，或者舉行生日派對，或者搞些別出心裁的活動，事先不告訴當事人，給她（他）一個突然的驚喜。現在捧著蛋糕、笑容可掬的珍妮對我真是一個意外的驚喜。在中國二十多年，我的父母親人從未給我慶祝過生日；現在隻身國外，一個異國朋友卻記得我的生日，並為我慶祝一番。這其中自然有中西文化的區別與具體的國情差異，但珍妮對朋友的真誠關心，是超越美國文化的背景與習慣的。我百感交集，竟然不知說什麼是好。我告訴珍妮這是我有生以來，第一次過生日。珍妮非常高興她成為第一個為我過生日的人。

聖誕節到了。聖誕節是美國人與親友互贈禮物的時刻。在西方，聖誕節的精神是「施予」，而不是「索求」。人們從施予中得到心理的滿足與快樂。大家都挖空心思考慮揣測親友最需要的物品，然後買來做為聖誕禮品贈送親友。我知道珍妮喜歡中國文化，便贈送她一套精美的中國工藝品。聖誕節前，珍妮帶著禮品來到我的住所。她的聖誕禮物是一個大大的盒子，包裝精美。珍妮說：「快打開來看！」我一邊拆著包裝，一邊猜測裡面是什麼東西。珍妮在一旁抿著嘴微笑。打開紙盒，裡面是一只中國的炒菜鍋。菜鍋明光錚亮，大小適中。拿起來，不輕不重。真是一只好鍋。我高興極了。珍妮見我喜歡，也喜不自禁，很得意她買對了禮物。我非常佩服珍妮的細心。我在美國做留學生，生活非常簡單。身邊的日用品都是東拼西湊，將就湊合的用。做飯時，我有一只米飯鍋用來燜飯，一只美國式的平底鍋（Pan）用來炒菜。平底鍋的鍋沿很淺，每次炒菜，總是油星四濺。一次，我請珍妮在我這裡就餐。珍妮觀看我如何做中國菜。炒菜時，油星醬汁一如既往地濺滿鍋臺。我告訴珍妮，美國平底鍋不適用於炒中國菜，炒中國菜要用中國式的炒鍋（Wok）。我只是隨意說說，不想珍妮卻記在心裡，四處尋找，竟然買到了一只道地的中國式炒鍋。

一九九一年初，我即將結束博士論文的寫作，開始申請美國大學的教授職位。發出申請後，我順利通過層層遴選，成為許多學校的候選人，被邀請去這些校園面試。被邀去校園面試的候選人，將有很大的機率被僱用。對於謀職的人，能受到邀請是極大的喜訊。但我卻發起愁來。因為去這些學校面試，要離家幾天。兒子怎麼辦呢？珍妮自告奮勇：「我可以幫著照顧妳的兒子。」我十分感激，但又不太放心。珍妮是個未婚女子，從來沒有帶過孩子。珍妮似乎瞭解我的顧慮，告訴我，她每個星期日在教堂教授學齡兒童《聖經》，她能夠對付我的兒子。

面試回來後，珍妮和兒子都高高興興地來迎接我。倆人爭著給我講述我不在家時發生的趣事。珍妮是個認真負責的人。她堅持每天按我的作息習慣照管兒子。每天晚上睡覺前，我要給兒子洗澡。珍妮按照慣例，要兒子洗澡。兒子不從。原因很簡單，六歲的兒子已懂得男女有別。不好意思在珍妮面前赤身露體，因此拒絕洗澡。珍妮軟硬兼施，仍然說服不了兒子，所以感到自己沒有盡到責任。我分別安慰兩人，認為他們在一起，相處得很好。

一九九一年二月，我接受了杜魯門州立大學的聘書。年中，通過博士論文答辯後，我將要遷往密蘇里州。我和珍妮依依不捨。珍妮甚至決定要開車和我一道到達密蘇里，幫助我安頓新居。我知道珍妮工作很忙，婉言謝絕了她的好心。

威爾斯教授與其夫人也是我在牛津結識的親密朋友。當時我正在寫作博士論文，非常需要一臺電腦。當我需要寫作時，我必須到歷史系的電腦室去使用公用電腦。有了自己的電腦，我就不必來回跑了。可以在家裡一邊寫作，一邊照顧兒子。但我經濟困窘，購買電腦在我想像力之外。細心的威爾斯教授注意到了我的需要，便四處詢問，尋找舊的電腦。恰巧，邁阿密大學的一位職員，有一臺舊電腦，因為有一些毛病，她便不再使用。此時，聽說我需要電腦，她便同意捐獻，將這臺電腦捐獻給我。威爾斯和他的一個學生花了半天的時間，找出了毛病，修好了這臺電腦，將它送到我的寓所。這臺電腦雖然老舊，但仍然工作正常，為我完成博士論文立下了汗馬功勞。我也成為當地中國留學生中，第一個擁有個人電腦的人。

威爾斯夫婦有四個子女和一個外孫。父母心腸使他們對我的兒子格外疼愛。兒子機靈滑稽，很得人寵愛。這對夫婦常帶了玩具禮物來看兒子。復活節，他們將兒子接到家中，與其外孫女一道在園子裡找雞蛋（egg hunt）。聖誕節時，威爾斯扮成聖誕老人來到我的住所，給兒子留下一大堆聖誕禮物。

我受聘於杜魯門州立大學之後，要長途開車，從俄亥俄遷往密蘇里。威爾斯夫婦當年常常帶著四個孩子到各處旅行，所以，對於如何在長途車程中使孩子們不致煩悶，頗有一套經驗。我們出發前，威爾斯太太提來一大袋用各色鮮豔的包裝紙包好的玩具與食品，每個包裝外面都標有號碼。同時她交給我一張單子，上面列著：當你看到一輛紅色轎車時，打開第一號禮物；當你看到一個穀倉時，打開第二號禮物……這樣，一路開車，兒子會在不同的情況下，一次打開一包禮物，或者是玩具，或者是小食品。他會不斷驚喜，又吃又玩，自然會忘卻旅途的冗長煩悶。這真是一個非常聰明的主意！我感動地向威爾斯夫婦道謝。

　　此後，每年聖誕節時，威爾斯夫婦總要給我們寄來禮物。這對教養子女經驗豐富的夫妻，為兒子選擇的每樣禮品都十分實用得體。我從他們身上，也學到了不少父母之道。

　　我和林達的友誼，則是通過官方的正式渠道而開始。前面已敘述過，美國許多大專院校的國際學生辦公室，都與當地居民聯手組織「東道主家庭計劃」（Host Family Program）。邁阿密大學國際學生辦公室也與牛津居民一道組織了東道主家庭計劃。該計劃將林達挑選分配為我的東道主家庭。

作者與東道主家庭林達及其丈夫，俄亥俄州牛津市，1991年。

東道主家庭與其國際學生的關係，因人而異。有的美國家庭，視分配給他們的國際學生如家庭成員，逢年過節都要接到家裡，團聚一番。有的家庭，因為生活工作繁忙，則無法顧及國際學生太多。但絕大多數參加東道主家庭計劃的美國家庭，對國際學生都很熱情友善，盡力幫助外國學生瞭解美國文化。同時，雙方關係的親密程度，也取決於國際學生的性格與態度。有的國際學生性格外向，善於談天說地，因此溝通方便，深得其美國東道主家庭的喜愛。反之，有的國際學生或者性格羞怯，或者英語仍然不夠流利，會影響一些雙方交流。但總的來說，國際學生都非常禮貌友好，為他們的東道主家庭熱情介紹其母國文化。這種互惠互助，使東道主家庭計劃得以延綿不息。

我很幸運，林達是當地社區的活躍人物，對所有社會公益都熱心參加，更是許多社區活動的組織者。同時，林達也是個能幹的實業婦女。她和丈夫艾倫都畢業於邁阿密大學藝術系，對各種民間藝術有著特殊的敏感與鑒賞力。夫妻兩人在三十里之外的里奇蒙特市開設一間家具店，出售的商品質地上乘，在當地很有信譽。由於商業的關係，夫妻二人經常旅行到南美及世界其他國家，採購貨物。因此，他們對於異國文化，有著特別的興趣與喜好。他們常常自願組織參加當地各種文化交流活動。他們的上中學的女兒珍妮與上小學的兒子安弟也都對外國學生很熱情。在我之前，他們已接待過幾名外國學生。

林達辦事非常能幹，生意、家務、社會活動樣樣兼辦不誤。她屬於那種可以承受工作壓力的人，韌性極強。不僅諸事光顧，林達處理各種事務，總是非常周到得體，無可指摘。從她身上，我學到了許多做人處事的經驗。

5.博士論文

我的博士論文，是關於美國華裔婦女的歷史。當初選擇這個題目，是結合我個人的具體情況與學術界的研究狀況而定。依據我的個人情況，我來自中國，有較為深厚的中國文化功底；我是女性，又對美國社會史有興趣，自然應該選擇既能運用我的中國文化知識，又符合我對美國文化研究興趣的題目。縱觀美國學術界的研究狀況，亞裔及華裔美國史的研究與教學是美國人權運動的成果之一，是六十年代末新興的一門學術研究領域，亟待發展。特別是對亞裔及華裔婦女的研究，更是鳳毛麟角，屈指可數。研究成果缺

乏，說明該領域大有可為。因此，我決定博士論文的題目定為美國華裔婦女歷史。

　　與此同時，研究成果的缺乏，也為我的研究與寫作帶來了極大的困難。蒐集什麼樣的史料？到哪裡去蒐集史料？我應該研究哪一地區、哪一歷史階段的美國華人婦女？側重研究華人婦女歷史的哪一方面？對這些問題，我都找不到現成的答案。初步研究的結果，我發現尋找足夠的資料對某一地區，某一歷史階段、或某一方面的美國華人婦女歷史做研究都極為困難。我地居中部，遠離任何華裔聚居區，因此無法對某一華人社區做微觀研究。但我可以利用館際借書的條件，利用各種機會到東、西部的檔案館，各重點大學亞裔研究機構的圖書館去做研究、蒐集資料，做美國華裔婦女的宏觀研究。

　　論文的題目與範圍確定之後，我便開始蒐集資料。我曾經利用暑假到位於美國西海岸的聖布魯諾的美國檔案館的太平洋與山嶺地區分館查閱移民檔案。從十九世紀中至二十世紀二十年代的大量移民檔案，都從美國海關與移民局轉移存放於此。成箱成箱塵封的檔案都原封不動地堆放在檔案館的庫房。檔案館沒有人力與財源將它們分類整理。因此，查閱歷史檔案無體系可循，只憑有經驗的檔案管理員的熱心與良好記憶力，才不致使研究如大海撈針。從這些移民檔案中，可以瞭解到中國移民的經濟文化背景，中國移民商業在美國的運作等重要史實。從這些移民檔案中，也可以瞭解到華裔移民婦女生活的蛛絲馬跡。這個暑假，我翻閱了千份移民檔案，從中找出百份與中國移民婦女有關的文件。我又到加州大學柏克利分校的亞裔圖書館查找閱讀十九世紀後期刊行於美國西海岸的華文報刊。這些報刊都被翻印在微型膠片上，要利用微型膠片閱讀機來閱讀。連續讀上幾個鐘頭，便覺雙眼發花，脖頸痠痛。此外，俄勒岡大學特藏館的數百份二十年代西海岸夏威夷亞裔學生的自傳也構成我寫作論文的寶貴原始資料。

　　我又利用開會的機會，數次抵達首都華盛頓特區，到美國國家檔案館查閱移民檔案。這裡，有大量的移民律師與美國海關官員來往的信件。這些信件反映出美國移民當局與執法機關對中國移民的偏見與執意排斥。我也多次訪問紐約，在紐約市立圖書館查詢二十世紀初在紐約出版的華文報刊，在哥倫比亞大學的東亞圖書館搜尋有關紐約華人的檔案。

　　原始資料必須要到外地去搜尋，但二手資料可以通過館際借書得到。從館際借書的渠道，我閱讀了所有可以找到的已出版的關於華裔美國人的專門

學術著作及論文，瞭解了學術界對華裔美國人研究的成果與現狀，對於自己的博士論文如何突破學術界現有的成果有了較為清晰的輪廓。

　　在進行了一年多的資料蒐集之後，我開始動手寫作論文。整個論文的寫作與修改，約一年多時間。在完成初稿之後，我將其遞交我的三位博士論文指導老師丹尼爾斯博士、溫克勒爾博士與安德森博士閱讀批評。前面兩位導師都非常寬大為懷，通過了我的初稿。但女教授安德森博士要求我修改文章的全部結構，重新組織材料。這等於從頭再寫一次論文，我感到非常氣餒。但考慮她的批評建議言之有理，重新組織論文結構，將會使論文的論述更有力，我又卯足勁將全文修改，重寫一次。這一次，所有的導師都放綠燈，通過我的博士論文。五月，我又進行了博士論文答辯，順利通過，正式成為博士。

第5章 進入白領階層，
成為「模範少數族裔」一員

1.在美國求職：推銷、包裝、商品質量，缺一不可

既然美國是一個商業化的國家，此地的一切事物，包括人，都成為商品。既是商品，就要遵循商業原則。否則，會事倍功半。

在美國求職的過程，因此頗類似於商品的銷售過程。

一九九○年下半年，我的博士論文寫作已接近尾聲。因此，求職自然被提上議事日程。按照學術界慣例，每年八、九月間，各招工單位將擬好招工廣告。廣告上詳細列明工作性質、工作量，招工對象必備的條件，以及工作報酬福利事項等。隨後，招工廣告將被分寄到各有關大學，並被登載到各有關學術機構的刊物上，尋求招工對象。

謀職者在此時，便要翻閱各學術機構刊物上登載的招工廣告，對號入座，找到自己感興趣，並且條件具備或接近的招工廣告。然後，按照其要求，準備申請資料，將謀職申請寄往該招工單位。撰寫、投遞求職申請，則類似於商品的推銷階段。

申請資料一般包括下列文件。第一，自薦信（cover letter）。在自薦信裡，求職者要簡明扼要，寫出下列內容：第一，自己對該項工作的興趣。第二，針對招工單位的用人要求，逐項申明自己的能力與素質。第三，表明自己的能力與條件正符合該工作或職位。自薦信是申請資料中最重要的一部分，因此要長短適度。太過簡短不足以表現自己的優點與長處。太過冗長，會使招工單位的招工委員會成員在閱讀時失去耐心，因此乾脆將你的材料擱置一旁，從而與該工作失之交臂。那麼，到底多長才算長短適度？一般來說，空行為單行（single space）的一頁半，即算長短適度。一頁半紙有足夠的空間來表現求職者的個人素質，也不致使招聘者失去耐心與興趣。同時，自薦信除了長短適度外，還要文字得體。

怎樣才算文字得體？首先，不能有語病、錯字、別字。其次，要直接了當，開門見山。避免使用重重疊疊的多重複句，儘量使用言簡意賅的單句。

最後，也是最難做到的，要措辭得體。措辭得體指表明自己的素質要恰到好處。措辭鋒芒外露會給人以驕傲自負的感覺，措辭過於謙卑又會給人以能力不足的印象。如何做到恰到好處，需要許多實踐。要多揣摩好的文章，體會模仿；要反覆修改自薦信，並請有經驗的朋友幫忙。

要在美國的大學謀職，自薦信中必須說明自己對教學的熱愛與經驗，同時也要概要介紹自己的研究重點與成果，以適應高等教育界對教授教學與研究能力的雙重要求。在其他行業謀職，可以運用上述原則舉一反三。

第二，推薦信。推薦信也是申請資料中很重要的一部分。要找對自己最瞭解、最有好感的導師或上級寫推薦信。只有對你最喜愛、最器重的人才能寫出最具體中肯、最有效的推薦信。不一定非要找名人寫推薦信。雖然名人的知名度大，可能會引起招工單位的注意。但是名人往往日程緊張，無法花太多的時間為你寫推薦信。因此推薦信有名無實。當然，如果某個名人是你的導師，對你既瞭解又看重，並且願意為你寫推薦信。那麼，這樣的推薦信是最有效力的。可惜，現實中不可能人人都有從師名人的幸運。推薦人要從不同側面介紹你的各種能力與特性，所以要找不同類型的人為你寫推薦信，包括同事、導師、上司等。

同自薦信一樣，推薦信也要兼顧申請人教學、研究各方面的能力。同時還要說明申請人的個人性格平易隨和，具有合作精神，容易與人相處。推薦信最好能有些具體的事例來形象說明申請人的條件、素質、能力。

第三，成績單。在申請職位時，只有成績單是申請人無法修飾加工的文件。只好將自己過去的學習成績寄出，聽候招工單位的裁決。

第四，輔助文件。輔助文件不是申請資料中的必須，但是有彌補缺陷和錦上添花的作用。如果你的自薦信、推薦信與成績單不是最完美，輔助材料可以幫助你拉平均分。如果你的前三項申請文件均合格有效，與其他申請人不差上下，輔助材料可以使你脫穎而出，在競爭中佔有優勢。那麼，需要提供什麼樣的輔助材料呢？

輔助材料要用來具體說明你的質量。如果你在申請大學教授的職位，輔助材料可以包括教學大綱（Syllabus），與代表你研究能力的論文，最好是在學術刊物上已發表過的論文。在其他行業謀職，也要提供表現你工作能力的具體工作成果。

我在這一階段，蒐集了許多招工單位的廣告。因為我有美國社會史、婦女史、中國史的專業訓練、教學經驗與研究成果，在申請時我選擇了包括這

些專業的所有招工廣告，然後從中選出十幾家招工單位。隨後又將這些單位分成幾個類型：美國社會史、婦女研究、東亞史。針對這三種類型，我準備了三封自薦信，分別說明我在這三個領域的訓練與能力，以及教學與研究的成果。

我又請溫克勒爾教授、安德森教授和周錫瑞教授分別推薦我在美國史、婦女史、與東亞史方面的能力與研究成果。三位教授都欣然應允。因為推薦信對申請人保密，我對他們所寫推薦信的內容不得而知。不過，我被多間大學招聘，想必這些推薦信都在「隱惡揚善。」

申請的截止期一般在十月至十一月間。在申請截止期前發出申請資料後，求職者就要穩坐泰山，靜候通知了。當申請人在十一月至十二月之間如坐針氈地等待時，招工單位則在一輪輪篩選候選人。美國大學的職位，往往是一個空缺，便有一百個人申請。因此，這百裡挑一的篩選工作頗為艱巨。招工單位往往要組成由三名教授構成的招工委員會，一來為了民主，避免一人說了算的局面；二來為了提高篩選的效率。此時，這三名教授便各自閱讀這一百人的申請資料，從中選出十多份優秀資料，然後三人集中討論。這種招工程序，還是很民主的。即使每人各有好惡，選擇標準不一，但只有三人都同意的申請人，才能被討論。三人都相中的申請人，必有其獨特優勢。隨後招工委員會開會討論，選出前十名申請人，再將這十名申請人提交全系大會討論。招工委員會逐個介紹每個申請人，大家發表意見，最後決定通知這十人到全國性的史學年會接受面試。

如果申請人能夠進入這一輪的篩選，在十二月底便會接到面試通知，或電話、電子郵件通知，被告知：你被選中參加史學年會上的面試。接到通知，說明你推銷的第一步成功了。

美國史學界根據不同的專業，有各色學會。但最大的史學會是美國史學會（American Historical Association），囊括所有史學專業的史學教授。該會每年年底或年初舉行年會。年會的目的有二。其一，推動學術交流，促進學術合作。其二，為各大學招工委員會提供面試求職者的場所。因此，史學教授們參加年會或者為了聽取同行的學術報告，或者為了與同行老友會面，或者負有招工使命，或者兼而有之。而新近出爐的博士或即將出爐的準博士，則來此接受面試，尋找工作機會，結識史學前輩。這種年會往往有數千人參加，熙熙攘攘，好不熱鬧，故而被謔稱「動物園」。

幸運得很，這年的十二月我接到十二家大學的通知，邀請我參加史學年

會的面談（Convention interview）。史學年會今年在紐約的美瑞葉特大酒店（Marriott Hotel）舉行。我要飛往紐約參加面試。

此時，求職進入包裝階段。當然求職的整個過程都要推銷、包裝及展現質量。但每一階段有不同的重點。這時的重點是商品包裝。邁阿密大學歷史系為我準備了去紐約的飛機票及食宿費。我的幾位導師也忙著為我準備包裝。

溫克勒爾教授和安德森教授分別為我舉行模擬面試（mock interview）。他們告訴我面試要從教學、研究等方面準備。我將邀請我面試的所有學校都做了研究。從每個學校的課程設置、教學重點、圖書館規模，到該系各個教授的研究方向，都做了筆記。他們又告訴我面試時，面試官一般會提些什麼問題。例如「你將如何教授某某課程？」、「你為什麼對這個研究論題有興趣？」等等。模擬面試時，我的導師們又對許多重要的細節面授機宜。比如，與對方握手要堅定有力；談話時要充滿自信、熱情，並直視對方的眼睛。溫克勒爾教授還注意到我的眼鏡框有些扭曲，說試官會因此感到不舒服，會分散其注意力。他讓我趕快去眼鏡行矯正眼鏡。

威爾斯教授的夫人還專程開車帶我到辛辛那提附近的制衣廠銷售中心去購買衣服首飾。這種制衣廠的銷售中心出售的商品價格為零售價的一半，可謂物美價廉。在威爾斯太太的參謀下，我買了一件紅色套裙，一套黑色小格尼套裝，和與其配套的首飾。

前往杜魯門大學進行校園面試，1991年。

安德森教授又逐件檢查我的行裝，以決定我面試時的穿著是否得體。她告訴我，面試時，女性求職者的穿著要莊重保守一些。最好穿職業套裝，或襯衫長裙加外套。我把所有行頭在她面前試穿了一遍，她表示滿意，又為我買了一隻精巧的黑色女用公文包，在面試時使用。

這樣試穿一番，不禁有身臨其境之感，竟然渾身冒汗，尤其是腋下，出汗不止。我把這種情況告訴我的朋友們。她們紛紛獻計獻策。林達說，擦些防汗霜。珍妮說，可以在套裝的腋下部分墊上女用衛生棉吸汗。朋友們又把她們的襯裙、外套帶來讓我試穿。在我的住所裡，大家嘻嘻哈哈，忙亂熱鬧，我突然有待嫁女的感覺。結婚前我的姐姐們幫我裝扮的情景與此時的氣氛十分相似。這些高鼻深目的良師益友們，這些異國的姐妹們，讓我感動萬分，令我終身難忘。

包裝完畢後，我躊躇滿志地飛往紐約。確是「人是衣裳馬是鞍」，穿上高跟鞋與職業套裝，我不覺昂首挺胸，顯得精神自信，充滿朝氣與活力。面談一個個進行順利。第一個面試的學校是東北密蘇里州立大學（後改為杜魯門州立大學）。進入試場時，我略微有些緊張。在面試者的座位上坐定後，抬眼打量面前的三位試官們。他們都微笑地望著我。我感覺心中安定，開始鎮定下來。面試的問題果然不出我的導師們所料，基本分為教學與研究兩部分。我胸有成竹，侃侃作答。幾位考官相互交換著滿意的眼色。整個面試進行了半小時，面試結束時，似乎雙方都感覺頗佳。

這些試官們在史學年會完畢後，便返回其學校，在全系大會上彙報面試十位候選人的情況，大家根據試官們面試的印象，將這十名候選人排列名次，前三名將被邀請來校園訪問，進行校園面試（Campus interview）。其中一名將被選中聘用。

一月份，我開始陸續接到一些大學的書面通知或電話通知，邀請我去參加校園面試。一共有八間大學發出了這樣的邀請。我和我的導師、朋友們，都歡欣鼓舞。我想我只需要一個職位，沒有必要到每一家發出邀請的大學去面試，既耗費我的精力，又浪費他們的錢財。於是，我從八家大學中選出招收終身職教授（Tenure-Track Professor）的五家，去參加校園面試。

說來有趣，求職過程顯然與商品的買賣交易十分相似。搶手的貨物大家都想得到。被我婉言謝絕校園面試的三家學校，越是受拒，越想得到我。一間大學的系主任親自給我打來電話，做說服工作。他說：「你應該來我們學校看一看嘛，不要還沒有見到我們的學校就得出結論。我們的這個職位將來

有可能會轉為終身職。」我說：「我很感激貴校對我的器重，但我只需要一份工作。既然我已選擇其他學校，我不想再浪費你們學校的錢。你們可以用這筆錢邀請其他高手去面試。」

校園面試的過程可以說是檢驗商品質量的過程。校園面試一般為二至三天。在校園面試時，候選人要為全系師生舉辦講座，講授自己的研究題目，要會見學校各級領導，要與歷史系教授坐談、與歷史系學生討論，並接觸學校其他有關人士。在此過程中，候選人每時每刻都在被觀察、甄別、衡量。招工單位不僅要考察你的教學與研究能力，還要觀察你是否能與教授、學生、職員相處融洽，是否適應該校的環境。因此招工單位的聘用決定將取決於求職人在校園面試時的應對表現。故而，應試人員在整個面試過程中，都不可掉以輕心，而要以最佳表現出現。

我面試的第一所大學是密奇根州一間頗負盛名的私立大學。我乘飛機到達安那堡（Ann Arbor），已是下午。該校歷史系的主任開車從機場將我接到學校。當天晚上，學校教職工在一間酒吧晚餐慶祝該校的某一紀念日，歷史系的教授邀我去參加。我不是酒會的主角，但歷史系教授藉機觀察我如何應付社交場合。

第二天上午我主講我的研究題目：《美國華裔婦女的問題》。全系師生及其他有興趣人士都被邀來聽講，聽眾擠了滿滿一教室。我的講述進行得很順利。因為我事先已對這個講題反覆演練過幾次，又研究了該系教授的研究著作。在演講中，我引用系裡一位女教授著作中的論述，使她頗為高興。對教授與學生的提問我都對答如流。突然，聽眾中有一位黑人舉手提問。他是該校多元文化活動辦公室的主任。他說：「為什麼妳在提到各種族裔時，把黑人放在最後？」因為我的演講中談到了愛爾蘭裔、德裔、義大利裔與非裔美國人。這種排列沒有按照任何字母順序。他說：「按照字母順序，你應該把黑人（African-Americans）放在第一位。」在此之前，我從未注意到這一點，在場的其他聽眾也突然變了臉色。我極力鎮定自己，解釋我並未有意識地做任何方式的順序排列。隨後，會場情緒恢復正常，大家繼續提問或討論。

中午的午餐，在學校的學生工會餐廳進行。午餐時間，我同樣被進行考察。學校的有關行政管理人員都被邀來與我共進午餐。午餐中，要不停地說話，回答各種問題。

同時，還要抓緊說話的間隙趕快進食。因為不吃飯，能量不夠，就無法對付下午的其他活動。我要儘量多吃，但還要保持吃相雅觀。午餐中有一

道是生菜。生菜中有青菜、蘿蔔、番茄。番茄是那種專用於生菜中的櫻桃番茄。櫻桃番茄雖然模樣可愛，營養豐富，但其豐美的果汁卻可以變成進餐中最危險的武器。因為它小巧渾圓，用叉子叉不住，用手抓不雅觀。讓你狗咬刺蝟，無法下口。想方設法將它入口，並非完事大吉。如何將它咬破，再嚼碎吞嚥，仍是一大學問。當食者用牙咬破櫻桃番茄時，一不小心，果汁會從口中飛濺到幾米之外，讓人難堪，造成笑話。看到這個漂亮的櫻桃番茄，我立即意識到其隱藏的危險性。但不吃，又有卻主人的盛情。我小心翼翼地將這個櫻桃番茄放入口中，也不敢立即咬破。在口中慢慢將它化軟，然後閉緊雙唇咬破它。謝天謝地，汁水沒有外濺，我安全地吃掉了這個危險的櫻桃番茄。

吃畢午飯，又緊鑼密鼓地進行了一連串會見。我記不清具體會見的細節，但記得我已動員了全身的細胞，因此頭腦格外敏銳，反應極為敏捷。我甚至對我自己感到吃驚，我從來不知道原來自己這樣反應敏捷，風趣健談。原來在壓力下，人可以釋放出許多從未使用的潛力。

晚上，有一個學術演講。我又被主方邀去參加。坐在聽眾席中，我意識到這也是對我的一場面試。主講人演講完畢後，邀請聽眾提問。演講在一個大型階梯教室進行，約有二、三百名聽眾。我率先舉手提問。在美國的演講或新聞聽證會中的提問者，其用意往往不僅在於主講人的回答，而且是藉提問的機會，表現自己的知識與學問。因此提問者往往是先長篇大論一番，不像在提問，倒像是在演講，最後，演講完畢在句末才提出問題，要真正的演講人來回答。在美國多年參加各種演講討論，耳濡目染，我也學會了這種提問的方式。在此，我將自己對演講論題有關的知識先扼要地講了一番，然後向演講人提出問題。提問完畢，我看到聽眾席中歷史系其他教授在讚賞地點頭。我知道我已得到回答。

第三天上午，系裡的那位女教授送我到機場。一路上，雖似閒談，但我知道這仍然屬於校園面試的一部分。這位女教授問我：「妳的教學大綱首頁上面的龍的圖案非常好看。是妳自己設計的嗎？」我說：「不是，我是採用電腦軟體中現成的圖案。」

到了飛機場，我與女教授道別，進入候機大廳。面試現在真正結束了，緊張了三天的神經鬆弛了下來，我突然感覺非常疲勞。不僅渾身困乏，大腦也感覺遲鈍，不願再思考任何問題。雖然在面試中，我臨場表現良好，但為此而付出的體力消耗是很大的。我首次領略到競爭性的市場經濟的厲害。沒

有真本事，還真是難以在這種競爭中生存。

　　隨後，我又被邀請到其他四個學校去校園面試。有了第一次的經驗，對付其他的面試就比較從容鎮定，心中有數了。這四個校園面試都進行得很順利，我對自己的臨場表現也很滿意。

　　二月初，在杜魯門州立大學進行面試時，我正患有上呼吸道感染，不光鼻子堵塞，而且咳嗽不停。我帶著一大堆藥去應試。和歷史系的教授們見面時，我事先聲明我不巧患上呼吸道感染，鼻塞咳嗽，請大家諒解。這些教授們都同情並寬容地說：「沒關係，誰都難免生病。」我的咳嗽是過敏性的咳嗽，一咳起來就止不住，咳得涕淚橫流。杜魯門大學校園面試的關鍵是應試人的課堂講授。我很擔心，萬一在課堂講授時，我咳嗽不停，整個面試將因此失敗。誰知，當我進入我將要授課的教室，看著黑鴉鴉一教室的人，全部神經立即高度緊張興奮起來。整個講授過程中，沒有一聲咳嗽。

　　面試結束後的當天下午，我就立即乘飛機飛回邁阿密，因為我第二天一早還要給邁阿密大學歷史系的學生上課。這個學期，我已被邁阿密大學歷史系聘用教授本系的東亞史課程。

　　坐在飛機上，上呼吸道感染似乎病情加重，整個鼻竇區發脹，耳膜嗡嗡作響。當飛機在起飛或降落時，造成機艙中氣壓變化，鼻竇與耳膜便會劇烈刺痛。第二天，情況似乎更加嚴重，耳朵竟然暫時失聰。我仍然掙扎著去講課。授課中，學生提問，我一點聽不見，只好以辨認口型來猜測學生的問題。搞得全班學生忍俊不禁。

　　這時，歷史系辦公室的祕書在教室玻璃門外招手示意我出來。我滿心疑惑，還從來沒有人打斷過我的講課。我開門出來，祕書興奮地告訴我：「好消息！杜魯門州立大學剛打來電話，通知該校已正式聘用你了！」我努力讀著祕書的口型，也立即感到非常興奮。我昨天剛在那裡被面試，今天一早，他們就下聘書了，這麼快的決定？

　　我一方面為該校求賢若渴的迫切所感動，一方面認識到此時我必須做出抉擇。接受杜魯門州立大學的聘書？還是其他大學的允諾？

　　我和我的幾位導師們緊急商談。我們從教學環境、工資待遇等各個方面對我去面試的幾個學校加以比較，它們各有優勢，難決雌雄。我的導師們說：「如果它們的條件不差上下，最後決定就取決於妳自己的感覺了。妳對哪個學校感覺最好？」我對哪個學校感覺最好？我不加思索，便脫口而出：「杜魯門州立大學！」在杜魯門州立大學的整個面試過程中，我都感覺到那

裡的師生對我的友善熱情與渴望，特別是該校下聘書的果斷懇切，更使我感到我在那裡是被需要的。我突然想起我在讀中學時，一位老師說過的一句名言：「不要找你愛的人，要找愛你的人。」這句名言提醒我：我應該接受杜魯門州立大學的聘書。我將我的決定告訴我的導師們，他們都表示讚同。

五月份，我通過博士論文答辯。六月底，打點行裝，我帶著兒子開車到杜魯門州立大學上任。

2.「謙虛是人的美德」不適合美國國情

初做終身職教授，我的感覺真好。做學生久了，習慣於著裝隨便，不拘身分。現在做了教授，穿著自然得正式一些。穿起職業裝，人也顯得精神自信了。但是，最大的變化不在於自己裝束的改變，而在於別人對我的態度改變。我的個性比較隨和謙虛，做了教授，但沒有一點教授的架子。然而不論我謙虛與否，別人見了我都一派尊重，學生見我都以「博士」或「教授」相稱。

說到謙虛，「謙虛是人的美德」的傳統東方道德準則似乎不太適合美國的國情。當然美國人也喜歡謙和平易的人，厭惡好大喜功、吹噓表現自己的人；在美國，也會遇到一些個性內向羞澀、沉默寡言的人。但是，在這個開放競爭型的社會，要尋找機遇，抓住機會生存發展，人們必須勇於並善於表現自己。事實上，大多數的美國人都長於講話，會巧妙地通過各種機會來表現自己的能力與長處。

這種自我表現的藝術，不光有文化心理做基礎，還要通過不斷的實踐與錘鍊，才能達到爐火純青的境界。好在海外的華人，特別是知識分子大多是競爭型的人，都已經過五關斬六將，通過了各種考試與關卡，才得以在美國求學或謀生，因此不太容易背上「謙虛是人的美德」的心理包袱。但是，要能夠做到既表現自己，又不顯鋒芒外露，還要通過一段實踐。此外，英文語言藝術的掌握，更是一種長期的文化薰陶，與潛心的觀摩體會。不用心學習體會，即使在美國長期居住，也不一定能掌握這種自我表現的藝術。

此外，美國社會的高度流動性也促成了這種自我表現的文化。「路遙知馬力，日久見人心」的原則適用於穩定、社會流動程度低的國家。大家都生於斯，長於斯，對彼此的個性與為人都會通過長期的觀察與相處而瞭如指掌；因此個人不必通過自我表現來使別人瞭解欣賞你。而在現代的美國，三年一小遷，十年一大遷是許多中產階級家庭的生活方式。每一次搬遷往往會

帶來境遇的改善、生活水準的提昇，確是「人往高處走」。這種高度的流動性使人們失去了長期觀察相處的機會與耐性，迫使人們在有限的時間內儘量表現自己，爭取給別人留下正面的印象。反之，如果你不勇於或善於表現自己，別人是沒有時間與機會去瞭解你的。

但是，如果大家都儘量表現自己，在任何場合都只談自己，不聽別人，談話也很難進行。因此，聽的藝術也是必須的，而且成為商品，要花錢購買。在忙碌高速的美國社會，人們很少有傾聽別人的時間與耐心。傾訴苦悶與心聲必須花高價到心理醫生處，每週花五十美元到一百美元，向心理醫生傾訴半小時或一小時。如果你是個耐心的聽眾，「求聽若渴」的美國人會把你當作知己。我的個性是長觀察、少言語，與人交談時一般是少說多聽，因此滿足了許多美國人的自我表現欲。

我有自己獨立的辦公室，雖然不大，但它是我的小天地。鑽在裡面，我可以忘掉塵世的喧囂，潛心研究學問、準備教案、批改考卷。出國前我在中國做過三年大學教授。中國大學一般不為教授設專門的個人辦公室，教授們大多在家裡辦公。狹窄的住房便兼做教授辦公室。學生要找教授請教學問，必須登門造訪。

美國大學的管理制度較為嚴密，學校要求每個教授專設辦公時間，對學生開放，以方便學生與教授的溝通。教授要有辦公時間，自然得有辦公室了。各個教授的辦公室也依個人的專業、興趣愛好，與工作習慣而佈置有別。環顧教授的辦公室，便可對該教授的專業、個人興趣及工作作風有個大致的瞭解。歷史系的教授喜歡將歷史大系表、歷史地圖訂在牆上。這些圖表不僅方便研究、教學、而且有裝飾美化環境的作用。人類學教授則將各種民俗藝術品點綴於書架之間。一位研究畜牧的教授，辦公室裡擺滿了各色各樣的牛的造型，頗有特色。教授辦公室的整齊程度，也反映出該教授的工作效率與工作習慣。有的教授的辦公室，整潔清爽，書籍文件都放置在適當的位置，該辦公室的主人往往辦事有條理，不喜拖沓。有些教授的辦公室，桌上地下堆滿了書籍、紙張，學生進去，無處下腳，無法入座，該辦公室的主人多半不夠條理，辦事拖沓。

我的辦公室說不上典雅，但簡單乾淨。我一向欣賞我的導師溫克勒爾教授的整潔、有條理、高效率的工作習慣，也有自幼酷愛整潔的習慣，在美國參加工作以來，身體力行「當日事、當日畢」的原則，儘量不積壓工作。別人到了我的辦公室，都會留下整潔乾淨的評語。

3.美國學生不會替老師擦黑板

我在中國教過中學生與大學生，雖然學生中不乏調皮搗蛋的，尤其是在文革後期教中學，許多中學生無心向學，教課非常吃力，但是，大多數學生都懂得「師道尊嚴」，對老師畢恭畢敬，極少在課堂上發言提問使老師難堪。在課前課後，許多學生會主動為老師擦乾淨黑板。我做學生時，是班幹部或系裡的學習委員，自然要常常幫助老師擦黑板。做了先生時，我的學生也常常為我擦乾淨黑板。學生為老師擦黑板，似乎是天經地義，非常正常自然。

在美國教書，卻發現期望學生擦黑板不僅非分，而且怪異。從來沒有美國學生會想到為教授在課前課後擦黑板。美國學生會理直氣壯地想，我是付了學費來這裡聽課的，教授拿了我的學費做工資，自然得為我提供服務，擦黑板是服務的一部分。實際上，以上是我的分析，美國學生從來沒有想到過應不應該替教授擦黑板。我在講授東亞文化一課時，有時會以學生為老師擦黑板的例子來比較分析東西方文化的不同，此時，我會向美國學生提問，你想到過替教授擦黑板嗎？從未得到過肯定的回答，他們從未想到這是一個問題。擦黑板是教授講課活動的一部分，教授為什麼要希望學生來擦黑板呢？

而在中國文化中，老師不是不會或不願擦黑板，而是學生主動搶著為老師擦黑板，以通過這種簡單的舉動來表達對老師的尊敬，體察老師講課的辛苦。小小的事情，卻體現出了師生關係，是尊敬與被尊敬的關係，是師生有別的關係。雖然關係不平等，但師生雙方都從中獲得了心理的滿足：老師感受到受學生尊重，即使教學再辛苦再累也值得；學生感到能為老師做些事也是報答了老師教育的恩情。

在美國，等價的商品交換使傳統社會的師生關係完全失去意義。學生認為老師拿了工資便應為學生服務。很少有學生認為欠老師的恩情。美國教授每學期要為很多學生寫升學或求職的推薦信，鮮有學生為此對給自己寫推薦信的老師感激涕淋。相比之下，中國學生對老師的關心幫助會念念不忘。我的母親終身從事教育，許多她的門生故舊，在畢業多年後仍會在大年初一那天，來家裡給母親拜年。中國人將老師比做家長，對老師的尊敬常會在父母之上。許多留美的中國學生，赴美時都要從中國攜帶一些中國的傳統工藝品作為禮物送給老師，以表敬意。這種舉動會使美國教授大受感動，師生關係自然增進。

當然，對任何事情都不應該一概而論。也有少數美國學生懂得尊敬老師，並以小禮物表示敬意。我在美國教書多年，遇到兩個這樣的學生。一個是歷史系的一名女碩士生選修我教授的美國華裔史研究生課。她的父親為大學教授，家學淵源，虛心好學，非常用功。學期中放中假（midterm break）時，她到首都華盛頓的國家檔案館蒐集史料，順便到華府的唐人街的唐貨店為我買了一隻小小的中國式首飾盒。該禮品僅值一、兩美元，但禮輕人意重，讓我為她的心意所感動。另一個學生布萊恩，選修過好幾門我教授的課程，又做我的學生助教幫我工作兩年。畢業時，他送我一件禮物。那是一個石制的筆插，古色古香。不知他從哪裡買的，竟然頗有中國特色。放在案頭，美觀實用，顯示出該學生的品味與細心，使我感到滿心溫暖。每當我看到這具筆插，便會想到布萊恩。

美國學生不僅不會替老師擦黑板，而且在課堂上舉動隨便，毫無顧忌，吃口香糖、喝飲料，或者開門出去如廁方便。有的學生還會將雙腳架在前邊或旁邊的座椅上，毫無坐相。不過，總的說起來，美國學生雖然不像中國學生那樣循規蹈矩，對老師畢恭畢敬，但大多數學生還是嚴肅認真，在課堂上用心聽講，專心記錄。在我教過的許多學生中，每班都有一些思想比較活躍的學生，喜歡舉手提問，樂於回答老師提出的問題。因此，在美國教書，要習慣於以提問的方式啟發學生的思路，還要善於回答學生提出的各種問題，具有隨機應變的能力。對於一些一時無法解答的問題，老師也可以坦率地告訴學生：我現在還不知道這個問題的答案。

中國的大學都有班主任制度。每一屆學生，都有學校專派的班主任，管理學生的日常學習與生活。美國的大學生，沒有班主任來管理，但有另一套體系，禁止學生放任自流。大學生入學，一般都要選擇專業。學校便指定該專業的某教授為學生的指導教授（Advisor），該學生便成為該教授的學生（Advisee）。每學期的選課及其他有關的學術活動，學生都要徵求指導教師的意見，獲得教授許可，方可註冊選課。學生畢業前夕，或進研究院深造，或謀職就業，指導教授都得為該生寫推薦信，擔負管理學生的重任，工作量很大。

大學的科系一般在新學年開始前，要為本系的新生舉行入學介紹性質的歡迎會。在會上逐個介紹本系教授、該系課程設置、學生畢業要求，以及畢業後的求職方向，幫助新生計劃四年的學業，設計未來職業選擇。

在聖誕節前夕，每年各系一般都要舉行聖誕節聚會，聯繫師生關係。聚

會輪流在各教授家舉行。做東的教授往往要將住宅佈置得節日氣氛濃烈，準備可口的飲料小吃，系裡的其他教授也每人攜帶不同的小吃參加聚會。學生則不必攜帶任何食物，只需帶著一張嘴，去聚會，在那裡盡享美食，不拘禮節地與教授談天，增進對教授的瞭解與感情。

有些熱心的教授，還會將自己教授的某門課程的學生，邀到家裡，一邊聚餐，一邊上課。這種聚餐授課的形式，一般適應高年級學生或研究生的課程。這種課程學生人數少，因而師生間的交流接觸多，授課形式多以討論為主，課堂氣氛輕鬆隨意。我在教授高年級學生中國史與日本史時，便多次邀請學生到我住所品嘗東方菜餚，討論東方文化，師生同樂。

美國本科學生一般每學期修四至六門課，每門課一般為三個學時。三個學時的課程每星期要上三節課，每節課一小時。這樣每星期上課時間為十二小時至十八小時不等。據調查，美國大學生要花三小時的時間來準備每一小時的課程，即每一次上課前，教授指定學生閱讀一定的教科書與參考書，閱讀與熟悉教科書要花約三小時的時間。所以，美國大學生平均每週花在學習上的時間大約為四十五小時左右。此外，若有考試或學期論文，學生還得額外花時間準備。因此，要爭取每門功課都得高分，美國大學生真得投入大量時間。

儘管學業緊張，美國大學生總是設法在週末放鬆自己，或者租來錄像帶與室友邊吃爆米花，邊看錄相；或者與三五好友相聚，喝啤酒，閒聊天；或

在香港參加國際華僑研究學術會議，1994年。

者在週末的晚上到鎮上的酒吧喝酒、玩檯球。

美國的大學一般都有各種以希臘字母命名的兄弟會與姊妹會，如ΣΣΣ、εΧ⊿等。兄弟會與姊妹會的宗旨一般為聯繫學生，團結互助，活躍大學生社會生活，組織慈善活動等。許多兄弟、姊妹會確實發揮了這些作用。兄弟會與姊妹會一般都租有一座公寓，供會友租住，並提供會友活動的場所。老會友幫助新會友適應學校環境，提供選課的建議。據說有的兄弟會或姊妹會專門設有各科考試的複習資料與試題的檔案，供一屆一屆的會友使用。美國有個專門反映大學生兄弟會的電影，名為《動物宅第》（Animal House）。一個兄弟會在他們租賃的公寓內、開派對，喝啤酒，搞得烏煙瘴氣，學校不得不查封他們的公寓。會友還偷竊教授考試題，在會友中印發，通同作弊。該電影為喜劇片，自然不乏誇張，但也真實反映了大學兄弟會、姊妹會的一些內幕。有的兄弟會與姊妹會還聯合舉行派對，聚會中一些女大學生被有意灌醉，身不由己，被不良兄弟會友強姦。但總的來說，兄弟會與姊妹會還是以發揮正面功用為主。四年的共同生活，許多兄弟、姊妹會的會友結下了兄弟姊妹般的情誼，終生難忘。參加兄弟會與姊妹會，會友每年都要交納百元以上的會費，作為活動費用。對於沒有收入來源的大學生，這筆費用不貲。所以僅有百分之三十左右的大學生加入兄弟會或姊妹會。

除了兄弟會與姊妹會外，美國大學校園還有其他社團。如「綠色和平」組織（Green Peace）以提倡保護生態環境為己任；「婦女資源中心」（Women Resource Center），組織推動婦女權益的各種活動。還有各種少數族裔學生社團，如「亞裔美國學生聯盟」（Asian American Student Association）、「非裔美國學生聯盟」（African-American student Organization）、「拉丁裔美國學生聯盟」（Latino American student Organization），「國際學生組織」（International Student Organization）等，代表少數族裔學生的利益。

新學年伊始，大學生的各種社團聯合協調，選擇一天為「招募日」（Rush）。各個社團都擺攤設點，舉辦展覽展示該社團的各項活動，從新生中招兵買馬，擴大該社團的勢力與影響。

4.為「終身職」而奮鬥

美國大學教授的職位，有「終身職」（Tenure）與「非終身職」（Non-tenure）之分。大學招工時，會在招聘廣告上標明，該職位是「通向終身職」

（Tenure-track）或者是「臨時的」（Temporary）。「通向終身職」的職位一般保證該職位獲得者在五年或七年內（依各學校具體規定而異）獲得終身職。有了終身職，學校便不可隨意開除解僱該教授，頗似「鐵飯碗」。而臨時職位，則是根據學校的需要，一年一年延續合同，在該職位的教授，隨時有失業之虞。

中國與歐洲許多國家的大學教育體制沒有「終身職」制度。大學教授一俟聘用，其職位便是終身，不必等待幾年，或被剔除，或被授與終身職。美國從三十年代開始實行「終身職」制度。其宗旨是為了保障大學教授質量，不合格的教授無法獲得終身職，難以在學術界立足；同時，合格的教授被授與終身職，有了終身職，便不必畏懼學校管理人員，可以在教學時，暢所欲言，該制度因而保障了學術自由。這種甄選制度，確實保障了美國大學的教學質量，但同時，也帶來了一些不可避免的弊病。例如，大學教授在獲得終身職之前，兢兢業業，努力鑽研教學，拚命發表學術著作。但一俟獲得終身職，便從此大放寬心，教學與研究均得過且過，不再奮發上進。近年來，美國某些大學因此試行取消大學教授中的「終身制」。但這種改革阻力重重，並引發其他弊病，例如學術自由的原則將被侵犯，終日憂心忡忡的教授難以在教學與研究中發揮創造性。因此，終身職制度恐怕還會在美國大學教授中長期實行。

博士生在畢業後，最嚮往的職位是「通向終身職」的教授職位，謀職就業的第一選擇是「通向終身職」的教授職位。若獲得「通向終身職」的職位無望，便不得已而求其次，先找一個臨時的教授職位幹一、兩年，同時繼續尋找「通向終身職」的位置。美國大學教授的工資並不算高，但因其屬自由職業，一個教授可以自由選擇自己的授課時間，每年夏季也不必授課，可以專心搞研究，或者做任何自己喜愛的事情，機動性較大。此外，美國雖然是商業社會，人的價值常常以其收入多寡來衡量，但人們對知識的尊重態度還未泯滅，獲有博士頭銜的大學教授仍被刮目相看，享受社會的尊重。再者，決定寒窗十載，攻讀博士學位的人，多為好求學問，不計金錢之士。因此，大學教授的職位往往是僧多粥少，一個職位百人求。

既然終身職好比緊箍咒，各大學院校多設立不同規定，要求教授在獲得終身職之前，必須教學優秀，出版一部學術專著，在學校的各種委員會任職等等。為了拿到終身職，沒有終身職的教授，只好任勞任怨、不遺餘力地努力滿足這些要求。一些名牌大學，還利用這種制度來儘量榨取年輕教授的

時間與精力。比如，某名牌大學，極少授予教授「終身職」。年輕教授們往往在獲得終身職前被解職，該校再僱傭其他新教授。而在這些名校任教的年輕教授也深諳行情，在此就職也是為了積累經驗，贏得曾在名校教書的名聲，以便來日另某高就。但大多數院校，還不致如此刻薄，新教授只要努力工作，滿足該校對終身職教授做出的規定，五年或七年之後，一般還是有希望獲得終身職的。儘管如此，在拿到終身職前，教授的職位並沒有絕對的保障，因此，沒有終身職的教授多小心翼翼，不願輕易得罪同事、得罪學生、得罪上司。

我在杜魯門州立大學的職位，是「通向終身職」的。在校園面試時，因該校僱我心切，同意給予我三年的優惠（Credit）。一般情況下，該校「通向終身職」的教授在服務七年後，才能獲得終身職。因為我的聘用合同標明給予三年優惠，我在服務四年後便可得到終身職。所以，與其他同事相比，我提前三年吃到了定心丸。但這頭四年，我同其他未獲終身職的教授一樣，不敢有絲毫馬虎。

衡量一個「通向終身職」的教授是否合格，可以被授予終身職，各大學院校一般從教學、研究、社區服務等三個方面考察。而這三方面各佔比重的大小又由該校的性質來決定。以研究為主的院校，對「通向終身職」的教授的研究成果多比較看重，教授在獲得終身職前，必須出版學術專著，或在著名學術刊物發表論文。而以教學為主的院校，則要求教授必須教學過關，有一定的學術論文發表即可。

杜魯門州立大學屬於後者，因此，教授在研究出版方面的壓力，不是太大。但由於該校是以教學為主，教授的教課量很大，為一般研究為主的院校的兩倍。例如以研究為主的院校要求教授每學期教兩門課，而杜魯門州立大學的平均授課量為每學期四門課。其他以教學為主的院校與杜魯門州立大學相比大同小異。教課量如此繁重，教授們是很難抽出時間從事研究與寫作的。

我做教授的頭三年，幾乎所有要教授的課程都是新課。每一門課都要花費大量時間來準備。一般性的原則是一小時的課程，要花三至五小時來準備。但我每準備一節課都要閱讀數種不同的教科書與參考書，常常會超過五小時甚至更多。因此，每天起早貪黑，不是教課，便是備課，真是忙得不亦樂乎。按規定，我要教授兩門東亞文明史、兩門中國史、兩門日本史、兩門美國通史、一門史學史課、一門研究生課程，我又新開設了兩門亞裔美國史

課程。因此，頭三年中，每學期都教兩門新課，佔去大量時間備課。

備課，不光要準備材料，還要針對學生的條件與能力組織材料。向從未學過東方史的美國學生教授亞洲史，既簡單又複雜。簡單，是因為他們沒有東方史的基礎，因此教授不能將太詳盡具體的史實都全盤托給學生，使他們不得要領。複雜，是因為要能夠深入淺出、提綱挈領地介紹東方歷史與文化，在有限的教學時間內，使美國學生領略體會東方文化的精髓，還真是很不容易的。所以，在組織材料時，我以時間為綱，但不注重講授編年史，而是將講授重點放在一些重要問題上。例如，講授中國古代史，我希望美國學生深入理解中國古代的哲學觀點，以及這些觀點對中國政治、社會與個人心態的影響；對朝代更疊的原因，我希望他們從中央集權制與土地分配的角度去理解。

美國學生對東方歷史與文化充滿了神祕感，許多人抱著獵奇的想法選修我教授的東亞文明史課程。我一方面利用他們的心態使他們對課程充滿興趣；一方面在講授東亞史時，大量比較美國史與歐洲史，使他們消除神祕感，以現實的態度來理解東亞歷史與文化。看著學生入癡入迷的表情，我得到了很大的心理滿足。

學生給教授的教學做鑒定，是美國高等教育制度中的殺手鐧，學生的教學鑒定成為衡量教授教學效果優劣的一個重要標誌。每學期末，美國的大學都要向各班級的學生分發課程鑒定表。表上逐一列出有關教學的各個方面，如教材的組織、教科書的選擇、閱讀量的大小、教授講課的效果、教授對學生的態度等等，要學生針對各個問題，給教授打分。分數一般是從一到五，分別代表「不良」、「一般」、「較好」、「很好」、「優異」。學生鑒定表採用匿名的形式，由各科系的管理人員統一收存，直到教授已經評閱完畢期末考試卷，將考試分數上報學校的註冊辦公室，才將這些學生鑒定送往教授處，以資總結經驗，改正不足。

這種學生鑒定，可以在一定程度上反映教授教學的優劣，但不能做為絕對標準。因為學生對某教授教學的評判，常常受其主觀態度的影響。如果學生對某教授有好感，在該課程已獲得較好成績，對教授的評價因此會較為寬容肯定。反之，如果某學生期中考試成績不佳，便會責怪教授講課不條理，考題偏怪，評分不公，在鑒定表上給教授打很低的分數。所以，對於教授教學的某一方面，有時會在同一班級的學生中找到兩種極端的評價。因此，這樣的鑒定，是難以真實反映教授的教學效果的。

但是，由於學生鑒定是目前唯一評估教授教學的統計手段，校方以此作為教授獲「終身職」與晉升的評定標準之一，因此，大學教授為了得到學生的正面肯定評價，不得不降低考試與評分的標準，儘量不得罪學生。學生鑒定制度因而造成了高校學生成績「貶值」的現象。許多學校有百分之三十以上的學生可以獲得「A」的成績，其餘獲得「B」與「C」的成績，考試不及格的學生極為少見。如此，大家皆大歡喜。所以，平心而論，學生鑒定雖然迫使少數不負責任的教授不敢過份放任，但在很大程度上挫傷了教授對學生從嚴從難要求的積極性，因此降低了教學質量。

在杜魯門州立大學任職的頭三年，整日忙於備課教課。從第四年開始，我每門課都已至少教過一遍，才有一點時間從事研究與寫作。我的學術論文逐漸被發表在學術刊物上，同時我將研究美國華裔婦女的畢業論文大量修改，準備成書出版。由於教學任務重，在學期中很難有集中的時間進行系統的研究寫作，每個夏季便成為我專門從事研究寫作的時間。我到各地的檔案館、圖書館蒐集史料，不斷增添改寫內容，在一九九六年夏，終於將全書修改完畢，交由紐約州立大學出版社出版。

在美國出版專業學術著作，也很不容易。一般來說，大學出版社出版的專業著作，具有較高的權威性。因此，一本專業著作要被某大學出版社接受出版，要經過嚴格挑選。當作者將書稿遞交出版社後，出版社要將書稿分寄幾名對該書稿題目有研究的學者請求他們閱讀並決定該書稿是否值得出版。只有幾名專家一致通過的書稿，出版社才考慮出版。出版社還要求作者根據各專家的建議，修改書稿，然後才正式出版。這種往返修改的過程，一般要花兩年甚至更長的時間。出版社因而在與作者簽定的合同中規定，作者必須在限定的時間內完成修改稿，定期將修改稿交予出版社，否則合同將作廢。這種時限，對作者帶來很大壓力，因為專業學術著作的作者，多為大學教授，教學與其他事務繁忙，難以抽出集中的時間去研究寫作。但是，為了「終身職」與晉升，教授又必須出版專業學術著作。因此，只好不分晝夜地趕寫書稿。如此，教授的職業在外行人看來似乎非常輕閒：一星期只上十二小時的課，其餘的時間可以待在家裡，無所事事。但實際上，教授們多終日忙碌，極少空閒。

除了忙於教學與研究寫作之外，大學的各種事務性會議與為教授規定的其他職責也佔去教授的大量時間。美國是民主制國家，民主要體現在社會生活的各個方面，大學院校的管理也要突出民主的精神。因此，一所大學，無

論公立私立，上有校董會（Board of Governors），對學校的管理進行集體監督；下有教授議會（Faculty Senate），具體通過執行各種管理規定。這中間還有各種名目的委員會，有的為長期設定，有的為臨時湊成。前者如研究生議會（Graduate Council）、本科生議會（Undergraduate Council）、教學服務委員會（The Instructional Service Committee）等，後者如招聘委員會（Search Committee）。每個教授一般會身居五、六個不同的委員會。每決定一項政策變動，或例行每月的正常日程，各個委員會都要召開會議，研究決定。所以，每星期從學校到部門科系以及各種委員會，都有不少會議。大的會議要求全體教授參加，小的會議只要求委員會的成員參加。但是既然每人都任職於五、六個委員會中，這些委員會召開的會議就都得參加。因此，美國大學的大小會議，比之於中國的「政治學習討論」毫不遜色，極為有效地吞噬了人們的寶貴時間。民主是有代價的，實行民主要花費大量的時間與金錢。

　　既然美國是民主國家，那麼，人們可以自由選擇自己喜歡做的事情，不必被迫參加各種委員會？事實上，參與各種委員會的活動，有自願與被迫的兩種成份。國家有民主制度，個人還必須要行使民主權利。其次，美國社會提倡「義務工作」（Volunteerism），義務為社區服務是美國公民的義務。因此，大家都應該自願獻出自己的時間，為別人服務。同時，各大學院校對教授提職晉升，都從教學、研究、社區服務三方面來考察，這種實踐因而迫使教授們必須參加各種委員會的工作。不參加委員會，就會影響晉升；積極參加各種委員會，說明你對學校的管理與發展有貢獻，值得褒揚。因此，在美國也同在中國一樣，老老實實從事教學與研究的教授在校園裡默默無聞，而熱心於校園政治、野心勃勃，對研究寫作毫無興趣的教授則往往成為學校領導機構賞識的寵兒。

　　出於責任感，也出於滿足學校提職晉升要求的心理，我也被任命或出於自願參加了五、六個委員會，包括研究生議會（Graduate Council）、多元文化委員會（Multicultural Committee）、大學俱樂部董事會（Board of Directors for the University Club）、國際關係研究副修委員會（International Studies Minor Committee）等，常常被召參加各種會議。

　　除了會議，每日的各種公文信件也要佔去教授們不少精力。為了處理對外郵務與校內的公文信件，大學校都專設有郵件服務處。每天早上與中午，學校的郵務處都會用中型麵包車裝載郵件，分發各部門，並收集各部門外發

的信件，載回郵務處，分類處理。每個教授，在系裡都有一個專設的信箱，天天會收到一大堆公文信件。外來的信件包括某大學的招工啟事、某雜誌或某出版社的廣告與增訂啟事、某學術會議的徵文啟事等等。校內的公文信件包括校長辦公室、副校長辦公室、學院辦公室、系辦公室的各種通知，校內各種學術活動、課外活動的廣告，本系與外系教授發出的通知，會議召集通知和會議記錄，五花八門。如果不每天及時處理，頗有被公文信件埋葬之虞。若外出開會幾天，郵件會溢出信箱。返校後，至少要花多半天的時間來處理積壓的信件。作風疲沓的教授，不能及時處理公文信件，但又不敢扔掉任何信件，唯恐漏掉任何重要緊急事件，只好將信件暫時堆放。日積月累，辦公室中信件紙張堆積如山，鑽在裡面，宛如被公文埋葬，令人生嘆。

　　一位年長的同事告訴我，他的工作原則是「清潔公文桌」（desk clean），即一拿到公文信件，便及時閱讀處理，絕不讓信件堆積。觀看他的辦公室，果然清爽有序，辦公桌上除必要文具之外，沒有任何文件雜物。我深為佩服，極力效仿，每日及時處理公文信件，或存檔、或回復、或丟棄，決不讓它們積壓。

　　就職四年之後，我被杜魯門州立大學授予「終身職」。就職五年之後，我被提升為副教授。從此，有了鐵飯碗。職位穩定、地位鞏固後，似乎可以生活得稍微輕鬆一些了。

在廈門國際華僑研究學術會議上，與（左起）廈門大學莊國土教授、加拿大薩斯喀徹溫大學宗力教授，1996年。

在國際學術討論會上發言，福建晉江，1998年。

在國際學術討論會上，與韓國首爾國立大學鄭永祿教授，福建晉江，1998年。

在馬尼拉國際華僑研究學術會議上發言，菲律賓馬尼拉，1998年。右一為美國舊金山大學麥禮謙教授。

在首爾國際華僑研究學術會議上，與（左起）馬尼拉大學洪玉華教授、新加坡國立大學陳國賁教授、加拿大薩斯喀徹溫大學李勝生教授，2000年。

與人民出版社的鄧蜀生編審，北京，人民出版社，1998年。

作者（前中）受邀為美中西部華裔美國人協會婦女讀書會演講，密蘇里州哥倫比亞市，
1999年。

在作者的新書發佈會上，杜魯門大學書店，1999年。

受邀在保存美中西區少數族裔遺產會議上演講，密蘇里州聖路易市，2001年。

第6章　實現美國夢

1.買車記

　　世代飄洋過海，抵達美國的移民，都抱著實現美國夢的夢想。這種夢想因人宜時在不斷變化。但對二十世紀的美國國民與移民來說，美國夢體現在對物質的佔有，即有自己的汽車與自己的住房。和所有的美國人與外來移民一樣，我也擺脫不了這些夢想。有了穩定的工作之後，便開始一步步實現這些夢想。

　　在一九九一年初接受杜魯門州立大學聘用、同年五月通過博士論文答辯之後，我決定要為自己買一輛新車。我已吃夠了二手老爺車的苦頭，甚至幾乎送掉了性命。現在有了正式的工作，收入將有保障，我可以買一輛新車了。

　　買車前，我翻閱了大量購車指南一類的書籍雜誌。例如《消費者報導》雜誌（Consumer Report），每期都分門別類地羅列各種車的性能、市場零售價格、回修率等指數，供消費者參考。從這些指南資料中，我總結出日本產的豐田車（Toyota）似乎價格低廉，節省汽油，而且回修率低，因此決定購買一輛豐田車。

　　但是，有了理性的知識，做出理性的選擇，還只是買車的第一步。和美國的車行僱員（Car Dealer）打交道，還有另外的一番學問。許多朋友告訴我，在汽車銷售的行業，歧視婦女的現象十分嚴重。車行老闆或車行僱員一般為男性，許多人有認為女性不懂機械、沒有物理頭腦的偏見。因此，女性顧客買車，大有可能被車行僱員欺詐。這些朋友建議，要去買車，必須有男性朋友陪伴，並由男性朋友出面討價還價。

　　我請求威爾斯教授幫助我買車，代我與車行僱員打交道，他一口應允。美國不愧是汽車王國，幾乎人手一車，到處是車，日常生活中幾乎完全以車代步。因此，汽車銷售業成為經濟的一大組成部分。不論是大城市，還是小城鎮，到處可見專賣各種品牌的新、舊車行。許多美國人喜歡每隔五、六年便換一輛新車，因此將用過五、六年的舊車賣給車行主，車行主從新車的價錢中扣除舊車所含的價錢，這種銷售方式叫「以舊換新」（Trade in），車主

人買新車與賣舊車的活動由車行主一手經營，省去不少麻煩。車行主再將舊車轉手二手車車行，因此從這低價買進、高價賣出中漁利不少。而低收入階層人士則只能買得起二手車，構成二手汽車的消費群體。這種消費與經營方式因此使新車與二手車車行層出不窮，財運亨通。

我們去了辛辛那提附近的一家專賣豐田車的新車行去買車。美國的車行都有寬大的停車場，一輛輛明光錚亮的新車排列成行，神氣活現地招來顧客。進入車行的交易大廳，一般會有最新出廠的產品陳列在內。車行僱員坐在一個個小隔間，與顧客討價還價。

我和威爾斯教授先在接待室小坐一會兒，然後被領到一個小隔間裡。這個小隔間裡的車行僱員是個非洲裔的美國人。他西裝筆挺，皮鞋錚亮。他先彬彬有禮地和我們一一握手，稍微寒暄幾句，便進入正題。他拿出幾本印刷精美的汽車廣告，一一概要解釋各種型號汽車的功用。我事先所作的研究已使我成竹在胸，我直接向他指出我要買的豐田車的型號。他略一吃驚，隨即又不動聲色地連聲說：「我們有這種車。就在停車場。要去看一看嗎？」我說，讓我們先看車，再談價錢。我和威爾斯教授跟隨這個車行僱員進入停車場，走到一輛銀灰色的四門豐田小轎車前。這輛車車型美觀，小巧玲瓏，恰似給我訂做的一般。我一看便愛上這輛車了。但根據指南介紹與朋友的經驗，我不能流露出對任何車的喜好厭惡。

車行僱員打開車門，發動汽車，向我簡要介紹車內各種機件的使用，便讓出駕駛座，讓我試開。這輛車不光外觀漂亮，而且駕駛容易，油門與車閘都十分輕捷。我心中竊喜，但又不能流露出滿意的神色。試車完畢，我和威爾斯教授與車行僱員又進入交易廳的小隔間，坐下來商討車的價格。車行主從汽車製造商手中購買新車，只付出廠價，然後以零售價向顧客賣出。標在每輛車上的標價（sticker price）常常會高出出廠價百分之三十，如此定價，是防備買主討價還價。作為買主，如果按標價付錢，就真是吃虧上當，會被車行僱員暗中譏笑為白癡。因此，買主與賣主討價還價成為汽車買賣中的正常現象。賣主如果能從標價中壓低百分之十的價錢，就不算太吃虧。但壓價百分之十之後，再繼續壓價便十分困難了。因為車行主要賺取一定比例的利潤，作為經營費用與淨利。無利可圖的買賣車行主是絕對不做的。買車還講究三走三勸。即買主看到談判不成，要做出告辭的架式，聲言出不起如此高價，車行僱員便會緩和態度，請求買主坐下來繼續談判。如此反復三個回合後，才能達成協議，商定一個買賣雙方都比較滿意的價錢，然後正式成交。

我和威爾斯教授也按照慣例，兩次起身要告辭，都被車行僱員又勸回。最後，車行僱員同意從標價一萬一千美元中減掉一千五百美元，即壓價百分之十三。這個車行僱員一邊用計算器核算價錢，一邊抱怨：「如果買主都像你們這樣，我得失業回家。」

將所有付款手續辦完後，已臨近下班時間，但是這輛車的擋泥板還未裝上。車行僱員便說：「今天是星期五，沒有工人會在週末幹活，你們星期一上午來吧，等工人裝好擋泥板，你們就可以將車開走。」

星期一一早，我想買賣已經成交，不必再麻煩威爾斯教授與我同去車行了。一位每天去辛辛那提上班的朋友，順路將我帶到那個豐田車行。我找到那個車行僱員，他說：「車行修配部的工人會在五分鐘之內裝好擋泥板，但妳得先付錢。擋泥板的價錢是不包括在車價之內的。」我聽後一愣，說：「上個星期五我們已講好價錢，我已辦好全部付款手續。你當時並沒有說擋泥板要另外付錢。」車行僱員說：「擋泥板是另外的附件，妳必須付錢。如果妳不想要這輛車，妳可以走！」一付無賴的模樣，與星期五判若兩人。我氣憤已極，感到確實如人們所說，做車行交易的人只是唯利是圖，毫無信義可言；而且他看我是女性，又是外國人，認為我軟弱可欺。這時我心一橫：我不在意擋泥板的價錢，但我要辯一辯是非。我說：「你們的經理在哪？我要找你們的經理評理。問問他你們的僱員是否可以出爾反爾，不守信用？」這個車行僱員一聽我要找經理，便悻悻地說：「算我倒楣，賣車還得貼錢。這擋泥板就算在我的帳上！」我感覺又可氣又可笑。氣的是在汽車交易中，女性確實是受歧視欺侮；可笑的是這些車行僱員辦事根本沒有原則，只是一味欺軟怕硬。

修配部的工人將擋泥板裝好，我開著我的新車上路回家。一路上，滿腹感慨。買車的經歷為什麼會這樣令人不愉快？為什麼花了錢還要受氣？買賣交易為什麼這樣冷酷無情？做商業就必須要喪失做人的道德嗎？回去將這次經歷學說給朋友們，大家都一致同意唯利是圖、不講信義是汽車銷售行的本質，不必太動氣，好在這輛車確實買得便宜，那個車行僱員沒有賺了太多的錢，因此態度惡劣。

2.買房的學問

擁有一所自己的住宅似乎是美國夢的頂點。大學生與低收入階層一般買

不起住宅，只好租賃公寓。但是，大部分有固定收入，特別是居住於中、小城市的美國人都擁有住宅。而且美國廣袤的土地，建築技術的先進，聯邦政府鼓勵人民擁有住房的政策等一系列原因，都使在美國擁有住宅比在其他國家，特別是土地資源缺乏的國家，要便宜得多，容易得多。

美國國土面積為三百六十八萬平方英里，人口密度為每平方英里六十八人，是世界上人口密度較低的國家。第二次世界大戰以後，美國經濟發展，人民收入增加，中產階級家庭開始搬遷郊區，從此開始美國的城市郊區化運動（sub-urbanization）。美國的房屋建造商威廉姆·利維特（William Levitt）對於城市郊區化運動起了關鍵性的作用。利維特認為，只有採用新的建築技術，運用大批生產的方式，才能降低建築成本，滿足消費者日益增長的對住宅的需求。利維特的建築公司設計統一形式的住房，將事先切割、事先裝配的建築木材運往建築工地。建築過程中的每一道工序也如同大工廠的生產線，被設計成一項項單獨的建築步驟，建築工人只從事指定的工序。這種新的建築方法大大提高了建築效率，將建築成本降低百分之二十至百分之五十。這種成批建築新房的模式，很快被其他土地開發商與建築商採用。

同時，美國聯邦政府保障的分期付款制度，也使一般美國公民擁有住房成為可能。購房者可以向銀行貸款購房，房屋貸款的利息低達百分之五左右。購房者可以每月分期付款，在一定年限之內（十五年、二十年、三十年不等）還清貸款。分期付款制度使銀行貸款業迅速發展。

一般公民只要有收入固定的職業，向銀行申請購房貸款都會被批准。銀行從政府得到低息貸款，再轉手將貸款以較高的利息貸給購房者，坐收利息。在還清貸款之前，銀行是房產的真正擁有者。只有在全部付清貸款之後，銀行才將房產擁有證（Title）歸還房主。若房主在貸款期內破產，無法償還貨款，銀行會將房產拍賣。因此，在任何情況下，銀行是有得無失。

而購房者即使手中有錢，也情願在購屋時向銀行貸款。其原因是房屋貸款者可以享受政府稅務優惠。貸款人可以將每月的分期付款數從收入中扣除，這筆款項因而可以免交收入所得稅。免稅優惠因而成為購屋者向銀行貸款的動機之一。九十年代，美國股票市場強勁，許多股票擁有者可以坐收百分之十二以上的利率。因此，藉買房之機，向銀行以百分之七的利息貸款，再轉手投資於股票市場，得到高於百分之七的利率，便成為許多人的實踐。

當然，不少擁有傳統觀念的人還是情願儘快還清銀行的貸款，早日真正擁有自己的房產。

我在杜魯門州立大學就職的第一年，還是租住公寓。其原因之一，是我一向租賃公寓，習慣了公寓中任何設備若有問題，便打電話要求公寓管理人員派人來修理的方便。其二，買房是一筆很大的投資，要謹慎從事，慢慢花時間看房，從長計議。同時我剛剛走馬上任，要應付新的工作與環境，根本沒有時間與精力去看房買房。

一年之後，環境適應，工作也已勝任。看到同事們大多擁有自己的住宅，便也開始動心考慮買房。大家都認為，分期付款的數目與房租大致相等，甚至比租房還便宜些。房租付出後是有去無回，而分期付款多年之後，會擁有一座房子。如此簡單的數學，是任何人都算得清的。於是，我開始計劃買房。

雖然數學的計算十分簡單，但是從和房地產商聯繫，到看房子、出價與銀行辦理貸款手續這一系列的過程，對於從未有此經歷的新移民來說，實際上不但複雜而且常常會令人頭痛。

和買車的過程類似，在買房之前，我閱讀了不少有關指南，聽取了許多朋友的經驗與建議，因而瞭解了買房的大致程序。按照程序，我與當地的房地產公司聯繫。房地產公司屬於服務性行業，房地產商不需要任何成本，只需出售自己的服務。賣主將房產託付於房地產公司，房產出售後，房地產公司從售價中提取一定比例（一般為百分之七）的回扣（Commission）。房地產商將手中的房產，根據買主的要求，一一展示，然後成交。所以，房地產經營，是個非常有利可圖的行業。但是，房地產商工作也很辛苦。在買房的過程中，我對此稍有瞭解。其後，在我的研究工作中，我也訪談了一些從中國赴美留學，然後轉成房地產商的個人。例如在聖路易市的章沛先生。

章沛先生原在中國四川大學外文系讀英美文學的研究生，並留校任教三年。八十年代末期，章沛到美國中部名校華盛頓大學留學，改學經濟管理。在畢業前夕的暑期，經朋友介紹，到一家房地產公司短期工作。這份工作使他瞭解到房地產經營的有利性。畢業後，他先是在別人的房地產公司工作，在積累了一定經驗和資金後，便獨立門戶，成為房地產商。創業初期，公司只有他一人，同時兼任老闆、房地產經紀人、會計、出納、祕書等所有職務。為了滿足客戶的需要，他必須隨叫隨到，工作時間無限延長。週日辦公時間，他多在辦公室接待客戶，處理業務。晚上與週末，他則要陪著客戶看房子，非常辛苦。艱苦經營五、六年後，業務逐步擴大，開始僱有近十名半

職的房地產經紀人與祕書。章沛的佳室房地產公司成為聖路易市最大的華人經營的房地產公司之一。但章沛先生的工作時間仍不減少。

　　幫助我買房的房地產公司是當地最大的一家，僱有十多個房地產經紀人。與我洽談業務的經紀人是愛維林・馬丁女士。我選中她是因為一個朋友的推薦。這位朋友由馬丁女士經手，購買了一座房子，頗為滿意，因此推薦我與她接洽。馬丁女士的年紀大約有五十歲左右。她總是濃妝豔抹，渾身珠光寶氣，透露出她的可觀收入。她的服務態度不慍不火，恰到好處。每領我看一處房產，她都盡可能揣摩我的心思喜好，挑選我可能會喜歡的特點來介紹兜售。如果我不喜歡這座房子，她也不強求，便領向另一處房產。在全城各地觀看了十多處房產，但是要找到設計合理、外表美觀，價錢公道的房產還真不容易。有的房子外部結構還不錯，但內部裝修設計不合理，或者是房門入口處太狹窄，或者是牆壁的油漆顏色或壁紙怪異。有的房子似乎各處都比較滿意，但要價卻過高。如此費時數月之後，我感到疲憊不堪，心灰意冷。這時馬丁女士建議我擴大搜索範圍，觀看高一檔次的房產。

　　房價高的房產，多處於城內的中上層階層住宅區，地區靜謐，房屋結構與設計也較堂皇美觀。我先看了兩處此類的房產，不甚滿意。馬丁女士領我到第三處。這座房子處於該市最好的住宅區，房主多為醫生、教授、生意人。房子位於一條短短的小街，叫做綠地街，街道兩邊只有三座房子，我要看的這座房子是綠地街左手的第一幢。

　　第一瞥，我就愛上了這棟房子。它是一座白色的磚基木結構二層小樓。房前有整齊的冬青灌木。門階兩側，有一對修剪成雙球形的冬青樹。前院有四株大樹。一株楓樹挺拔，一棵桃樹豐茂，此外，一松一柏蔥蔥鬱鬱。屋角有一株李子樹。房側是一株沙果樹。走入後院，一棵粗大的山茱萸，枝繁葉茂，樹蔭遮蓋了大片庭院。後院中部有一株橡樹。後院的另一側，一株挺拔的美國梧桐樹，樹幹高聳入雲。轉向房後的陽臺，紅色的木製陽臺傍著白色的牆壁，陽臺旁邊一株紅漿果樹，一簇簇鮮紅的漿果吸引了我全部的注意力。

　　我滿心喜悅，跟著馬丁女士進入房內。一進門，一座樓梯分別通往樓上與樓下。拾級而上，眼前一亮。房間佈局典雅考究，但不顯浮華。正對我的口味。仔細觀看各個房間，都頗覺滿意。馬丁女士察言觀色，知道我喜歡這座房子，便建議商討房價。幾個回合的商談，房主同意稍減房價，因為房子有幾處需要修復的地方。我接受了這個價格。因為既然喜歡這棟房子，也就不太計較房價了。

在住宅庭院與幼子，1994年。

3.我的家

　　一九九二年十一月底，我從公寓遷入新居。

　　對新移民來講，買房有著物質、心理、文化等多重象徵意義，買房不光是實現美國夢的一部分，標誌著房主人物質生活水平的提高，而且標誌著移民心態的轉變。租賃公寓，不僅是為了省錢，更是為了機動。住在公寓裡，需要搬遷時，可以拔腿就走，不必擔心房子的處置問題。所以生活、工作不穩定的人是不會考慮買房的。決定買房，說明某人已決定在某處安家久居，將從遷徙者轉為定居者。我過去是學生，逐獎學金而居，是遷徙者。現在有了穩定的工作，固定的收入，置買了房產，我已成為定居者，完成了「既來之，則安之」的心理轉變。這種心理轉變又進一步導致了文化轉變。有了房產，成為某地的長期居民，就不可避免地融入當地社會，與當地文化同化，「入鄉隨俗」了。

　　現在我有了自己的房子，生活習慣也得隨之改變，也得以中產階級家庭的生活標準來裝飾、佈置房子。過去多年住公寓，住房狹小，沒有多少家具。因此現在的新居，顯得空蕩蕩的。

　　週末與假日，我便頻繁光顧家具店，挑選適合的家具。不久，新買的餐桌、書架、鋼琴逐步佔據了餐廳與客廳的空間。寓所開始顯得溫暖、充實。

　　樓上是起居室、餐廳、家庭室、廚房與臥房。樓下的兩間房子，一間用

做我的書房，一間放入一張乒乓球臺，成了遊藝室。這是典型的中產階級家庭的居住條件。

　　美國中產階級家庭的婦女，不光用心裝飾起居室、餐廳與臥房，更花費許多心思來裝飾點綴廚房與浴室。從廚房與浴室的裝飾，常常可以看出女主人的文化修養與藝術品味、個人性格與生活習慣。

　　在廚房裡，人們喜歡在臺子上放置一套四件的食品罐（canister）。這種成套的食品罐，既有實用價值，更有裝飾作用。可以將餅乾、糖果、茶葉、咖啡、米麵及各種豆類放入。食品罐的質地、造型、色彩形形色色。選擇與室內其他家具擺設風格協調的食品罐，擺在廚房裡，有畫龍點睛、錦上添花的妙用。此外，女性意識濃厚的主人，會在廚房的窗戶上懸掛製作精巧的鏤空花邊紗窗簾與人造花藤，廚房裡顯得溫馨宜人。喜愛園藝與自然的房主人，也會將時令水果、蔬菜、鮮花放入花藍，使小小的廚房生氣盎然。

　　除了廚房，浴室也是體現主人情趣的地方。在浴室，人們不僅入廁出恭，解決基本必須，而且在此放鬆神經。許多女主人會在抽水馬桶上放置散髮香氣的蠟燭，在洗手臺與浴缸旁放置造型精美、做裝飾用的香皂，並在抽水馬桶旁放置裝有流行雜誌的花藍。這樣，衛生間不僅香氣撲鼻，而且具有休閒氣氛。

　　浴室的大小與裝潢更體現房屋的豪華程度與主人的氣派。富有的美國人居住寬屋大廈（Mansion），其浴室不小於一般人家的客廳。裡面放置寬大的熱水浴缸（Jacuzzi），供主人休閒享用。

　　我屬於一般的工薪階層，不追求奢華的生活方式，只喜歡簡單充實的生活，因此各個房間都體現了簡單實用的原則。我的廚房除了必須的廚房用品，櫃檯上不放置任何雜物。廚房用品均為黑色或白色：白色的麵包機、電飯鍋，黑色的烤麵包機、電湯鍋。黑白分明，一目瞭然。浴室也沒有太多的裝飾，只注意保持清潔。

　　在家的大部分時間，我都待在我的書房，備課或者寫作。書房設在樓下。以前的房主人用這間屋子休閒、娛樂，房內設有酒吧櫃檯，房間也十分寬大。我看中了牆壁上裝置的一排排書架，便用它做為我的書房。不光書架上擺滿了書，酒吧的櫃檯上也全是我的書籍與文件箱。鑽在書房裡閱讀寫作，我感到十分滿足安心，別無他求。

　　除了書房，家中另一個我最喜歡的房間是與廚房相連的家庭起居室。這個房間朝東，寬大的玻璃門通向陽臺。每天上午，陽光滿室。我喜歡在上午

的時間，沐浴在陽光中寫作。燦爛的陽光，會使我心境開朗，對人生充滿喜悅、希望與感激。

買了房子以後，不少時間也花在園子裡。房前房後的冬青灌木，每年開春以後，會發芽暴長，需要修剪。這些灌木生長多年，厚密透實，需要用電動花剪來修剪。將房前房後的灌木修剪一遍，腰臂痠麻。但看著修剪整齊的灌木，也頗有成就感。

房屋北側的花圃，原來只種有黃色鳶尾花。我決定栽種其他不同花卉。反覆選擇後，決定從一家荷蘭花卉公司訂購一箱花種。花種寄來後，裡面有鬱金香（Tulip）、風信子（Hyacinth）、香雪球（Snowdrift）、黃水仙（Daffodil）、藏紅花（Crocus）等花卉的花種。我依花卉的高矮將它們種在花圃裡。開春以後，花種開始發芽、抽枝、開花。白色與桔黃色的藏紅花最先開花報春，花瓣非常鮮豔嬌嫩。不久，銀白色的香雪球與紫藍色的風信子也爭相開放。隨後，漂亮的黃水仙開始綻放。這些春天的花卉中，最鮮麗持久的要屬鬱金香。鬱金香在晚春時節開放，紅色、黃色、白色、黃中帶紅，紅花黑心的各色鬱金香花瓣豐滿厚實，可以持續開放二至三週。這個花圃，給我帶來春的喜悅。

除了多年生的花木外，每年春天，我都要買一些當年開花的花草，栽在房前的花盆裡、種在花圃中。紅色、白色與粉色的天竺葵，花朵豔麗，花期長，可以從春天一直開花到晚秋霜凍時節。紅色與粉色的秋海棠也在夏秋時

在住宅庭院與幼子，1998年。

怒放不敗。入秋後，再買來黃色與紫色的菊花，移植到花圃中，帶來盎然的秋意。

這樣，一年到頭，除了冬天之外，蒔花弄草可以在園子中耗掉所有的空閒時間。雖忙忙碌碌，但覺返樸歸真，充實愉快。

自己擁有的住房給人帶來了安全感、穩定感，但同時也帶來了許多責任與負擔。比如，房子要不斷維修、保持，才能堅固長久，並保持價值。房子的維修、保養，小的包括上、下水通暢，暖氣空調正常運行，夏天修剪園子裡的草皮、樹木，冬天清除車庫外的積雪。大的包括每隔三、五年油漆房屋，維修屋頂等等。諸多雜事，舉不勝舉。這些與房屋保養維修有關的雜事，都可以請有關的維修公司來處理。美國的勞動力不便宜，請人為你的園子割草，不到一小時的工作，要花二十美元。抽水馬桶堵塞，請人來疏通水道，頂多十分鐘，要花費五十美元。僱用專門人員維修，不光花費高，而且很不方便。僱用的工人不一定在你需要服務的時間有空。有時預約好的工人會姍姍來遲或者乾脆不露面。因此，許多美國人都自己動手清理、維修房子，只有技術性強、工程浩大的維修工作才請工匠來做。

同時，美國也是個鼓勵個人奮鬥，自己動手的國家。消費品生產的專門化也使自己動手成為可能。到五金商店或建築材料商店，可以買到幾乎任何自己維修所需的材料和工具。既然別人能自己動手幹，我不缺胳膊少腿，也應該盡量自己動手。

不過，我很幸運，這棟房子過去保養良好，沒有什麼需要維修的地方。但是保養還是必須的，起碼要清理園子。於是買了房子不久，便買了電動割草機，以及一大堆園藝工具，將週末與假日的時間都投入進去。

居住數年之後，需要做大量的維修工作。房子的屋頂要換新的，否則木質損壞，雨水會漏到屋內，造成更大損壞。車庫外的水泥車道龜裂破損，應該換成新的。這些大工程，要請專門公司的人員來處理。我從電話簿上、從朋友口中找到幾家公司，對比價格，決定僱用享有口碑的公司或技工。

換屋頂的工人與灌製水泥車道的公司都工作效率驚人。換屋頂的技工叫鮑勃。鮑勃和他的三個幫手在約定的那天早上準時到達。幾個人爬上屋頂，乒乒乓乓，僅一個多小時的時間便把屋頂上的木瓦、油氈全部掀掉，並集中到房頂的一角。隨後，一個工人將卡車開上草坪，徐徐停在屋頂下。其餘的工人從屋頂將掀掉的木瓦、油氈扔入卡車的車廂中。清除了舊的木瓦、油氈之後，工人們立刻將新油氈、木瓦搬上房頂。先鋪上油氈，用釘子釘牢，然

後，將木瓦一塊塊鋪上並固定。到下午收工時分，房頂已煥然一新，大功告成。這樣大的工程，幾個人一天便完成，真是稱得上高效率。當然，花費也不低，連工帶料，換個屋頂要三、四千美元。

水泥公司的工作效率更令人讚嘆。頭一天上午，幾個工人開車到來，用電鑽與破水泥機轟轟隆隆將水泥車道砍成碎塊，然後用吊車將碎塊甩入卡車中。清理乾淨後，幾個工人像他們突然出現那樣，又突然消失了。第二天早上，一輛轉鬥水泥車與幾個工人來了，稀里嘩啦，僅一個小時的功夫，水泥車道便鋪設完畢，幾個工人與水泥車便頃刻消失。工程速度之快，令人目瞪口呆。自然這個工程又耗費三、四千美元。

住了七年之後，應該油漆房屋了。又約了修理公司的油漆匠來油漆。這次，油漆匠不但沒有屋頂工人與水泥公司的效率，到了預約的日子竟然爽約，隨後來信說：「今年沒有時間為你們油漆了，請等明年吧。」氣餒之中，我想，乾脆自己幹吧。

我決定先油漆房屋的內部，外部等開春時重新僱人。先從自己油漆過房屋的朋友處取來經驗，對油漆的程序瞭解了大概，然後到百貨、五金商店購買油漆與工具。油漆的種類真是太多了。光是白色，就分純白色、軟白色、鄉村白色等多種。各色油漆又分成上光（glossy）、無光（flat）和綢光（Satin）等類。看得眼花撩亂，舉棋不定。我只好請教油漆部的售貨員。他一一解釋了各種油漆的細微區別，純白色是白色中最白的。軟白色稍呈暗白。鄉村白色為乳白色。我決定選用純白色，然後又決定在白色中取介於上光與無光之間的綢光色。隨後又選擇了毛刷、海綿滾刷、角刷和膠布等工具。

材料與工具齊備，便開始準備油漆。在中國，自己也油漆過家具、牆壁。所以對於幹活，還是不太畏懼的。但是，有生以來第一次自己擁有如此高價值的身外之物，所以，對於房子有一種難以言傳的敬畏心理，不敢隨意亂動。實在請不到專門工匠，才下了自己動手的決心。

油漆從餐廳開始。先將靠牆的家具移開，然後填平牆上的釘子眼。但最重要的準備工作是用膠布將牆上不需油漆的部位（如窗框、門框）遮住。油漆一間屋子，準備工作得花兩個多小時。終於黏貼準備工作就緒，可以開始油漆了。先用毛刷將所有邊、角處刷上油漆，然後用滾刷刷大塊的地方。滾刷真是有用的發明。來回幾下，便可覆蓋大面積的牆。真痛快！不久，餐廳便油漆完畢。

隨後又花了幾天的時間將臥房及走廊油漆一新。油漆牆壁、搬動家具，搞得腰痠背痛，但是我得到了有價值的人生經驗：我有能力自己保養、維修住宅。

4.離不開的日曆

　　如同其他現代化的國家，美國社會的競爭性強，生活節奏快。不論是大人、小孩、上班族還是家庭主婦，人人都非常忙碌，忙於工作或功課，忙於社會活動與課外活動，忙於應付家庭與社會賦予個人的各項職責。因此，日曆成為日常生活中不可或缺的物品。

　　一個典型的四口之家，必須有一個總日曆（Master Calendar）。這種總日曆一般選用一年十二張的年曆本，一個月一張，每日的日期下面留有很大空間。家庭的主管（一般為主婦）將每日的活動記載入當日的空格。要提前安排活動，或有朋友預約活動，也都得將時間、地點、活動名稱記在日曆上相應的那天。

　　雙薪家庭夫妻都工作，除了上班之外，還要應付社交，參加社會活動。更重要的，是教養子女。如果孩子幼小，夫妻二人得協調帶孩子，將孩子接送托兒所、幼兒園或保姆家的時間。孩子長到就學年齡，上公立學校，乘校

美國兒童在復活節的撿雞蛋活動，1998年。

幼兒園馬戲表演，密州聖路易斯市，1999年。

美國小學的課外弦樂隊，2002年。

車上下學，不需父母接送到托、幼院了。但是父、母的接送工作仍不得停止。一般中產階級的家庭，女孩從四、五歲起，就要學舞蹈、彈琴，同等年齡的男孩則要學踢足球、學功夫。不論男孩女孩都要學游泳。再大一些，要學滑冰、橄欖球、壘球等。從一年級開始，又有童子軍活動（Boy Scouts, Girl Scouts）。如果家中有兩個孩子，每個孩子每週有兩種課外活動，那麼幾乎

每天晚上都會有活動。一個家庭，如果沒有一個總日曆統籌記錄協調全家每個成員的所有活動，生活會完全亂套。

一個四口之家的日曆，幾乎每天都被填滿。妻子與丈夫幾乎每週都有一個晚上要開會，不是工作單位的會議，便是社區組織的會議。兒子二、四晚上上游泳課，星期五下午鋼琴課。女兒星期一下午參加學校百科知識競賽隊的訓練，星期四晚上有鋼琴課。每月有兩個晚上，兒子還要參加童子軍的活動。這樣，幾乎每天下班之後，家長都在往返奔波，接送孩子參加各種活動或訓練。晚飯常常來不及做，叫個義大利披薩（Pizza）或將冷凍食品放入微波爐加熱，草草填了肚皮。

每天晚上，全家都要對照日曆，將第二天的日程討論一遍，互相提醒應該做的事。早上起床後，再看一遍日曆上當日的日程。即使如此，家長有時會忘掉某項活動，事後不免自責。

除了總日曆統籌全家的活動，每天晚上，許多職業婦女都將第二天需要做的事情列一清單。第二天按照清單上的事項，逐一完成。完成一項便在單子上劃掉一項。不列入日程的事項，便完全想不起來，因此被忽略。

5.從移民到公民

無論是來美國尋求發財致富的機會，還是享受政治與宗教的自由，多數移民都希望能早日成為美國公民。一個美國公民，不光擁有選舉權，還可以受僱於美國聯邦政府機構，在國際旅行時使用美國護照，更可以申請將其親屬移民美國。此外，許多私立的研究教育基金與政府的社會福利補助的獲得者也僅限於美國公民。成為公民，也使一個移民在法律上正式成為美國社會的一份子，最終確立其文化歸屬性。因此，政治、經濟、文化與心理等諸方面的因素，促使移民爭取儘快成為美國公民。

但是，從移民到公民，這個過程並不那麼簡單。先從移民說起。美國立國之初，篳路藍縷，因此鼓勵移民。美國南北戰爭結束之後，美國工業迅速發展，城市增大，人口膨脹；大批移民從歐洲和亞洲湧往美國。在美國內戰前的四十年內，約有五百萬移民進入美國。但是從1860年至1900年，約有1500萬移民進入美國。在美國歷史上，1880年以前進入美國的移民被稱為「老移民」（Old Immigrants），多來自西歐與北歐國家。這些所謂「老移民」多受有較高程度的教育，會講英語，擁有一定資產或技藝，在宗教

上多屬於來美國尋求政治理想與宗教自由的衛理工會教徒。而從1880年至1914年第一次世界大戰爆發期間進入美國的移民則被稱做「新移民」（New Immigrants）。不同於老移民，新移民基本來自東南歐國家和亞洲的農業地區。他們大多一文不名，一字不識，不通英文。來自東南歐的新移民多信仰天主教與希臘東正教，為貧困與宗教迫害驅使來到美國。而來自亞洲的新移民，主要為中國人、日本人和韓國人，多為尋求改善貧困處境而移民美國。

這些新移民的湧入，大大改變了美國的政治經濟生活，引起美國本地主義者、種族主義者、白人勞工組織以及保守政客的恐慌，唯恐新移民將擁塞城市，降低生活水準，並異化美國的白人主流文化。由於百分之七十以上的新移民抵達紐約港，美國聯邦當局遂制定移民政策，於1892年1月1日在紐約港的伊利斯島（Ellis Island），設立移民過境站，過濾篩選合格移民，准予入境。從1910年至1940年，美國移民當局又在舊金山灣的孤島天使島（Angel Island）設立類似的移民過境站。美國政府設立移民過境站的目的有二：一方面以專門的政府機構更有效地控制與處理日益增多的移民入境手續，另一方面以特殊隔離的方式使新移民，特別是貧窮的新移民的入境更為困難（參閱令狐萍《金山謠──美國華裔婦女史》，臺北：秀威資訊科技股份有限公司，2015年，第65-75頁）。

除了以移民過境站來控制移民入境，美國政府更設立一系列歧視排斥性的移民法案來限制中國移民。1882年的《排華法案》，禁止中國勞工入境。1902年，一項移民法又無限制地延期所有排華法令。1924年的《移民配額法》，禁止亞洲移民入境。直至1943年，美國國會才通過法令宣佈廢除所有排華法令。但是，分配給中國的移民配額，每年只有105名。

由於美國民權運動的推動，美國政府在六十年代實行移民政策改革，通過《1965年移民法》。該法案廢止了1924年《移民配額法》中按國籍分配簽證的配額制度，並建立了三項新的接納移民的原則，即幫助移民家庭團聚，滿足美國勞工市場對技術移民的需求，以及收容戰爭與政治難民。根據這三項原則，美國每年將簽發17萬份簽證予東半球的移民，12萬份簽證予西半球的移民。東半球每一國家的移民數額每年不得超過2萬人，而從西半球國家來的移民則不受此限制。以國籍為依據的配額制度被廢除，取而代之的是一種新的「優先制度」（Preference System）。該法為從東半球國家來的移民設立七種優先制度，每一種優先制度在移民總數中佔有規定的比例。第一優先，為美國公民的21歲以上的未婚子女，佔20%。第二優先為美國永久居

民的配偶及其未婚子女，也佔20%。第三優先，為具有「特殊才能」的專門職業者、科學家和藝術家，佔10%。第四優先，為美國公民的21歲以上的已婚子女，佔10%。第五優先，為美國公民的兄妹，佔24%。第六優先，為美國勞工市場短缺的勞工，佔10%。第七優先，為戰爭與政治難民，佔6%。其中，第三與第六優先類型的移民必須先獲得美國勞工部簽發的「勞工許可證明」（Labor Certificate）方能入境。勞工許可證明要申明兩點。第一，美國勞工市場在該行業沒有足夠的合格的人選。第二，該移民的入境將不會引起美國勞工市場該行業工資的下降，以造成美國工人工作條件的惡化。

從中國大陸來的移民，以美國公民的親屬或勞工身份入境之後，便具有「永久居民」（Permanent Resident）或「註冊外籍人」（Registered Alien）的法律身份，可以在美國合法長期居留。美國移民法律規定，永久居民或註冊外籍人必須在擁有該身份五年之後，方可申請成為美國公民。因此，以移民身份入美的外國人，至少要等待五年才能成為美國公民。

6.留學生與綠卡

以留學生身份入美的華人，必須先改變身份成為移民，得到「註冊外籍人卡」（Alien Registration Card），俗稱「綠卡」（Green Card），才有權考慮成為公民。

那麼，留學生如何改變身份成為移民呢？

第一步，是要有一份專門的職業。留學生畢業之後，接受了某一領域的專門訓練，擁有了學位證明，便可以申請工作訓練（job training）。這種工作訓練的時限，可以達到兩年。找到了僱主，留學生便可將留美簽證的學生簽證（F-I）轉為僱傭簽證（H-I），隨後申請勞工許可證，最後申請轉變身份為永久居民。這些法律程序，比較複雜費時，因此，一般留學生就職後都延請律師幫助辦理。請律師自然費用不貲，但是，為了長久利益，只好忍痛掏腰包。

還沒有專門的統計數字表明中國留學生在美就業的比率及職業分佈。但我個人的抽樣普查、口述訪談以及瞭解觀察，顯示許多中國留學生在畢業後已經成為教授、工程師、律師、電腦程序設計師、醫生、技師、房地產經紀人、保險經紀人、會計師等專門職業者。在這裡，舉幾個例子以饗讀者。

李女士是北京師大外語系的高材生，聰穎有悟性。1986年她考取國家公

費留學的名額，來到加州大學柏克利分校讀比較文學。在美國高等教育界，各類人文學科，特別是語言文學，僧多粥少，經費有限，因此畢業後難以找到工作。李女士只好不斷修改博士論文，延緩畢業時間。畢業之後，有幾家大學聘請李女士做助教授，可惜這些大學都在外州。若就任必須和做化學工程師的丈夫分居。李女士毅然放棄這些機會，選擇就近的社區大學教書，並擔任某大學中文雜誌的編輯。不久，一雙兒女分別出世。李女士白天在家教養孩子，晚上去社區大學教書，生活忙碌愉快。

高桐原來專攻歷史。從上海師大畢業後，考入華東政法學院研究生班，獲得法學碩士並留校任教。隨後，申請到美國中部聖路易大學法學院的獎學金來美國留學。因為獎學金只付學費，高桐必須打工掙夠生活費。同時，他的太太負責照顧一個美國老太太的日常起居，夫妻倆因此得以免費在老太太家居住，作為報酬。兩年艱苦的留學生活結束，高桐畢業。第一年，先在別人的律師事務所做助理。積累了經驗之後，第三年便自己獨立門戶，掛牌成立律師事務所，接辦案例。專長為移民轉變身份，申請綠卡。高桐的客戶多為外籍的華人、韓國人及印度人，但也有許多僱用外籍人的美國公司。開業數年後，辦案額增長三倍，每年可接手幾百個案例。高桐成為聖路易市地區在最短時間內獲得全美律師指南AV級評價的律師。高桐不願直接披露他的經濟收益，只說他的年收入相當於資深法學教授的三倍。但高桐工作非常辛苦，每天工作十四至十五小時。每天上午九點到事務所，下午五至六點回家。吃過晚飯後又返回事務所，工作至午夜。開辦事務所的頭幾年，每週工作七天，後來才減至六天。

路君平原來攻讀哲學史。在美國中部名校華盛頓大學獲得西方哲學史碩士之後，發現就業機會渺茫，遂改學商業。拿到商學碩士之後，就業前景仍不樂觀。路君平先在一家包裝公司的中國分部工作兩年，因為太太與孩子均在美國，便辭掉這份工作返美，打算自己獨立經營。他與美國家庭保險公司聯繫，成為該公司的代理商（Agent），出售人壽保險、汽車保險、房屋保險等各種保險。創業之初，白手起家，路君平在一家華人公司的辦公室租一張桌子作為辦公地點，與客戶聯繫業務。兩年之後，路君平的業務發展，客戶增加至幾百個，每年可出售幾百項保險。他的辦公室也從別人屋簷下的一張桌子擴大為寬敞的辦公室，並僱用一名半職的僱員幫忙。

這些從留學生轉為職業工作者的華人，自然一步步轉變身份，獲得綠卡，五年之後，成為美國公民，並融入美國社會，積極參與社區建設與主流

政治。

申請成為美國公民，要填寫申請入籍表（N-400，「Application to File Petition for Naturalization」），遞交美國移民歸化局，隨後等待通知。等待半年左右之後，移民局將通知申請人去移民局「面談」（Interview）。面談的主要內容為測試申請人對美國憲法及政體的基本認識。典型的測試問題為「美國的國旗是什麼顏色？」、「美國國旗上有多少顆星？」、「7月4日是什麼日子？」、「什麼是人權法？」、「言論自由的出處？」（參看本書附錄二「美國公民考試百題」）其中多數問題都很簡單，屬於常識性的問題。但有些問題，事先若不研習準備，也大有交白卷的可能。

7.學做公民，參與社會

成了公民，就要以主人翁的態度努力融入美國社會，學習理解並運用美國的民主制度，成為美國的積極成份。

公民的主要權益之一便是參加選舉。但是華人中參加選舉投票者為數不多。在大選季節，華人社區的社會工作者與社會活動家要挨門挨戶動員公民投票選舉，並贈送小物品如肥皂等獎勵投票的選民，但普通華人參政的熱情仍然有限。

成為公民還要扶貧助弱，參加社區的各項活動。每年在感恩節之後，美國的各種慈善機構、組織、團體便派出義工（Volunteer）挨門籌款。慈善團體的名目、形色之多令人瞠目。全國性的團體有紅十字會（Red Cross）、聯盟之路（United Way）、男童子軍（Boy Scouts）、女童子軍（Girl scouts）及各種基金會（Foundation），地方性的組織有公共安全基金會、圖書館基金會、援救心臟病者基金會等等。中、小學校的學生組織合唱團、樂團、各種運動隊都要派出學生逐門籌款。我居住的區域，是當地中、上等階層的住宅區，是各種慈善團體的主要籌款對象，常有人撳門鈴要錢。特別是在年底，籌款人接踵而來，門鈴響聲不斷，應接不暇。不光有人登門籌款，在工作單位也常常會接到各種機構要求捐款的信件。

有人會說，我已經付了聯邦稅與地方稅，已經盡了我對國家與社會的義務。但是，佔中產階級收入百分之三十左右的政府稅收仍不能滿足社會的需求，許多公益措施要靠各種慈善基金來維持。因此，要做個好公民，除了選舉、付稅之外，還要積極捐獻。

捐獻包括解囊相助與抽出時間做義工。在美國，做義工的機會非常多。學校組織各種活動，都要從學生家長中徵召義工，幫助籌辦組織。教會搞活動，也要從教友中尋找熱心人士幫忙。許多退休的老人，會到醫院、圖書館、博物館等機構去義務工作，擔任接待員、導遊等。

第7章 接受再教育

1.在美國生子

我的幼子在美國出生，使我得以有機會體驗美國的婦嬰保健制度與醫療組織機構。

當我確知我已懷孕時，我和丈夫都異常欣喜。欣喜過後，突然想起幾週前，我們去一個朋友家做客，席間賓主傾談暢飲，我也喝了一杯葡萄酒。懷孕的前兩個月，是胎兒的成形期。這杯葡萄酒會不會對胎兒有害，引起胎兒的畸變？我開始顧慮重重。丈夫雖獲有生物化學與物理學的兩個博士學位，也不能斷定這一杯酒是否有影響。

我們先去請教我的婦科醫生。該醫生是當地最有權威的婦產科醫生，尤為擅長剖腹手術。我們選擇他的原因就是基於萬一臨產不順利，便可改為剖腹產的考慮。醫生說：「孕婦長期抽煙飲酒，會對胎兒造成影響。一次性的少量飲酒，一般不會有問題，但我不能肯定保證妳沒有問題。」解釋一通，我還是沒有確定的答案。

我和丈夫又反覆商量，仍舉棋不定，便決定去請教計劃生育組織（Planned Parenthood）。計劃生育組織是全國性的保障婦女權益，提倡墜胎的組織。該組織發端於六十年代末的民權運動與婦女解放運動，是一九七一年羅訴韋案（Roe vs. Wade）的直接產物。羅訴韋德案使美國婦女墜胎成為合法。計劃生育組織在全國各處設立診療所與辦公室，提供諮詢，建議被強姦的婦女、未婚婦女或不準備要孩子的婦女墜胎，並施行墜胎手術。

去了當地計劃生育組織的辦公室，登記之後，便被叫入辦公室與諮詢人員談話。諮詢人員說，酒精是會對胎兒造成影響。生出畸形兒，不光孩子不幸，父母更是痛苦。所以人工流產是最好的解決方法。然後她又說：「你們可以再商量商量，如果決定了墜胎，我可以電話通知妳，告訴妳堪薩斯城的一家婦女診所。」我說：「你能否把那家診所的地址寫給我？」諮詢人員說：「我們只能口頭轉告地址，不能書面寫明。」語調神祕，頗有地下工作者的味道。我仔細一想，也明白了她的顧慮。雖然美國聯邦法院已在1971年

制定婦女墜胎為合法，但是各州有權決定墜胎在本州是否合法。密蘇里較為保守閉塞，墜胎在該州為非法，與墜胎有關的活動也為非法。故而計劃生育組織辦公室無法書面公開介紹外州施行墜胎術的婦女診所。美國的基督教團體與一些反墜胎的極端分子，在羅訴韋德案通過後，頻頻舉行抗議墜胎的示威活動。許多施行墜胎術的診所被恐怖分子的炸彈炸毀，一些實行墜胎術的醫生也被恐嚇或謀殺。為了避免受反墜胎人士的襲擊或騷擾，許多婦女診所都不公開張掛招牌。雖然墜胎在美國為合法，但是由於保守派與反墜胎組織與人士的激烈反對與暴力性的恐怖活動，施行墜胎形同地下活動；許多接受墜胎術的婦女不敢公開自己曾經墜胎的事實。

看到墜胎有這樣多的障礙，我和丈夫不想選擇墜胎。但心中的疑慮仍無法消除。猛然間，我想起我的導師麗雅・安德森教授的丈夫是醫學院的兒科教授。何不向他請教？他是我的朋友，一定會實言相告。一通長途電話，撥到安德森教授家裡，她的丈夫正好在家。我把我的疑慮與擔心全部告訴他。他耐心地傾聽，然後說：「妳完全不必擔心，一杯葡萄酒是不會對胎兒有任何不良影響的。我的妻子懷孕時，在感覺不適時會喝一小杯葡萄酒，我們的孩子一點沒有問題。」安德森教授有一對兒女，都極為聰明可愛。這通電話之後，我和丈夫完全釋然。我開始安心地懷孕，等待小生命的降臨。

我定期去做產前檢查，感覺一切正常。現代婦產醫學建議35歲以上的高齡孕婦在孕期做羊膜測試，以判定胎兒是否有先天性疾病或畸形。如果羊膜測試的結果顯示胎兒異常，產婦可以決定墜胎。我已35歲，醫生建議我做羊膜測試。羊膜測試必須在懷孕16周以後進行。當地的醫院沒有羊膜測試的設備，我們被介紹到九十英里之外的哥倫比亞城的密蘇里大學醫學院的附屬醫院做羊膜測試。羊膜測試時，醫務人員要將針管刺入孕婦腹部，提取少量羊水，從中檢測胎兒脫落的羊膜的染色體，以測定胎兒的性別與先天畸變。穿刺吸取羊水有一定的危險性。因為若刺中胎兒，會造成流產。孕婦年齡越大，胎兒畸變的可能性越高，因此「兩害相權取其輕」，是值得冒險去做羊膜測試。在抽取羊水時，醫生用超聲波監測，幫助測試順利進行。這時，醫生將超聲波監測器的探筒放在我的腹部緩緩移動，監測器的屏幕上隨即出現了胎兒模糊的黑影，之後可以看到插入腹部的針頭。突然，胎兒四肢移動，伸出小手抓住了針頭。大家都呼吸緊張，靜等胎兒放開針頭。頃刻，胎兒鬆開小手。醫護人員立即將針管取出。我和丈夫望著屏幕上手舞足蹈的胎兒，不禁雙眼濕潤。感謝安德森教授的丈夫，幫助我們保有了這個寶貴的小生

命。測試結果，一切正常，胎兒是男性。

懷孕五月之後，醫生建議參加Lamaz助產訓練班。Lamaz是八十年代時美國興起的孕婦產前訓練課程。課程內容包括孕婦生產時的呼吸放鬆法、剖腹產的準備、哺乳技巧及重要性等等與孕婦生產、新生兒教育有關的具體問題。除了Lamaz課程之外，其他類似的產前準備課程（Prepared Child Birth Class）也應運而生，由婦科大夫在孕婦中廣泛傳播。訓練班課程免費，訓練班提供的所有參考資料與嬰兒物品也一概免費。當然，羊毛還是出在羊身上。這些費用都早已包括在孕產婦交付的全部費用（Package）中了。

參加訓練班的學員都是進入懷孕後期的產婦及她們的丈夫或男友。每週有一個晚上，大家去醫院上課。孕婦與男伴席地而坐，練習如何在臨產時吸氣呼氣。練習中有休息時間，醫院為訓練班準備了優格、水果、點心、果汁，供大家取用。大腹便便的孕婦們早已感覺飢腸轆轆，便不客氣地享用這些營養食品。

這些課程，幫助孕婦及其家屬從理性上瞭解生產的全過程，從心理上與物質上做好臨產的一切準備。我感覺這種課程最有意義之處，在於使孕婦的丈夫與男友，身臨其境，瞭解與參與懷孕生產的全過程。男子雖無法親自懷孕生子，但在妻子或女友孕期時陪伴在側，會更加理解「十月懷胎」的不易，更加體貼愛護妻子與女友，更加珍愛照顧新生兒。我認為，Lamaz課程是提倡與實踐男女平等，父母雙方在養育子女方面同等重要的一項非常有意義的突破。

從懷孕的第七個月開始，我的手腳開始腫脹，臉部也有些浮腫。做定期產前檢查時，醫生說：「百分之七十的孕婦都會有水腫現象，這是正常。」但不久，我的手指腫脹加劇，竟然難以合攏手掌。我閱讀醫書，瞭解到孕婦膝部以下腫脹是正常現象，但如果孕婦手指腫脹，則是妊娠中毒的症狀，須住院觀察。在下一次產前檢查時，我將我的疑慮告訴醫生。醫生說，這是正常現象，不必擔心。

在孕期八個月時，一天晚上，我突然腹痛劇烈。難忍的疼痛使我滿地打滾。驚駭的丈夫立即向醫院急診室打電話求援。急診室值班護士說：「立即將她送入急診室！」一家人在漆黑的夜色中開車趕到急診室。我被立即接收入院觀察。

這一晚，劇烈的腹痛使我臉色慘白，徹夜難眠。第二天，腹痛加劇。不斷有醫護人員從我臂上抽血做各種化驗檢查，心電圖顯示胎兒心跳正常。下

午兩點鐘，產科醫生在我的病房出現。他面色凝重，告訴我和丈夫，我患有嚴重的妊娠中毒症，毒素已危急我的肝部，我的血小板數在急劇降低，如果不立即進行剖腹產，我將有生命危險。手術將在二十分鐘後進行。

聽到這個令人震驚的消息，我卻意外地冷靜。也可能是劇痛使我的意識模糊，無法認識到問題的嚴重性，也可能我知道自己無能為力，只好聽天由命。作為病人的家屬，丈夫則經受了生死的考驗。在手術前，病人的家屬要在協議書上簽字：萬一發生手術事故，醫院將不負責任。幾分鐘內，丈夫做出決定，雙手顫抖地在協議書上簽字。

因為我的血小板數太低，醫生決定為我實行全麻，以避免意外出血死亡。我被推進手術室，一位護士將麻醉面罩放在我的面部，我瞬即失去知覺。事後聽丈夫說，我的產科醫生果然名不虛傳，他的剖腹手術乾淨利落，不到二十分鐘，便取出胎兒，結束手術。當我從昏迷中醒來，已經是夜晚了。護士附著我的耳朵告訴我：「妳生了個漂亮的兒子。」我知道自己還活著，兒子也平安無事，遂又陷入半昏睡狀態。朦朧中可以感覺到病房中的一切活動：護士為我餵水，丈夫和大兒子出來進去，不時有人小聲談話。我努力想睜開眼睛，參加他們的談話，但大腦無法集中思路，身不由己。我不斷和殘存的麻醉藥力搏鬥，試圖控制我的神志。護士看我不斷翻動身體，昏迷中雙唇歙動，便要給我注射鎮定劑，希望我好好休息。我立刻抗議：「我在盡力控制我的神志，為什麼還要給我注射鎮定劑？」可能沒有人聽得懂我的抗議，我被注射鎮定劑，又陷入昏睡中。

第二天，我神志完全清醒。護士將新生兒抱入病房。孩子因為不足月，非常瘦小，但臉色紅潤，頭髮漆黑。丈夫說，兒子雖然瘦小，但一切器官發育正常，與足月嬰兒無異。望著孩子紅通通的臉，我感慨萬千。孩子提前來到人世，剖腹產出生，上了幾個月的Lamaz助產訓練班，學來的功夫竟無用武之地。產科醫生忽略了我的水腫症狀，延誤了病情，使我生命垂危。但又是這同一個醫生，當機立斷進行剖腹產，使母子平安。我內心充滿了感激。感謝造物主，為我送來了又一個聰明漂亮的兒子。感謝上蒼，雖然我們經歷了痛苦與不安，但最終還是皆大歡喜。我也非常感激產科醫生的當機立斷。

我受不了被困在病床，飲食起居都得仰賴護士的孤立無助感，手術後的第三天，便要求護士給我拔出導尿管，自己下地走動，自己如廁方便。看著丈夫在病房與住宅之間來回奔波，疲憊已極，我向醫生要求在手術後的第四天出院。

2.重新讀書

小兒子能吃能睡，出生兩個月之後，便渾身滾圓，身長體重均趕上了同齡的足月嬰兒。不久，孩子開始呀呀學語，蹣跚學步。很快，孩子幼兒園畢業，要進入小學了。

在美國帶大了兩個孩子。跟著孩子，我又重讀小學、中學、大學，接受了一次次再教育。

美國的學前教育體系，包括托兒所與幼兒園。托兒所與幼兒園一般為私營性質，由個人、私營機構、教會團體經營管理。雖是私營，托兒所與幼兒園必須有州政府的營業許可，達到政府規定的要求，方能合法營業。這些要求包括：托兒所、幼兒園的老師必須學習並通過嬰幼兒管理教育的課程，托兒所與幼兒園老師與孩子的人數比例不能大於一比十一等等。依城市消費水準的不同，家長花費在托兒所上的費用少則二百，多則八百。

儘管托兒所費用不低，但是要找到適合於自己孩子的托、幼園，家長還得頗費一番苦心。通過分類電話簿、報紙分類廣告或朋友介紹，家長可以蒐集一些托、幼機構的地址與電話。隨後，家長可以打電話詢問有關的問題，例如費用、師資設備、育兒準則等。家長選擇最理想的一、兩家托、幼機構去親自觀察。「百聞不如一見」，家長的實地觀察與個人直覺非常重要。將自己的至親骨肉的安全與生命托付他人，一定要嚴加選擇。

家庭經營的小型家庭托兒所、幼兒園一般收費較低，也沒有嚴格的管理規定。這種類型的托兒所、幼兒園多由家庭主婦型的婦女經營。她們可以在家裡照管別人托送的孩子，同時兼管自己的家務。這種類型的托兒機構，如果主婦兼有愛心與耐心，乾淨衛生，家長還是可以放心的。

教會團體經營的托兒所、幼兒園，多數收費低廉，因為許多工作人員是對教會慈善活動熱心的義工，不取報酬或只收取象徵性的報酬。這些機構受教會贊助，工作人員均為虔誠的教徒，所以在其辦學方針、管理設置等方面，均宗教氣氛濃厚，使孩子在幼小的年齡，便接受聖經教育，相信造物論。

管理正規也沒有宗教偏見的托幼機構，一般為私營組織管理或大學附屬的托、幼園。但這種托、幼機構收費比較高。家長要讓孩子安全健康成長，還必須捨得投資，送孩子到較好的托、幼機構。這種機構的辦學方針開放靈

活，教育全面廣泛，師資質量較高。如果經濟上負擔得了，應該是最理想的托兒之處。

有些家長不願將孩子送到托、幼機構，同時許多托、幼機構也不接收一歲以內的嬰兒，因此到別人家裡代管孩子的保姆大有需求。同樣，依城市消費水平的高低，保姆費用從每小時三元至六元不等。

小兒子出生在暑期，所以我很幸運地得以在家全力照顧孩子三個月。開學之後，尋找合適的保姆就成為當務之急，並且在孩子出生後的一年之內成為不時煩擾我們的心病。

許多女大學生就學期間兼做保姆，掙些零用錢。通過廣告，我徵僱了幾名女大學生，在我上課時，幫我帶孩子。她們的職責包括給孩子餵奶與換尿布。孩子睡覺時，她們可以看書做作業。工作輕鬆，這些女大學生都樂意幹。但是，對我來說，僱用大學生有很多不便之處。因為她們只能抽課餘的時間工作。每次只能工作兩、三小時。我必須同時僱用幾名學生，才能滿足需要。考試複習期間，學生常常請假，使我陷入困境。

因此，我們開始尋找全職的保姆。經朋友介紹，我們找到一位替人帶孩子的主婦。面談之後，瞭解到這家人正直可靠，這位主婦自己有個三歲大的孩子，並為另一家庭帶管一個嬰兒。我們每天早上將孩子送到保姆家，下午將孩子接回。如此幾月過去，保姆懷孕，身體不適，不能再為別人帶管孩子。

我們又找到一家家庭托兒所。家庭主婦自己有個三歲的男孩，同時接收有六個別人的孩子。他們的住所不大，孩子們午睡時均在客廳席地而眠。對這樣的環境，我們不甚滿意，但別無選擇。兩個月後，這個主婦找到了其他工作，家庭托兒所因此解散。她告訴我們，有一家教會附屬的托兒所接收一歲大的嬰兒。

我們立即與這家教會托兒所聯繫。幸運得很，這家托兒所接收一歲大的嬰兒，現在正好有個空缺。我們又去實地參觀。托兒所設在教堂的建築內，乾淨整齊，管理有序。帶管嬰兒的保姆是兩位慈祥的婦女。我們非常滿意，隨即為孩子交費註冊。

這家教會托兒所管理嚴格，收費合理，但有兩點令我們不安。一是體罰制度。不聽話的孩子要被當眾由托兒所的主任打屁股，隨後罰站。二是對幼兒的宗教灌輸。每日的午餐與上下午點心時間之前，孩子們都要由老師領導集體禱告。托兒所的各種活動也均與聖經故事有關。

在孩子兩歲半，可以自己照顧大小便之後，我們立即將他送到我們所在大學的附屬幼兒園（附屬幼兒園只接收兩歲半以後並會自己大小便的幼兒）。這所幼兒園師資質量高，由大學補貼設備開支，並有許多學習家政專業的學生在那裡實習幫忙。同時，幼兒園沒有任何宗教色彩，辦學方針開放寬鬆，孩子們在那裡無拘無束，玩得開心，學得高興。因此，大學教職員工均把自己的孩子送到附屬幼兒園。幼兒園總是爆滿，許多家長在孩子初出生時，便將孩子列入幼兒園候選人名單等候空缺。現在小兒子條件具備，幼兒園正有一個空缺。孩子進入附屬幼兒園，每天從學校帶回他當天做的手工。從此，兒子在這個快樂的園地健康成長，我們也再不用為尋找保姆而操心。

轉眼，小兒子要進小學了。美國的初中級教育制度分為公立與私立兩種，近百分之九十的美國學令兒童進入公立的中小學。公立學校由州政府的教育經費與當地居民的稅款支持，提供免費教育，家長只需付學校午餐的費用。私立學校多為教會學校，學費昂貴，從數千至上萬不等。

從教學質量來講，私立學校不一定比公立學校要高。但私立學校機構簡便，且不受政府官僚機構體制限制，對學生管理較為嚴格。許多宗教傾向性強，對公立教育中弊病失望的家長，希望將子女送入私立學校。

除了宗教原因之外，進入私立學校的動機也包括經濟與社會因素。只有中產階級以上的家庭，有能力將子女送入私立學校，窮人的孩子只能進入公立學校。因此，私立學校集中了中上等階層的後代，在私立學校讀書也成為社會特權的一種標誌。如果某人可以將子女送入某私立學校，說明某人經濟收入可觀。所以，學校的公私之分，體現了社會的階級分化。

但是，既然大多數美國人都將子女送入公立學校，而大多數美國人都屬於中產階級，公立學校並不等同於貧民學校。許多優秀公立學校的聲譽要高於私立名校。而公立學校教育質量的高低，也常與其所處地域居民的經濟收入有關。公立學校以學區劃分，每一學校只招收居住本學區的學生。一般來說，位處大城市的衛星城或郊區與中產階級居住區的公立學校，設備齊全，教學質量較高。而內城、黑人、拉丁裔人居住區的學校，設備較差，教學質量較低。

反之，一所好的公立學校，也可以使其所處區域房地產價格提高，體現市場的供求關係。有學齡兒童的美國家庭，在購買房產時的考慮因素之一是該房產所在學區的優劣。好學區的房產，人人趨之若鶩，因此水漲船高，房價一漲再漲。房價高，只有收入穩定的中產階級可以問津，從而使該學區成

為中產階級住宅區。

我接受公立教育長大（那時中國沒有公私學校之分），對公立教育深信不移。此外，我認為孩子要接觸社會，要學會與各種階級層次的同齡人相處，而不應該有階級或經濟優越感。學校條件的優劣是外因，而個人奮發向上、不斷進取的精神是內因。只有內因是決定性的因素。丈夫和我具有相同的教育哲學。因此，兩個孩子都依次進入公立學校。

公立初級教育的第一年是幼兒班（Kindergarten），類似中國的學前班。然後才是一年級、二年級……。按規定，五歲的兒童可以進入幼兒班，六歲上一年級，依次類推。幼兒班教育重在為一年級打基礎，使兒童適應全天的學校生活，因此，是幼兒園與小學教育的過渡階段。幼兒班的學生在遊戲中學習英文字母、學習數字、學習簡單的社會與科學知識。

從一年級開始，學生要學習閱讀、寫作、加減法以及社會與科學知識。許多華人家長認為美國教育體制中的數理化教育較中國初淺。在我的孩子們入學之前，我也盲目認為美國的初中級教育質量低於中國。為了彌補美國教育的缺陷，我從中國帶了一套小學教材。相比兩國的教材，美國的數學教育確實落後。比如中國一年級的小學生要學會一百以內的加減法與乘法。而美國的一年級學生僅學習二十以內的加減法。如此看來，美國中小學的數學基礎教育落後於中國與一些亞洲與歐洲國家。數學基礎差，便影響物理與化學的學習，甚至電腦程序的設計。因此，美國一直需要從國外輸入高科技與電腦程序設計人才。但是，社會科學與自然科學教育，美國則不落人後。美國的小孩，對於恐龍的知識以及對各種恐龍名稱的稔熟，令人佩服。美國教育注重動手與實驗。從幼兒班開始，孩子們便在花盆中栽種豆種，觀察其成長。此外，美國教育提倡兒童的合作精神，學生們常常要與同學做合作項目（Team Project）。合作精神與個人奮鬥的概念相輔相成，是構成社會穩定的重要因素，因此在美國教育制度中被大力推行。

從小學一年級開始，美國的許多公立學校還設立「天才班」（Gift Program or Rapid Academic Program，簡稱RAP），挑選優秀的學生，進行特殊教育。進入天才班，學生必須由班主任老師推薦，通過標準的智商測驗。智商指數高於130以上的學生則被認為是特智兒童，被選入天才班。兩個兒子，智商都很高，均被選入天才班，接收了特殊教育。天才班的學生，每週有一天，專門集中學習，由受過特智兒童教育的老師授課，教材選擇社會科學、自然科學的各種題目，難度往往高於同齡兒童教材。

除了特智兒童教育，美國的公立學校還有「弱智兒童」教育。弱智兒童或有閱讀障礙的兒童被送到專門的「閱讀班」（Reading Class），由受過弱智兒童教育的老師專門指導，練習閱讀。不懂英語的移民學齡兒童也被送入閱讀班，學習英語。

跟著兩個孩子，我閱讀了美國流行的兒童文學與世界名著的英文版，從Dr. Seuss的各種童謠故事到Hardy Boys的偵探恐怖小說，到希臘羅馬神話，到莎士比亞、莫泊桑、雨果、狄更斯的著作，我又一次在文學的世界遨遊。我也學會了各種恐龍的英文名稱，以及數學、生物、化學、物理等學科中的英文術語。人們說，人的一生要進兩次學校。此言不虛。

3.家長教師協會

美國公立學校的許多活動，從與各學科有關的活動到課外活動，都大力依賴學生家長的支持與參與。小學的低年級中，一般每個班級都有一個「教室媽媽」（Room mother），由熱心的家長充任。教室媽媽要幫助老師準備教材，輔助教學，幫助孩子們做作業。學校組織參觀農場、博物館的活動，也得徵召家長幫助管理孩子。

在參與學校的教育管理中發言權最高的，是家長教師協會（Parent and Teacher Association，簡稱PTA）。家長教師協會的主要職責為籌款組織課外活動或添置教學設備，與協助學校的教學與課外活動。每年的新學年伊始，家長教師協會便散發廣告，敦促家長入會。活躍的家長教師協會成員與主要幹部，在各種活動中與學校老師及管理人員熟識，對學校重要決策會有一定的影響力。

擔任家長教師協會董事會的成員與協會會員多為學生的母親。現代美國社會雖然歷經人權運動、婦女運動，婦女教育與就業機會大為增加，但生兒育女的分工仍使許多女性在結婚生子後，放棄自己的學業或職業，成為全職媽媽。全職媽媽不在外上班打拼，自然要打理一切家務，包括教養孩子，參加孩子學校的義務工作。此外，即使是父母均就業的雙薪家庭，學校或教師家長協會要求的義務，也多由媽媽們參加。因為學校與社會是家庭的延伸，傳統的「男主外，女主內」的社會分工也使相夫教子的母親承擔所有與孩子的教育有關的職責。所以，不論是全職媽媽還是職業婦女媽媽，婦女對於家庭、學校、社會的影響與貢獻都不可低估。

美國教育中不斷提倡實踐的合作精神，在成年人中達到登峰造極的地步。分工合作的原則使美國人組織活動的能力極為突出。不論團體機關單位的大小，辦任何事都要組成委員會（Committee），委員會的委員各司其職，既分工又合作。家長教師協會也不例外。家長教師協會的常設幹部包括主席、副主席、祕書、財務委員等職，主持徵收會費，年度財務計劃，編發新聞通訊等日常事務。但若有活動，則在家長教師協會之內再成立專門負責籌辦此活動的委員會。委員會的成員由家長自願報名組成，內設主席、副主席以及專司各種具體工作的委員。

　　那一年，我們全家居住聖路易斯市，兩個孩子分別在公園路（Parkway）學區的高中與小學註冊上學。大兒子吹小號，被選入公園路高中的樂隊。該樂隊為全州高中樂隊中的翹楚，每年要參加許多比賽與巡迴演出。孩子們外出比賽演出，許多家長都要跟隨，提供後勤服務，在演出時吶喊助威。這些家長被稱為「外出啦啦隊」（Roader）。樂隊的指導老師只負責樂隊的演奏技術訓練。而樂隊成員的服裝、外出演出的費用等諸多雜事就全靠熱心的家長組織籌備。開學前夕，家長教師協會召集所有樂隊成員的家長開會，討論這一年度的活動計劃。有一百多名家長出席會議。會議前，許多家長教師協會的成員已做了許多準備工作。每一個家長都領到一只牛皮紙袋，內有樂隊成員及其家長的通訊錄、年度活動日程表、各種活動的廣告宣傳等等。

　　會議開始，家長教師協會的主席、副主席、祕書、財務委員輪番講話。每人講話內容包括個人簡介，在家長教師協會的主要職責，期間還穿插一、兩句玩笑，讓聽眾前仰後合。隨後討論具體活動。籌款是第一要務。家長教師協會這一年將要組織兩次大的籌款活動。一次為大型車庫拍賣（Garage Sale）。負責車庫拍賣委員會的主席此時被介紹上臺講話。主席是個瘦小的婦女，但嗓門卻出奇地大，講話與手勢充滿活力。她要求每位家長都將自己家中多餘的雜物送到學校庫房，然後逐個介紹委員會的其他成員及其在車庫拍賣活動中的職責。被點名的成員依次從觀眾席中起立，向大家招手示意，或做個鬼臉逗笑。這些成員要將家長們捐獻的物品分類標價，為車庫拍賣做準備。另一次籌款活動是點心銷售（Cake sale）。點心銷售委員會的主席跳上臺講話。這是一個胖大的婦女。她同樣依次介紹委員會的成員及其職責，並要求每個家長在點心銷售日的前一天晚上烘烤一個蛋糕、水果派或其他點心，送到學校。車庫拍賣與點心銷售委員會的主席還要求每位家長在會後選

擇一定時間，幫助拍賣。搞活動除了籌備組織，還要大作宣傳，招來買主。兩位委員會的主席提前複印了許多廣告，此時要求家長們將廣告分貼各個購物中心的廣告欄。主席話音一落，許多聽眾席的家長便舉手，自告奮勇，擔任分發廣告的工作。

隨後，負責樂隊服裝委員會的主席上臺，展示今年樂隊的新行頭。他像模特般的一一試穿，引得眾人不時哄笑。他又向大家解釋樂隊服裝的設計與面料，並宣佈價格。家長可以選擇適合自己孩子的尺碼，交錢領取服裝。接著，外出啦啦隊委員會的主席出場。他還未開講，觀眾席中便有人開始哄笑、鼓掌、吹口哨。看來，這是個滑稽人物。不出所料，他的每句話幾乎都是一個笑料，觀眾笑得東倒西歪，會場氣氛達到高潮。

我們初來乍到，不認識與會的任何家長，還無法感到自己是這個大家庭的一員，因此，可以從旁觀者的角度，冷靜觀察。我們先是為接踵而來的一項項任務搞得頭腦發脹，有不勝負荷之感。隨後，又驚嘆會議組織的有條不紊。此後，我們被家長的熱心獻身精神深深感動。家長教師協會對於一個學校教學與課外活動的成功真是不可或缺。除了幫助學校教育孩子，家長教師協會也成為將眾多個家庭緊密連接的集體大家庭。家長們在活動中相互熟識，成為知心朋友。見面時傳遞各家的新聞，互相開導，互相支持。因此，家長教師協會的社會功用超出學校與家庭的範圍，家長教師協會成為學齡兒童與家長的社區組織。

4.上教堂

美國是個鼓勵個人奮鬥，提倡個人自由的國家，同時，各種社會組織又將分散的個人組成嚴密的社會團體。教會便是典型的社會組織之一。我是無神論者，因此便從社會的角度去觀察認識教會。許多虔誠的教徒，也視教會為其家庭之外的主要社會聯繫與社區組織。他們的朋友，多來自同一教會的教友；週末假日的活動，也多圍繞教會進行。可見，除了滿足信徒的精神需要，教會更滿足其成員的社會需要。

對於新移民，教會更是結識朋友，瞭解美國文化的重要所在。教會也樂意從新移民中發展教徒，擴大教會影響。因此積極組織英文學校、烹調縫紉學校、免費午餐等活動，吸引新移民入會。我在讀研究生時，便參加過數次教會為留學生舉辦的野餐郊遊活動。不少傳教士，週末上門傳教。我也被教

友邀請，多次去教堂做禮拜。可惜，無神論的教育根深蒂固，我難以接受神靈的概念；上教堂，也無法持之以恆。

沒有宗教便失去了主要的社交團體，成為孤立的個人。在美國就業定居之後，更感到除了職業之外，人還有社會需求，要既來之，則安之，成為美國社會的有機組成部分。美國被許多人認為是一片自由地，但實際美國為宗教信仰最濃厚的國家。一項統計資料表明，百分之六十的美國人參加教會，星期日去教堂禮拜，為世界各國之最。我們居住的密蘇里州，位於美國的所謂「聖經地帶」（Bible Belt）。「聖經地帶」，一般指阿帕拉契亞山地帶以及南部諸州，包括賓西法尼亞、西維吉尼亞、維吉尼亞、肯塔基、印第安納、密蘇里、北卡羅萊納、南卡羅萊納、田納西、阿肯色、德克薩斯、路易斯安那、密西西比、阿拉巴馬和喬治亞等州。這些州基督教派林立，尤以浸禮會為最。聖經地帶的居民以保守著稱，上教會人數比例大大高於非聖經地帶州。因此，不參加教會，就失去了許多社會聯繫。

尤其是從孩子的角度考慮，孩子們要在這個社會成長與生活，無法迴避宗教的影響，應該讓他們瞭解宗教。是否信奉宗教，就在他們個人了。因此，我們又全家在週末上教堂，聽牧師宣教，參加《聖經》討論會。小兒子在一歲多時，曾入託一家教會託兒所。僅一年多的功夫，也被灌輸聖經教

虔誠基督徒在聖誕節前夕化裝再現耶穌降生情景，1985年。

育，對造物論深信不移。無奈家中另外三人根基太淺，連續上教堂數月，仍無法皈依，遂放棄參加教會的努力，聽其自然，隔絕與此社區組織的聯繫。

5.童子軍

　　不參加教會，但仍無法避免教會伸向社會的各個觸角。從小學一年級開始，許多家長就為孩子報名參加美國童子軍（Boy Scouts of America）。美國童子軍於1910年成立，為基督教的外圍組織。該組織的宗旨為通過有趣味與教育意義的課外活動，向兒童灌輸愛國守紀的思想，幫助兒童形成強健的體魄，鑄成優秀的性格。每次活動之前，童子軍們都要宣誓：「熱愛上帝，熱愛我的家庭，熱愛國家，學習瞭解全世界。」可見宗教不僅主宰許多人的精神活動，而且影響父母對下一代的教育。

　　美國童子軍依年齡分為：虎仔隊（Tiger Cub）、幼仔隊（Cub Scouting）、童子軍（Boy Scouting）等。虎仔隊為一年級的男生，由家長陪同參加活動。活動圍繞家庭與社區，有家長義務組織參觀消防隊、救護車等社會急救設施，也從事手工活動。旨在通過每月一次的活動，增進家長與兒子的親子關係，以及與其他成員的關係。

童子軍幼仔隊的畢業典禮，2001年。

幼仔隊為小學二年級至五年級的男生。通過與家庭社區有關的活動，教育孩子尊重家庭、國家、上帝以及他人。各種活動旨在幫助孩子通過體育運動、手工勞動和遊戲學習各種身體技能，通過集體活動學習如何與他人相處，通過寫作與計算來增進智能，並培養孩子的獨立意識，適應高度競爭性的社會。

童子軍為小學六年級至高中的男生。其活動旨在通過戶外活動、教育與職業技能培養成員的自我信心、自我依賴、自我尊重的意識。童子軍與童子軍的領隊（往往是某一家長）每週活動一次，每月野營一次。

美國童子軍的組織結構分為「窩」（den）、「群」（Pack）、「群委員會」（Pack Committee）和「註冊組織」（Charted Organization）。「窩」為最基層組織，一般由八個男孩組成，由「窩領隊」（den leader，通常為一家長）組織活動。「窩」每週活動一次。幾個「窩」組成一個「群」，每月活動一次，由「群領隊」（cub master）領導。每個群的活動由「群委員會」統籌計劃安排。群委員會的成員均為家長，由「註冊組織」任命。「註冊組織」包括學校、家長教師協會、宗教組織、社區服務組織等。

童子軍的活動經費來源包括會費、玉米花銷售、家長捐獻，以及全美慈善組織的捐獻。

跟著孩子，我參加了每月的「窩」與「群」的活動。這些活動包括參觀當地的消防隊、救護隊，廣播電臺，農場等社區機構與服務設施。不光孩子在瞭解社區，我也同時在學習美國社會。不時在街上聽到消防車與救護車的呼嘯，但從未有機會深入消防隊、救護隊。現在和虎仔隊的隊員一道，聆聽消防隊員講解消防車的內部結構，觀察救護車的各種設備。我們還在電視臺觀看播音員現場演播，在農場乘著大車在田野馳騁……每次活動，我都有所收穫，有所感慨。人的一生，確是「學無涯」。

6.忙碌的「足球媽媽」

美國有「足球媽媽」（soccer mom）一詞。不論大中小城市，各地的青年男子基督教組織（Young Men's Christian Association，簡稱YMCA，專門從事組織業餘體育活動的全國性基督教團體）都組織各種年齡的青少年加入「籃球聯隊」、「足球聯隊」等。一般中產階級家庭的孩子，從四、五歲開始，便由父母作主，註冊報名參加這些「籃球聯隊」、「足球聯隊」的體育活動。

約百分之五十的美國已婚婦女，特別是家有學齡兒童與學前兒童的媽媽多辭職在家，相夫教子。在美國做家庭主婦，頗不容易，除了清掃洗刷做飯，還要兼任接送孩子到各種活動的家庭司機，其中足球聯隊的訓練與比賽最為頻繁，故而「足球媽媽」一詞應運而生，成為美國已婚中產階級家庭婦女的代名詞。在一九九二年與一九九六年的美國總統大選中，柯林頓在各處發表演說，盡力爭取「足球媽媽」的注意力與同情。可見足球媽媽不僅是相夫教子的有功之臣，而且是一股舉足輕重的政治力量。

　　我的小兒子進入五歲，我們也入鄉隨俗，為孩子報名參加足球聯隊。母隨子貴，我正式晉升為「足球媽媽」。當然許多孩子的父親，甚至祖父母親，當孩子們訓練與比賽時，也是熱心的觀眾與拉拉隊，但在多數場合，還是媽媽們構成基本觀眾與後勤大隊，所以「足球媽媽」一詞持久不衰。

　　這一年的八月，當地的YMCA向各家寄出廣告，宣佈這一學年中該組織籌辦的各種體育活動。我和丈夫閱讀廣告，並比較各種活動，決定為小兒子註冊，參加「小足球聯隊」。

　　「小足球聯隊」，都是五、六歲的孩子。教練多為當地大學的學生或隊員家長。小兒子被分在藍隊。隊員與教練均穿藍色的T恤衫，充做隊服。「小足球聯隊」每週二下午訓練一次，每週六上午與其他隊比賽一次。

小足球聯隊的隊員與教練，2001年。

我們給孩子買了護膝、足球鞋。裝扮起來，滿像個小足球隊員。訓練時，孩子們在綠蔭場上聽著教練的口令，盤球、帶球、射門，大汗淋漓。場外，媽媽們一邊聊天，一邊觀看孩子們的訓練。球場為家長提供了簡短的社交機會。

星期六比賽時，幾乎和星期天上教堂一樣隆重。一家人扶老攜幼，全家出動，為小足球隊員助陣。家長們坐在自帶的籐椅上，拍照錄像，加油吶喊，其緊張投入不亞於場上的孩子們。一逢場間暫停，每個家長便急忙遞上水瓶，讓滿臉通紅的孩子喝幾口。我們藍隊的家長們還達成協議，每家人輪流在比賽時準備果汁、飲料、點心，犒賞小隊員們。一小時的比賽結束後，這一週擔任後勤的家長便給隊員們分發果汁點心。疲勞的孩子們看到果汁點心立即重新興奮起來，一邊吃喝，一邊和家長講述戰績。

天氣漸涼，足球訓練比賽季節結束。室內游泳班開課。美國的游泳課一般由各地游泳場或YMCA開設。根據美國紅十字會的游泳教程，游泳課分為一至七級。七級畢業的學員完全掌握游泳技能，通過考試，將有資格擔任游泳池救生員（Life Guard）。大兒子已學完全部七級游泳課。小兒子上過幾期嬰幼兒游泳班，已會狗爬式游泳，現在便註冊進入第二級。

第二級游泳班主要學習自由式、仰式、潛水、踩水、使用救生衣等技能。同小足球聯隊一樣，孩子們上課時，家長們便坐在游泳池邊的觀眾席觀看。每次陪孩子們訓練或上課，我總要習慣性地帶上我需要閱讀的教材、書籍或報紙雜誌，打算利用這等待的時間完成一些工作。但我幾乎很少成功。坐在看臺上很難不被孩子們的活動吸引，達到專心致志。幾番徒勞的努力之後，乾脆將書本扔到一邊，全心全意欣賞孩子們水中的憨態。

游泳班老師與學生的比例一般為一比六。老師一次只能教授一個孩子游泳。其餘的孩子則呆在池邊等待。調皮的小兒子，在池邊等候時，總是不耐煩地將頭栽入水中，或在水中跳躍。一邊跳躍，一邊衝著我做鬼臉，令我和其他家長忍俊不禁。

除了游泳，孩子們還要學習跳水。先爬上游泳池，然後再跳入水中。從水中爬上岸，孩子們一個個冷得渾身哆嗦，牙齒打顫，便迫不及待地又跳入水中，惹得家長們又是一陣哄笑。

游泳課一結束，家長們（大多是媽媽）便一擁而上，急著將浴巾包裹住這哆嗦的小身體，帶著孩子去更衣。小兒子過去一向和我一起在女更衣室換衣服。五歲以後，性別觀念增強，不願再去女更衣室。我便讓他獨自去男更

游泳班的老師與學生，2000年。

衣室換衣，我在門外等候。對孩子已經長大，不再需要我服侍左右，竟覺一絲悵然若失。

除了踢足球、學游泳，美國中產階級家庭的孩子一般都要學習一種樂器。許多華人家庭更是在孩子進入學前班時期，便送他們拜師學藝，不是拉小提琴便是彈鋼琴。大兒子已學鋼琴六年，整日練習貝多芬、舒曼、海曼等大家的獨奏曲。他的鋼琴教師得意地說：「你可以獲得大學音樂系的獎學金了。」鋼琴之外，兒子還學簧管、小號，均頗有心得。

小兒子六歲之後，也步哥哥後塵，開始學鋼琴。年幼的琴童，需要家長陪伴在側，一同學習。因此，我便義不容辭地成了小兒子的陪琴師。回想我在少年時期，渴望學琴，卻生不逢時。現在，可以跟著小兒子，系統學習鋼琴，也算是機會難得。

許多教授幼童的鋼琴教師，都採用鈴木鎮一（Shinichi Suzuki）式的教學法。鈴木鎮一是日本著名的小提琴教育家。一九二九年攜德國歌唱家妻子返回日本。二戰之後，鈴木鎮一開始發展他的音樂教育體系，被稱為「鈴木教學法」（Suzuki Method）。鈴木教學法主張用母語學習音樂，用音樂作為爭取和平的工具，利用音樂來發展兒童的性格，培養兒童的悟性與敏感性。五十年代，鈴木教學法風靡日本。六十年代後，鈴木教學法流行全世界，成為

音樂教育界廣為接受的音樂教學方法。鈴木教學法還主張家長與兒童一道學習音樂，利用音樂進行智力開發。

　　與鈴木教學法相呼應，八十年代以來美國報刊爭相刊登文章報導，論述音樂對兒童腦細胞的刺激作用，尤為推崇在兒童時期學習樂器。我們並沒有受流行雜誌的盲目影響，但深信音樂對兒童智力發展的有益性。大兒子學習優秀，尤其在數理化等課程，領先同齡兒童數年。不知是否與學習鋼琴有關，但是起碼說明學習鋼琴沒有壞處。同鈴木鎮一的教學原則相同，我們讓孩子學琴，並不企望他們成為鋼琴演奏家，只希望學鋼琴可以加速他們的智力發展。

　　為了開發孩子的智力，增強孩子在這競爭性日強的社會的競爭力，不光孩子每天忙著打球訓練、學琴練舞，家長更得接來送往。下班後的時間，幾乎全部用在接送孩子的各種活動中。一週五個晚上，全家人難得圍坐一桌，從從容容地吃頓飯。家中不斷緊張的催促聲：「五點半了，該去上鋼琴課了！」、「六點了，快走，別誤了游泳課！」

　　這種現代忙碌病不僅美國獨有，可能是世界通病。一篇報導新加坡生活的近期文章，記述新加坡的年輕父母們在下班後忙著接送孩子參加各種活動訓練。也有文章報導北京現有六萬兒童學習鋼琴，沒有一家樂器店有鋼琴庫存。

　　可憐天下父母心，為了孩子的前途，父母甘願做忙碌的「足球媽媽」或「足球爸爸」。

7.叛逆的青春

　　在美國，十三歲至十九歲年齡階段被稱為「青少年期」（teen-age），青少年因之被稱為teenager。

　　青少年時期，由於激素的增加，人的生理、心理變化顯著，青春地熱血澎湃。面對顯著的生理變化，青少年開始對性、婚姻、家庭、學業、職業等一系列問題進行探索，希圖找出答案。但是，由於人生閱歷有限，對社會瞭解不足，青少年對許多問題或一知半解，或困惑茫然。好勝的青少年不願承認自己的迷惑困頓，表現急躁易怒，甚至故意我行我素。因此，青少年反叛（Teenage Rebellion），被認為是青春發育期的普遍行為表現。

　　由於性意識的萌發，青少年開始注意自己的外表，對於頭髮的款式與服

裝的品牌樣式會十分挑剔。由於社會的進步，物質生活水平的提高，現代的孩子們會提前進入青少年期。孩子十歲以前，父母可以為其購買衣服，為其決定許多學習、生活中的大事。孩子十歲以後，便要自己到百貨商店挑選中意的服裝、鞋帽，父母只能站在一旁，待孩子選定之後，為其付款。這種現象，說明孩子的自我意識、獨立意識增強，父母不必擔心自己失去權威，失去對孩子的影響。

與獨立意識相伴隨的則是青少年的反叛現象。反叛的嚴重程度依青少年個性、家庭與社會環境而不一。自尊心強的孩子在青少年期，不喜歡父母的批評責備，不時會言語粗暴、頂撞父母。有的青少年吸毒、逃學。有的青少年會發展到離家出走，或被社會犯罪集團利用。個別極端的青少年還會私藏武器，到學校濫殺無辜或槍殺自己的父母。

美國的媒體，專事報導轟動性新聞，使這種青少年反叛現象的極端表現危言聳聽。美國的文藝界，更將青少年反叛現象在電視電影中刻板化。在電視中出現的青少年，多行為粗魯，對父母不恭。媒體的宣傳影響使青少年認為青少年反叛為青春期的必然正常現象。

青少年反叛是提倡個人自由的西方文化的產物，是追求物質的現代社會的通病。在傳統封閉的社會，個人無自由而言，青少年反叛的可能因而大為減少。在我成長的青少年時期，中國已不再是傳統封閉的社會，但是家長對子女的權威仍被認為是天經地義。子女偶然冒犯父母也未被上升為「青少年反叛」的社會現象，「青少年反叛」還未被列入社會心理學的辭典。

在美國居住的這些年，做為研究社會的學者，也做為家有青少年的母親，我對青少年反叛的問題也日益敏感。我的許多朋友，在談到他們的青少年子女時，也總是無可奈何地將子女的各種不理想行為歸結為「青少年反叛」，意謂家長個人無法抵禦這強大的社會現象。

不過，令人安心的是，絕大多數美國的青少年都會安全渡過令人躁動不安的「青少年期」，成為對社會有貢獻的積極組成部分。並不是所有的青少年都要反叛，美國社會不乏遵紀守法、尊重師長、積極向上的優秀青少年。

怎樣指導自己的子女順利渡過青少年期？怎樣和自己的青少年子女保持健康正常的關係？對這些問題，我觀察訪問了不少家長，我和丈夫也不斷嘗試處理和孩子關係的各種方法。

從許多父母的經驗與我們的切身體驗中，溝通是最重要的環節。在兒童時期，子女需要家長在日常起居上多方照顧。進入青少年時期後，子女可以

獨立料理自己的日常生活，但在心理上，仍然非常需要父母的理解、支持和幫助。這時，父母再不能將子女做孩子看待，而應該以朋友的姿態出現，尊重孩子的見解與決定，才能贏得孩子的信任，讓孩子打開心扉。

除了將自己的身份從家長調整為朋友，做父母的還應該與孩子一同學習成長，熟悉青少年文化，瞭解孩子的各科功課，分享孩子的課餘愛好。這些原則，說起來容易，做起來較難。百分之六十五的美國家庭現今為雙薪家庭。家長一天八小時在外打拼，回到家已是筋疲力盡，特別是在大中城市的上班族，每天上下班在路上開車的時間從一小時至三小時不等。除去吃飯睡覺的時間，便幾無空閒。因此，家長實在難以抽出時間去學習孩子的功課，瞭解孩子的喜好。孩子關在自己的房間裡做什麼，許多家長都不知道。一九九九年四月二十日，科羅拉多州利托頓市科倫柏高中（Columbine High School, Littleton, Colorado）的兩名學生，攜帶步槍炸彈到校園行兇，打死十二名學生與一名教師，隨後自殺，造成震驚全美的慘案。事後警方調查兩名兇手的家長，家長對孩子收藏武器，並在家中車庫自製炸彈，毫不知情。科倫柏慘案是青少年反叛的極端案例，但反映出美國許多家長與子女成長脫節的普遍現象。

因此，青少年反叛或犯罪不僅是青少年特有的問題，而是整個社會的問題，全社會對此負有責任，也承擔其後果。現代社會人們對於物質的需求與貪欲，迫使大部分家長雙雙外出工作，無暇顧及子女的教育。許多單親家長，擔任養家糊口、教育子女的雙重責任，力不從心顧此失彼。一些青少年的不良行為，因而惡化發展至後悔莫及。

所以，青少年的家長一定要抽出時間，瞭解關心子女的成長情況。無論工作生活再忙，也不可忽略對子女的教育。對於青少年可能出現的問題，許多家長防患於未然。例如，針對網上犯罪的現象日益增多，許多青少年觀看網上黃色圖像，參加網上交談因而被不良分子誘騙的現象，許多家長與子女約法三章，限制子女在網上的時間，禁止子女在網上交朋友。但是，美國許多家長都為子女在臥室中安裝電腦，為了方便孩子學習。實際上，這種方便也使子女網上無所顧忌，約法也就名存實亡。

我們對物質的慾望與需求可能低於許多家庭，全家只有一部電腦，設在我的書房，大家公用。我們從未計劃、孩子也從未要求在他們的房間裝置電腦。因此，我們也不必擔心孩子關著門，在房裡偷看色情錄像或私交網上朋友。

對於青少年子女，家長要非常耐心。在孩子言語粗魯時，要學會克制自己的怒火，避免與子女直接爭吵。對於孩子的偏執表現，不必事事責備，與孩子形成對立關係，將孩子完全推出門外。對於無傷大雅的行為（例如，孩子將頭髮染成異色），可以表示理解寬容。而對於影響孩子前途及個性形成的行為，則要因勢利導，循循善誘。

第8章　異族婚戀

1.美國的異族婚戀

　　長期以來，不同種族、文化的人民在美國這片土地上共同生活，創造形成了美國的多種族多元文化。這種多元文化的國家，有人稱其為「種族大熔爐」（Melting Pot），意謂不論任何新移民的個體文化，在一代人至幾代人不等的一段時間內，都會被逐漸融合消化到主流文化內。六十年代以來，隨著民權運動中少數族裔民族獨立意識的覺醒與強化，許多學者與社會活動家開始質疑「種族大熔爐」的概念，而提倡以「生菜盆」（Salad Bowl）的比喻來取而代之。「種族大熔爐」的概念重視美國多元文化中的共性，偏重於各族裔人民在美國的共同經驗與經歷。而「生菜盤」的說法則強調美國多元文化中的個性，認為美國各族裔人民在融入主流文化的同時，應該保持發揚本族裔的傳統文化；恰如一盤生菜，不同的蔬菜混合一盤，但每種蔬菜仍保持其原味不變。不論是「大熔爐」還是「生菜盤」，兩種比喻都形象地說明了美國文化的多元與豐富。

　　異族婚戀恐怕是最能體現美國多元文化的社會現象。雖然愛爾蘭裔、義大利裔等不同的白人族裔在美國歷史上先後被主流社會排斥、歧視，但不同族裔背景的白人相互通婚，為法律所允許，被社會所接受。在美國從非洲引進黑人奴隸之後，白人種族主義者開始恐懼「黑白通婚」，並在各州立法，禁止黑白通婚。馬里蘭州於1661年通過了美國第一個《反異族通婚法》（anti-miscegenation law），禁止白人女性與黑人男性通婚。效仿馬里蘭州的先例，美國有38個州先後通過了類似的反異族通婚法。黑白通婚為法律所不容，但白人奴隸主強姦黑人女奴，或與女奴私通的現象則屢見不鮮。最著名的例子為美國總統傑弗遜與其女奴薩莉（Sally）的故事。美國歷史上長期謠傳曾為奴隸主的傑弗遜與其女奴薩莉多年私通，他們共同生育了三個子女。由於缺乏證據，也由於人們不願詆毀總統形象的心理，傑弗遜與薩莉的關係，一直被政界與學術界做為謠傳看待。傑弗遜的後代與薩莉的後代也為此爭執不休。

二〇〇〇年一月，醫學的進步結束了數百年的疑問。薩莉的後代同意將他們的DNA與傑弗遜總統的DNA化驗對比。化驗結果證明薩莉的後代具有與傑弗遜相同的DNA。傑弗遜與薩莉保持了二十多年的性關係，薩莉的三個子女均為「龍種」。這一結果使傑弗遜的後代家族大為沮喪；而薩莉的後代則歡欣鼓舞，科學終於為他們「正名」，他們將有權與傑弗遜家族共榮辱。

傑弗遜與薩莉能夠二十多年相互不渝，這種關係對於女奴薩莉可能別無選擇。但奴隸主或總統傑弗遜對薩莉始終不能忘情，說明他與薩莉的關係，不僅僅是性愛，而且具有真摯感情。所以傑弗遜與薩莉的關係，是一出愛情悲劇。如果二人晚生二百年，則會成為又一對異族婚戀的夫妻。傑弗遜與薩莉的故事也說明，如果不同的族裔在某一地域共同生活，異族婚戀在所難免，法律禁止不住，社會壓力更無法將其杜絕。

美國社會在歷史上不僅禁止黑白通婚，也禁止「黃白通婚」。1850年，加利福尼亞州的州議會通過《反異族通婚法》，禁止白人與黑人通婚。該法令在1872年被納入該州的新民法第60條。1880年，加州的反異族通婚法令經過大幅度的修改，中國人與白人通婚與黑白通婚一道被列為非法。同年，加州的立法者又引進民法第69條，禁止簽發結婚證予白人與「黑人、混血人和蒙古人種」之間的婚姻。雖然「蒙古人種」一詞，從人種學的角度包括中國人、日本人、韓國人和其他亞洲人，但加州的《反異族通婚法》實則專為華人而定，以響應當時美國西海岸的強烈反華浪潮。1905年，為了統一《民法》的第60條與69條，並反映當時美國社會對另一蒙古人種——日本人的普遍厭惡與恐懼，加州立法院修改《民法》第60條，規定任何白人與蒙古人種之間的婚姻為「非法無效」。上述《反異族通婚法》在美國有關州內實行至1967年，才最後被宣佈為違反憲法而取消。

二十世紀六十年代以來，美國的民權運動不僅使黑人得益，其他少數族裔包括亞裔美國人也大大改善提高其經濟與社會地位。根據1970年的人口統計資料，華裔與日裔美國人的家庭年平均收入超過美國白人的家庭平均收入。日裔美國人的家庭年平均收入與美國白人的家庭年平均收入相比，高出3000美元。華裔美國人的家庭年平均收入也較美國白人的家庭年平均收入高2000美元。1980年的人口統計資料也顯示亞裔美國人完成大學四年高等教育的百分比高於美國白人、美國黑人與美國拉丁裔人口。具體百分比如下：菲律賓裔（21.7）、韓裔（21.2）、華裔（15.8）、日裔（15.6）、亞洲印度裔（14.1）、白人（9.4）、黑人（4.9）和拉丁裔（3.5）。亞裔美國人因此被

冠以「模範少數族裔」（Model Minority）的稱號。

在亞裔美國人的社會經濟狀況不斷改善的同時，亞裔美國人中與異族通婚的現象也日益普遍。亞裔美國人中的異族通婚現象有如下特點。第一，居於美國西海岸的亞裔的異族通婚比例高於東海岸的亞裔。在紐約市，根據華裔美國社會學家李瑞芳（Betty Lee Sung）的統計，華裔美國人中異族通婚的婚姻在七十年代與八十年代均佔百分之二十七。在加利福尼亞州，華裔美國人中異族通婚的比例較紐約更高。一九八○年，百分之三十五點六在加州的華裔美國人與異族通婚。第二，在美國出生的亞裔與異族通婚的比例高於非美國出生的亞裔。在舊金山灣區，美國土生亞裔更傾向於與亞裔之外的其他族裔通婚。在部分亞裔人口中，與異族通婚的比例高達百分之八十。第三，亞裔美國人中女性與異族通婚的比例高於男性。而且，亞裔女性中的異族通婚者多與美國白人結婚。一項近期的對舊金山縣婚姻記錄的抽樣調查顯示，四倍於亞裔男性的亞裔女性與美國白人結婚。此外，一些知名度較高的華裔女性與美國白人的婚姻也使這種現象更為引人注目。例如，華裔美國女政治家趙小蘭、華裔女外交家張之香、華裔女作家包柏猗、湯婷婷、譚恩美，以及華裔電視女主播鍾毓華等。亞裔女性與異族男性戀愛的現象在美國西海岸的大學校園中也隨處可見，以至於「亞裔綜合症」（Asian-American syndrome）、「亞裔女性狂熱症」（Asian-women-alcoholics）等說法普遍流行。

但是，最新的研究表明，亞裔美國人男性與異族通婚低比例的現象在改變。近年來，亞裔美國男子與異族女子通婚的比例在逐步增加。人口學家Larry Hajime Shinagawa在其最新著作《亞裔美國人：異族通婚與戀愛的社會結構》中，考察了加利福尼亞的結婚證頒發統計資料，得出了如下結論：出生於美國的亞裔美國男性比亞裔新移民中的男性更有可能與美國白人婦女（18.9%）、其他亞裔美國婦女（22.7%），或者其他美國少數族裔婦女（6%）結婚。Shinagawa估計這種趨勢會持續發展，許多其他學者也在期待著2000年的人口統計將會顯示亞裔美國男性與異族通婚的比例以更高的速度增加。

產生這種現象的原因與美國媒體近年來提升傳聞與媒體中亞裔美國男子形象的努力有關。亞裔美國男子過去在媒體中被刻板化為孱弱、無性感的男人，無法為配偶提供社會地位與安全感。而今，一批當紅亞裔男明星與武打演員——例如周潤發、成龍等——在影壇顯示，亞裔男子不僅性感而且會成為理想丈夫。服裝設計師與宣傳廣告商也隨波逐流，熱衷捧抬具有陽剛氣的亞裔男子模特。

亞裔美國男子在銀幕、廣告牌上陽剛性感形象的出現與亞裔美國人日益上昇的社會經濟地位有關。根據最新統計，亞裔美國人中大學畢業生比例為全美各族裔中最高（42%），亞裔美國人家庭平均收入也為全美最高（$45,249）。亞裔美國男子的形象從「勞工、洗衣店主的兒子」上升為「國際網路的百萬富翁」。「雅虎」（Yahoo）創始人楊致遠（Jerry Yang）的成功使一向受美國人嘲笑的刻苦用功的亞裔學生成為典範。亞裔美國男子成為世紀之交的英雄，他們在美國婚姻市場的價碼自然迅速提升，美國女性以有亞裔男朋友為時髦。

　　但是，並不是所有美國人都認為異族婚戀是件好事。身處異族婚戀關係的亞裔美國男子有被同族人咒罵為「叛徒」之虞。Shinagawa並且警告說並不是所有的異族婚戀關係都平等。娶有白人婦女的亞裔美國男子被美國社會接受的程度低於嫁給白人男子的亞裔美國女性。同時，亞裔家庭也不能完全認可這種婚姻。因此，擁有異族伴侶的亞裔男性的離婚率大大高於與異族男子結婚的亞裔美國婦女。

　　不過，無論如何，亞裔美國男子中異族婚戀現象的日益普遍標誌著亞裔美國人在美國社會中日益顯著的作用。亞裔美國人在重新為美國人做定義。

　　自第二次世界大戰以來，許多專家學者已經對亞裔中的異族通婚現象作出分析。米爾頓‧戈頓（Milton Gordon）的經典性著作《美國社會生活中的同化現象》（*Assimilation in American Life*）首先提出了「同化理論」（assimilation theory）。該理論讚揚異族通婚，認為異族通婚是美國少數族裔被主流社會接受的標誌。多數關於同化理論的著述建議，異族通婚成為亞裔美國人融入主流社會的象徵。

　　與此同時，「高攀式婚姻理論」（hypergamy theory）也在第二次世界大戰後出現。「高攀式婚姻」的概念最初出現於研究印度婚姻模式的著述中。美國人類學者金斯利‧戴維斯（Kingsley Davis）考察印度高等種姓男子與低等種姓女子之間的婚姻形式，稱之為「高攀式婚姻」。不同於同化理論，高攀式婚姻理論認為不同種族或社會階層成員之間的婚姻反映了階級分立社會與種族分立社會中的不平等現象。在印度，通過高攀式婚姻，高種性男子可以將他的社會地位與低種性女子的青春、美貌、聰慧、才華以及財富相交換。婚姻的雙方都各自受益。同樣，在美國，不同種族成員之間的婚姻也使婚姻雙方改善各自的狀況；具有較高社會經濟地位，但是較低種族地位的少數族裔的男子，可以通過和具有較高種族地位但較低社會經濟地位的多數族

裔女子的婚姻，來提高其種族地位。高攀式婚姻理論此後被學術界冷落多時，直至八十年代後期，一些學者對高攀式婚姻理論重新論證，該理論再度向同化理論挑戰。基於高攀式婚姻理論，兩位亞裔美國學者Larry Hajime Shinagawa和Gin Yong Pang認為異族通婚在很大程度上由婚姻雙方的國籍、性別、年齡、教育程度和社會經濟狀況來決定。

類似於高攀式婚姻理論，保羅・斯皮卡德（Paul R. Spickard）在其著作《混血》中從社會結構、人口分佈、階級狀況、異族通婚中的婚姻表現形式等多層次分析異族通婚。他提出，婚姻雙方所處的社會階層、屬於第幾代移民，及其居住地區少數族裔人口與其他類型人口相比的密集程度等因素都影響異族通婚的婚姻模式。他進一步指出，異族通婚中雙方對婚姻伴侶的選擇明確地顯示有等級觀念的因素在內。

上述兩種理論都為我們理解異族通婚提供了有益的幫助。然而，每一種理論都不能獨自全面地解釋異族通婚。同化理論讚揚異族通婚作為少數族裔被多數族裔接受的社會標誌，並強調感情與雙方對其對方的吸引力是婚姻的主要動機。但是，該理論難以回答為什麼具有較高社會經濟地位的少數族裔成員（不論男女）或者土生的少數族裔成員更傾向於與異族通婚。同樣，高攀式婚姻理論視異族通婚純粹為婚姻雙方的一種交易；婚姻中白人一方將其較高的種族地位與少數族裔一方較高的社會經濟地位，或者俊美的外表、青春、才華等條件交換。該理論完全忽視了異族婚姻中的感情，以及相互間的吸引力等因素。

因此，結合兩種理論，吸取雙方的合理成分，才能較為全面客觀地理解異族通婚。在現實中，大多數異族通婚的當事者（「照片新娘」例外）都宣稱她們之所以與她們的配偶結婚主要是因為愛情以及相互的吸引力，而不是為了提高或改善自己的社會、階級或經濟地位。顯然，感情與相互之間的吸引力在異族婚姻中是起一定作用的，因而不應當被忽視。然而，現實生活中真正一見鍾情的例子並不是很多；感情通常在雙方的相互接觸中逐漸發展。而這種接觸通常發生於具有相同教育、職業或社會經濟背景的個人中。因此，對異族通婚的瞭解與分析不能也不應該脫離婚姻雙方所具有的教育、職業以及社會經濟狀況。當一名少數族裔的成員進入某種社會經濟環境中時（通常為高等教育機構或某種專門職業），在那裡她或他有機會與多數族裔成員頻繁接觸。此時，該少數族裔成員的社會經濟地位，無論她或他是否將與多數族裔的成員結婚，已經得到提高。因為每一社會的多數族裔或居於主

導地位的社會階層都享有較為優越的社會經濟條件。因而，少數族裔成員與主流社會的同化程度更多地取決於其教育、職業以及階級背景，而不是異族通婚。

2.異族婚戀子女的文化歸屬問題

異族婚戀夫妻非常關心敏感的一個問題是他們的後代。

當妻子懷孕時，夫妻雙方以及他們的親戚朋友最感興趣的是，孩子會長得像誰？孩子的皮膚會是白色的還是黃色的？還是棕色的？孩子的頭髮會是直的還是捲曲的？

顯然，異族婚姻子女的外表會兼具其雙親的生理特徵，卻又與父母一方不盡相似。因此，許多貶意的詞語被用來形容異族婚姻子女：「混血」（mixed bloods）、「混種」（mixed races）、「半種」（half-bread）、「邊際人」（marginal persons）等。與其他族裔結婚的美國婦女常被陌生人誤認為是其子女的保姆，異族婚姻的子女也被會不知情者猜測為其父母領養的子女。一位嫁與歐裔男子的華裔婦女曾經抱怨說：「我推著嬰兒車散步時，有時有人會以為我是孩子的保姆。」一位與華裔男子結婚的美國歐裔婦女說：「我領著我兒子上街時，人們會盯著我看。有時，有人會問我如何到亞洲國家領養子女。」

異族婚姻子女外表與其雙親的差異不僅造成陌生人的誤解，更使異族婚姻子女在與其父方或母方親戚交往時感到困難，因為他們與任何一方都不盡相同。如果父母的一方為少數族裔，有些異族婚姻子女會避免在公共場合與其家長一同出現。一位女大學生的父親是華人，母親是歐裔美國人。她在一篇文章中痛苦地寫道她與父親有隔閡的原因多半是她的錯誤。她常常為父親不標準的英語在眾人面前感到羞慚，她只要求母親到學校參加家長會議，她常常幻想如果她的母親嫁與白人，她就會和別人一樣是百分之百的白人。一位父親是非裔美國人的男孩，在與全家人上街時，總是有意領先幾步，獨自走在前面。

異族婚姻的子女對他們少數族裔父母的排斥反映了社會的階級與種族不平等現象，也使親子關係除了代溝以外，更增添種族差異。

異族婚姻子女最感困難的是他（她）們的文化歸屬問題。許多異族婚姻子女不喜歡回答「你是哪個族裔或國籍」的問題。一位父親是華裔，母親是

荷蘭裔的女大學生，當別人問她的國籍時，她回答說：「我是美國人。」如果對方進一步發問，她會回答：「我是歐裔亞裔美國人。」她從未說過她是荷蘭裔或華裔。一位父親是黑人，母親是白人的男子，在回答「你是哪個族裔」的問題時，一般會說「我是黑人」。

異族婚姻子女的文化認同又與他們的外表不無關係。一般來說，外部特徵接近某個族裔的異族婚姻子女比較容易與該族裔融合。史蒂夫的母親是華人，父親是美國白人，但他長得酷似父親，從小學到中學，他都是和白人同學密切相處，他的同學大多數都不知道他有一半中國血統。進入大學後，他開始對他的亞裔傳統感興趣，決定學習中文。彼得兼有歐裔與日裔血統，他非常希望和學校的亞裔學生接近。但是他身材高大，高鼻深目，參加與亞裔學生的聚會時，有些亞裔學生會疑惑地盯著他看。

要幫助異族婚姻子女對所處的三種文化（美國主流文化、父方族裔文化以及母方族裔文化）都有認同感，父母應該向子女灌輸雙方文化，不可顧此失彼。如果只向子女傳授一種文化，子女會誤以為另一方文化低劣。如果只希望子女融入美國主流文化，避免子女瞭解父母族裔的傳統，也會造成子女對少數族裔文化的空白，有礙子女認識美國文化的多元性。

異族婚姻子女的認同與歸屬不僅僅是文化問題，也是政治問題。異族婚姻子女如果與某族裔認同，將會增強該族裔的政治力量。這個問題在人口普查時，顯得極為突出。比如一個異族婚姻子女在填寫表格時，無法判斷自己應該填寫父方族裔還是母方族裔。因此近年來，許多學者與人口學專家提倡創造「雙族裔」一欄，供異族婚姻子女填寫。但是許多少數族裔的社會活動家與政治領袖反對這一提法，因為它將意味著少數族裔會失去一部分人口。而美國族裔的人口多寡將決定該族裔的政治影響與聯邦與地方政府的撥款數目。

第9章　新舊唐人街

1.「模範少數族裔」

　　從十九世紀四十年代，首批赴美淘金的華人勞工，到二十世紀末開創「國際網路」公司的華裔美國電腦專家，華人在美國的社會經濟地位經歷了翻天覆地的變化，華人在美國傳聞與媒體的形象也逐步從「苦力」、「煙鬼」、「賭徒」與「妓女」提昇為「模範少數族裔」。

　　一八四八年，加利福尼亞州發現了大批金礦。從此，黃金的誘惑吸引了無數美國東北部的小業主、平民、失業者與冒險家開赴西部，挖掘黃金，也招致了大批移民從歐洲及亞洲，來美國實現黃金夢。黃金被發現的消息，也在十九世紀五十年代傳入中國。時值鴉片戰爭結束，中國淪為半封建、半殖民地社會，西方列強競相將其工業產品傾銷中國，導致傳統自給自足的經濟崩潰，商人破產，手工業者失業，農民傾家蕩產。內憂外患與凋敝的經濟迫使大批廣東、福建的失業農民及手工業者橫渡太平洋，到美國淘金。

　　早期的中國勞工多以合同勞工的形式抵達美國。因這些勞工多為失業的貧苦農民，無力以現金支付從廣州至舊金山的船票（一般為50美元），負責招募華工的中國經紀人便擬定合同，為其墊付旅費，而華工則同意抵達美國後，在一定期限內，無償地為美國僱主工作直至還清僱主支付給招工的經紀人的船票旅費以及利息等款項。這種先賒付船票抵美，然後以在美勞動所得償還欠款的方式被稱做「賒票制」（Credit Ticket System）。因此，華工一般在合同期內（三至五年）的工資在剋扣欠款之後所剩無幾。許多美國種族主義者便根據這些苛刻條款而稱這種中國勞工的移民方式為「苦力貿易」（Coolie Trade），進而以此作為歧視排斥華工的藉口。

　　由於華工經濟的拮据，美國社會對華工的排斥，以及中國傳統社會對婦女的約束，只有極少數的中國婦女抵達美國這座「金山」，在美國的華人社會因而長期被冠以「單身社會」（bachelor society）的稱號。華人社會中這種男女比例的極端不平衡，造成了華工的一系列社會問題，美國種族主義者則藉機誇大發揮，使得華人在美國社會的公眾形象長期被醜化、處於負面。

早期美國華人的第一個負面形象是「煙鬼」。大多數赴美的華工，或者在金礦淘金，或者舖築太平洋鐵路，或者在加州的河谷地帶耕作，或者在洗衣坊洗衣，均終日辛勞。但是，華人都一律被醜化為「鴉片煙鬼」。吸食鴉片，並不是中國人的發明首創。鴉片最初由阿拉伯人傳入中國，用來診治頭痛，鬆弛神經。十六、十七世紀時，臺灣原住民將鴉片與煙草混合，發明了鴉片吸食，隨後傳入福建沿海地域。十八世紀末、十九世紀初，為了扭轉大英帝國對華貿易的負差，負責英華貿易的英國東印度公司遂在印度種植加工鴉片，隨後大量非法販運至中國，造成鴉片在中國的廣泛流傳。鴉片戰爭後，鴉片的輸入愈加暢通無阻，使中國人民大受其害。因此西方報章中經由傳教士、外交官報導的華人形象常常為躺在煙床上，貪婪地吸食鴉片的癮君子。在美國的華工，自然難以擺脫這種負面形象。此外，沒有家室妻小的華工，在週末假日唯一的消遣便是吸食鴉片或賭博。

　　「賭徒」因而成為早期華工的又一負面形象。在許多華工聚居的地區，每當週末來臨，辛苦勞作一週的華工，便聚集到華人區的飯館或雜貨店，一邊聊天閒話，一邊打牌賭博。雖然只有少數華人有吸毒聚賭的惡習，但是，受種族主義傾向影響的媒體將此誇大宣傳，華人因此被無一例外地認為是「煙鬼」或「賭徒」。

　　除了鴉片煙館，妓院成為單身男性華工消遣取樂的另一場所。沒有妻子陪伴在側，一些華工只好到妓院解決生理需求。美國華人社會的娼寮妓院因此應運而生，娼妓業成為華人黑社會的主要收入來源之一。以加州為例：加州的華人娼寮妓院多由華人聚居區的傳統幫派或同鄉會控制，娼妓來源一般為廣東農村。華人中的痞子、流氓充任人口販子或經紀人，開赴中國農村，或伺機綁架良家女子；或謊稱招工，誘騙貧困潦倒的父母將女兒賣掉。這些年輕的中國婦女然後被海運至美國。在抵達舊金山之後，她們被送到唐人街，一處稱為「奴隸集中地」（barracoon）的臨時住所。在那裡，她們被強迫脫掉衣服，進行公開拍賣。一些稍有姿色的「幸運的」女孩會被富裕的華商選中為妾。因為許多華商認為有經驗的妓女迷人、世故，長於交際應酬，善於款待賓客，故而為理想的妻妾。少數俊俏的女孩則被招募到一些上等妓院，她們多數被安置在唐人街的樓上公寓，穿戴華麗，接待那些有錢的、固定的中國嫖客。雖然她們所受的待遇很好，但仍然隨時有被妓院主轉賣的可能。

　　除了上述這些「幸運者」之外，大多數女奴都被根據個人姿色，賣至不同檔次的妓院。一入妓院，她們都被迫與妓院主簽訂契約。契約期一般為

四年，在此期間，立約人必須無償為妓院主工作，以還清欠款。此外，契約還規定，四年之內，立約人只能有一個月的病假日（指月經），若懷孕則必須延長契約一年。根據成露茜（Lucie Cheng Hirata）的調查，許多下等娼妓，每接一名客人，只能掙得25至50美分。她們的嫖客一般為窮苦勞工，包括中國人與美國白人。這些妓女的居住狀況非常悲慘。「她們一般住在與街道齊平的地下室，住室狹窄，陳列簡單：一席床鋪，一兩張竹椅，一個洗臉盆。陋室一般無窗，只有門子上方有一鐵欄小窗。」妓院主一日提供兩餐或三餐。晚餐一般量大，包括大米以及摻有雞蛋、豬肝、豬腎的燉肉。陳丁香（Lilac Chen）年幼時，曾經被賣為奴，當她被社會學家維克多・倪（Victor G. Nee）採訪時，描述了這些妓女的夜生活。「那個把我帶到舊金山的婦女叫李太太，她在舊金山唐人街有一所最大的下等酒吧間。哦，她有許多女孩、女奴，每天晚上七點鐘，所有這些女孩要穿上綾羅綢緞，坐在一扇大窗前面。嫖客們進來選擇今晚他們需要的女孩……」這些妓女們經常被她們的主人和客人虐待。一些妓女偶爾被她們的主人毆打至死，一些顧客甚至強迫她們進行變態的性行為。

在苛刻的生活和工作條件下，這些被奴役的女孩壽命短暫。許多人患有疾病，其中肺結核和性病最為常見，所以她們在十幾歲或二十幾歲就死去。根據舊金山市與舊金山縣中國人殯儀館的記錄，在一八七〇到一八七八年之間，所有記錄在案的六百多名婦女中，大多數在十幾、二十幾歲和三十幾歲時死於肺結核、性病，或者死因不明。因為所有死者在職業一欄中皆為空白，大量的婦女很可能是娼妓。

在偏遠的礦區，娼妓們面臨著最悲慘的命運，與城市中的妓院相比，礦區的妓院更為原始和落後。例如，一八七五年在內華達州的康斯托克採金區（Comstock Lode），84名中國婦女中只有9名不是妓女。這些妓女一般在公共設施中招攬顧客，他們的顧客為不同種族的礦工和勞工。她們經常被她們的白人主顧叫做「華婦」、「吊眼夾腳婦」或「異教徒」。一些中國娼妓們穿著富有異國情調的綾羅綢緞，渾身珠光寶氣來招待白人們。然而，一般的低級中國娼妓多穿著粗布，為了能從每個客人身上賺到25美分到50美分而拚命工作。

在這些閉塞的礦區，中國娼妓們也最容易成為種族犯罪的受害者。例如在一八七〇年代，在康斯托克採金區的四名中國娼妓被相互紛爭的堂會綁架。後來只有一名倖存者在鐵路上被發現，她被釘在一個從舊金山運到雷諾

（Reno）的柳條箱內。

一些中國娼妓們企圖以逃跑或自殺來擺脫她們的悲慘處境。內華達州的一名娼妓從她的主人那裡逃走並躲在深山裡。當她被發現時，「她的雙腳全部凍僵，她不得不被截肢」，最後她「拒絕服藥並且絕食以尋求死亡」。在內華達州維吉尼亞城（Virginia City），六名中國娼妓以自殺來結束她們悲慘的生命。

少數幸運的娼妓成功地採取法律行動逃離奴役，最終過著正常人的生活。安妮・李（Annie Lee）就是其中之一。安妮・李是一名年輕漂亮的廣州女孩，一八七五年她在愛達荷州的愛荷達城（Idaho City）的一家屬於陽和（Yeong Wo）會館的妓院做妓女。後來，她逃到鮑埃瑟（Boise, Idaho）嫁給她的心上人，一位名叫阿關（Ah Guan）的年輕中國人。她的主人因此上訴法庭，控告她偷竊巨額財寶。當她被逮捕並被送上法庭時，她贏得了法官的同情。在法官面前，她清楚地表明她渴望結束奴役並且嫁給心上人的心願。「法官拒絕通過翻譯，他要自己訊問她。在宣誓後，法官問她，是否想要回到愛荷達城或者留在鮑埃瑟。她回答：『我想留在鮑埃瑟。』」最後，法庭撤銷了該案，安妮・李順利地返回她丈夫那裡。

根據最廣泛接受的社會學概念，買淫具有如下特性：第一，具有外在動機的性行為；第二，具有僱傭性質的性行為；第三，混交的性行為；第四，不受個人感情影響的性行為。娼妓的身分越高，與這四個特點的聯繫就越不明顯。而中國娼妓所從事的皮肉生涯則與這四個特點密切相關。可見，中國娼妓處於娼妓業的最底層。由於她們絕對的低收入，她們力圖吸引盡可能多的顧客。因為她們的顧客主要來自於低收入的勞工階級。再者，作為妓奴或者作為妓院主的「契約奴」，中國娼妓們一無所得，並且得按照她們主人的意願生活。如果用如上四個特點來衡量，中國娼妓們的確處於娼妓業的最底層。

華人社會中的娼妓業不僅被用來歪曲華人的形象，更在十九世紀八十年代被用來作為全面排斥華工的藉口。同時，西海岸新教會的中產階級婦女，也組織各種救援活動，幫助被奴役的中國女子跳出苦海。因此，美國西海岸華人婦女中的娼妓比例急速下降。根據成露茜的研究，1860年在舊金山的中國婦女中有85%的人為娼妓，到1870年降至71%，1880年更降至21%。

1943年，美國國會最終廢除所有排華法案，許多華人婦女得以赴美。二戰之後，一些女學生與女職業工作者赴美留學或工作；同時不少土生的華裔

女青年也接受高等教育，或成為職業婦女。華人婦女的公眾形象開始逐步被提升。

　　自六十年代以來，美國華人經歷了文化、政治與心理的深刻變化，取得了教育、就業、參政方面的顯著成就。以此為結果，華裔作為「模範少數族裔」的媒體形象開始流行於美國社會。

　　一九六六年一月，威廉‧彼得森（William Peterson）在紐約《時代》雜誌發表一篇文章褒揚日裔美國人，認為日裔已成功融入美國主流社會。該文歷數日裔美國人在美國歷史上，特別是第二次世界大戰期間，所受到的不公平待遇。並指出對教育的重視是日裔在美國成功的關鍵。同年十二月，《美國新聞與世界報告》雜誌也載文推崇華裔美國人在社會經濟方面的成就。在新聞媒體的宣傳推動下，模範少數族裔成為亞裔在美國公眾眼中的刻板形象，被用來描述亞裔美國人通過刻苦勤奮、尊重傳統觀念、謙和禮讓而取得的社會經濟成功。

　　二十多年之後，模範少數族裔理論（model minority thesis）又被新聞媒體重新炒作，引起美國公眾對華裔的再度注意。八十年代，美國主要電視傳播網絡與流行雜誌爭相報導亞裔美國人的成就。美國政治家也及時呼應媒體，白宮對亞裔美國人大加表彰。一九八四年，美國總統雷根在白宮接見一批亞裔人士，對他們發表講話，表揚亞裔人的成就，並指明其重要性。雷根在講話中說，美國是一個移民國家，每一個美國人都是來美國實現「美國夢」的移民的後代。他表彰亞裔人保持著這個夢想，實行著「人類的神聖價值、宗教的信仰、團體精神和家長與學校有著教育下一代努力工作、忍耐、合作的職責」這些重要原則。因此，「亞裔家庭的平均收入大大高於美國一般家庭的收入是毫不奇怪的」。雷根表揚亞裔為所有美國人樹立了榜樣，並對此表示感激。他說：「我們需要『你們的價值觀念，你們的勤奮刻苦』，這些特質與美國的政治制度絕對相容。」

　　模範少數族裔理論不是來源於真空，而是基於許多統計數據。各種統計資料都證明亞裔美國人取得了顯著的社會經濟成就（參見第八章中「美國的異族婚戀」一節的統計資料）。

　　雖然模範少數族裔理論承認亞裔美國人自第二次世界大戰以來的社會經濟成就，但是，該理論在六十年代的出現則有其特殊政治背景，服務於某些人的政治目的。在此，亞裔美國人通過艱苦奮鬥、保持傳統價值觀念而取得成功的故事，被用來批評那些倡導以激烈的抗議活動來改善其社會狀況的美

國黑人與拉丁裔民權運動活動家。此外，模範少數族裔理論進一步強調美國是一個充滿機會的國家，美國的民主制度仍然在繼續鼓勵並保障個人的成功的普遍觀念。

其次，模範少數族裔理論只突出描繪了亞裔美國人成功的玫瑰色圖畫，而對存在於亞裔人中的一些與模範少數族裔成功經驗相矛盾的事實視而不見。事實之一，雖然人數不斷增加的華裔與其他亞裔進入美國中產階級的社會階層，定居於以中產階級白人為主的美國大城市的郊區，享受著主流社會的生活方式，大多數華人，尤其是那些新移民，仍然被局限於美國大城市內的華人社區。美國華人社區中一般存在就業機會有限，工作環境危險、不健康，居住條件擁擠不堪、低於法定標準，以及精神壓抑等問題。有關專家學者已在其著作中，詳盡記錄了這些社會問題，但是，這些問題仍然為主流社會所忽視。

事實之二，雖然與美國黑人、拉丁裔以及白人相比，有更高比例的華裔與其他亞裔美國人取得高等教育學位，但是，與具有同等教育程度的上述族裔相比，他們卻得到較低的收入。根據一九九〇年人口統計資料，除日裔美國人外，所有具有大學學歷的亞裔美國人的年平均收入低於具有同等學歷的美國黑人、拉丁裔美國人和美國白人。

事實之三，典型的「模範」華裔和亞裔美國人一般為受過良好教育的專門職業者，包括教授、教師、醫生、護士、技師和圖書館員等。然而，很少數的亞裔美國人能夠爬上管理或領導階層的職位，由於所謂「玻璃天花板」（glass ceiling）的限制，即一種認為亞裔美國人普遍「沉默寡言」（quiet）、「不會抱怨」（uncomplaining）因而不適合作為領導人。根據美國《財星》（Fortune）雜誌的統計，名列於該雜誌的一千家屬於製造工業的公司和五百家屬於服務工業的公司的男性資深經理中，只有千分之三為亞裔美國人。

事實之四，與其他族裔相比，有更多的華裔和其他亞裔美國婦女全職工作以增加家庭收入。根據一九七〇年的人口統計，約有百分之六十的華裔與日裔美國家庭夫妻同時工作。與此相比，只有百分之五十一的一般美國家庭夫妻雙雙工作。根據一九九〇年的人口統計資料，在一九八九年，百分之五十六的在美國出生的華裔家庭和百分之五十的非美國出生的華裔家庭中，有兩人參加工作。而同時期只有百分之四十一點七的一般美國家庭有兩人工作。

模範少數族裔理論不僅不能正確反映亞裔美國人的現實，而且阻礙他們的社會經濟發展。例如，在舊金山的符合政府救濟的窮人中，約有三分之一是亞裔人口。然而，舊金山市的政府社會福利計劃基金（social welfare program funds）中，只有百分之六被分配於亞裔。亞裔有限的參政程度自然與這種對政府公共補助基金的不公平分配有關。毫無疑問的是，模範少數族裔理論影響了許多政府決策者。他們認為既然亞裔已經取得了顯著的社會經濟成就，政府沒有必要將有限的公共補助資金分配給他們。因而，模範少數族裔理論在現實中成為對華裔及其他亞裔美國人的一種變相的種族與文化歧視。

2.雙城記：「下城」與「上城」

　　雖然華人的媒體形象在近數十年來有所提升，但是，並不是所有的華人都成為職業工作者，都進入美國中產階級。美國華人社會中仍存在著嚴重的階級劃分。二戰之後，當受過高等教育的第二代華裔與新移民中的職業工作者逐步遷出華人聚居的傳統的「下城」（Downtown）唐人街，定居於以白人居民為主的大城市郊區或衛星城，形成新的中產階級華人商業區與住宅區——「上城」（Uptown）。與此同時，無技術的新移民仍源源不斷進入

芝加哥唐人街，1999。

東方雜貨店，密州聖路易斯市，1999年。

「下城」唐人街，注以其新的活力。美國華人社會中「上城」與「下城」的區別，不僅反映華人中的階級對立現象，也展現了移民在與定居國文化同化中的一些規律。

「下城」唐人街一般位於美國大城市的市中心地帶。在美國歷史發展中，城市化的過程始於十八世紀末、十九世紀初。其時，城市中富有的家庭均居於市中心地帶。十九世紀末期，美國開始大規模的工業化與城市化。與此相適應，大批移民湧入城市，造成城市住宅、衛生條件的惡化。中產階級遂逃離市區，移入城郊。新移民則取代中產階級佔據市區中心。華人多為白手起家，因此需選擇地價低的地區從商或居住。下城不受美國中產階級青睞，地價低廉，自然成為華人商業區與聚居地。

在「下城」唐人街中，華人餐館、雜貨店林立。餐館商店的招牌，中英文並用。在「下城」唐人街中倘佯，會不時聽到國語、粵語。唐人街的華人文化，與美國主流文化大為迥異，因此招來大批的旅遊者，到此獵奇，品嘗中餐的三珍八味，欣賞唐貨店的珍玩。從此意義上講，「下城」唐人街為美國的多元文化做出了貢獻，使這個移民國家更加絢麗多彩。

同時，下城唐人街為華人在美國生存的不可或缺。大多數的無技術中國移民，都受僱於唐人街的中餐館、東方雜貨店或車衣廠。初入異國，言語不

通、不諳美國文化，無法掌握美國勞工市場所需的技術，新移民的就業選擇只能局限於華人社區。華人區的便宜住宅也為新移民上下班提供了便利。此外，唐人街的中餐、中國雜貨以及中國文化氛圍也使新移民感到安全、受到安慰，得以在異國土地生存下來。

在唐人街就業的華人勞苦大眾，構成了華人社會中的勞工階級。他們不僅受華人業主的剝削，也與就業、居住於「上城」的中產階級華人對立。在華人餐館、雜貨店、車衣場就業的勞工，工資均低於美國聯邦政府規定的最低限度工資。比如一個中餐館的全日工，一週工作七天，每天工作十至十二小時，月工資僅一千元左右。一個全職的車衣女工，每月僅得報酬五、六百元。下城唐人街居民的普遍希望是辛勤工作，多多攢錢，爭取有朝一日搬出唐人街，擁有自己在郊區的住房。許多幸運的新移民，實現了他們的夢想，遷出下城區，移居上城。但更多的華人勞工，終生在唐人街辛勞，只能希望他們的子女兒孫好好讀書，成為職業工作者。

既然大多數華人居民都不希望居住下城，是否下城唐人街會逐步消亡，成為歷史陳跡？事實上，只要美國勞工市場有對廉價勞工的需求，新移民便會不斷湧入。只要有新移民，便會有唐人街。同時，唐人街的經濟與文化，不光為新移民所必需，也為「上城」中產階級華人滿足文化與精神需要。居

紐約布朗克斯的黑人貧民區，1987年。

紐約黑人住宅區房屋修建隊工人，1987年。

住「上城」的富裕或中產階級華人，常常在週末返回下城唐人街購物、就餐、享受中國文化。

受過高等教育的第二代、第三代華裔與擁有資產與技術的新移民不再屈居狹小的唐人街住宅，而選擇大城市郊區或衛星城中產階級住宅區定居。在那裡，美麗的草坪、花園環繞他們寬敞的住宅。住宅內家具新潮，窗明几淨，室內裝潢中西並蓄，體現了主人與美國社會經濟文化同化的成功。

居住「上城」的華人，多為受過高等教育的醫生、律師、教授、工程師、房地產與保險經紀人與其他職業工作者。他們多數為自六十年代末以來，來自臺灣、香港、中國大陸的移民。在豐衣足食之後，他們要求參與美國政治，為華人爭得發言權。一九七三年，以職業工作者為主的美國華人組成美華協會（Organization of Chinese Americans），其宗旨為維護華人民主權益，發揚中華文化，推動華文教育。但是，華人在美國政壇，起步艱難，歷受挫折。

3.華人參政難

得益於民權運動，美國華人自二十世紀六十年代以來也入主美國政壇，許多優秀的華人，在美國聯邦、州、地方政府任職，增加了華人的政治能

1
―
2
―
3

圖1　美國家庭保險公司代理人路君平獲經管碩士
　　　學位，1992年。

圖2　佳室房地產公司經理章沛在其辦公室前，密
　　　州聖路易斯市，1999年。

圖3　律師高桐與夫人宗吾冰在其律師事務所，密
　　　州聖路易斯市，1999年。

見度。

　　華人參政的原因主要可歸因於兩種因素。第一，民權運動的錘鍊。在六十年代的民權運動中，華裔政治家、社會活動家同其他少數族裔一道，投入了爭取平等權利、改革美國社會的鬥爭。在這些運動中，他們耳聞目睹了社會上的種種不平等現象，決心通過對政治的改革，來改善少數族裔的處境。在民權運動的推動下，美國政府被迫通過了一系列民權法案，給予少數族裔更多權益。這一切使他們認識到了參政的重要性。在民權運動中，他們經受了錘鍊，也學到了許多鬥爭的策略。第二，亞裔人口結構的變化。自六十年代以來，亞裔人口迅速增長，為華裔參政提供了群眾基礎。在美國的政治選舉中，為了爭取選票，政治家不惜作出任何政治許諾。亞裔人口的增加，使美國政治家逐步認識到亞裔在政治選舉中的價值。此外，華裔在教育與就業方面的成就，以及華裔中產階級人數的增加，改善了華裔在美國公眾中的形象。華裔的形象從愚昧無知的「苦力」（Coolies），或者拒絕與美國主流文化同化的「旅居者」（Sojourners），上升為教育程度高、經濟能力強的「模範少數族裔」。基於上述原因，華人進入美國主流政治，在地方、州和聯邦各級政府為選民服務。

　　一九八四年，華裔物理學家吳仙標（S. B. Woo）榮任德拉華州付州長。但是，吳仙標在一九八八年競選國會議員時失敗。一九九六年，第三代華裔駱家輝（Gary Locke），以極大優勢擊敗對手，當選華盛頓州長，成為美國歷史上第一位華裔州長。一九九八年，華裔吳振偉（David Wu）當選為俄勒岡州的美國國會議員，成為美國歷史上第一位華裔國會議員。

　　余江月桂（March Fong Eu）是華裔婦女參政的典範與先驅。她於一九五六年進入美國政界，在加州教育委員會（California School Board）任職。一九七四年，她被選舉為加州州務卿（Secretary of State），成為加利福尼亞州政府的第一位華裔女官員。在夏威夷州，吉恩·金（Jean King）於一九七八年至一九八二年任夏威夷副州長（Lieutenant Governor），成為華裔婦女中職位最高的州政府官員。陳李琬若（Lily Lee Chen）是第一位擔任市長的美國華裔婦女。一九八三年，她被選舉為加州蒙特利公園市（Monterey Park, California）的市長。另一位華裔婦女趙美心（Judy Chu）也於一九九〇年和一九九四年被兩次選為蒙特利公園市的市長。

　　一九八八年，陳茜文被紐約市第六十一選區的選民選舉為民主黨代表，為該選區的唯一華裔代表。六十一選區是紐約市的重要選區之一，包括下曼

哈頓（Lower Manhattan），紐約華埠便位於此區。陳茜文畢業於紐約大學，隨後致力於社區工作，成為一名社會活動家。她熱情為紐約華埠的群眾服務，努力為華人爭取各項權益，深受當地華人的愛戴。她開朗外向，與紐約的其他少數族裔也保持緊密的聯繫。陳茜文的這些優點為她成功當選鋪好了道路。

鄭可欣是美華協會（Organization of Chinese Americans）舊金山分會的會長。一九九〇年十月二十日，鄭可欣當選為會長，成為該會最年輕的、第一位婦女會長。一俟當選，她立即敦促該組織投入美國主流政治，爭取華裔在教育與就業方面的平等權力。

在一九九〇年的政治選舉中，共有二十二名華裔美國人參加競選，其中有十四人當選為各級政府官員。鄧孟石當選為舊金山市的法官。余江月桂第五次連選連任加州州務卿。劉美蓮（Cheryl A. Lau）當選為內華達州州務卿，成為繼余江月桂之後的第二位華裔女州務卿。劉美蓮是第三代華裔，祖籍廣東中山縣，在夏威夷出生長大。父親是經營海產貿易的小商人，母親是教師。劉美蓮受母親影響，從小就立志當一名教師。她先在印第安那大學獲取音樂與教育學士學位，後又在美國私立名校史密斯學院（Smith College）得到音樂與心理學兩學科的碩士學位。她還在俄勒岡大學攻下了音樂博士學位。但她並不感到滿足。於是，又在加州大學舊金山分校獲得法學博士學位。她先在大學教書，後轉入法律界。一九八一年，她隻身前往內華達州，在州政府所在地卡森市（Carson City）找到一個法律調查員的職位。由於她的出色成績，一九八七年，劉美蓮被提升為州助理檢察長。一九九〇年，她初入政壇，便順利當選州務卿。在州務卿任內，劉美蓮全力推動並通過了政治改革的法案。她還促動通過了金融公司法案，以保障金融投資者的利益。一九九四年，劉美蓮決定角逐內華達州州長，成為華裔史上第一位問鼎州長的華裔婦女，也是一九九四年全美華裔競選人中的最高職位候選人。

華裔婦女不僅在地方與州政府獲得政府職位，而且進入美國聯邦政府。一九八九年四月十九日，趙小蘭（Elaine Chao）被布希政府任命為交通部次長（Assistant Secretary of Transportation）。這項任命使趙小蘭成為美國女性最高政府官員、第一位華裔內閣閣員、美國移民中的最高聯邦政府官員，和美國最年輕的一位部長。趙小蘭於一九五三年出生於臺灣，是家中五個女兒中的長女。八歲時與全家移民美國。其父趙錫成獲有商學博士，也是虔誠的基督教徒。趙小蘭的父母為了子女，不惜付出任何代價。趙小蘭在哈佛大學獲

得商學碩士後，先後在幾家銀行工作。一九八三年，在一番激烈角逐後，趙小蘭成為「白宮學者」（White House Scholar）之一，從此開始她的政治生涯。一九八七年，她被選為美國十大傑出青年之一。自從當選交通次長後，趙小蘭成為華裔有力的政治代言人。例如，她強烈反對近期盛行於政府機構與高等教育制度中的所謂僱用與錄取中的「配額」制度（quota system）。她指出，這種「配額」制度違反美國憲法的基本原則，只能製造一種虛假的平等現象。有資格、有能力的婦女與少數族裔專門職業者是不需要這種「配額」制度的保護。

　　華裔婦女政治家不僅進入美國聯邦政府，而且成為美國駐外使節。一九八九年九月，張之香（Julia Chang Bloch）被布希政府任命為美國駐尼泊爾大使，成為美國歷史上第一位華裔女大使。張之香出生於中國。她的父親在一九四九年之前任中國海關的最高官員。一九五一年，她與全家移民美國。她於一九六四年在加州大學柏克利分校取得學士學位後，便參加美國和平志願團（Peace Corps），在東南亞地區服務兩年。一九六七年，她從哈佛大學得到政府與東亞地區學碩士學位。一九六八年，與房地產律師斯圖爾特·布勞克（Stuart Bloch）結婚。隨後，又參加和平志願團工作兩年。從一九八一年至一九八八年，她在國際發展局（Agency for International Development）工作，並任該局亞洲與近東部負責人。在她就任於加德滿都之時，適逢尼泊爾內亂。張之香處驚不亂，鎮定地安排在尼泊爾的兩千名美國人撤退，並與華盛頓時刻保持聯繫。她的華裔背景與工作能力贏得了尼泊爾皇室與造反派雙方的信任。

　　雖然華人參與主流政治的努力可圈可點，但是美國社會根深蒂固的白人種族至上的保守觀念與反華傾向一再阻撓華人參政。近年來，幾件有關華人的著名案件更使華人的形象蒙塵，使華人參政舉步為艱。

　　第一件為一九九六年美國大選中的「政治獻金案」，其中心人物為華裔黃建南。黃建南為原美國商業部官員，前民主黨全國委員會募款人。自一九九六年底以來，美國多篇報刊文章指控黃建南在美國民主黨籌款活動中接受非法捐款，企圖「以金錢收買影響和權力。」另一位前民主黨委員會募款人鍾育瀚也被指控從一名中國高級軍事情報官員處獲取三十萬美元，用以幫助柯林頓總統再度當選。政治獻金案使亞裔形象大受損害。原加州大學伯克利分校校長田長霖，曾被提名為內閣能源部長。由於政治獻金案，柯林頓任命拉丁裔候選人為能源部長，田長霖與柯林頓內閣因而失之交臂。

亞裔政治活動家與學者對此紛紛演講討論，認為政治獻金案暴露了美國政治捐款制度的弊端，而亞裔則被做為替罪羊而大加撻伐。亞裔也應從此案件中吸取教訓，不以金錢影響政治，應從草根做起。

　　無獨有偶，政治獻金案的風波還未平息，李文和間諜案又使亞裔再度捲入政治鬥爭焦點。一九九九年三月八日，在新墨西哥州洛薩拉摩斯國家實驗室（Los Alamos National Lab）從事研究工作的華裔科學家李文和，突然被美國能源部解職。

　　李文和被解職的原因，表面上是說他違反了保密規定，例如當他從中國大陸訪問歸來，沒有據實報告他和中方人員的談話內容。但是真正的原因，則指控他涉及與北京有關的兩宗洩密案件：一件是竊取美國的W-88型核子彈頭設計資料，一件是竊取美國的中子彈頭機密。

　　由於此案，數以千百計的在美參與國防科技與商業機密的華裔科學家與專家，惶惶不可終日，擔心他們在美國的個人事業及金錢地位前途。一九九九年八月，李文和打破四個多月的沉默，在美國哥倫比亞廣播公司的電視節目《六十分鐘》裡，表示自己從未向中國大陸移交美國的任何核武器機密，認為無法理解為何突然被指控為間諜，「最可能的解釋是，他們認為我是東方人，我在臺灣出生，我想這是一部分原因。第二個原因是，他們需要找一個替罪羊，認為我是最理想的人選。」李文和是洛薩拉摩斯國家實驗室核武器研究機密部門中的唯一亞裔，也是這部門的重要人物，瞭解美國所有核武器尖端技術。

　　亞裔政論家與學者認為李文和案是保守的共和黨玩弄的又一政治陰謀，共和黨企圖以中國問題為該黨在來年的政治競選中重新集結政治力量。美國保守人士歷來仇視共產黨，哀嘆美國在一九四九年「失去了中國」。李文和案使美國政黨右派人士再度質疑美國的對華政策，迫使美國政府對中國大陸在政治經濟文化諸方面實行強硬政策。

　　在美國國內，反華的右翼勢力的抬頭則使華裔及亞裔形象再度受損；華裔入主政壇，步履蹣跚。

第10章　結語

　　本書的初稿完成後，一位朋友對《萍飄美國》的書名提出質疑：「『萍』可能寓意妳的名字，但『萍』也可泛指一般移民；『萍』是無根的，又在『飄』移，是否符合新移民的現狀？」我認為朋友的疑問言之有理，並反覆思索斟酌別的書名，但最終仍決定保持原名。原因是，第一，雖然「萍」與「飄」都隱寓中國新移民的旅居性與不穩定性，但是本書的重點不在討論中國新移民的性質，而是通過新移民的美國經歷，來展現美國的歷史、社會、文化、與價值觀念。第二，全書的結構，是以「萍」為經，以「飄」為緯。「萍」不僅代表我的個人經歷，也反映眾多的中國新移民的群體經驗。在移民早期與創業期，「飄」移與不穩定性居主導地位，為大多數留學生美國經驗的共性，具有代表意義。然而，新移民在渡過開初的適應期或創業期後，則會逐步將生活重心轉移至紮根，吸收新文化的營養，根植於美國的土地，融入本土文化。但是，生長於中國土地的新移民，不願也不可能忘記或丟棄母國文化。許多新移民，雖然在物質生活上與美國文化部分或完全同化，但其文化心理仍然在中華文化與美國文化之間徘徊，仍處於「飄」的狀態。即使是在美國出生、成長的中國移民的後代，也會對其所處的雙重文化產生認同的困難。有些人會產生對雙重文化的「飄移」心態：在幼年與少年時力求百分之百的美國化，進入青年時期重新燃起對中華文化的興趣，開始選修中文課程，參加與亞裔文化有關的社會活動，到中國旅遊等等。此外，除了內在的對中國文化的依戀歸屬性使新移民不願也不可能忘記或丟棄母國文化，美國社會中存在的文化與種族歧視心理也阻撓中國人與美國文化完全同化。在融入主流文化過程中所產生的挫折感很容易使留學生或新移民回歸母國文化。從中華文化中尋求精神安慰，汲取精神力量，然後重返戰場。所以，「萍」與「飄」仍然是留學生文化與新移民文化中不可避免的特性。

　　從留學生文化或新移民文化來看美國文化，反映了中國新移民、特別是知識移民對美國文化的觀察瞭解和分析。這種觀察、瞭解與分析，將為中國有興趣研究美國文化之士提供一些第一手資料，並為那些希望日後親自經歷

美國文化的青年提供一些指南。當然隨著時間的遷移，事態的變幻，本書的經驗會過時，會需要修改，更正。筆者在張開雙臂，迎接新作的到來。

後記

　　《萍飄美國》從初版至今，已近十八個年頭。我也從「中年」步入「後中年」（在我的人生字典中，查不到「老年」一詞，只有「中年」與「後中年」）。熱心的讀者，可能關心這十八年間我和我的家庭會有什麼變故。藉秀威出版增訂版的寶貴機會，我在此向讀者簡明交待一下。

1.我的父親母親

　　每年的這些節喪日子：父母的生日與忌日、中國的清明節、美國的父親節與母親節，我都難免沉思打坐，懷念父母……

　　這天，西元2019年4月5日星期五，好不容易從繁忙的教學開會公務中，偷出數小時，開始動筆寫作《萍飄美國》增訂版的「後記」。一看日曆，巧啊，又是清明。一股懷親的思緒，驀然而生。不能回鄉祭祖掃墓，我便在「臉書」貼文一則，聊以慰藉。

　　父親在2000年8月駕鶴西去。那年7月我正巧作為在美中國歷史學家訪臺代表團成員在臺灣訪問考察，安排在訪臺結束後，返鄉省親。在緊鑼密鼓的訪問行程中，我不斷惦念病榻中的父親。行程中恰好安排有參拜國家烈士陵墓，我欣喜地發現前中華民國行政院委員郭澄的祭奠牌匾懸掛正壁，便連拍數張照片，準備回家後讓父親看。郭澄是父親的同鄉兼密友，父親常常在懷舊時提到他。抵並還家，父親已進入生命的最後一程，看到日夜思念的老友的祭奠牌匾，喟然長嘆。在父親彌留之際，我向父親保證，我會在有生之年寫出父母親一生的奮鬥與坎坷，以示後人。

　　父親去世後，母親在兄姊們的悉心陪伴照顧下，渡過了她的最後十年。這十年，母親的喜樂憂慮，從她的日記、給我的來信，以及哥哥姊姊二姊的敘述中，可見一斑。母親最快樂的時光，是每年的春節與教師節。這時，母親的歷屆學生們，會帶來花籃水果，探望母親，合影留念。每年的清明，體貼的兄姊都不讓母親去永安公墓，因母親自2002年跌倒骨折後，行動不便。已白髮蹣跚的兄姊三人，相互扶持，由甥兒或侄女載到公墓，為母親，也替

我，清掃父親的墓碑，燒香賜福。母親去世的那年，我正巧有學術假期，不教課，得以在母親最後的日子，與兄姊輪流守候床前。母親臨終前，兒女孫兒環繞，母親囑咐我們好好做人，安詳而去。母親入葬後，兄姊們把母親的全部日記、家中的老照片和父母的舊檔案，都裝入我的行囊，讓我帶到美國。現在，父母親均離世過二十載與十載，這些發黃的檔案日記本與照片，沉沉地壓在我的心頭，與夢中的父母，一同期待地看著我……

2.我的兄姊手足

我的成長過程，離不開我的三個兄姊。從小，我就在哥哥姊姊們的呵護下，穩步前行。我常常慶倖我是家中幼女，有兄姊的榜樣與關愛，得以先人一步。我不能想像，若沒有我的哥哥姊姊們，我會不會還是現在的我。

哥哥名靖，自幼聰慧過人。喜讀書，好鑽研，記憶力尤為驚人。兒時，父母給他的零花錢，他都用來買書買實驗用品。我和哥哥年齡雖相差十歲，又是女孩，但我總是不離左右，觀看模仿，跟著哥哥學畫、學下棋、學拉琴……。

自父母親去世後，哥哥「長兄為父」，對我的關愛越來越像個父親了。哥哥對我最關注的是我的研究與寫作。《萍飄美國》原版的手稿，哥哥曾一字一字為我校正。哥哥的博覽群書與超強記憶力對我的寫作大有助益。我們兄妹倆人的通話與影片多談史論世，不能自己。哥哥尤為鼓勵支持我書寫父母傳記，警示後人。

大姊名虹。一如她的名字，大姊性格開放，勇敢熱情，喜愛絢麗多彩的人生。大姊頭腦敏銳，年少時尤好幾何代數，也愛滑冰游泳，長跑跳高。在我們家庭受欺淩被迫害的那些年代裡，大姊總是勇敢無畏，為父母、為全家衝鋒陷陣。

對她的小妹妹，大姊一向鍾愛保護。最難忘的，是我在師範班上學期間，要離家住校，只能在週末短暫回家。學校地處城郊，交通不便。每到週三，大姊便會長途踏車，帶著水果點心，大汗淋漓地來探望我。我們全班五十人，只有我一人有如此高待。同學們因此對我羨慕有加，說你的姊姊真好。姊姊常常為我在生活中的困惑，現身說法，排疑解難。鼓勵我要勇於面對困難與挫折，不屈不撓，永遠上進。母親去世後，姊姊對我更像母親。返並省親住在姊姊家時，近七十高齡的姊姊，對我體貼入微，一如母親。她不

時將我和她女兒的名字混用，我知道，在姊姊的下意識中，我和她的女兒一般。

二姊名燕（原為「硯」）。二姊性格沉穩，吃苦能幹。還在少年時，便已成為全家的主心骨。家中大事小事，多由二姊主持操辦。二姊最突出的個性是寬厚善良，事事多為他人著想，從來不論人非。因此，二姊人緣極好。

3.我的未來規劃

現在，我的兩個兒子都已長大成人，從事他們熱愛的科學研究，也遇到志同道合的人生伴侶。我和丈夫亦都進入花甲。親友紛紛建議我們該退休安享晚年了。我偶爾也考慮過退休。可是，我生就一個「勞碌命」。沒有事做的時候，我會手足無措、坐立不安、精神不振。我喜愛，甚至享受有目的、有秩序，繁忙而簡單規律的生活。「目的」不論大小，小到每天為家人的食膳安排，大至自己的寫作編輯規劃，但只要有目的，我就會精神百倍，期待享受著每一天，日日對生活充滿信心與希望。這時，我的身心狀態處於最佳，工作效率最高。丈夫與兒子們深諳我的生性與脾氣，支持我的任何決定，說：「只要妳快樂健康就好。」實際上，他們都知道，他們才是我身心快樂的最大受益者（笑）！

我還在我熱愛的密蘇里杜魯門州立大學教書，並樂此不疲。每天與朝氣蓬勃、健康向上的年輕人接觸交流，給予我巨大的動力與能量。整天在環境優美的校園徜徉，我的心靈充滿快樂與希望。如此美好的職業，叫我如何放得下！我和朋友笑談，我會工作到我躺倒不能起來的那天！

除了教書，研究與寫作才能為我帶來最大的心理滿足感。只有在研究寫作時，我才能感到生命的意義、日子的充實、生活的美好。此外，在寫作編輯過三十部專業學術書籍之後，我心底裡的一個重大的使命是完成我的家族史，為中國近代兩個世紀的慘烈悲壯、振興崛起，做出微觀生動的寫實描繪。我希望在我有生之年，能達成此願。

令狐萍，2019年4月，於美國密州柯村

後記（補記）

今天，恰逢中秋佳節與中國國慶日。我坐在客廳為《萍飄美國》增訂版的二校稿做校對的收尾。這是一個美麗的秋日。從客廳寬大的推拉門望出室外，陽光燦爛，秋高氣爽。後院金色橙色紫色的菊花爭相怒放，喬木與灌木的樹葉則從墨綠、淡黃、深黃到深紅，層層變幻，色彩斑斕。

目光轉向室內，客廳裡竹木地板上色彩鮮豔的英文字母海綿玩墊上，小孫兒在學習爬行，不時還咿呀學語。丈夫突然在一旁插話：「嗨，妳知道嗎？當年，妳寫作此書時，我們的小兒子在地上爬行。現在，妳為此書增訂版做校對，又是小孫子在地上爬行。多麼有趣的巧合！」這一語引出我無限感慨，眼角不禁濕潤。從簡體初版的寫作到正體增訂版的完成，人生已不覺走了二十六個年頭。這二十六年，我的工作簡歷越變越長，人生閱歷日漸豐富，從教授磨練成「專家」，從母親「升格」為祖母。與此同時，《萍飄美國》從簡體到正體，篇幅也從326頁增加到364頁，更多相關有益的內容加入書稿。

數次審閱校對書稿，屢屢為書中的敘事抒情分析評論不能自己，一切彷彿還是今日！時過了，但境未遷。移民的故事還在繼續。無論世事時局如何變幻，萍還在飄，中國一代代的移民學子，任然在前赴後繼，漂洋抵美。

我衷心希望，《萍飄美國》增訂版能為華夏的移民學子，在美國的飄移做個忠實的嚮導與朋友。

令狐萍，2020年10月1日，於美國密州柯村

附
錄

附錄1　留學指南30題

在本書的寫作與修改過程中，不少出版界朋友與其他有心人士提出一些有關出國留學的問題；我也徵詢過不少中國大、中學生與家長對於出國深造的意向。筆者在美國生活逾三十載，或做學生，或為教授，從不同角度熟悉體查了美國的高等教育制度與留學生政策。我多年從事美國移民的研究，對美國的移民政策有所瞭解。筆者的外甥曾獲取1994年中國高考山西省第三名，被清華、北大等校錄取，並打算出國留學。在我的建議下，他進入北大醫學院碩士班。1999年申請留學，獲得美國多家大學全額獎學金，獲得美國頂尖私立名校華盛頓大學生物醫學工程博士，現在華盛頓大學醫學院就職。我曾對他的準備與申請留學的全過程具體指導，得出不少有益的經驗與教訓。這裡，結合讀者疑問、筆者在美國留學教學與研究的第一手資料，以及輔導留學準備與申請的經驗，列出有關出國留學最關鍵的30個問題，並一一解答。

1.如何申請美國的大學？

概括來講，申請美國的大學有下列步驟。第一，選擇自己有興趣的大學。美國有三千多所大學，應該根據自己的專業興趣，選擇具有該專業的院校。第二，與選定的美國學校聯繫，要求該校給你寄來有關申請資料。第三，準備大學成績單、導師推薦信、托福（TOEFL）或GRE成績，撰寫自薦信，填寫申請表。下面再逐項具體講解申請留學的步驟。

2.如何選擇美國的大學？

至今還沒有關於美國高等院校的確切統計數字。美國有不少私立機構出版各種大學指南，其中著名的有《美國新聞與世界報導週刊美國最佳大學指南》（The U.S. News and World Report America's Best Colleges）、《普林斯頓指南》（Princeton Review）、《大學學部委員會指南》（College Board

Guide）、以及《彼得森指南》（Peterson Guide）等。《美國新聞與世界報導週刊美國最佳大學指南》列出1400家大學的排名榜；《普林斯頓指南》則蒐集1600家大學的資料。但是這些大學指南一般只包括四年制以上的院校，許多兩年制的專科以及各類社區大學則不在其列。一般的估計是美國有三千多所大學。

如何從眾多的大學中選擇自己有興趣的學校，首先要系統參閱各種指南介紹。一般中國大型圖書館會收藏某種美國大學指南。筆者三十多年前，曾在山西省圖書館查閱過美國大學指南。隨著國家開放與經濟發展，中國各圖書館會增收更多美國大學指南類參考書。這些參考書一般根據學校的類型、地區或專業，給大學分類排名。例如《美國新聞與世界報導週刊美國最佳大學指南》羅列「全國最佳綜合大學」（Best National Universities）、「全國最佳本科大學」（Best National Liberal Arts Colleges）、「最佳地區性綜合大學」（Best Regional Universities）以及「最佳地區性本科大學」（Best Regional Liberal Arts Colleges）等。在網絡資訊發達的今天，名目繁多的網站，將能快速便捷為有興趣者提供大量資訊。筆者經篩選比較，特在本附錄後列舉多家優秀網站，供大家參考。

那麼綜合性大學（University）與本科大學（Liberal Arts College）的區別在哪裡？一般來說，綜合性大學設有本科與研究所，授予學士、碩士與博士學位。而本科大學側重於本科與基礎學科（如人文科學與數學、物理、化學等基礎科學）的教育，一般授予學士學位。但也有許多本科大學授予碩士甚至博士學位。其次，全國性大學與地區性大學也有區別。全國性大學一般設有完整的各學科本科、碩士與博士專業，並強調研究。地區性大學通常有完備的各學科本科與碩士專業，但是許多地區性大學不設有博士專業。

《美國新聞與世界報導週刊美國最佳大學指南》也分專業羅列美國「最佳商學專業」（Best Business Programs）按質量依次列出設有商學院的大學；「最佳本科工程專業」（Best Undergraduate Engineering Program）依次羅列設有工科的最佳大學。該指南最後以州按字母順序，羅列美國所有本科大學。每一辭條包括該大學的地址、網址、聯繫電話、排名榜次、公立或私立、建校年代、授予學位、學生人數、學雜費用、申請截止期、學生種族背景、專業選擇比例以及經濟援助等內容。

根據指南，你可選擇中意的大學，寫信或通過電子郵件與該大學的招生辦公室（Admission Office）聯繫。

以上是系統選擇美國大學的方法。如果找不到任何指南，則無法有系統地選擇，只能根據親友提供的情況或自己上網找尋有關大學的網址，然後通信或電子郵件取得該校的申請資料。

3.如何與美國的學校聯繫？

可以通信或通過電子郵件與美國學校的招生辦公室聯繫，索取申請資料。在1980年代與1990年代，美國大學都會免費給外國申請人寄出申請資料。現在許多院校仍然免費為外國申請人郵寄申請資料，但不少大學，尤其是名牌大學，則要求外國申請人先寄去郵資，然後才出寄申請資料。後者自然給外國學生增加了困難。因此，最簡單的辦法是「多撒網」，多聯繫一些大學，然後從免費郵寄申請資料的大學中選擇。如有親友在美國，可請求親友幫助接洽一些當地的大學，直接或請這些大學給你寄來申請資料。索求申請資料的信件不必太長；簡單明瞭，但要禮貌客氣，沒有語病錯字。目前，美國大學一般都允許申請者在網上填寫申請。

4.美國的哪些大學容易申請？

一般來講，美國大學院校在原則上都力求學生成份多元化。除美國白人外，都要爭取招收一定比例的美國少數族裔學生；在本國學生以外，也要招收外國學生，以維護其正面形象。在錄取學生時，原則上對本國與外國申請人一視同仁，只是額外要求外國學生達到一定英語標準，並出具財政保證。

在美國幾乎每間大學都有中國留學生。學校越大，中國留學生也成比例增加。所以，不必拘泥哪間大學，只要專業對口、學校聲譽不錯、位置理想，即可申請。

5.申請中有哪些技巧？

申請大學、研究所，與商業社會中謀職應聘的過程一樣，申請人成為商品。任何商品，包裝都是很重要的。只有包裝精美、亮麗的商品，才會吸引買方駐足觀看，然後仔細端詳，隨後與同類商品加以比較，最後決定購買與否。同理，你的入學申請要能最有效地反映你的能力與才學。所以，申請資

料首先要書寫乾淨漂亮，其次有良好的成績單與推薦信，達到包裝與質量統一。

個人的自薦信與導師的推薦信都要用優質的紙張。美國的紙張要比中國的厚實，因此一般美國人會不習慣中國生產的較薄紙張。如果申請資料選用中國一般紙張，可能會在外觀上影響你的申請包裝。還未讀內容，輕飄飄的薄紙會讓招生人員產生不必要的偏見，從而影響你的申請成功。所以，要購買厚實高質的白紙用做自薦信。要求導師寫推薦信時，也應為其提供高質紙張。

自薦信選用什麼樣的英文字體？最好選擇Times New Roman。因這種字體賞心悅目，通行於美國的公文信件中。字級的大小，要選擇12號，因此為一般印刷品正文的字級。

6.申請過程中應注意哪些問題？

首先要注意申請截止日期。所有申請資料都應提前準備齊全，在申請截止期前寄出。過期的申請資料，一般學校便不予考慮。

其次，要按申請說明的要求，依序組織你的申請資料。美國院校的招生辦公室在收到申請信後，會由祕書人員拆開，一一檢查是否每項要求的資料均包括在申請信中。申請資料無序不當，會造成祕書人員漏讀的現象，從而誤認為該申請資料不齊全，進而影響或延誤你的申請。最好在自薦信的末尾，羅列申請資料中所包括的各種文件。

7.如何撰寫申請信？

一份入學申請一般包括下列文件。第一，申請信或自薦信（Cover Letter）；第二，導師推薦信；第三，大學或高中成績單；第四，所申請大學的申請表；以及「托福」（Test of English as Foreign Language, TOEFL）或GRE（Graduate Record Examinations）考試分數。

如何撰寫申請信？申請信應簡明扼要，包括下列內容。第一，你為什麼要申請該校。在這一部分扼要說明該校的聲譽特色、教學質量等，以表明你申請該校不是盲目瞎撞，而是有的放矢。第二，你的志向、成就、業餘興趣等。第三，表明你的興趣、能力與個性正符合該校的某專業。

申請信是申請資料中最重要的一部分，因此要長短適度，太過簡短不足以表現自己的優點與長處。太過冗長，會使招生辦公室人員在閱讀時失去耐心，從而影響對你的申請評價。那麼，到底多長才算長短適度？一般來說，空行為單行（single space）的一頁半，即算長短適度。一頁半紙有足夠的空間來表現申請人的個人素質，也不致使招生人員失去耐心與興趣。

同時，自薦信除了長短適度外，還要文字得體。怎樣才算文字得體？首先，不能有語病、錯字、別字。其次，要直接了當，開門見山。避免使用重重疊疊的多重複句，儘量使用言簡意賅的單句。最後，也是最難做到的，要措辭得體。措辭得體指表明自己的素質要恰到好處。措辭鋒芒外露會給人以驕傲自負的感覺，措辭過於謙卑又會給人以能力不足的印象。如何做到恰到好處，需要許多實踐。要多揣摩好的文章，體會模仿。要反覆修改自薦信，並請有經驗的朋友幫忙修改。

8.如何準備成績單？

請學校教務處（或有關辦公室），出具大學歷年的成績單並加蓋公章，以示此文件為正式官方文件。如果學校的成績單是中文，應翻譯成相應的英文，並請學校為英文翻譯加蓋公章。

9.如何準備導師推薦信？

推薦信也是申請資料中很重要的一部分。要找對自己最瞭解、最有好感的老師寫推薦信。如果你的老師不會寫英文，可以請老師寫成中文推薦信，然後自己或請英文優秀的人士翻譯成英文。如果你所在的學校有外國教師，可請外教幫忙校對你的翻譯。也可請專門的翻譯公司為你翻譯。然後，請公證處公證推薦信的英文譯文。

對於推薦信的內容，你可以建議你的老師就你的學習能力、學習成績、以及你的個性與特長等方面著重推薦。推薦信最好能有些具體的事例來形象說明你的條件、素質與能力。

10.如何申請獎學金？

　　有的學校在入學申請表中，專門列有關於是否申請獎學金（包括研究生助教Teaching Assistant與研究生助研Research Assistant）的欄位。可針對性填寫。如果該校沒有任何關於獎學金的專門表格，在入學申請表中也沒有有關獎學金的欄位，可以在你的自薦信中，提出你需要任何形式的財政資助。

　　助教與助研獎學金只授予研究生，所以出國留學生一般為研究生。申請美國大學的本科，根據本人條件，有可能會得到一些獎學金減免部分學費，但絕大部分的學費與生活費都得自己負擔。

11.如何取得出國的財政擔保？

　　如果你獲取所申請學校的獎學金，則不需要財政擔保。獎學金有兩種，前者中國俗稱「全額獎學金」，後者為「半額獎學金」。獲取全額獎學金的學生不僅免交學費，而且獲有生活費（Stipend）。而半額獎學金只免除學費，不提供生活費。獲取半額獎學金者，要出具中國銀行證明，申明你或你的家長有足夠的存款。存款折合成美元的數額，足夠你在美國一年的生活費用。

　　如果沒有任何獎學金，自己或家長也沒有足夠的銀行存款，就需要有在美國的親友為你出具財政擔保。財政擔保是美國移民歸化局專設的表格，其正式名稱是Affidavit of Support（I-134）。如果你沒有全額獎學金，你所申請的學校會寄來這種表格。你需要尋找在美國的親戚或友人做你的財政擔保人。

　　我們知道，美國是個講求個人獨立與自主的國家。十八歲成人後，社會則期望你自主自立。許多美國父母無力，或無願提供子女大學教育的全部或部分費用，因此美國的大學生多靠貸款完成本科或研究生教育，畢業謀職後再逐步償還貸款。在此種文化背景下，很難企盼美國友人願為你做財政擔保人。最大的希望是你有在美國的直系親屬為你擔保。但是，在美國有直系親屬者數不在多。因而，較現實的留學可能是獲取全額獎學金。

12.何時開始準備留學？

　　同中國高考一樣，留學的準備也是越早越好。準備要從學業、心理、財力等方面著手。學業包括各基礎學科與英語。只有優異的學習成績與英文托福或GRE成績才能保障申請成功。心理的準備包括培養長期艱苦學習的能力與獨立生活的能力。財力的準備指籌集起碼在美國一年的學費與生活費用。美國大學的費用不等，因學校而宜。私立名校一年需四至五萬美金，一般性的公立學校需兩萬美元。此外，美國大學費用年年看漲，大學教育費用因而成為美國人的沉重經濟負擔之一。所以，在美國自費讀書，不論對美國人還是外國人，都是一筆很大的花費。

13.哪些專業在美國比較實用？

　　一般來說，美國父母多希望自己的子女成為醫生、律師或工程師。說明醫學、法學與工科專業，在美國會給你帶來穩定的收入與優越的社會地位。此外，經濟管理碩士也多年熱門。你若想做公司的總裁或管理人員，必備此學位。但上述學科基本難獲獎學金，需要自己有財力。美國人可以通過貸款來完成教育，而外國留學生則無此種權利。對電腦程式設計專業，美國的勞工市場也一直有需求。同時，會計專業也很實用。美國稅務制度複雜，無論是個人還是機構，均需專業人員處理財務與稅務。

14.如何準備英語考試？

　　如果申請美國大學的本科，需要準備托福。如果申請美國大學的研究所，則需要準備GRE。中國各書店均出售各種托福或GRE指南與模擬試題，許多大城市也設有各類托福或GRE補習學校。例如北京的「新東方學校」便是中國較著名、有效的補習學校之一。同時，自己要及早多閱讀英文書報，多積累英文詞彙，多講多寫英文。

15.美國大學招收本科留學生的「托福」標準如何？

　　美國各大學托福標準，有逐年上升的趨勢。托福TOFEL-IBT總分為120分，聽力、閱讀、口語、寫作四個部分各佔30分。

　　此外，近年來，雅思（IELTS）也被美國大學承認為招收外國本科學生英文的標準考試。雅思總分9分。

16.美國大學招收外國研究生的「GRE」標準如何？

　　GRE考試滿分346分（170+170+6）：語文、數學各170分，作文6分。

17.如何準備招生學校的面試？

　　一些美國大學，特別是全國重點大學，會派出招生人員到中國，面試已經通過第一輪篩選的申請人。招生學校這一舉措是針對歷年來在外國留學生，特別是中國留學生助教中存在的一些問題而實行的。許多中國研究生獲有極高的托福與GRE分數，因而被美國大學的研究所錄取，作為研究生助教。研究生助教的職責是輔助教授的教學，包括解答學生疑問、批改學生作業，甚至教授一定課程。但不少獲有托福與GRE高分的中國研究生助教的英文口語能力十分有限，無法輔助教學，招致許多美國學生的抱怨。為了避免這種筆試與口語不相符的弊病，許多大學的研究所開始派專人到中國，對已經通過初選的優秀申請人面試，以確定他們有一定的英語會話能力，一俟入學，便可以履行其助教職責。

　　接到面試通知，是個好事，說明你已在第一輪競爭中脫穎而出；通過面試題，便會被授予全額獎學金。因此，對面試一定要充份準備，爭取通過激烈競爭中的最後一關。

　　如何準備面試？第一，專業準備。進行面試的多為你所申請專業的教授，面試的目的是瞭解你的專業能力；更重要的，是瞭解你的英文表達能力，看你能否勝任入學後做助教的工作。對此，你要對本專業的基礎概念用英文口熟能詳。可以在事先與朋友、同學用英文進行模擬口試，培養實戰心理，避免臨陣怯場的現象。

第二，外觀準備。應試者不僅要有滿腹經綸，還要有出色的外表。外表出色不要求人人為美男俊女，而是指裝飾得體、舉止大方、談吐不俗。女生最好穿設計簡單大方、合體的裙裝。不要濃裝豔抹、輕描眼影，淡抹雙脣即可。男生要準備合體的西裝與襯衫。西裝一般深色，襯衫則要淺色。可否用領帶，視個人感覺而定。有領帶莊重，無領帶隨意自如，各有千秋。

18.在招生學校的面試中應注意哪些問題？

臨場時，首先要對自己充滿信心。因為達到這一步，已說明你身手不凡。其次，要心理放鬆。因為考官也是凡人，很可能是你將要共事的同系教授。美國教授多數對學生平易，沒有架子，所以不必緊張。

考官的問題可能側重如下方面。第一，你的專業興趣，從而瞭解你的學業。第二，你的研究興趣，以確定你是否有研究潛力。第三，你的業餘興趣愛好，以瞭解你的個性以及與他人交往的能力。

如果對考官的提問聽不懂，或不確定其意，可以請求考官重複問題。不要不懂裝懂，答非所問。可以在結束回答時，加一句「我希望我解答了你的問題」（I hope I have answered your question）。

19.如何在高中階段準備留學？

你如果打算到美國接受本科教育，應該在高中階段即著手從下列方面準備。第一，準備各科功課，因高中成績是申請中很重要的一部分。爭取各科平均成績在90分以上，轉化成美國分制，即為全A（Straight A）。第二，準備英語考試。要大量閱讀英文書報雜誌，大量積累英文詞彙，同時準備托福考試。托福的準備可以根據市場出售的各類托福指南，循序漸進。第三，與各科老師保持良好關係。申請美國大學入學需二至三名老師推薦。班導師會是首選，其他對你欣賞、器重的老師也都是候選的推薦人。

20.高中生可以留學嗎？
21.如何辦理高中生出國留學手續？

高中生當然可以留學。有不少臺灣、香港的中、小學生近三十年來在

美國讀書，被稱為「小留學生」。近年來，也有日益增多的中學生從大陸赴美留學。申請在美國讀中學，與申請大學、研究所的程序不盡相同。這裡簡述如下。第一，要有在美國的監護人（Guardian）。十八歲以下的少年需要有法律監護人，才可在美國入學。監護人要保證承擔對該少年的監護任務，盡類似於父母的各種職責，包括財政資助。如果有在美國的親友願意擔此重任，則是成功的一半。第二，要有財力。美國的公立中、小學由州稅與地方稅支持，因此對當地居民免費。但是外國學生要入學，必須要交納學費。學費視地區，從數千元至萬元不等，類似於美國私立學校的收費標準。高中四年，家長要準備八萬美元以上的存款，用來作為子女在美國的學費、生活費與健康保險費。

　　隨著中國經濟發展，高薪或高收入家庭也日益增多，為子女耗金百萬在海外讀書成為可能。但是，能夠找到願為子女做監護人的美國人卻非易事。兼護人責任重大，只有至親或密友才有可能擔此重任。所以，高中留學法律允許，也有許多先例可循，但對大多數人，還不太現實。

22.家長應如何幫助子女準備留學？

　　家長可以從三方面幫助子女準備留學。第一，學業。家長要支持子女的留學打算，為他們創造良好的學習條件。第二，心理與社交能力。家長應幫助子女養成獨立自主的性格，還要幫助孩子養成自己照顧自己的生活習慣。避免孩子事事仰賴父母，衣來伸手、飯來張口。要教育子女樂於助人，因獨生子女多自我意識強，在家沒有讓人、幫人的習慣。出國之後，無親無故，孤軍奮戰，必須心理堅強。既能獨立處事，又能廣交朋友，結成自己的社會圈。這些心理的磨煉，社交能力的鍛鍊，都要從小做起，才能根深蒂固。第三，財力。如果決定子女在海外讀大學本科或中學，父母就要籌措金錢，準備上萬至十數萬美金，作為子女的學費與生活費。

23.怎樣辦理簽證更易成功？

　　一般來說，研究生要比大學本科生與中學生容易拿到簽證，獲有全額獎學金的留學生要比獲有半額獎學金或自費的留學生容易拿到簽證。其原因，要從美國政府、美國移民當局的心態說起。美國政府只希望從別國挖走人

才，而不願意從別國招來人口負擔。獲得全額獎學金者多出類拔萃，根據如上原則，美國使領館簽證官對他們一般舉手放行。同理，如果申請人多金，將不會成為美國政府的負擔，簽證官也會高抬貴手。總之，多才多金者獲得簽證的希望比較大。

此外，許多留學生認為在星期五或美國的節假日，如感恩節、聖誕節之前辦理簽證，成功率較高。因為週末或節假日之前，美國簽證官的心情較好，因此簽證發放率也較高。

24.在美國使（領）館與簽證官面談時應注意哪些問題？

第一，申請人是否具有移民傾向，會影響簽證的發放。建議在簽證申請表與面談過程中，明確表示自己學成後的歸國計劃。

第二，申請學生簽證，要有學生的氣質，要禮貌大方、有問必答，予人誠實可信的印象。切忌點頭哈腰、卑躬屈膝，沒有氣節。曲意逢迎討好美國簽證官並不會增加簽證的成功率。

25.出國留學應攜帶哪些物品？

美國航空公司一般限定每一旅客攜帶兩件託運（check-in）行李，每件限量70磅，一件手提（carry-on）行李，限量40磅。在這限定的重量內，可以考慮攜帶下列物品。

第一，學習所需物品。留學生活中，學習是第一位，所以有關學習的必須物品應該準備一些。工具書與專業參考書一定要準備，因為美國的書籍，尤其是工具書，非常昂貴。美國各圖書館雖不乏各種英文專業參考書，但是中文專業書可供對照查閱，會提供許多方便。此外，也可攜帶小型計算機。

第二，衣物。可以準備一條床單、一個毛毯、一個活動被套。床單鋪床，被單夏天可蓋，冬天可套在毛毯外面成被。不必攜帶成套臥具，因為中國臥具尺碼與美國床鋪尺碼不符。其次，準備一年四季的衣服鞋襪，包括一件外衣，幾件可外穿的毛衣或絨線衣，七套內衣褲。男生可攜帶七件襯衫，七條卡其布褲或牛仔褲，七件T恤衫，幾條短褲。為什麼都是七件？因為美國人通常每天換一套衣服，第二天穿同樣的衣服上學或上班，會有人暗中訕笑。女生可攜帶多件女式襯衫，數套裙裝，多條卡其布長褲或牛仔褲與夏季

短褲，也可準備幾套有中國特色的傳統服裝，如旗袍、民族服裝等，以備節慶、中國文化展覽等特殊場合穿用。此外，男生應攜帶一套西裝、幾條領帶、一雙皮鞋；女生應準備幾套正式裙裝與配套的鞋子、皮包，供節慶、求職等正式場合穿用。最後，泳裝、泳褲、運動衣、運動鞋也是必須的。

第三，生活用品。應攜帶洗漱用具，此為每日必須。可攜帶一些日常用藥，以備萬一。也可帶一隻輕型炒鍋。如本書第四章第4節所述，在沒有唐人街的美國大學城，不易買到中國式炒鍋。所以，應該帶一個。

第四，禮品。應攜帶一些精美的中國傳統工藝品，作為禮品贈送美國導師或友人，或在學校與社區的中國文化展覽節中展出。

以上所列物品，僅供參考，可根據個人情況增減。總之，攜帶出國物品，要遵循以下原則。第一，必需之物。初到美國，人地生疏，不懂行情，這些必須物品可以幫助你渡過最初的適應期。第二，美國稀缺之物。在美國難以買到的物品，如中國傳統服裝、中國工藝品、中文工具書會不時用到。

此外，也應知道美國是個物質豐富的國家，只有有錢，可以買到幾乎任何物品。萬一遺漏的物品大都可在美國買到。

26.在美國入學後應注意哪些問題？

初到異國，人地生疏，千頭萬緒的問題不少。但就學業來講，有三個重要問題。第一，選課計劃。第二，導師選擇。第三，與國際學生辦公室的關係。下面將一一解釋。

第一，選課計劃。無論是美國學生，還是外國學生，選課計劃都是學業成功的關鍵之一。對於外國留學生，由於時間與財力的限制，能否最大限度地利用你的時間與財力，在最短時間內獲取學位，就更為重要。

第二，導師選擇。導師的能力、對學生的態度，以及導師在本專業的學術地位，這幾項條件是選擇導師的要素。能力強、對學生熱心的導師，會對學生完成學位有很大幫助。在本專業學術界有一席之地，或是學術界新星的導師，為你將來在學術界的發展，會大有益助。從師名人，不僅會美化你在就業市場的商品包裝，在求學過程中，名人也確有其過人之處。所以，選對導師，是學業成功與日後謀職升遷順利的重要因素之一。

第三，與國際學生辦公室的關係。國際學生辦公室可以說是留學生在國外的領導，一言九鼎，深關留學生利害。某外國留學生是否合乎學校招生標

準？是否可以給被錄取的某留學生簽發簽證？某留學生或訪問學者的家屬是否可以與該學生或學者同時前往該校？留學生應該選什麼課？留學生是否可以在校內或校外打工？幾乎事無巨細，留學生都得得到國際學生辦公室的主任首肯。

但是不必因此對國際學生辦公室主任或其他工作人員心生畏懼。同美國大學的其他機構一樣，國際學生辦公室是專為國際留學生服務的，而不是專門刁難外國人的官僚機構。只要你要求合理，他們都會盡量滿足你。如果你對於學校的規章制度乃至移民法律有不解之處，都可以放心向國際學生辦公室詢問，尋找答案。

27.和美國導師相處應注意哪些問題？

由於中美文化的差異，兩國國情的區別，許多在中國的原則與實踐不能原封不動地照搬美國。在與美國導師的相處中，亦是如此。比如，在中國對老師畢恭畢敬、唯唯諾諾是做學生的本分。而在美國，唯唯諾諾的學生不一定受老師賞識。與人相處，特別是與導師相處，難以一言蔽之。這裡提供一些原則，供讀者參考。

第一，在專門的辦公時間會見導師。美國大學的教授，一般有專設的辦公時間，接見學生。這些辦公時間通常都張貼在教授辦公室的門外。要先瞭解教授的辦公時間，然後在此時間與教授會面。在教授的非辦公時間造訪，教授沒有接見學生的心理準備，可能會因此而心不在焉或不甚耐心。如果因時間衝突，無法在教授的辦公時間與其會面，可事先電話或電子郵件與教授聯繫，約定一個雙方都方便的時間，然後準時如約前往。

第二，與導師會面時，要準備充份。會見導師，不要抱著只求答案的態度。應該在會見導師前，自己先做一番努力，尋找對問題的答案，然後在會見導師時，請導師確證你的答案或提供別的選擇方案。凡是做過老師的人都知道，對所提問題一無所知的學生，一般不會是好學生。如果你欲為導師留下強烈的正面印象，就應在會見導師前，對你要問導師的問題（無論是學術問題，還是學校規章制度的問題），全面瞭解一番，自己心中已有一定的答案。會見導師時，先將你的認識解述於導師，然後徵求導師意見。如此，你會給導師留下你是個有頭腦、有見地、有能力的人的印象。

28.如何與留學生辦公室打交道？

參看第26題第三部分答案。

29.如何選擇美國大學的課程？

在美國大學求學的第一步，是選課。選課對我們來自不同教育體系的留學生，是一門不簡單的學問，也是正式上課之前的重要一課。一本厚厚的課程介紹（Bulletin）與一本密密麻麻的課程表（Class Schedule），會搞得人一頭霧水。反覆翻看，仍不得要領。比較直接有效的辦法，是撇開課程介紹，專心研究本系為研究生編的《研究生課程指南》一類的手冊。先讀本系對碩士研究生或博士研究生的畢業要求，然後再根據此要求，針對性的選課。此外，也可向同系同學請教如何選課。正如教授們課餘會後閒談的話題，多半是自己教授的課程與學生在課堂上的表現等等，學生們在一起閒聊，也多半是某個教授如何難纏，佈置一大堆參考書，要求學生寫多少讀書報告等等。這種背後議論雖有偏頗過激之處，但其中不乏別人的經驗教訓與先見之明，實在是各種課程的免費廣告。只要你留神細聽，多方比較，就會找出實用的參考資料。對於選擇課程，瞭解每個教授厭惡喜好，這種與同學的閒談可以算是對研究生課程指南的補充。

30.如何在最短時間內獲取學位？

第一，瞭解獲得學位的必須條件。首先應認真研究學校、研究所、所在系科、專業對獲取學位的具體規定，特別是所在系科專業的具體要求與規定。只有瞭解規章，才可循章制定選課方案。

第二，制定最佳選課方案。根據各項規章與要求，針對性地列出大學四年，或研究生期間的選課計劃。然後再根據學校每學期發行的課程表，選擇本學期的課程。我親見不少美國學生，因無計劃而將本來四年可以學完的課程，拖延至五年甚至六年。有些人原以為自己本學期可以畢業了，卻突然被通知還得選一門課才能畢業。因此得專門為這門課拖延一個學期，浪費了時間與財力。所以，在我門下的學生，我都要求他們在大學的第一學期，即制

定四年計劃，然後根據四年計劃，制定每學期的選課計劃。

　　第三，爭取代修學分。仔細研究學校出版的課程介紹，你會發現有些課程與你在中國學過的某些課程相似。在此情況下，請求你的導師批准你用在中國學過的課程來替代（Substitute）該校要求的類似課程。如此，你可以少修一些課程，從而節省你寶貴的時間與金錢。

　　如上建議，讀者可根據自己的具體情況，適當運用。

留學指南首選網站

1. Peterson教育中心Peterson教育中心提供各種級別的教育機會資訊服務。可查詢數千個外國大學網站，其中數百大學提供可供下載的入學申請表。
2. 美國大學網絡College Net可按地理位置查詢美國各個大學或研究所的入學資訊，包括入學申請方法與程序、研究生課程介紹、獎學金申請條件及申請方法。提供的學校超過2500所。
3. 美國學院入學諮詢網CollegeAssist提供美國各個學院的課程介紹和入學資訊。
4. 美國大學Web網站目錄收集了幾乎美國所有大學的網頁資訊，可按照美國各州構成層次查詢。
5. 美國大學入學程序可向美國大學申請注冊。
6. 美國大學申請軟體，此軟體可通過網路方便地申請美國的800所大學。可從這個網站下載這個軟體。
7. 普林斯頓評論，通過這個網站可以查詢美國最好的大學、研究所、商業學校和醫學院校的最新排名目錄。
8. 美國研究所，美國研究所網站。
9. 英國大學入學資訊服務，提供英國大學和學院入學資訊。可按專業、機構、地理位置查詢檢索。
10. 大學學業諮詢，這個網站提供選擇專業與將來求職的關係方面的資訊。
11. 大學助學金目錄，可查詢數以千計的研究生獎學金目錄以及申請辦法。
12. 美國獎學金資源網路，這個是美國獎學金中心的網站。可免費查詢美國獎學金資訊。
13. 網站Signet Bank College Money Matters提供大學獎學金和助學金資訊服務。
14. 獎學金查詢，可按條件搜索各類獎學金資訊。
15. 電子模擬考試服務Kaplan這個網站提供模擬GRE, GMAT或LAST考試軟體下載。它能給出詳細的題目和指導，並能對個人做題的數據進行詳細的分析。
16. 中國留美學生、學者須知——中國駐美國大使館教育處發佈。

附錄2　美國公民考試百題

1. What are the color of our flag?
   美國國旗是什麼顏色的？

2. How many stars are there in our flag?
   國旗上有多少顆星？

3. What color are the stars on our flag?
   國旗上的星是什麼顏色的？

4. What do the stars on the flag mean?
   國旗上的星星象徵著什麼？

5. How many stripes are there in the flag?
   國旗上有多少道橫條？

6. What color are the stripes?
   橫條是什麼顏色的？

7. What do the stripes on the flag mean?
   這些橫條有什麼含義？

8. How many states are there in the union?
   美國邦聯有多少個州？

9. What is the 4th of July?
   7月4日是什麼日子？

10. What is the date of Independence Day?
    美國獨立日是哪一天？

11. Independence from whom?
    美國是從哪一個國家獨立出來？

12. What country did we fight during the Revolutionary War?
    美國獨立戰爭中的敵對國是哪一個國家？

13. Who was the first president of the United States?
    美國的第一任總統是誰？

14. Who is the president of the United States today?
    美國現任總統是誰？

15. Who is the vice-president of the United States today?
    美國現任副總統是誰？

16. Who elects the president of the United States?
    誰有權選舉美國總統？

17. Who becomes the president of the United States if the president should die?
    如果現任總統去世，誰來繼任總統職位？

18. For how long do we elect the president?
    一屆總統的任期是多長時間？

19. What is the Constitution?
    什麼是美國的憲法？

20. Can the Constitution be changed?
    憲法可以更改嗎？

21. What do we call a change to the Constitution?
    對憲法的更改我們稱做什麼？

22. How many changes or amendments are there to the Constitution?
    到現在為止，憲法被補充修正過多少次？

23. How many branches are there in our government?
    我們的政府有多少分支機構？

24. What are the three branches of our government?
    這三個分支機構分別是什麼？

25. What is the legislative branch of our government?
    政府的立法分支機構稱做什麼？

26. Who makes the laws in the United States?
    誰來制定美國的法律？

27. What is Congress?
    國會是什麼？由什麼組成？

28. What are the duties of Congress?
    國會的職責是什麼？

29. Who elects Congress?
    誰來選舉國會議員？

30. How many senators are there in Congress?

    國會參議院共有多少個議席？

31. Can you name the two senators from your state?

    你能否指出你們州的兩位參議員？

32. For how long do we elect each senator?

    參議員多久進行一次選舉？

33. How many representatives are there in Congress?

    國會中有多少眾議員？

34. For how long do we elect the representatives?

    每屆國會眾議員任期多長時間？

35. What is the executive branch of our government?

    政府的行政分支機構稱做什麼？

36. What is the judiciary branch of our government?

    政府的司法機構稱做什麼？

37. What are the duties of the Supreme Court?

    最高法院的職責是什麼？

38. What is the supreme law of the United States?

    什麼是美國的最高法律？

39. What is the bill of rights?

    權利議案指的是什麼？

40. What is the capital of your state?

    你們州的州府在哪裡？

41. What is the current governor of your state?

    你們州的現任州長是誰？

42. Who becomes president of the U.S.A. if the president and the vice-president should die?

    如果現任總統和副總統去世，誰來接任總統？

43. Who is the chief justice of the Supreme Court?

    誰是最高法院的現任首席大法官？

44. Can you name the thirteen original states?

    你能否指出最初的十三個州？

45. Who said, "Give me liberty or give me death?"

    「給我自由，或者給我死亡」這句話是誰說的？

46. Which countries were our enemies during the World War II?

第二次世界大戰中，我們的敵對國有哪些？

47. What are the 49th and 50th states of the union?

美國的第49和第50個州是哪兩個州？

48. How many terms can a president serve?

總統可以任職幾屆？

49. Who was Martin Luther King, Jr.?

誰是馬丁‧路德‧金？

50. Who is the head of your local government?

誰是你們當地政府的最高官員？

51. According to the Constitution, a person must meet certain requirements in order to be eligible to become president. Name one of these requirements.

根據憲法規定，只有符合某些條件的人才具有當選總統的法律資格。請說出這些條件之一。

52. Why are there 100 senators in the senate?

參議院為何有100個議席？

53. Who selects the Supreme Court justices?

誰來指定最高法院的法官？

54. How many Supreme Court justices are there?

最高法院有多少法官？

55. Why did the pilgrims come to America?

早期移民為什麼來到美洲大陸？

56. What is the head of executive of a state government called?

州政府的最高行政長官稱做什麼？

57. What is the head of executive of a city government called?

城市政府的最高行政長官稱做什麼？

58. What holiday was celebrated for the first time by the American colonists?

美洲大陸殖民者慶祝的第一個節日是什麼？

59. Who was the main writer of the Declaration of Independence?

獨立宣言的主要作者是誰？

60. When was the Declaration of Independence adopted?

獨立宣言是在什麼時候被採用的？

61. What is the basic belief of the Declaration of Independence?

獨立宣言的基本內容是什麼？

62. What is the national anthem of the United States?

美國的國歌是什麼？

63. Who wrote the Star-Spangled Banner?

是誰創作《星條旗永不落》的？

64. Where does freedom of speech come from?

言論自由從何而來？

65. What is the minimum voting age in the United States?

美國的最低選舉年齡？

66. Who signs bills to law?

誰來簽署法律議案？

67. What is the highest court in the United States?

美國的最高司法機構是什麼？

68. Who was the president during the Civil War?

美國內戰時期的總統是哪一位？

69. What did the Emancipation Proclamation do?

解放宣言的作用是什麼？

70. What special group advises the president?

什麼特殊機構輔佐總統？

71. Which president is called the "Father of our country"?

哪位總統被稱為「國父」？

72. What immigration and naturalization service form is used to apply to become a naturalized citizen?

哪種移民歸化局的表格是用作申請成為公民的？

73. Who helped the pilgrims in America?

誰幫助了美洲大陸的早期移民？

74. What is the name of the ship that brought the pilgrims to America?

把早期移民帶往美洲大陸的輪船的名稱？

75. What were the 13 original states of the United States called?

美國最初的十三個州叫做什麼？

76. Name 3 rights or freedoms guaranteed by the bill of rights?

指出受權利議案保護的三項權利及自由？

77. Who has the power to declare war?

誰具有宣戰的權利？

78. What kind of government does the United States have?

美利堅合眾國具有什麼樣的政府？

79. Which president freed the slaves?

哪位總統使奴隸獲得了自由？

80. In what year was the constitution written?

憲法是在哪一年寫成的？

81. What are the first 10 amendments to the Constitution called?

前十個憲法的修正案是什麼？

82. Name one purpose of the United Nations.

指出聯合國的目的之一？

83. Where does Congress meet?

國會在哪裡召開？

84. Whose rights are guaranteed by the Constitution and the bill of rights?

誰的權利是受憲法和權利議案保護的？

85. What is the introduction to the Constitution called?

憲法的前言部分叫做什麼？

86. Name one benefit of being a citizen of the United States.

指出作為美國公民的利益之一。

87. What is the most important right granted to a United States citizen?

作為美國公民最重要的權利是什麼？

88. What is the United States capital?

美國的首都在哪裡？

89. What is the White House?

白宮是什麼？

90. Where is the White House located?

白宮坐落在哪裡？

91. What is the name of the president's official home?

美國總統的官邸叫做什麼？

92. Name one right guaranteed by the first amendment.
指出受第一個修正案保護的權利之一。

93. Who is the commander in chief of the U. S. military?
誰是美國軍隊的統帥？

94. Which president was the first commander in chief of the U. S. military?
哪一位總統是第一位美國軍隊的統帥？

95. In what month do we vote for the president?
哪一個月份進行總統選舉？

96. In what month is the new president inaugurated?
哪一個月份新任總統宣佈就職？

97. How many times may a senator be re-elected?
參議員能夠連任幾次？

98. How many times may a congressman be re-elected?
眾議員能夠連任幾次？

99. What are the 2 major political parties in the U. S. today?
美國主要政黨是哪兩個？

100. How many states are there in the United States?
美國有多少個州？

答案：

1. Red, white, and blue. 　　紅色、白色和藍色。
2. 50. 　　五十顆星。
3. White. 　　白色。
4. One for each state for in the union. 　　每一個代表一個州。
5. 13. 　　十三條。
6. Red and white. 　　紅色和白色。
7. They represent the original 13 states. 　　它們象徵著最初的十三個州。
8. 50. 　　五十個州。
9. Independence Day. 　　美國獨立日。
10. July 4th. 　　7月4日。
11. England. 　　英國。
12. England. 　　英國。

13. George Washington.　　喬治‧華盛頓。

*14. Joe Biden　　喬‧拜登。（美國第46任總統）

*15. Kamala Harris　　賀錦麗。（美國第46任副總統）

16. The Electoral College.　　選區票數。

（作者註：美國總統的獲選不是由直接的選民票數決定，而是由選區票數決定。按人口比例，每州有一定的選區票數。獲一州選民多數票的總統競選人得到該州的全部選區票數。獲多數選區票—起碼為271票—的總統競選人當選為總統。獲得多數選民票數的總統競選人不一定獲多數選區票數。例如，在2000年的總統大選中，民主黨競選人艾爾‧高爾獲多數選民票，但共和黨競選人喬治‧布希獲多數選區票，因而當選總統。）

17. Vice president.　　副總統。

18. Four years.　　四年。

19. The supreme law of the land.　　國家最高法律。

20. Yes.　　是的。

21. Amendments.　　修正案。

22. 27.　　二十七次。

23. 3.　　三個。

24. Legislative, Executive, and Judiciary.　　立法、行政、司法。

25. Congress.　　國會。

26. Congress.　　國會。

27. The Senate and the House of Representatives.　　參議院和眾議院。

28. To make laws.　　制定法律。

29. The people.　　公民。

30. 100.　　一百名。

*31. Mo: Jean Carnahan, Christopher Bond.（列出本州兩位參議員姓名）

32. 6 years.　　6年。

33. 435.　　435位。

34. 2 years.　　兩年。

35. The president, cabinet, and departments under the cabinet members.
總統、內閣及內閣成員統領的各部。

36. The Supreme Court.　　最高法院。

37. To interpret laws. 解釋法律。

38. The Constitution. 憲法。

39. The first 10 amendments of the Constitution. 前十個憲法修正案。

*40. MO: Jefferson City. 傑弗遜城（列出州政府所在地地名）。

*41. MO: Mike Parson. （列出本州州長姓名）。

42. Speaker of the House of Representative. 眾議院發言人。

*43. John Roberts. 約翰‧羅伯茨。

44. Connecticut, New Hampshire, New York, New Jersey, Massachusetts, Pennsylvania, Delaware, Virginia, North Carolina, South Carolina, Georgia, Rhode Island, and Maryland.
康納迪克州、新罕布夏州、紐約州、紐澤西州、麻薩諸塞州、賓夕法尼亞州、德拉瓦州、維吉尼亞州、北卡羅萊納州、南卡羅萊納州、喬治亞州、羅德島州、馬里蘭州。

45. Patrick Henry. 帕屈克‧亨利。

46. Germany, Italy, and Japan. 德國、義大利和日本。

47. Hawaii and Alaska. 夏威夷和阿拉斯加。

48. 2. 2屆。

49. A civil rights leader. 人權領袖。

*50. （列出地方官員姓名）。

51. Must be a natural born citizen of the United States.
Must be at least 35 years old by the time he/she will serve.
Must have lived in the United States for at least 14 years.
必須是美國出生的公民。
最低年齡是35歲。
在美國最少居住14年。

52. Two(2) from each state. 每一個州兩名。

53. Appointed by the president. 總統任命。

54. Nine. 九名。

55. For religious freedom. 為了宗教自由。

56. Governor. 州長。

57. Mayor. 市長。

58. Thanksgiving. 感恩節。

59. Thomas Jefferson. 湯瑪斯‧傑弗遜。

60. July 4, 1776.　　1776年7月4日。

61. That all men are created equal.　　人人生而平等。

62. The Star-Spangled Banner.　　《星條旗永不落》。

63. Francis Scott Key.　　法蘭西斯・史考特・基。

64. The Bill of Rights.　　權利法案。

65. Eighteen.　　18歲。

66. The President.　　總統。

67. The Supreme Court.　　最高法院。

68. Abraham Lincoln.　　亞伯拉罕・林肯。

69. Freed many slaves.　　廢除奴隸制，解放奴隸。

70. The Cabinet.　　內閣。

71. George Washington.　　喬治・華盛頓。

72. Form N-400, "Application to File Petition for Naturalization".
   N-400，「入籍申請表」。

73. The American Indians (Native Americans).　　美洲大陸本土的印第安人。

74. The Mayflower.　　五月花號。

75. Colonies.　　殖民州。

76.

(A) The right of freedom of speech, press, religion, peaceable assembly and requesting change of government.
言論自由、出版自由、宗教自由、和平集會自由和要求政府改組自由。

(B) The right to bear arms (The right to have weapons or own a gun, though subject to certain regulations).
擁有武器自由（擁有槍支或武器的自由要遵循一定的法規）。

(C) The government may not quarter, or house, soldiers in the people's homes during peacetime without the people's consent.
在和平時期，沒有公民的允許，政府不得在公民的住所駐紮軍隊。

(D) The government may not search or take a person's property without a warrant.
政府沒有搜索令，不得搜索公民住宅或沒收公民財產。

(E) A person may not be tried twice for the same crime and does not have to testify against him/herself.

一次罪行不會被審判兩次，公民也不必為此辯護。

(F) A person charged with a crime still has some rights, such as the right to a trial and to have a lawyer .

被指控有罪的公民依然享有一定的權利，如被審判的權利、申請律師辯護的權利。

(G) The right to trial by jury in most cases.

在大多數案件中由公民陪審團審判的權利。

(H) Protects people against excessive or unreasonable fines or cruel and unusual punishment.

保護公民不遭受過度的、不合理的罰款，及殘酷的、不尋常的懲罰。

(I) The people have rights other than those mentioned in the Constitution.

公民還同時具有憲法以外的權利。

(J) Any power not given to the Federal Government by the Constitution is a power of either the state or the people.

州政府或個人享有任何憲法沒有授予聯邦政府的權利。

77. The Congress.　　國會。

78. Republican.　　共和政府。

79. Abraham Lincoln.　　亞伯拉罕‧林肯。

80. 1787.　　1787年。

81. The bill of rights.　　權利法案。

82. For countries to discuss and try to resolve world problems; to provide economic aid to many countries.

成員國協商並解決世界上的一些問題，並對許多國家提供經濟援助。

83. In the capitol in Washington, D. C.　　在首都華盛頓。

84. Everyone (citizens and non-citizens living in the U.S.).

每一個人（美國公民或居住在美國的非美國公民）。

85. The preamble.　　序言。

86. Obtain Federal government jobs; travel with a U. S. passport; petition for close relatives to come to the U. S. to live.

可以取得聯邦政府的工作、用美國護照旅行、申請近親來美國居住。

87. The right to vote.　　選舉權。

88. The place where Congress meets.　　國會集會的地方。

89. The president's official home.　　總統的官邸。

90. Washington, D. C. (1600 Pennsylvania Avenue, N. W.).
　　華盛頓特區（東北區，賓夕法尼亞大街1600號）。

91. The White House.　　白宮。

92. Freedom of: speech, press, religion, peaceable assembly, and, requesting change of the government.
　　言論自由、出版自由、宗教自由、和平集會自由和要求政府改組自由。

93. The President.　　總統。

94. George Washington.　　喬治‧華盛頓。

95. November.　　11月。

96. January.　　1月。

97. There is no limit.　　沒有限制。

98. There is no limit.　　沒有限制。

99. Democratic and Republican.　　民主黨與共和黨。

100. Fifty (50).　　50個

註：以「＊」標示之答案僅供參考，請依當時狀況或所居住之城市進行回答。

附錄3　美國華僑華人研究主要中英文文獻參考書目

1.原始資料

（1）檔案文件

Burgess, Ernest Watson. Papers. Special Collections Research Center, Regenstein Library, University of Chicago.

Center For Immigration Studies. Washington D.C. Five areas of concern include immigration's efforts on national social, economic, demographic, and environmental interests.

Chinese-American Museum of Chicago.

Chicago Chinese Case Files (CCCF), 1898-1940. Records of the Immigration and Naturalization Service, Record Groups (RG) 85. National Archives Records Administration-Great Lakes Region, Chicago.

Chicago Public Library, comp. 1942. *Chicago Foreign Language Press Survey Chinese, 1928-1938.* Chicago: Chicago Public Library.

Chinese American Cultural Association Library. Chesterland, Ohio. Collection includes Chinese American heritage and history.

Chinese Culture Foundation. San Francisco Library.

Collection contains Chinese American history and culture.

Chinese Institute in America Library. New York City. Collection on Chinese immigration, heritage and contribution to America.

Civil Rights Issues of Asian and Pacific Americans: Myths and Realities: May 8-9, 1979, Washington, D.C., a consultation. Sponsored by the United States Commission on Civil Rights. Washington, D.C., the Commission 1980.

Immigration and Naturalization Service Records. 1787-1954. 959 cu. ft. and 11,476 microfilm reels. National Archives and Records Service, Washington D.C., contains records of general immigration, Chinese immigration, passenger arrival, Americanization, naturalization, field offices, and alien internment camps.

National Archives-Pacific Sierra Region, San Bruno, California, holds unique records. Among the subjects covered are Chinese exclusion and immigration, the development of Pearl Harbor and mainland coastal fortifications, gold mining, migrant labor camps, and tribal land claims.

National Archives-Central Plain Region, Kansas City, Missouri. Two records are related to Chinese: Chinese Exclusion Cases Habeas Corpus Petitions: 1857-1965 and Criminal Records, 1871-1918, U.S. District Court for Eastern District of Missouri. The former involves Chinese in Iowa, Kansas, Minnesota, Missouri, Nebraska, North Dakota, and South Dakota. The latter contains cases related to Chinese in Missouri involved in manufacturing, selling, and smoking of opium.

Kubli General Store, Jacksonville, Oregon, Account Books, 1858-1886. 6 Volumes. Special Collections, Main Library, University of Oregon, Eugene. Many of the store's patrons were Chinese miners.

Smith, William Carlson Documents, 1912-1961. Special Collections, Main Library, University of Oregon, Eugene. The documents consist of interviews with and autobiographies of Japanese, Chinese, Mexican and other immigrants and first-generation Americans. Most of the autobiographies were written by school children in California and Hawaii. There are also copies of official letters and published items concerning race relations.

United States District Court: Northern District of California Records. 1851-1951. 4500 cu. ft. and 4 microfilm reels. Federal Archives and Records Center, San Francisco Archives Branch. Contains documents relating to individual cases brought before the Court. Case files on Chinese immigrants, who frequently appeared before the Court on a writ of habeas corpus, include passports with photos, statement of wealth or occupation, and occasionally testimony about previous residency in the U.S. Cases pertaining to Chinese women who were accused of being involved in prostitution may include photos, statement about the personal history and character of the defendant, Court testimony, and other legal papers.

Women's Occidental Board of Foreign Missions of the Presbyterian Church, San Francisco. Records. 1873-1920. 4 vols. The Board promoted mission work in California and aboard from 1873 until 1920. A nearly complete set of annual reports contains handwritten corrections and additions, bylaws, correspondence, notes, history, extracts from missionaries' journals, statistical reports, pamphlets, and other records in various areas, including the Occidental Mission School and Home in San Francisco, which was superintended by [Miss] Donaldina M. Cameron. Cameron oversaw the rescue of young Chinese women who were thought to be held captive in Chinatown. Collection also contains a report of the house to house visitation committee, which was intended to help overcome the seclusion at home of women in Chinatown.

（2）中文與英文報紙

《芝加哥論壇》 *Chicago Tribune*,1878.

《中國世界》 *The Chinese World*. San Francisco, CA. Established in 1891. Contains news on Chinese communities in the United States.

《中西日報》 *Chung Sai Yat Po* [The Chinese Daily]. San Francisco, CA. Chinese language newspaper. Established by Presbyterian minister Ng Poon Chew in 1900, CSYP was heavily influenced by American republicanism, Christianity, and Western middle-class ideology. Available on microfilm at the Asian American Studies Library and east Asiatic Library, University of California, Berkeley.

《金山時報》 *Jin Shan Shyr Pao* [Chinese Times]. San Francisco, CA. Established in 1924. Ethnic newspapers printed in Chinese. Contents include news on domestic, foreign, and Chinese group affairs and events.

《美洲日報》 *Mei Jo Jih Pao* [The Chinese Journal]. New York, NY. Established in 1926. Daily newspaper printed in Chinese. Includes world and national news, and news from the Chinese ethnic communities in the United States. Available on microfilm at the New York Public Library.

《民氣日報》 *Min Ch'i Jih Pao* [The Chinese Nationalist Daily]. New York, NY. Established in 1928? Daily newspaper printed in Chinese. Available on microfilm at the New York Public Library.

《紐約新報》 *Niu-Yuen Hsin Pao* [The China Tribune]. New York, NY. Established in 1943? Daily newspaper printed in Chinese. Available on microfilm at the New York Public Library.

《世界公民報》 *Pacific Citizen*. Los Angeles, CA. Established in 1929. Japanese American and Asian/Pacific American newspaper.

《人民日報》 *People's Daily*. San Francisco, CA. Current Chinese newspaper.

《舊金山時報》 *San Francisco Chronicle*. San Francisco, CA. Established in 1865. A general newspaper.

《三藩記事報》 *San Francisco Chronicle*,1943-

《三民晨報》 *San Min Morning Paper* or *San Min Chen Bao* [The Three People's Principles Morning Daily News] 1931-1938.

《聖路易全球民主報》 *St. Louis Globe-Democrat*,1875-1986.

《聖路易共和報》 *St. Louis Republic*,1888-1919.

《少年中國晨報》 *Shao Nien Chung Kuo Ch'en Pao* [The Young China Daily]. San Francisco, CA. Established in 1910. Ethnic newspaper printed in Chinese. Covers national, international, and group news.

《太平洋週報》 *Tai Ping Young Jow Bao* [Chinese Pacific Weekly]. San Francisco, CA. Established in 1946. Ethnic newspaper in Chinese. This newspaper is "devoted to the improvement and progress of the Chinese community" (editor's statement). It contains commentaries and special news as well as feature articles dealing with the ethnic situation, events in China, and national and local affairs.

《世界日報》 *The World Journal*. New York. Current Chinese newspaper.

（3）影片

《美洲的先輩們》 *Ancestors in the Americas,* pt. 1 and pt. 2. Documentary (60 mins each). Produced by Loni Ding. Pt. 1 tells the story of how Asians-Filipino, Chinese, Asian Indian-first arrived in the Americas. Pt. 2 relates the history of Chinese immigrants in California. Center for Educational Telecommunications, c1997-c1998.

《天使島：中國移民的故事》 *Angel Island: Story of Chinese Immigration*. 12-min documentary of history Angel Island immigration station where Asian (mainly Chinese) immigrants were detained from 1910 until 1943. MacNeil/Lehrer Productions. New York, N.Y.: Films Media Group, 2000.

《黃柳霜自述》 *Anna May Wong: In Her Own Words*, directed by Yunah Hong. 2011, 56 minutes, Color, DVD. Anna May Wong knew she wanted to be a movie star from the time she was a young girl-and by 17 she became one. A third generation Chinese-American, she went on to make dozens of films in Hollywood and Europe.

《沉默的牆頭詩：排華法時期的中國移民》 *Carved in Silence: Chinese Immigration during Exclusion*. Felicia Lowe (producer/director). Documentary with dramatic recreations (45 mins). 1988. This is the dramatic story of Angel Island, the "Ellis

Island of the West." After the Chinese Exclusion Act (1882), potential immigrants suffered detainment and vigorous interrogation for up to two years on this small island within sight of San Francisco. Features scenes recreated in the actual barracks and interviews with former detainees.

《點心》 *Dim Sum*, produced and directed by Wayne Wang, 100 min., color video, 1985. Portrait of mother-daughter relationship in a Chinese American family.

《點心外賣》 *Dim Sum Take-Out*, produced and directed by Wayne Wang, 12 min., color video, 1990. Five Chinese American women explore issues of ethnicity, independence, and sexuality. National Asian American Telecommunications Association (NAATA), 346 Ninth Street, Second Floor, San Francisco, CA 94103.

《吃一碗茶》 *Eat A Bowl of Tea*. Produced by Lindsay Law and John K. Chan. Adopted from Luis Chu's novel. 102-min drama. In New York's Chinatown of the late 1940's, young Ben Loy, fresh out of the service, has his whole life spread out before him-including a job, an apartment and a marriage arranged by his father. Culver City, Calif.: Columbia Tristar Home Entertainment, c2003. Videodisc release of the 1989 motion picture.

《一切都會好的》 *Everything Will Be*. Directed by Julia Kwan, 2014. Documentary on Chinatown in Vancouver through interviews. The viewer receives a sense of Chinatown's original sensibilities, the feeling of old Chinatown that is now being lost. http://nextprojection.com/2014/05/09/hot-docs-everything-will-review

《美國紫禁城》 *Forbidden City, U.S.A.*, produced and directed by Arthur Dong, 56 min., color/black and white video, 1989. Story of a Chinese nightclub of San Francisco in the 1930s and 1940s. Deep Focus Productions 22D Hollywood Ave., Ho-Ho-Kus, New Jersey 07423.

《金色冒險號》 *Golden Venture*. Peter Cohn (writer/producer/director). Documentary. Hillcrest Film LLC. 2006. It chronicles the ongoing struggles of passengers who were aboard the Golden Venture, an immigrant smuggling ship that ran aground near New York City in 1993. Passengers had paid at least $30,000 to be brought to the U.S. from China's Fujian Province, expecting to arrive indebted but unnoticed. But a seemingly golden opportunity quickly evolved into a hellish descent through the cruel whims of U.S. immigration policy.

《喜福會》 *Joy Luck Club*. Wayne Wang and Amy Tan (producer/director). Based on the novel by Amy Tan. 139-min drama on the story of four lifelong friends, whose lives are filled with joy and heartbreak, and shows how their experiences have affected the hopes and dreams they hold for each of their children. Burbank, Calif.: Distributed by Buena Vista Home Video, 1994.

《李茹》 *Liru*, produced and directed by Henry Chow, 25 min., color video, 1991. Drama about a Chinese American woman's search for ethnic and personal identity. NAATA.

《我的美國》 *My America*, or, Honk if you love Buddha. Tajima-Peña, Renee (producer/ writer/director). 87-min documentary. A humorous and good source for introduction to Asian American studies. National Asian American Telecommunications Association and Independent Television Service, 1996.

《縫紉女工》 *Sewing Woman*, produced and directed by Arthur Dong, 14 min., black and white video, 1982. A Chinese immigrant woman's story from war-torn China to America. NAATA.

《斬龍》 *Slaying the Dragon*, produced and directed by Deborah Gee, 60 min., color video, 1990. Images of Asian American women in the media. NAATA.

《分開的香蕉》 *Split Banana.* Kip Fulbeck (producer/director). 37 mins documentary on identity and biracial (Chinese/European) ethnicity, 1990. Kip Fulbeck explores identity and biracial ethnicity issues, focusing on his parents' relationship with each other and their respective acclimations and rejections of each other's cultures. Through interwoven narratives and media clips, this video also addresses ethnic dating patterns and stereotypes of Asian American men.

《千金》 *Thousand Pieces of Gold.* Nancy Kelly and Kenji Yamamoto (directors). 105-min fact based drama on a Chinese woman in an Idaho gold-mining town fighting against racism and sexism.1991. http://www.imdb.com/title/tt0100774/

《誰是陳果仁？》 *Vincent Who*? Directed by Tony Lam, it is the award-winning documentary about the legacy of the Vincent Chin case and the Asian American civil rights movement it ignited. 40 min., 2009.

《銀色翅膀：亞裔婦女在工作中》 *With Silk Wings: Asian American Women at Work*, a series of four films: *Four Women, On New Ground,* and *Frankly Speaking* produced and directed by Loni Ding, and *Talking History* produced and directed by Spencer Nakasako, 30 min. each, color video, 1990. NAATA.

《媽媽，我愛你》 *Wo Ai Ni Mommy: I Love You Mommy.* 2010. Produced by Stephanie Wang-Breal. Distributed by Community Media Production Group. www.woainimommy.

com An 8-year-old Chinese girl is adopted by a Jewish family on Long Island during the family's first year and a half together with all its adjustments and attachments.

2.文章、著述、博士與碩士論文

（1）中文

潮龍起：《危險的愉悅：早期美國華僑賭博問題研究：1850-1943年》，《華僑華人歷史研究》2010年第2期。

陳國林：《華人幫派》，臺北：巨流出版社，1995年版。

陳本昌：《美國華僑餐館工業》，臺北：遠東出版社，1971年版。

陳奕平：《人口變遷與當代美國社會》，北京：世界知識出版社，2006年版。

高偉濃等：《國際移民環境下的中國新移民》，北京：中國華僑出版社，2003年版。

高偉濃等著：《粵籍華僑華人與粵地對外關係史》，北京：中國華僑出版社，2005年版。

郭玉聰：《中國新移民的形成原因及其特點、作用》，夏誠華主編：《新世紀移民的變遷》，臺灣新竹市：玄奘大學海外華人研究中心，2006年版。

郝時遠主編：《海外華人研究論集》，北京：中國社會科學出版社，2002年版。

何鳳嬌編：《東南亞華僑資料彙編》，臺北：中央研究院，1997年版。

黃靜：《潮汕與中國傳統僑鄉：一個關於移民經驗的類型學分析》，《華僑華人歷史研究》，2003年第1期。

李盈慧：《華僑政策與海外民族主義，1912-1949》臺北：中央研究院，1997年版。

梁英明，梁志明，周南京，趙敬：《近現代東南亞，1511-1992》，北京：北京大學出版社，1994年版。

李安山：《洲華僑華人史》，北京：中國華僑出版社，2000年版。

李明歡：《當代海外華人社團研究》，廈門：廈門大學出版社，1995年版。

令狐萍中文專著與專論

令狐萍：《金山謠——美國華裔婦女史》，北京：中國社會科學出版社，1999年。獲美國福特基金出版獎。

令狐萍：《金山謠——美國華裔婦女史》（增訂版），臺北：秀威資訊科技

股份有限公司，2015年。

令狐萍：《萍飄美國：新移民實錄》，山西：北嶽文藝出版社，2003年。

令狐萍：《萍飄美國：新移民實錄》（增訂版），臺北：秀威資訊科技股份有限公司，2021年。

令狐萍：《芝加哥的華人》，廣州：暨南大學出版社，2015年。

令狐萍：《亞裔美國歷史文化百科全書》兩卷本，廣州：暨南大學出版社，2016年。

令狐萍：《美國華僑華人史》，北京：中國華僑出版社，2017年12月。

令狐萍：1997.「金山謠：美國華裔婦女簡史及主要有關史料述評。」中國社會科學院美國研究所：《美國研究》，第1期，127-146.

令狐萍：1999b.「十九世紀中國婦女移民美國動機初探。」中國社會科學院美國研究所：《美國研究》，第1期，95-121.

令狐萍：2001a.「美國華裔婦女的研究及其方法論。」臺北：中央研究院近代史研究所，《近代中國婦女史研究》，第9期，235-253.

令狐萍：2001b.「從臺灣留美學生模式的變化看臺灣社會的現代化。」盧漢超主編《臺灣的現代化和文化認同》。八方文化企業公司，179-207.

令狐萍：2003.「從臺灣社會的發展看臺灣留美運動的興衰。」中國華僑華人歷史研究所：《華僑華人歷史研究》，第4期，21-28.

令狐萍：2007a.「美國華人研究的新視角：文化社區理論。」中國華僑華人歷史研究所：《華僑華人歷史研究》，第1期，25-31.

令狐萍：2007b.「從美國華人形象的演變看中國的崛起。」《城市中國》，第23期，75-79.

令狐萍：2011.「從美國華人形象的演變看中國的崛起。」《美國世紀國際評論》，第1期，10-15.

令狐萍：2012.「美國華人參政難。」《瞭望中國》，第9期，68-73.

令狐萍：2013.「芝加哥華人：19世紀70年代至20世紀30年代的跨國移民與商業活動」，中國華僑華人歷史研究所：《華僑華人歷史研究》，第3期，1-18.

令狐萍：2018a.「美國華僑華人研究：歷史，現狀與前瞻。」《華人研究國際學報》。第3期，81-110.

令狐萍：2018b.「『臺山寡婦』與『美國小妾』——淺析早期中國移民的跨國分離婚姻與其他婚姻模式。」五邑大學僑鄉文化研究中心，「國際移

民與僑鄉研究」國際學術研討會論文集。

令狐萍：2019.「新生代中國留美學潮：影響、特點及趨勢。「《深大社科
　　學報》，第9期，1-9。

劉伯驥：《美國華僑史》，臺北：黎明文化事業公司，1981年版。

劉權：《廣東華僑華人史》，廣州：廣東人民出版社，2002年版。

龍登高：《跨越市場的障礙：海外華商在國家，制度，與文化之間》，北
　　京：科學出版社，2007年版。

龍登高、趙亮、丁騫：《海外華商投資中國大陸：階段性特徵與發展趨
　　勢》，《華僑華人歷史研究》2008年第2期。

麥禮謙：《從華僑到華人：二十世紀美國華人社會發展史》，香港：三聯書
　　局，1992年版。

秦振霞、楊明金、宋松：《「空心村」問題及其解決對策》，《農村經濟》
　　2009年第3期。

陳志明、丁毓玲、王連茂主編：《跨國網絡與華南僑鄉：文化、認同和社會
　　變遷》，香港：香港亞太研究所，2006年版。

王成新、姚士謀、陳彩虹：《中國農村聚落空心化問題實證研究》，《地理
　　科學》2005年第3期。

王秀惠：《種族歧視與性別：二戰前美國大陸男性華人之經歷》，臺北：允
　　晨文化實業股份有限公司，2006年版。

王元林、鄧敏銳：《近代廣東僑鄉生活方式與社會風俗的變化——以潮汕和
　　五邑為例》，《華僑華人歷史研究》2005年第4期。

曾少聰：《東洋航路移民：明清海洋移民臺灣與菲律賓的比較研究》，南
　　昌：江西高校出版社，1998年版。

張國雄：《從粵閩僑鄉考察二戰前海外華僑華人的群體特徵——以五邑僑鄉
　　為例》，《華僑華人歷史研究》2003年第2期。

張春娟：《農村空心化問題及對策研究》，《哲學視界》2004年第4期。

張運華：《從文化視角觀照五邑僑鄉社會與婦女——兼與潮汕僑鄉比較》，
　　《五邑大學學報》（社會科學版）2008年第1期。

趙和曼：《少數民族華僑華人研究》，北京：中國華僑出版社，2004年版。

周南京：《風雲變幻看世界》，香港：南島書局，2001年版。

周祝平：《中國農村人口空心化及其挑戰》，《人口研究》2008年第1期。

（2）英文

Anderson, Kay J. *Vancouver's Chinatown: Racial Discourse in Canada, 1875-1980*. Montreal & Kingston: McGill-Queen's University Press, 1991.

Anderson, Mary Raleigh. *A Cycle in the Celestial Kingdom*. Mobile, Alabama: Heiter-Starke Printing Co., 1943.

Basch, Linda, Nina Glick Schiller, and Cristina Blanc-Szanton, eds. *Nations Unbound: Transnational Projects, Postcolonial Predicaments and Deterritorialized Nation-State*. Langhorne, PA: Gordon and Breach, 1994.

Beesley, David. "From Chinese to Chinese American: Chinese Women and Families in a Sierra Nevada Town." *California History* Vol. 67 (Sept. 1988): 168-179.

Chan, Sucheng. *This Bitter-Sweet Soil: the Chinese in California Agriculture, 1860-1910*. Berkeley: University of California, 1986.

Chan, Sucheng. *Asian Americans: An Interpretive History*. Boston: Twayne Publishers, 1991.

Chan, Sucheng. *In Defense Of Asian American Studies: The Politics Of Teaching and Program Building*. Urbana: University of Illinois Press, 2005.

Chang, Gordon H. ed. *Asian Americans and Politics: Perspectives, Experiences, Prospects*. Stanford: Stanford University Press, 2001.

Chen, Hsiang-Shui. *Chinatown No More: Taiwan Immigrants in Contemporary New York*. Ithaca: Cornell University Press, 1992.

Chen, Jack. *The Chinese of America*. San Francisco: Harper and Row, 1982.

Chen, Julia I. Hsuan. *The Chinese Community in New York*. San Francisco: R & E Research Associates, 1974.

Chen, Shehong. *Being Chinese, Becoming Chinese American*. Urbana: University of Illinois Press, 2002.

Chen, Yong. *Chinese San Francisco, 1850-1943: A Trans-Pacific Community*. Stanford: Stanford

Cheng, Lucie, and et al. *Linking Our Lives: Chinese American Women of Los Angeles*. San Francisco: Chinese Historical Society of America, 1984.

Chin, Ko-lin. *Smuggled Chinese: Clandestine Immigration to the United States*. Philadelphia: Temple University Press, 1999.

China Institute in America. *A Survey of Chinese Students in American Universities and Colleges in the Past One Hundred Years*. New York, 1954.

Chinese Consolidated Benevolent Association of Chicago, comp. *A Century of Chicago Chinatown*. Chicago: CCBAC, 2000.

Chinn, Thomas W. *Bridging the Pacific: San Francisco Chinatown and Its People*. San Francisco: 1989.

Chiu, Ping. *Chinese Labor in California: An Economic Study*. Madison: University of Wisconsin, 1967.

Chong, Denise. *The Concubine's Children: the Story of a Chinese Family Living on Two Sides of the Globe*. New York: Viking Penguin, 1994.

Chou, Jesse Chain. "A Survey of Chinese Students in the United states, 1979-1987." Ed.D. diss., Columbia University Teachers College, 1989.

Christoff, Peggy Spitzer. *Tracking the Yellow Peril: The INS and Chinese Immigrants in the Midwest*. Rockland, ME: Picton Press, 2001.

Chu, Yung-Deh Richard. "Chinese Secret Societies in America: A Historical Survey." *Asian Profile*, Vol. 1, no. 1 (1973): 21-38.

Chung, Sue Fawn. "Gue Gim Wah, Pioneering Chinese American Woman of Nevada." *History and Humanities,* ed. Francis X. Hartigan, 45-79. Reno: University of Nevada Press, 1989.

Chung, Sue Fawn. "Between Two Worlds: The Zhigongtang and Chinese American Funerary Rituals." In *The Chinese in America: A History from Gold Mountain to the New Millennium*, ed. Susie Lan Cassel, 217-238. Walnut Creek, CA: AltaMira Press, 2002.

Chung, Sue Fawn. *In Pursuit of Gold: Chinese American Miners and Merchants in the American West*. Urbana, IL: The University of Illinois Press, 2011.

Coe, Andrew. *Chop Suey: A Cultural History of Chinese Food in the United States*. New York: Oxford University Press, 2009.

Cohen, Lucy M. *Chinese in the Post-Civil War South, A People Without a History*. Baton Rouge: Louisiana State University Press, 1984.

Dai, Bingham. "Opium Addiction in Chicago." Ph.D. diss., Department of Sociology, University of Chicago, 1937.

Daniels, Roger. *Asian America: Chinese and Japanese in the United States since 1850*. Seattle: University of Washington, 1988.

Djang, Helen. "The Adjustment in American Culture of the Chinese Children in Chinatown, Chicago, and Its Educational Implications." Ph.D. diss., Northwestern University, 1940.

Eng, David and Alice Hom, eds. *Q & A: Queer in Asian America*. Philadelphia: Temple University Press, 1998.

Fairbank, John King. *East Asian, Tradition and Transformation*. Boston: Houghton Mifflin Company, 1973.

Fan, Tin-chiu. "Chinese Residents in Chicago." Master's thesis, University of Chicago, 1926. Reprint, Saratoga, CA: R and E Research Associate, 1974.

Fong, Timothy P. *The First Suburban Chinatown: The Remaking of Monterey Park, California*. Philadelphia: Temple University Press, 1994.

Garrod, Andrew and Robert Kilkenny, eds. *Balancing Two Worlds: Asian American College Students Tell Their Life Stories*. Ithaca: Cornell University Press, 2007.

Glenn, Evelyn Nakano. "Split Household, Small Producer and Dual Wage Earner: An Analysis of Chinese-American Family Strategies," *Journal of Marriage and the Family* 45, no. 1 (1983): 35-46.

Glick, Clarence Elmer. *Sojourners and Settlers: Chinese Migrants in Hawaii*. Honolulu: University Press of Hawaii, 1980.

Goldman, Marion S. *Gold Diggers and Silver Miners: Prostitution and Social Life on the Comstock Lode*. Ann Arbor: University of Michigan Press, 1981.

Gong, Eng Ying and Bruce Grant. *Tong War*. New York: Nicholas L. Brown, 1930.

Gordon, Milton. *Assimilation in American Life*. New York: Oxford University Press, 1964.

Gyory, Andrew. *Closing the Gate: Race, Politics, and the Chinese Exclusion Act*. Chapel Hill: University of North Caroline Press, 1998.

Hirata, Lucie Cheng. "Free, Indentured, Enslaved: Chinese Prostitutes in 19th Century America." *Signs* 5 (1979): 3-29.

Hoy, William. *The Chinese Six Companies*. San Francisco: California Chinese Historical Society, 1942.

Hsu, Immanuel C. Y. *The Rise of Modern China*. New York: Oxford University Press, 1990.

Hsu, Madeline Y. *Dreaming of Gold, Dreaming of Home: Transnationalism and Migration Between the United States and South China, 1882-1943*. Stanford: Stanford University Press, 2000.

Huang, Philip C. C. *The Peasant Economy and Social Change in North China*. Stanford: Stanford University Press, 1985.

Huang, Philip C. C. *The Peasant Family and Rural Development in the Yangzi Delta, 1350-*

1988. Stanford: Stanford University Press, 1990.

Keefe, Patrick Radden. *The Snakehead: An Epic Tale of the Chinatown Underworld and the American Dream.* New York: Doubleday, 2009.

Kuo, Chia-ling. *Social and Political Change in New York's Chinatown: The Role of Voluntary Associations.* New York: Praeger, 1977.

Kuo, W. H. and Nan Lin. "Assimilation of Chinese American in Washington, D.C." *Sociological Quarterly* 18 (1977): 340-52.

Kwong, Peter. *Chinatown, New York: Labor and Politics, 1930-1950.* New York: Monthly Review Press, 1979.

Kwong, Peter. *The New Chinatown.* New York: Hill and Wang, 1987.

Kwong, Peter. *Forbidden Workers: Illegal Chinese Immigrants and American Labor.* New York: The New Press, 1997.

Kwong, Peter and Dusanka Miscevic. *Chinese America: the Untold Story of America's Oldest New Community.* New York: The New Press, 2005.

Laguerre, Michel S. *The Global Ethnopolis: Chinatown, Japantown, and Manilatown in American Society.* New York: St. Martin's Press, 2000.

Lai, David Chuenyan. *Chinatowns: Towns within Cities in Canada.* Vancouver: University of British Columbia Press, 1988.

Lai, Him Mark. "Historical Development of the Chinese Consolidated Benevolent Association/Huiguan System." *Chinese America: History & Perspectives, 1987.* San Francisco: Chinese Historical society of America (1987): 13-51.

Lai, Him Mark. "The Chinese Press in the United States and Canada since World War II: A Diversity of Voices." *Chinese America: History & Perspectives, 1990.* San Francisco: Chinese Historical society of America (1990): 107-156.

Lai, Him Mark. "Transmitting the Chinese Heritage: Chinese Schools in the United States Mainland and Hawaii." In *Intercultural Relations, Cultural Transformation, and Identity—The Ethnic Chinese—Selected Papers Presented at the 1998 ISSCO Conference,* ed. Teresita Ang See, 124-158. Manila: Kaisa Para Sa Kaunlaran, Inc., 2000.

Lan, Shanshan. "Learning Race and Class: Chinese Americans in Multicultural Bridgeport." Ph.D. diss, University of Illinois at Urbana-Champaign, 2007.

Larson, Louise Leung, Shirley Hune, and Jane Leung Larson. *Sweet Bamboo: A Memoir of a Chinese American Family.* Berkeley: University of California Press, 2001.

Lau, Yvonne M. "Chicago's Chinese Americans: From Chinatown and Beyond," *The New Chicago: A Social and Cultural Analysis*. Eds. John Koval et al, 168-181. Philadelphia: Temple University Press, 2006.

Lee, Erika. *At America's Gate: Chinese Immigration during the Exclusion Era, 1882-1943*. Chapel Hill: University of North Carolina Press, 2002.

Lee, Erika and Judy Yung. *Angel Island: Immigrant Gateway to America*. New York: Oxford University Press,

Lee, Rose Hum. "The Growth and Decline of Chinese Communities in the Rocky Mountain Region." Ph.D. diss., Department of Sociology, University of Chicago, 1947.

Lee, Rose Hum. "The Decline of Chinatowns in the United States." *American Journal of Sociology* 54 (March 1949): 422-432.

Lee, Rose Hum. "The Marginal Man: Re-evaluation and Indices of Measurement," *Journal of Human Relations* 5 (Spring 1956): 27-28.

Lee, Rose Hum. *The Chinese in the United States of America*. Hong Kong: Hong Kong University, 1960.

Leong, Russell, ed. *Asian American Sexualities: Dimensions of the Gay and Lesbian Experience*. New York: Routledge, 1996.

Li, Peter S. *The Chinese in Canada*. Toronto: Oxford University Press, 1998.

Li, Peter S. *Destination Canada: Immigration Debates and Issues*. Don Mills, ON: Oxford University Press Canada, 2003.

Li, Peter S. ed. *Race and Ethnic Relations in Canada*. Don Mills, ON: Oxford university Press Canada, 1999.

Li, Wei ed. *From Urban Enclave to Ethnic Suburb: New Asian Communities in Pacific Rim Countries*. Honolulu: University of Hawaii Press, 2006.

——. *Ethnoburb: the New Ethnic Community in Urban America*. Honolulu: University of Hawaii Press, 2009.

Lien, Pei-te. *The Making of Asian America through Political Participation*. Philadelphia: Temple University Press, 2001.

Lien, Pei-te, M. Margaret Conway, and Janelle Wong. *The Politics of Asian Americans: Diversity and Community*. New York: Routledge, 2004.

Light, Ivan. "Ethnic Enterprise in America: Chinese, Japanese and Koreans in Small Business." In *Self-Help in Urban America*, ed. Scott Cummings. 33-57. New York:

Kennikat Press, 1980.

Lin, Jan. *Reconstructing Chinatown: Ethnic Enclave, Global Change.* Minneapolis: University of Minnesota Press, 1998.

Lin, Jan. "Los Angeles Chinatown: Tourism, Gentrification, and the Rise of an Ethnic Growth Machine." *Amerasia Journal,* 34:3 (2008): 110-126.

A.令狐萍英文專著

Ling, Huping. Surviving on the Gold Mountain: A History of Chinese American Women and Their Lives. Albany: State University of New York Press, 1998.

——. Chinese St. Louis: From Enclave to Cultural Community. Philadelphia: Temple University Press, 2004. *A Chapter derived from the book became Winner of the Best Article Award, 48th Annual Missouri Conference on History 2006.

——. Chinese in St. Louis: 1857-2007. Arcadia Publishing, 2007.

——. Voices of the Heart: Asian American Women on Immigration, Work, and Family. Truman State University Press, 2007.

——. Emerging Voices: the Experiences of the Underrepresented Asian Americans. Rutgers University Press, 2008.

——. Asian America: Forming New Communities, Expanding Boundaries. Rutgers University Press, 2009.

——. Asian American History and Culture: An Encyclopedia. Two volumes (with Allan W. Austin) M. E. Sharpe, 2010. Winner of Booklist/Reference Books Bulletin Editors' Choice 2010 Award.

——. Chinese Chicago: Race, Transnational Migration, and Community Since 1870. Stanford University Press, 2012. Nominated as the Best Book by the Association for Asian American Studies, Immigration and Ethnic History Society, Association of Chinese Professors in Social Sciences, the Chinese Historians in the United States, and Missouri Conference on History.

B.令狐萍英文專論

Ling, Huping. "Surviving on the Gold Mountain: A Review of Sources about Chinese American Women." *The History Teacher* 26, no. 4 (August 1993): 459-470.

——. "Chinese Merchant Wives in the United States, 1840-1945." *Origins and Destinations:*

41 Essays on Chinese America. ed. Chinese Historical Society of Southern California and UCLA Asian American Studies Center, 1994.

———. "Mme. Chiang Kai-shek." In Franklin Ng, ed. *The Asian American Encyclopedia.* New York: Marshell Cavendish Corp., 1995.

———. "Sze-Kew Dun, A Chinese American Woman's Experience in Kirksville, Missouri." *Missouri Historical Review* XCI, no. 1 (October 1996): 35-51.

———. "A History of Chinese Female Students in the United States, 1880s-1990s." *The Journal of American Ethnic History* 16, no. 3 (Spring 1997): 81-109.

———. "Chinese American Professional and Business Women." *History and Prospective: Ethnic Chinese at Turn of Century.* ed. Guotu Zhuang. Fujian: Fujian People's Publishing House, 1998, 398-421.

———. "Chinese Female Students and the Sino-US Relations." In *New Studies on Chinese Overseas and China*, Leiden, Holland: International Institute for Asian Studies, 2000, 103-137.

———. "Family and Marriage of Late-Nineteenth and Early-Twentieth Century Chinese Immigrant Women." *Journal of American Ethnic History* Vol. 19, No. 2 (Winter 2000): 43-63.

———. "Historiography and Research Methodologies of Chinese American Women." *Research on Women in Modern Chinese History* No. 9 (August 2001): 235-253.

———. "The Changing Patterns of Taiwanese Students in America and the Modernization in Taiwan." In *Modernity and Cultural Identity in Taiwan.* Edited by Hanchao Lu. River Edge, NJ: Global Publishing Co. Inc., 2001, 179-207.

———. "The Rise and Fall of the Study in America Movement in Taiwan." *Overseas Chinese History Studies* No. 4 (2003): 21-28.

———. "Growing up in 'Hop Alley:' The Chinese American Youth in St. Louis during the Early-Twentieth Century." In *Asian American Children*, ed. Benson Tong, 65-81. Westport, CT: Greenwood Press, 2004.

———. "Governing 'Hop Alley:' On Leong Chinese Merchants and Laborers Association, 1906-1966." *Journal of American Ethnic History* Vol. 23, No. 2 (Winter 2004): 50-84.

———. "Reconceptualizing Chinese American Community in St. Louis: From Chinatown to Cultural Community." *Journal of American Ethnic History* Vol. 24, No. 2 (Winter 2005): 65-101. Winner of the Best Article Award, 48th Annual Missouri

Conference on History 2006.

———. "The Changing Public Image of Chinese Americans and the "Rise of China." *Urban China* No. 23 (2007).

———. "New Perspectives on Chinese American Studies———Cultural Community Theory." *Overseas Chinese History Studies* No.1 (2007): 25-31.

———. "The Changing Public Image of Chinese Americans and the Rise of China." *Journal of Ethnic Studies* (June 2008): 20-26 (reprint).

———. "Introduction: Emerging Voices of Underrepresented Asian Americans." In *Emerging Voices: Experiences of Underrepresented Asian Americans.* Edited by Huping Ling. Rutgers University Press, 2008. Pages 1-14.

———. "Introduction: Reconceptualizing Asian American Communities." In *Asian America: Forming New Communities, Expanding Boundaries.* Edited by Huping Ling. Rutgers University Press, 2009. Pages 1-21.

———. "Cultural Community: A New Model for Asian American Community." In *Asian America: Forming New Communities, Expanding Boundaries.* Edited by Huping Ling. Rutgers University Press, 2009. Pages 129-153.

———. "Chinese Chicago: Transnational Migration and Businesses, 1890s-1930s." *Journal of Chinese Overseas* Vol. 6 (2010): 250-285.

———. "The Transnational World of Chinese Entrepreneurs in Chicago, 1870s to 1940s: New Sources and Perspectives on Southern Chinese Emigration." *Frontier History in China*, Vol. 6, No. 3 (2011): 370-406.

———. "The Changing Public Image of Chinese Americans and the Rise of China." *21st Century International Review* (21世紀國際評論), (March 2011): 10-15.

———. "Negotiating Transnational Migration: Marriage and Changing Gender Roles among the Chinese Diaspora." In *Routledge Handbook of the Chinese Diaspora*, edited by Chee-Beng Tan, London and New York: Routledge, 2013. Pages 227-246.

———. "The New Trends in American Chinatowns: The Case of Chinese in Chicago." In *Chinatown around the World: Gilded Ghettos, Ethnopolis, and Cultural Diaspora*, edited by Bernard Wong and Chee-Beng Tan. Leiden: Brill, 2013. Pages 55-94.

———. "Chinese Chicago: Transnational Migration and Entrepreneurship, 1870s-1930s." *Overseas Chinese History Studies* No. 3 (2013): 1-18.

———. "Rise of China and Its Meaning to Asian Americans." *American Review of China*

Studies Vol. 14, No. 1 (Spring, 2013): 1-23.

——. "A History of the Chinese Female Students in the U.S." In *New Perspectives on the History of Women's Education in the United States.* ed. Margaret Nash. Palgrave Press, 2017, pages 93-116.

Lim, Shirley Jennifer. *A Feeling of Belonging: Asian American Women's Public Culture, 1930-1960.* New York: New York University Press, 2006.

Liu, Haiming. *Transnational History of a Chinese Family: Immigrant Letters, Family Business, and Reverse Migration.* New Brunswick, NJ: Rutgers University Press, 2005.

——. *From Canton Restaurant to Panda Express: A History of Chinese Food in the United States.* 2015.

Loewen, James W. *The Mississippi Chinese: Between Black and White.* Cambridge, Mass.: Harvard University Press, 1971.

Loo, Chalsa M. *Chinatown: Most Time, Hard Time.* New York: Praeger, 1991.

Louie, Andrea. *Chineseness Across Borders: Renegotiating Identities in China and the United States.* Durham, North Carolina: Duke University Press, 2004.

Louie, Vivian S. *Compelled to Excel: Immigration, Education, and Opportunity among Chinese Americans.* Stanford: Stanford University Press, 2004.

Low, Lisa. *Immigrant Acts.* Durham: Duke University Press, 1996.

Lui, Mary Ting Yi. *The Chinatown Trunk Mystery: Murder, Miscengenation, and Other Dangerous Encounters in Turn-of-the-Century New York City.* Princeton: Princeton University Press, 2007.

Lui, Mary Ting Yi. "Examining New Trends in Chinese American Urban Community Studies." *Journal of Urban History,* Vol. 29, No. 2 (December 2003): 173-185.

Lydon, Sandy. *Chinese Gold: The Chinese in the Monterey Bay Region.* Capitola, CA: Capitola Book Company, 1985.

Lyman, Stanford M. *Chinese Americans.* New York: Random House, Inc., 1974.

Lyman, Stanford M. "Marriage and the Family among Chinese Immigrants to America, 1850-1960." *Phylon* 24 (1968): 321-330.

Mason, Sarah R. "Family Structure and Acculturation in the Chinese Community in Minnesota." In *Asian and Pacific American Experiences: Women's Perspectives* ed. Nobuya Tsuchida, 160-171. Minneapolis: Asian/Pacific American Learning Resource Center and General College, University of Minnesota, 1982.

Mason, Sarah R. "Liang May Seen and the early Chinese Community in Minneapolis." *Minnesota History* (Spring 1995): 223-233.

McKeown, Adam. *Chinese Migrant Networks and Cultural Change, Peru, Chicago, Hawaii, 1900-1936*. Chicago: The University of Chicago Press, 2001.

McKeown, Adam. *Melancholy Order: Asian Migration and the Globalization of Borders*. New York: Columbia University press, 2008.

Mei June. "Economic Origins of Emigration: Guangdong to California, 1850-1882." In *Modern China* 5, no. 4 (October 1979): 463-501.

Minnick, Sylvia Sun. *Samfow: The San Joaquin Chinese Legacy*. Fresno, CA: Panorama West Publishing, 1988.

Nee, Victor G. and Brett de Bary. *Longtime Californ': A Documentary Study of an American Chinatown*. New York: Pantheon Books, 1972.

Ng, Franklin. *The Taiwanese Americans*. Westport, CT: Greenwood Press, 1992.

Ngai, Mae M. *Impossible Subjects: Illegal Aliens and the Making of Modern America*. Princeton: Princeton University Press, 2004.

Ong, Aihwa. *Flexible Citizenship: the Cultural Logics of Transnationality*. Durham: Duke University Press, 1999.

Ong, Aihwa. *Buddha is Hiding: Refugees, Citizenship, the New America*. Berkeley: University of California Press, 2003.

Ong, Paul. "Chinatown Unemployment and the Ethnic Labor Market." *Amerasia Journal*, 11:1 (1984): 35-54.

Orleans, Leo A. *Chinese Students in America: Policies, Issues, and Numbers*. Washington, D.C.: National Academy Press, 1988.

Osumi, Megumi Dick. "Asians and California's Anti-Miscegenation Laws." In *Asian and Pacific American Experiences: Women's Perspectives* ed. Nobuya Tuschida et al. 1-37. Minneapolis: Asian/Pacific American Learning Resource Center and General College, University of Minnesota, 1982.

Passel, Jeffrey S., and D'Vera Cohn. *Trends in Unauthorized Immigration: Undocumented Inflow Now Trails Legal Flow*. Washington D.C.: Pew Hispanic Center, October 2, 2008.

Pascoe, Peggy. *What Comes Naturally: Miscegenation Law and the Making of Race in America*. New York: Oxford University Press, 2009.

Peffer, George Anthony. *If They Don't Bring Their Women Here: Chinese Female Immigration before Exclusion*. Urbana: University of Illinois Press, 1999.

Porter, Raymond Willis. "A Study of the Musical Talent of Chinese Attending Public Schools in Chicago." Ph.D. diss, University of Chicago, 1931.

Reimers, David M. *Still the Golden Door: The Third World Comes to America*. New York: Columbia University Press, 1985.

Reynolds, C. N. "The Chinese Tongs." *American Journal of Sociology*, Vol. 40 (March 1935): 612-23.

Riggs, Fred W. *Pressures on Congress: A Study of the Repeal of Chinese Exclusion*. New York: King's Crown Press, 1950.

Rohsenow, John S. "Chinese Language Use in Chicagoland." In *Ethnolinguistic Chicago: Language and Literacy in the City's Neighborhoods*, ed. Marcia Farr, 321-55. Mahwah, New Jersey: Lawrence Erlbaum Associates, 2004.

Salyer, Lucy E. *Laws Harsh as Tigers: Chinese Immigrants and the Shaping of Modern Immigration Law*. Chapel Hill: University of North Carolina Press, 1995.

Shah, Nayan. *Stranger Intimacy: Contesting Race, Sexuality and the Law in the North American West*. Berkeley: University of California Press, 2011.

Sandmeyer, Elmer C. *The Anti-Chinese Movement*. Urbana: University of Illinois Press, 1973.

Saxton, Alexander. *The Indispensable Enemy: Labor and the Anti-Chinese Movement in California*. Berkeley: University of California Press, 1971.

Schiller, Nina Glick, Linda Basch, and Cristina Blanc-Szanton, eds. *Towards a Transnational Perspective on Migration: Race, Ethnicity, and Nationalism Reconsidered*. New York: The New York Academy of Science, 1992.

Siu, Paul C. P. "The sojourner." *American Journal of Sociology*, 58 (1953): 34-44.

Siu, Paul C.P. *Chinese Laundryman: A Study of Social Isolation*. New York: New York University Press, 1987.

Soong, Ruth Joan. "A Survey of the Education of Chinese Children in Chicago." Master's thesis, University of Chicago, 1931.

Spickard, Paul. *Mixed Blood: Intermarriage and Ethnic Identity in Twentieth-Century America*. Madison: University of Wisconsin Press, 1989.

Strauss, Daniel M. W. "Chinese Multilingualism in Chicago." Ph.D. diss., Northwestern University, 1998.

Sung, Betty Lee. *A Survey of Chinese-American Manpower and Employment*. New York: Praeger, 1976.

Sung, Betty Lee. *Gangs in New York's Chinatown*. New York: Office of Child Development, Dept. of Health, education, and Welfare, 1977.

Sung, Betty Lee. *Chinese American Intermarriage*. New York: Center for Migration Studies, 1990.

Tam, Shirley Sui-Ling. "Police Round-up of Chinese in Cleveland in 1925: A Case Study in a Racist Measure and the Chinese Response." Master's thesis, Case Western Research University, 1988.

Tan, Chee-Beng, ed. *Transnational Chinese Networks*. London: Routledge, 2007.

Tang, Vincent. "Chinese Women Immigrants and the Two-Edged Sword of Habeas Corpus." In *The Chinese American Experience: Papers from the Second National Conference on Chinese American Studies* ed. Genny Lim, 48-56. Chinese Historical Society of America & the Chinese Cultural Foundation of San Francisco, 1980.

Tchen, John Kuo Wei. *Genthe's Photographs of San Francisco's Old Chinatown*. New York: Dover Publications, 1984.

Tchen, John Kuo Wei. New York before Chinatown: Orientalism and the Shaping of American Culture, 1776-1882. Baltimore: The Johns Hopkins University Press, 1999.

Tchen, John Kuo Wei. "New York Chinese: The Nineteenth-Century Pre-Chinatown Settlement." *Chinese America: History and Perspectives, 1990*, by Chinese Historical Society of America. San Francisco: Chinese Historical Society of America, 1990, 157-192.

Teixeira, Carlos, Wei Li and Audrey Kobayashi eds. *Immigrant Geographies of North American Cities*. Don Mills, ON: Oxford University Press Canada, 2012.

Thompson, Richard H. *Toronto's Chinatown: The Changing Social Organization of an Ethnic Community*. New York: AMS, 1987.

Tsai, Shih-shan Henry. *The Chinese Experience in America*. Bloomington: Indiana University Press, 1986.

Tseng, Yen-Fen. "Suburban Ethnic Economy: Chinese Business Communities in Los Angeles." Ph.D. diss., University of California, Los Angeles, 1994.

Tseng, Yen-Fen. "Beyond 'Little Taipei': The Development of Taiwanese Immigrant Business in Los Angeles." *International Migration Review* 29, no. 1 (Spring 1995): 33-58.

Tong, Benson. *Unsubmissive Women: Chinese Prostitutes in Nineteenth-Century San Francisco.* Norman: University of Oklahoma Press, 1994.

Tu, Wei-ming, *The Living Tree: The Changing Meaning of Being Chinese Today.* Stanford: Stanford University Press, 1994.

Tuan, M. *Forever Foreigners or Honorary Whites? The Asian Ethnic Experience Today.* New Brunswick, NJ: Rutgers University Press, 1998.

Tung, William L. *The Chinese in America 1820-1973, A Chronology & Fact Book.* Dobbs Ferry, N.Y.: Oceana Publications Inc., 1974.

Wang, Gungwu. *Community and Nation: Essays on Southeast Asia and the Chinese.* Kuala Lumpur: Allen and Unwin, 1981.

Wang, Gungwu. *China and the Chinese Overseas.* Singapore: Times Academic Press, 1992.

Wang, Gungwu. *The Chinese Overseas: From Earthbound China to the Quest for Autonomy.* Harvard University Press, 2000.

Wang, Laura. "Vallejo's Chinese Community, 1860-1960," 153-168. In *Chinese America, History and Perspective.* San Francisco: Chinese Historical Society of America, 1988.

Wang, Linda Qingling. "Chinese Immigrant Adaptation in an American Urban Context: Chicago as a Case Study." Ph.D. diss, University of Wisconsin--Madison, 1997.

Wang, L. Ling-chi. "The Structure of Dual Domination: Toward a Paradigm for the Study ofthe Chinese Diaspora in the United States." *Amerasia Journal* 12 (1995):149-169.

Wang, L. Ling-chi. "Roots and the Changing Identity of the Chinese in the United States." In *The Living Tree: The Changing Meaning of Being Chinese Today*, ed. Tu Wei-ming, 185-212. Stanford: Stanford University Press, 1994.

Wang, Xiao-Lei. "Resilience and Fragility in Language Acquisition: A Comparative Study of the Gestural Communication Systems of Chinese and American Deaf Children." Ph.D. diss, Department of Education, University of Chicago, 1992.

Wang, Xinyang. *Surviving the City: The Chinese Immigrant Experience in New York City, 1890-1970.* Lanham, Maryland: Rowman & Littlefield Publishers, 2001.

Wang, Y. C. *Chinese Intellectuals and the West, 1872-1949.* Chapel Hill: The University of North Carolina Press, 1966.

Wei, William. *The Asian American Movement.* Philadelphia: Temple University Press, 1993.

Wilson, Margaret Gibbons. "Concentration and Dispersal of the Chinese Population of Chicago: 1870 to the Present." Master's thesis, Department of Sociology, University of Chicago, 1969.

Wong, Bernard P. *A Chinese American Community: Ethnicity and Survival Strategies.* Singapore: Chopmen Enterprises, 1979.

Wong, Bernard P. *Chinatown: Ethnic Adaptation and Ethnic Identity of the Chinese.* New York: Holt, Rinehart and Winston, 1982.

Wong, Bernard P. *Patronage, Brokerage, Entrepreneurship and the Chinese Community of New York.* New York: AMS Press, 1988.

Wong, K. Scott. "The Eagle Seeks a Helpless Quarry": Chinatown, the Police, and the Press, The 1903 Boston Chinatown Raid Revisited." *Amerasia Journal*, Vol. 22, no. 3 (1996): 81-103.

Wong, K. Scott. *Americans First: Chinese Americans and the Second World War.* Cambridge, Mass.: Harvard University Press, 2005.

Wong, K. Scott and Sucheng Chan eds. *Claiming America: Constructing Chinese American Identities during the Exclusion Era.* Philadelphia: Temple University Press, 1998.

Wong, Sau-Ling C., "Denationalization Reconsidered: Asian American Cultural Criticism at a Theoretical Crossroads," *Amerasia Journal* 21 (1995): 1-27.

Wu, Ching-Chao. "Chinatowns: A Study of Symbiosis and Assimilation." Ph.D. diss., Department of Sociology, University of Chicago, 1928.

Wu, Yuan-li, ed. *The Economic Condition of Chinese Americans.* Chicago: Pacific/Asian American Mental Health Research Center, 1980.

Yang, Fenggang. *Chinese Christians in America: Conversion, Assimilation, and Adhesive Identities.* University Park, PA.: The Pennsylvania State University Press, 1999.

Yang, Philip Q. *Ethnic Studies: Issues and Approaches.* Albany: State University of New York Press, 2000.

Yang, Philip Q. "Transnationalism as a New Mode of Immigrant Adaptation: Preliminary Evidence from Chinese Transnational Migrants," *Journal of Chinese Overseas*, 2(2), (2006):173-92.

Yang, Philip Q. *Asian Immigration to the United States.* Cambridge, UK: Polity Press, 2011.

Yao, Tai-Ti Tsou. "Solving Communication Problems in Chicago's Chinatown," Master's Thesis. University of Illinois at Chicago, 1977.

Ye, Weili. *Seeking Modernity in the United States, 1900-1927.* Stanford: Stanford University Press, 2001.

Yen, Lili Yun-Chien. "Attitudes and Beliefs about Cervical Cancer Screening Among Chinese-American Women in Chicago." Master's thesis, Midwestern University, 1999.

Yeh, Chiou-Ling. *Making an American Festival: Chinese New Year in San Francisco's Chinatown*. Berkeley: University of California Press, 2008.

Yin, Xiao-huang, ed. *The Expanding Roles of Chinese Americans in US-China Relations: Transnational Networks and Trans-Pacific Interactions*. New York: M. E. Sharpe, 2002.

Yu, Henry. *Thinking Orientals: Migration, Contact, and Exoticism in Modern America*. Oxford: Oxford University Press, 2001.

Yu, Renqiu. *To Save China, To Save Ourselves: The Chinese Hand Laundry Alliance of New York*. Philadelphia: Temple University Press, 1992.

Yu, Renqiu. "Chop Suey: From Chinese Food to Chinese American Food." *Chinese America: History and Perspectives* (1987): 87-99.

Yung, Judy. *Unbound Feet: A Social History of Chinese Women in San Francisco*. Berkeley: University of California Press, 1995.

Zhang, Qingsong. "The Origins of the Chinese Americanization Movement: Wong Chin Foo and the Chinese Equal Rights League." In *Claiming America: Constructing Chinese American Identity during the Exclusion Era*. 41-63. K. Scott Wong and Sucheng Chan eds. Philadelphia: Temple University Press, 1998.

Zesch, Scott. *The Chinatown War: Chinese Los Angeles and the Massacre of 1871*. New York: Oxford University Press, 2012.

Zhao Jianli. *Strangers in the City: The Atlanta Chinese, Their Community, and Stories of Their Lives*. New York: Routledge, 2002.

Zhao, Xiaojian. *Remaking Chinese America: Immigration, Family, and Community, 1940-1965*. New Brunswick, New Jersey: Rutgers University Press, 2002.

——. *The New Chinese America: Class, Economy, and Social hierarchy*. New Brunswick, NJ: Rutgers University Press, 2010.

Zhou, Min. *Chinatown: The Socioeconomic Potential of an Urban Enclave*. Philadelphia: Temple University Press, 1992.

Zhou, Yu. "Ethnic Networks as Transactional Networks: Chinese Networks in the Producer Service Sectors of Los Angeles." Ph.D. diss., University of Minnesota, 1996.

附錄4 美國華僑華人大事記

1820年　美國移民局記載了第一批抵達美國的華人。

1834年　史料記載的第一名中國婦女梅阿芳抵達紐約。

1844年　7月3日，美國政府與中國清政府在望廈簽訂中美第一個不平等條約《望廈條約》（Treaty of Peace Amity and Commerce），中美正式建立外交關係。根據《望廈條約》，在華的美國公民享有領事裁判權（extraterritoriality）。而旅美的中國公民則不受中國法律的保護。

　　　　第一所基督教會女子學校在寧波成立。

1847年　第一批中國留學生，包括容閎等三人，抵達美國。容閎先在蒙森學校（Monson Academy in Monson，Massachusetts）學習，後畢業於耶魯大學，成為著名學者與教育家。容閎為第一個成為美國公民的中國人。他頻繁往返於中美兩國之間，為推動兩國的文化交流作出了巨大貢獻。

1848年　加利福尼亞州發現黃金，歷史著名的「黃金潮」（gold rush）開始。包括兩名男子、一名女子的中國勞工也抵達加州。這兩名男子在金礦做工，女子在一家從香港返美的美國傳教士家中幫傭。

1849年　在加州的中國勞工人數達54名。

　　　　容閎從蒙森學校畢業，進入耶魯大學學習。

1850年　在加州的中國勞工總數達到4000人。被中國的自然災害與政治動亂所驅使，大批來自中國廣東省的窮苦勞工，抵達香港與澳門，與包工頭簽訂合同，成為苦力（coolie），被海運至美國西海岸與古巴、秘魯。中國勞工勤勉吃苦，受到美國僱主的歡迎，卻招致白人勞工的嫉妒與怨恨。

　　　　加州通過《外國礦工營業稅法》（Foreign Miners' License Tax Law），強令中國礦工與其他外籍礦工交納特別稅款。

1851年　在加州中國勞工人數在一年之內達到2.5萬。

1852年　加州立法通過新稅法，要求外籍礦工每人每月付稅3美元。

1854年　大約有1.3萬中國勞工抵達加州。加州白人勞工因而視華工為搶奪

他們飯碗的競爭對象。

為了聯合互助、對抗美國白人社會的歧視與偏見，在加州的華人成立「六大會館」：岡州、三邑、陽和、人和、寧陽與合和會館。

1855年　加州通過法案，要求輪船主為每名無權成為美國公民的外國乘客交納50元人頭稅。

1857年　雖然種族歧視盛行，少數在紐約的華工與愛爾蘭移民婦女通婚。紐約《哈潑斯週報》（Harper's Weekly）與其他流行雜誌相繼報導了「中國人與愛爾蘭人聯姻」的故事。

1858年　加州通過《禁止中國人或其他蒙古人種進一步移民加州的法案》。（An Act to Prevent the Further Immigration of Chinese or Mongolians to This State.）

　　　　6月18日，清政府與列強（包括美國）簽訂《天津條約》。

1859年　清政府同意其臣民在國外長期定居。

1860年　該年的人口普查顯示在美華人總數已達34933人，其中1784人為婦女。男女性別比例為18.58:1。

1860年　根據加州立法，蒙古人、印第安人和黑人不得就學於美國公立學校。加州的中國漁夫被要求每人每月付稅4美元。

1863年　修建美國中央太平洋鐵路（Central Pacific Railroad）的鐵路公司開始僱用華工。

1865年　修築中央太平洋鐵路的華工達到一萬人。

1868年　7月28日，清政府與美國政府在華盛頓簽署《中美天津條約》續約，史稱《伯林格姆條約》（Burlingame Treaty）。該條約同意雙方國民可以不受限制地移民，並成為對方國家的公民。

　　　　四萬在美國西海岸的中國礦工被白人勞工逐出金礦，成為農業工人或為白人家庭提供家務服務。

1869年　第一條橫貫美國大陸的鐵路修築完工。在中央太平洋鐵路修築的高峰時期，鐵路公司僱傭的勞工中90%為華工（約10-12萬人）。

1870年　加州立法要求其他人種的居民在與白人分隔的公立學校就學。

　　　　在美華人總數達64199人，其中4566人為婦女，男女性別比例為12.84:1。

　　　　加州通過立法禁止從事娼妓業的中國、日本和其他蒙古人種的婦女進入該州。

1871年　美國西海岸反華暴力活動開始於洛杉磯。舊金山關閉其為中國兒童開放的夜校。

1875年　《佩奇法》（Page Law）被通過，禁止從事娼妓業的中國、日本和其他蒙古人種的婦女入境。

1877年　加州奇科（Chico, California）發生反華暴力事件。

1880年　11月17日，中美雙方同意修改《伯林格姆條約》，中國政府同意美方限制中國移民但不得完全禁止中國移民。

加州民法第69款規定禁止為白人與「蒙古人、黑人、黑白混血人和其他混血人種之間的婚姻」簽發結婚證。

人口普查顯示華人總數達105465人，其中4779為婦女，男女性別比例為21:1。

1881-1892年　首批中國女留學生由美國教會團體贊助赴美留學，取得醫學學位，後返國成為首批受過西方醫學訓練的中國女醫生。

1882年　美國國會通過《排華法案》（Chinese Exclusion Act of 1882）在十年內禁止華工入美。

六大會館在舊金山聯合組成中華會館（Chinese Consolidated Benevolent Association），代表華人利益，抗爭對華人的歧視與排斥。

1884年　中華會館在舊金山建立華文學校。

1885年　舊金山建立新的與白人分立的「東方學校」。

懷俄明石泉（Rock Spring, Wyoming）發生反華暴力事件。

1888年　《司各特法》（Scott Act）規定禁止返華探親的華工入境。

1890年　人口普查顯示華人總數為107488人，其中女性3868人，男女性別比例為28.78:1。

1892年　《蓋瑞法》（Geary Act）被通過，將1882年《排華法》延期十年。

伊利斯島移民過境站建立。

1899年　中國維新人士康有為與梁啟超巡遊美國。

1900年　人口普查顯示華人總數達89863人，其中女性4522人，男女性別比例為18.87:1。

1902年　1882年的《排華法》被再次延期十年。

1903-1905年　中國知識婦女伍風鳴在舊金山、奧克蘭倫、巴爾的摩等地演講宣傳革命思想。

1904年　美國國會無限期延長所有排華法案。

宋靄齡抵達美國喬治亞州梅肯鎮的私立衛斯理陽女子學院（Wesleyan College）讀書。

1906年　中國第一所女子大學一華北女子學院成立。

1907年　宋慶齡、宋美齡抵達美國。

1910年　天使島移民過境站建立。該站於1940年被廢除。

人口普查顯示華人總數為71531人，其中女性4675人，男女性別比例為14.3:1。

1911年　中國辛亥革命，在美華人男子也剪斷髮辮，以示效忠革命。

1912年　容閎在美國逝世。

「清華學院」成立，培訓留美學生。

1914-1929年　53名女留學生獲清華獎學金留學美國。

1920年　第二代華裔婦女總數達5214人。

人口普查顯示華人總數為61639人，其中女性7748人，男性別比例為6.9:1。

1921年　全美共有三個青年婦女基督教協會。

1922年　在美中國女留學生人數達135名。

1924年　5月26日，美國國會通過《1924年移民法》，限制華人與其他亞洲人進入美國。

1926年　美國中國學會（China Institute in America，Inc.）成立。

1930年　人口普查顯示，華人總數為74954人，其中女性15152人，男女性別比例為3.9:1。

1931年　8月24日，中華會館成立旅美華僑統一義捐救國總會，簡稱義捐救國總會，也稱華僑救國會，支援中國的抗日戰爭。

1936年　吳健雄抵達美國加利福尼亞州立大學伯克利分校攻讀物理學博士。

1938年　中國衣廠女工工會在舊金山「一美元商店」罷工。

1939年　「紫禁城夜總會」在舊金山建立。

1940年　人口普查顯示華人總數為77504人，其中女性20115人，男女性別比例為2.8:1。

1941年　11月25日，華裔女飛行員李月英因飛機失事而逝世。

1943年　吳健雄受聘於哥倫比亞大學，加入代號為「曼哈頓計劃」的原子彈研究。

紐約華僑建立紐約華人血庫，支援中國的抗戰。

12月17日，美國國會廢除自1882年以來所有排華法案。

1945年　12月28日，美國國會通過《戰爭新娘法》（War Bride Act），允許美國軍人的外籍妻子入境，並授予她們申請成為公民的權利。在該法實行的三年內，有6000多名中國婦女作為美國軍人的妻子入境。

1946年　6月29日，美國國會通過《軍人未婚妻法》（G.I. Fiancées Act），允許美國軍人的外籍未婚妻入境。1947年至1949年，有91名中國婦女依該法入境。

1948年　6月25日，美國國會通過《戰時錯置人員法案》（Displaced Persons Act of 1948），允許在美國臨時居留的中國公民將其身分轉變為美國永久居民。在該法令實行的1948至1954年之間，有3465名中國人將其身分轉變為永久居民。

這一年有3317名中國婦女移民美國。

1950年　人口普查顯示華人總數為117629，其中女性40621人，男女性別比例為1.9:1。

1953年　8月7日，美國國會通過《難民救援法》（Refugee Relief Act of 1953），給予2000名持有國民黨政府簽發護照的中國人以美國入境簽證，接收3000名亞洲難民入境，並允許在美的中國臨時居留人士將其身分轉變為永久居民。

1957年　吳健雄從事由華裔物理學家楊振寧與李政道所提出的關於原子在原子核弱性反應條件下違反宇稱性現象的物理測試。同年，楊振寧與李政道因此項物理發現而獲得諾貝爾物理獎。

1960年　人口普查顯示華人總數為237292，其中女性101743人，男女性別比例為1.3:1。

1964年　美國國會通過《1964年人權法案》，規定在任何公共場所實行歧視為非法。

華裔女社會學家譚金美逝世。

1965年　美國國會通過《1965年移民法》，廢除1924年移民法按國籍分配簽證的配額制度，並建立三項新的接納移民的原則，即幫助移民家庭團聚，滿足美國勞工市場對技術移民的需求以及收容戰爭與政治難民。根據該法，美國每年簽發17萬份簽證予東半球的移民，12萬份簽證予西半球的移民。

1966年　「模範少數族裔」（model minority）稱號出現，用來描述亞裔美國

人在教育與就業方面的成就。

1968年　亞裔學運動（Asian American studies movement）從舊金山開始。舊金山州立大學（San Francisco State University）首先成立亞裔學中心（Asian Studies Program）。加利福尼亞州的其他高等院校隨即響應，成立了亞裔學中心或設置了亞裔學的課程。至70年代初，美國各地的許多院校都成立了亞裔學研究中心，或者開設了亞裔學課程。

1970年　人口普查顯示華人總數為431583人，其中女性204850人，男女性別比例為1.1:1。

1971年　宗毓華被哥倫比亞電視廣播公司錄用，隨後成為華裔著名女主播。

1974年　余江月桂當選為加州州務卿，成為加州州政府的第一位華裔女官員。

1979年　中國政府開始派遣留美學生。

1980年　人口普查顯示華人總數為806040人，其中女性398496人，男女性別比例為1:1。

紐約華裔美國人中異族通婚的婚姻占華裔全部婚姻的27%；在加州，華裔與異族通婚的比例為35.6%。

1980年代　　亞裔學運動進入其發展的第二波：美國東海岸的多家著名大學正式建立亞裔學教學與研究機構。

1981年　華裔女建築師林瓔設計越戰紀念碑。

1989年　4月19日，華裔婦女趙小蘭被布希政府任命為交通次長，成為美國女性最高政府官員。

9月，華裔婦女張之香被布希政府任命為美國駐尼泊爾大使，成為美國第一位華裔大使。

11月30日，美國總統布希簽署《關於中華人民共和國公民的管理條例》，免除1989年12月1日之前居留美國的中國公民在完成在美國的學業或培訓後，必須返回其母國並在那裡居住兩年的規定，並允許在1989年6月5日以前便已居留美國的中國公民在美國接受僱傭。

1990年代　　「跨國主義」理論成為學術界移民研究的新興方法論；亞裔美國研究學界對同性戀的研究吸引學界注意。

1996年　3月23日，華裔花樣滑冰女將關穎珊獲得世界花樣滑冰冠軍。

11月5日，美國大選日，「第209號議案」（Proposition 209）被加州選民通過，加州廢除所有對少數族裔在就學與就業中實行特殊照顧的平等權益措施（Affirmative Action）政策。

1990-2000年代
　　　　　亞裔學運動進入其發展的第三波：美國中部、南部的高等院校相繼
　　　　　成立亞裔學研究中心、設立亞裔研究學學位與課程，號稱「第三海
　　　　　岸」（the Great Third Coast）的美國中部、南部亞裔學研究被納入
　　　　　美國亞裔學研究領域；筆者與其他學者的論著將「受忽視的亞裔」
　　　　　（Underrepresented Asian Americans）──較新的或較小的亞裔族群
　　　　　──納入研究範圍。

2001年　9.11事件發生：恐怖主義者襲擊美國紐約世貿大樓；美國通過《美
　　　　　國愛國法》（The USA Patriot Act）以保護其國土與人民的安全，此
　　　　　法導致許多無辜穆斯林移民與中東、南亞、非洲裔的美國公民被審
　　　　　訊、監禁。

2002年　美國政府成立國土安全局（The Homeland Security Agency）。

2009年　華裔婦女趙美心（Judy May Chu，1953年7月7日－），代表民主黨
　　　　　在加利福尼亞州第32選區當選，成為歷史上第一位華裔女性國會議
　　　　　員。歐巴馬總統任命諾貝爾物理獎獲得者朱棣文（Stephen Chu）為
　　　　　能源部長，前華盛頓州長駱家輝（Gary Locke）為商務部長。

2010年　美國人口普查資料顯示美國亞裔人口已超過1730萬，其中1470萬人
　　　　　為純亞裔（Asian Alone），260萬人為亞裔與其他族裔混血（Asian in
　　　　　combination with one or more additional races）。

2011年　歐巴馬總統任命駱家輝為美國駐華大使；趙美心在多位僑團代表的
　　　　　建議下起草了要求美國政府就1882年的《排華法案》表示道歉的提
　　　　　案（H. Res.683）。

2012年　美國國會通過對1882年《排華法案》表示道歉的提案（H. Res.683）。
　　　　　儘管《排華法案》於1943年被廢除，但美國政府一直沒有就這段種
　　　　　族歧視的歷史作出反省，更沒有做出官方道歉的意思。這個在美國
　　　　　歷史上記錄了將近60年的恥辱才最後得以清算。

2014年　5月9日，美國勞工部將當年修築美國橫貫大陸鐵路西段的1萬2千各
　　　　　華工列入勞工部榮譽堂，勞工部長裴瑞斯（Thomas E. Perez）表彰
　　　　　華工對美國經濟的貢獻。裴瑞斯和勞工部副部長盧沛寧以及15位華
　　　　　裔鐵路工人後代為華人鐵路工人榮譽榜揭牌。橫貫大陸鐵路將從美
　　　　　國東部到西部需乘馬車數月的歷程縮短為數天。1869年5月美國橫
　　　　　貫大陸鐵路東、西段接通時，接通儀式上沒有一個華工在場。持續

145年的錯誤終於被糾正。

2019年　華裔楊安澤（Andrew Yang）宣佈在2020年競選美國總統，標誌美國華裔直接參政的新里程碑。

附錄5　華僑華人研究專有名詞中英文參照表

英文	中文
Affirmative Action	平權措施
American Dream	美國夢
American-born Chinese (ABC)	美國土生華裔
"American Decline"	「美國衰落」
Angel Island	天使島
Angel Island Immigration Station	天使島移民過境站
Anti-miscegenation law	《反異族通婚法》
Asian	亞裔
Asian American	亞裔美國人
Association for Asian American Studies	美國亞裔研究學會
Asian American Studies	美國亞裔研究學／學科
Asian American Studies Movement	美國亞裔學運動
Assimilation	同化
"Assimilation Theory"	「同化理論」
"Bachelor Society"	（美國華僑華人）「單身漢社會」
Bemis, Polly	波莉・貝米斯
Bloch, Julia Chang	張之香
Bowl of Rice Movement	「一碗米運動」
Capital, ethnic	族裔資本
Capital, financial	金融資本
Capital, human	人力／人才資本
Capital, social	社會資本
Census tract	人口普查小區
Chain immigration	連鎖移民
Chao, Elaine	趙小蘭
Chen, Danny	陳宇暉
Cheng, Lucy (Hirata)	成露茜
"Chicago School (of Sociology)"	「芝加哥（社會學）學派」
Chin, Vincent	陳果仁

英文	中文
Chin, Vincent, Murder of	陳果仁謀殺案
China Lobby	（支持國民黨的）美國院外活動集團
China Institute of America	美國中國學會
Chinaman	中國佬（對中國人的蔑稱）
"China Rise"	「中國崛起」
Chinatown	唐人街／中國城
Chinatown elite	唐人街精英階層
Chinatown, Uptown	唐人街上層社會
Chinatown, Downtown	唐人街下層社會
Chinese America	美國華人社會
Chinese American	華裔美國人
Chinese American Studies	美國華裔研究／華裔美國學
Chinese Chamber of Commerce	中華總商會
Chinese Consolidated Benevolent Association	中華公所／中華會館
Chinese Diaspora	海外華人／華裔流散族群
Chinese/ethnic Chinese/overseas Chinese	華人／華僑
Chinese ethnic economy	華裔經濟
Chinese Exclusion Act of 1882	1882年《排華法》
Chinese Hand Laundry Alliance (New York)	紐約華人衣館聯合會
Chinese immigrant	中國移民
Chinese immigrant community	華人移民社區
Chinese language media	華文媒體
Chinese Nationalist Daily	《民氣日報》
Chinese Six Companies	六大會館（指中華公所／中華會館）
Chu, Judy May	趙美心
Chu, Steven	朱棣文
Civil Rights Act of 1964	《1964年人權法案》
Civil Rights Movement	民權運動
Chinese Yellow Pages	《華商黃頁》
Chung, Connie	宗毓華
Chung Sai Yat Po	《中西日報》
Coolie	「苦力」
Coolie Trade	「苦力貿易」
Confucius Institute	孔子學院
Credit Ticket System	「賒票制」（令狐萍譯）

英文	中文
Cross interrogation	交叉審訊
Cultural Community	「文化社區」（令狐萍首創）
Diao lou	（廣東）碉樓
Daniels, Roger	羅傑・丹尼爾斯
Displaced Persons Act (1948)	1948年《戰時錯置人員法案》
Dim sum	廣式點心
Ellis Island	伊利斯島
Ellis Island Immigration Station	伊利斯島移民過境站
Enclave	族裔聚居區
Ethnic economy	族裔經濟
Ethnic enclave economy	少數族裔聚居區族裔經濟
Ethnic group	族裔群體
Ethnic identity	族裔身份認同
Ethnic social environment	族裔社會環境
Ethnic Studies	族裔研究／族裔研究學
Ethnicity	族裔／種族
FCC (Families with Children from China)	美國領養中國兒童家庭協會
Family value	家庭價值觀念
Federal Communication Committee	美國聯邦政府大眾傳播委員會
Flexible citizenship	「彈性公民」
Foot-binding	纏足
Fu Manchu	傅滿州（英國作家薩克斯・柔莫爾（Sax Rohmer）塑造的虛構人物，一個來自中國清朝、在西方學醫的犯罪學家）
Garment industry	車衣業
Gender and Sexuality Studies	性別與性研究
Ghetto	貧民窟
Glass Ceiling	「玻璃天花板」
The Geary Act (1892)	1892年《蓋瑞法》
G.I. Fiancée's Act (1946)	1946年《軍人未婚妻法》
Gold Rush	（美國）黃金潮
"Green Card"	「綠卡」（指美國永久居住證件）
Haigui	「海龜」（指海外留學後歸國的人士）
Hobo	（城市）「流浪漢」

英文	中文
Harper's Weekly	《哈潑斯週報》
Huiguan (district association)	會館
Immigration Act of 1965 (Hart-Cellar Act of 1965)	1965年《移民法》（亦稱1965年《哈特－塞勒移民法》）
GI Fiancée Act	《美國軍人未婚妻法》
Globalization	全球化
Global village	地球村
"Gold Mountain"	「金山」（指美國）
Grocery store	雜貨店
Hispanic (Latino)	（美國）拉美裔
Immigration	移民
Immigration model	移民模式
Immigration motivation	移民動機
INS (Immigration and Naturalization Service)	美國移民歸化局（現名ICE）
Interaction	互動
Interdisciplinary degree program	跨學科學位計劃
Intergenerational relation	代際關係
International Migration	《國際移民評論》
Interracial marriage	異族通婚
IT (Information Technology)	資訊科技
IT industry	資訊科技產業
Jinshan Ke	「金山客」
Jinshan Po	「金山婆」
Jinshanzhuang	「金山莊」，指香港專對海外華僑華人的批發商行
Journal of American Ethnic History	《美國種族歷史研究》
Journal of Asian American Studies	《美國亞裔研究》
The Joy Luck Club	《喜福會》（小說、電影）
Kingston, Maxine Hong	湯婷婷
"Knowledge economy"	「知識經濟」
Kwan, Michelle	關穎珊
LGBTQ (lesbian, gay, bisexual, transgender, and questioning)	女同性戀者、男同性戀者、雙性戀者、跨性者、疑性戀者
Lee, Rose Hum	譚金美
Lee, Wen Ho	李文和
Lin, Maya	林瓔

英文	中文
Locke, Gary Faye	駱家輝
Lord, Betty Bao	包柏漪
Mail order bride	「郵遞新娘」
Mainstream society	主流社會
Marginal man	邊緣人
Middleman minority	中間人少數族裔
Mixed-race American	混血美國人
Mixed-race children	混血兒童
Model Minority	「模範少數族裔」
Mongoloid	蒙古人種
Multiculturalism	多元文化
National Archives and Records Administration	（美國）國家檔案館
National Asian American Telecommunication Association (NAATA)	全美亞裔美國人電影大眾傳播協會
Niche economy	特殊經濟
Niche occupation	特殊職業
Niche specialty crops	特殊農作物品種
Nuclear family	核心家庭
On Leong Merchants and Laborers Association	安良工商協會
Opium addict	鴉片煙鬼
Opium War	鴉片戰爭
Oral history interview	口述歷史訪談
"Oriental"	「東方佬」（對亞裔的蔑稱）
"Orientalism"	「東方主義」、「東方學」
Page Act (1875)	1875年《佩奇法》
Pan-Asian ethnicity	泛亞族裔
Paper son	「證書兒子」（廣東話「紙仔」）（指冒充美國公民兒子，持公民身份證書入境的移民）
Peer Group	同儕團體／朋友圈
Peer pressure	同類壓力
Permanent resident	永久居民
"Picture Bride"	「照片新娘」
Progressives	改良運動人士
Protestant	新教教會
"Push" and "Pull"	（移民研究）「推拉理論」

英文	中文
Racial segregation	種族隔離
Repeal of Chinese Exclusion Acts (1943)	1943年《廢除排華法令》
Remittance	僑匯
Residential assimilation	居住同化現象
Residential segregation	居住隔離
Restaurant industry	餐館業
Retail and wholesale	零售與批發（業）
Return certificate	（移民）回返證明書
San Francisco Chronicle	《舊金山時報》
Scott Act (1888)	1888年《司各特法案》
Self-employment	自我雇傭／自我創業
Settlement	定居
Settlement house movement	貧民寄宿所運動
Settlement pattern	定居模式
Settler	定居者
Sexuality	性
Sexual inclination	性取向
Silicon Valley	矽谷（指美國舊金山灣區南部的高科技研發區）
Smuggler	偷渡者
Snake head	「蛇頭」（指移民偷渡集團頭目）
Social mobility, downward	下向社會移動
Social mobility, upward	上向社會移動
Social security	社會保險
Socioeconomic status (SES)	社會經濟地位
Socioeconomic status indicator	社會經濟地位指數
Sojourner	旅居者
"Sojourner Theory"	「旅居者理論」
Split household	分居家庭
Split transnational marriage	跨國分居婚姻
STEM (science, technology, engineering, and mathematics)	科學、技術、工程與數學（領域）
Stereotype	刻板形象
Study abroad movement	留學運動
Subculture	亞文化／次文化
Suffrage movement	爭取（婦女）選舉權運動

英文	中文
Supermarket	連鎖店／超級商店
Tan, Amy	譚恩美
Temperance	戒酒運動
Three Obedience and Four Virtues	「三從四德」
Transnational	跨國人
Transnational business/commerce	跨國商業
Transnational community	跨國社區
"Transnationalism"	「跨國主義理論」
Transnationalism	跨國主義／跨國性
Tsai, Shin-shan Henry	蔡石山
Urban crimes	城市犯罪問題
Urbanization	都市化
Urban revival movement/policy	城市改造運動／政策
Undocumented immigrant	無證照移民
War Bride Act (1945)	1945年《戰爭新娘法》
West Frontier	美國西部開發時期（1840-1880）
White flight	白人離棄（城中心）（指美國都市化過程中白人中產階級遷居市郊的社會現象）
William Carlson Smith Documents	威廉‧史密斯檔案（美國俄勒岡大學圖書館）
Wong, Jade Snow	黃玉雪
Women and Gender Studies	女性與性學研究
The Women Warrior	《女戰士》（湯婷婷著）
Wu, Jiangxiong	吳健雄
「Yellow peril」	「黃禍」（蔑指亞洲文化／美國亞裔文化對白人主流社會的經濟文化衝擊）
Young Men Christian Association (YMCA)	男青年基督教協會
Young Women Christian Association (YWCA)	女青年基督教協會

附錄6 中外主要華僑華人研究機構、博物館、媒體、組織與網絡

1.中外主要華僑華人研究機構與博物館

（1）美國研究機構與博物館

A. 聯邦政府機構

　　美國國家檔案館華盛頓特區總館

　　美國國家檔案館太平洋山嶺地區分館

　　美國國家檔案館大湖地區分館

　　美國國家檔案館亞特蘭大地區分館

　　美國國家檔案館大學公園（馬里蘭）分館

　　美國國家檔案館堪薩斯分館

　　美國國家檔案館舊金山分館

　　美國國家檔案館費城分館

　　美國國家檔案館波士頓分館

　　美國國家檔案館西雅圖分館

　　美國國家檔案館聖路易分館

　　美國國會圖書館

B. 大學圖書館特藏館

　　夏威夷大學圖書館特藏館

　　俄勒岡大學圖書館特藏館

　　斯坦福大學胡佛研究中心

　　哈佛大學燕京圖書館

C. 民間盈利機構

　　匹鮑迪依色卡斯博物館（Peabody Essex Museum, in Salem, MA）

D. 民間非盈利機構

　　舊金山華僑博物館（Chinese Historical Society of America）

　　紐約華僑博物館（Museum of Chinese in America, MOCA）

洛杉磯華僑博物館（Chinese American Museum, CAM）

芝加哥華埠博物館（Chinese American Museum of Chicago, CAMOC）

聖地亞哥華僑博物館（San Diego Chinese Historical Museum, SDCHM）

（2）中國與東南亞研究機構與博物館

A. 中國政府僑務管理機構

中國國務院僑務辦公室

中國僑聯

致公黨

人大華僑委員會港澳臺僑委員會

政協港澳臺僑委員會

臺聯

海聯會

B. 中國研究機構

中國華僑華人歷史研究所

中國社會科學研究院海外華人研究中心，2002年成立。

上海社科院僑務理論研究中心，成立於2007年1月，是上海市人民政府僑務辦公室與上海社會科學院聯合組建的非營利性的社會化研究機構，是國務院僑務辦公室在上海設立的權威理論研究基地。

上海社科院國際關係研究所，2012年6月22日成立。

北京大學華僑華人研究中心，1999年成立。

清華大學華商研究中心，2011年6月15日成立。

復旦大學華商研究中心，2006年11月14日成立。

暨南大學華僑華人研究院／國際關係研究院，暨南大學華僑華人研究院1991年由朱傑勤教授創辦；2011年與國際關係研究院合併，實行「一套人馬，兩塊牌子」。

華僑大學華僑華人研究院／國際關係研究院，成立於2009年9月。

廈門大學南洋研究院，其前身廈門大學南洋研究所創辦於1956年，是中國最早設立的東南亞研究機構，也是中國最早設立的國際問題研究機構之一。

廈門華僑博物院，為中國唯一的僑辦博物館，由已故愛國華僑領袖陳嘉庚於1956年9月倡辦。1958年底建成，1959年5月正式開放。

浙江師大華僑華人研究中心，1990年代成立。

華中師大國際移民與海外華人研究中心，2005年成立。

中山大學華僑華人研究中心，2010年8月19日成立。

江蘇師範大學華僑華人研究中心，2011年10月成立。

廣西華僑華人研究基地

廣西華僑華人研究所，2009年9月24日成立。

C. 臺灣

臺灣中央研究院

臺灣故宮博物院

臺灣國史館

D. 新加坡

華裔館，新加坡南洋理工大學（Chinese Heritage Center）

E. 中國與東南亞華僑博物館

 (A)　中國

  中國華僑歷史博物館

  廣東華僑博物館

  廣州民俗博物館

  廈門華僑博物館

  五邑華僑華人博物館

  福州市歷史博物館

  福州華僑博物館

  浙江華僑博物館

 (B)　新加坡

  華裔館，新加坡南洋理工大學（Chinese Heritage Center）

 (C)　印度尼西亞

  檳城華僑博物館（Pinang Peranakan Museum）

2. 中外主要華僑華人研究學術與民間組織

（1）國際

世界海外華人研究學會（International Society for the Studies of Chinese Overseas, ISSCO）

世界海外華人研究與文獻收藏機構聯合會（The World Confederation of Institute
　　and Libraries for Chinese Overseas Studies, WCILCOS）
世界華僑華人聯合總會

（2）美國

亞裔美國研究學會（Association for Asian American Studies, AAAS）
中華會館（Chinese Consolidated Benevolent Association, CCBA）
美華協會（Organization of Chinese Americans, OCA）
安良工商會（On Leong Merchants and Laborers Association）
美國領養中國兒童家庭組織（Families with Chinese Children, FCC）

（3）中國

中國華僑華人研究學會
中國華僑歷史協會
廣東華僑華人研究會
浙江省華僑華人研究會
中國全國歸國華僑聯合會

（4）臺灣

臺灣國史館

（5）香港

香港華僑華人研究中心
香港華僑華人總會

（6）日本

日本華僑華人研究學會
日本華僑華人協會
西日本新華僑華人聯合會
長崎新華僑華人協會
北海道華僑華人聯合會
日本福井華僑華人聯誼會

日本中華總商會

「東京大學華人創業論壇」

（7）新加坡

華裔館，新加坡南洋理工大學（Chinese Heritage Center）

馬來西亞華人文化協會（Malaysian Chinese Cultural Society）

馬華公會

（8）菲律賓

菲華各屆聯合會

菲華商聯總會

旅菲各校校友聯合會

菲律賓中國商會

菲律賓晉江同鄉會

（9）泰國

泰國華僑教育協會

泰國華僑華人語言文化協會

（10）歐洲

歐洲華僑華人研究學會

法國華僑華人會

義大利東北四省華僑華人聯合會

冰島華人華僑協會

（11）非洲

非洲華僑華人研究學會

（12）南美洲

巴拿馬華人工商總會

3.中外主要華僑華人媒體

（1）中國

《人民日報海外版》，中國中央委員會機關報，創刊於1985年7月1日，為中
　　國對外最具權威的綜合性中文日報。

《環球時報》，人民日報社主辦，1993年1月3日創刊，發行量200多萬份，注
　　重日本、美國、臺灣的新聞，其文章受中國大陸與海外同行高度關注。

《中國建設》雜誌，1952年由宋慶齡創辦。主要讀者對象為華僑華人與港澳
　　臺僑胞。

《中華英才》雜誌，1989年創刊，為中國目前唯一以人物（包括華僑華人精
　　英）為重點的綜合性新聞半月刊，報導範圍涵蓋中國政治、軍事、外
　　交、經濟。文教、衛生等。

《星島日報》、《星島晚報》、《星島晨報》（香港）。

（2）美國

《金山日新錄》，1854年在舊金山創刊，為海外最早華僑報紙。

《世界日報》，1970年創辦，總部設紐約。為北美發行量最大、最有影響力
　　的華文媒體。

《美洲華僑日報》，總部設紐約，1941年創刊，1989年停刊。

《美國僑報》，1990年1月5日創刊，為美國發展最快、最有影響力的華文
　　媒體。

（3）加拿大

《大漢公報》，1907年創刊溫哥華。

《華僑新報》，1990年創刊蒙特利。

《加華日報》，1983年創刊多倫多。

（4）日本

《日本新華僑報》。

（5）東南亞與南亞

A. 新加坡

《叻報》，1881年創刊，為東南亞地區最早華僑報紙。

《南洋商報》，1920年代由著名華僑領袖陳嘉庚創辦。

《星洲日報》，1920年代由著名華僑領袖胡文虎創辦。

《聯合早報》，1983年由《南洋商報》、《星洲日報》合併而來。

《聯合晚報》，1983年由《南洋商報》、《星洲日報》合併而來。

B. 馬來西亞

《光華日報》，1910年創刊。

《星洲日報》，中文、馬來文雙語版。

《新檳日報》，中文、馬來文雙語版。

C. 印度尼西亞

《訊報》，2007年5月21日創刊，總部設印尼第三大城市棉蘭，由當地華人企業家林榮勝創辦。《訊報》為面向當地華人，以報導當地和大中華區域新聞為主的日報，為蘇門答臘島第一大華文報紙、全印尼主流華文報刊之一，日銷量逾1萬2000份。

D. 菲律賓

《聯合日報》，總部設馬尼拉，中、英文雙語版。

E. 泰國

《星暹日報》，1950年1月1日創刊，由著名華僑巨商胡文虎與泰國華僑富商郭實秋合辦，後成為胡氏家族「星系報業有限公司」的產業。

《星泰晚報》，1951年由著名華僑巨商胡文虎創辦。

F. 緬甸

《緬甸晨報》，1923年11月5日由著名華僑巨商胡文虎在仰光創辦。

《仰光日報》，1920年代初由著名華僑巨商胡文虎在仰光創辦。

4.中外主要華僑華人電視臺、電臺

海外華人電視頻道（VodGo.COM）

5.中外主要華僑華人社會媒體網絡

（1）中國

中國僑網（www.Chinaqw.com）

中國華聲網（www.huashengwang.net）

（2）香港

香港華聲網（www.chinaroot.net）

（3）美國

世界新聞網（www.worldjournal.com）

美國僑報網（www.uschinapress.com）

華夏文摘（China News Digest, CND, www.cnd.org）

海歸網（haiguiwang.com）

華聲網（www.myhuasheng.com）

洛杉磯華人諮詢網（www.chineseinla.com）

（4）日本

日本新華僑網（www.jnocnews.jp）

表1. 美國亞太裔受教育程度（1970-2010）

年度		所有族裔[1]		白人[2]		黑人[2]		亞太裔[2]		西裔[3]	
		男	女	男	女	男	女	男	女	男	女
高中以上	1970	51.9	52.8	54.0	55.0	30.1	32.5	61.3	63.1	37.9	34.2
	1980	67.3	65.8	69.6	68.1	50.8	51.5	78.8	71.4	45.4	42.7
	1990	77.7	77.5	79.1	79.0	65.8	66.5	84.0	77.2	50.3	51.3
	2000	84.2	84.0	84.8	85.0	78.7	78.3	88.2	83.4	56.6	57.5
	2010	86.6	87.6	86.9	88.2	83.6	84.6	91.2	87.0	61.4	64.4
大學畢業生、研究生[4]	1970	13.5	8.1	14.4	8.4	4.2	4.6	23.5	17.3	7.8	4.3
	1980	20.1	12.8	21.3	13.3	8.4	8.3	39.8	27.0	9.4	6.0
	1990	24.4	18.4	25.3	19.0	11.9	10.8	44.9	35.4	9.8	8.7
	2000	27.8	23.6	28.5	23.9	16.3	16.7	47.6	40.7	10.7	10.6
	2010	30.3	29.6	30.8	29.9	17.7	21.4	55.6	49.5	12.9	14.9

[1] 包括所有未被專門羅列的族裔。

[2] 從2005年起，只統計被選入該族裔的人口。

[3] 西裔人口包括各種族裔。

[4] 至1990年，統計數字包括完成四年高中和四年大學或更高的教育。

[5] 自2005年起，統計數字隻包括亞洲人口，不包括太平洋島嶼人口。

資料來源：美國人口普查1970和1980人口普查，第一卷；http://www.census.gov/population/www/socdemo/ educ-attn.html；美國人口普查局，2012年人口統計數據摘要，表230，依族裔、性別分類的各族裔受教育程度。

表2. 美國亞裔各族群人口統計（2010）

族群	單一亞裔		亞裔與其他族裔混合		單一亞裔族群或與其他亞裔族群或族裔混合
	單一亞裔族群	兩種以上亞裔族群	單一亞裔族群	兩種以上亞裔族群	
Total.	14,327,580	346,672	2,429,530	217,074	17,320,856
印度裔	2,843,391	75,416	240,547	23,709	3,183,063
孟加拉裔	128,792	13,288	4,364	856	147,300
不丹裔	15,290	3,524	442	183	19,439
緬甸裔	91,085	4,451	4,077	587	100,200
柬埔寨裔	231,616	23,881	18,229	2,941	276,667
華裔	3,347,229	188,153	334,144	140,588	4,010,114
華裔（不包括臺灣裔）	3,137,061	185,289	317,344	140,038	3,779,732
臺灣裔	196,691	2,501	15,781	468	215,441
菲律賓裔	2,555,923	94,050	645,970	120,897	3,416,840
寮國苗裔 Hmong	247,595	4,728	7,392	358	260,073
印尼裔	63,383	6,713	22,425	2,749	95,270
（日本）硫磺島裔 Iwo Jiman	1	1	7	3	12
日裔	763,325	78,499	368,094	94,368	1,304,286
韓裔	1,423,784	39,690	216,288	27,060	1,706,822
寮國裔 Laotian	191,200	18,446	19,733	2,751	232,130
馬來西亞裔	16,138	5,730	3,214	1,097	26,179
馬爾地夫裔 Maldivian	98	4	25	-	127
蒙古裔	14,366	772	2,779	427	18,344
尼泊爾裔	51,907	5,302	1,941	340	59,490
（日本）沖繩島裔 Okinawan	2,753	2,928	3,093	2,552	11,326
巴基斯坦裔	363,699	19,295	24,184	1,985	409,163
新加坡裔	3,418	1,151	645	133	5,347

族群	單一亞裔		亞裔與其他族裔混合		單一亞裔族群或與其他亞裔族群或族裔混合
	單一亞裔族群	兩種以上亞裔族群	單一亞裔族群	兩種以上亞裔族群	
Total.	14,327,580	346,672	2,429,530	217,074	17,320,856
斯里蘭卡裔	38,596	2,860	3,607	318	45,381
泰國裔	166,620	16,252	48,620	6,091	237,583
越南裔	1,548,449	84,268	93,058	11,658	1,737,433
其他亞裔	218,922	19,410	366,652	18,777	623,761
-代表零。					

資料來源：美國人口普查局，2010人口普查特別統計。

表3. 美國亞裔家庭與一般家庭每家就業人數比較（2000-2010）

	2000		2010	
	全國人口	亞裔美國人	全國人口	亞裔美國人
家庭總數	72,261,780 (100%)	2,616,085 (100%)	114,567,419 (100%)	3,587,927 (100%)
每家就業人數	9,148,427 (12.7%)	188,424 (7.20%)	31,183,644 (27.2%)	233,859 (6.52%)
1人	16,114,172 (22.3%)	786,087 (30.0%)	45,082,026 (39.3%)	1,127,898 (31.4%)
2人	36,433,010 (50.4%)	1,186,968 (45.4%)	31,560,302 (27.5%)	1,667,645 (46.5%)
3人以上	8,610,842 (11.9%)	454,579 (17.4%)	6,751,447 (5.90%)	530,010 (14.8%)

資料來源：American Fact Finder, PCT084, FAMILY TYPE BY NUMBER OF WORKERS IN FAMILY IN 1999, Total Population; American FactFinder, PCT084, FAMILY TYPE BY NUMBER OF WORKERS IN FAMILY IN 1999, Asian Alone or in combination with one more other races (400-499) & (100-299) or (300, A01-z99) or (400-999); American Fact Finder, B23009, PRESENCE OF OWN CHILDREN UNDER 18 YEARS BY FAMILY TYPE BY NUMBER OF WORKERS IN FAMILY IN THE PAST 12 MONTHS, Asian Alone or in combination with one more other races (400-499) & (100-299) or (300, A01-z99) or (400-999); American FactFinder, B08202, HOUSEHOLD SIZE BY NUMBER OF WORKERS IN HOUSEHOLD, Total Population.

表4. 美國亞裔各族群人口增長統計（2000-2010）

族群	單一亞裔			亞裔與一種以上其他族裔混合			單一亞裔或與其他族裔族群混合		
	2000	2010	Percent change	2000	2010	Percent change	2000	2010	Percent change
Total.	10,242,998	14,674,252	43.3	1,655,830	2,646,604	59.8	11,898,828	17,320,856	45.6
華裔	2,564,190	3,535,382	37.9	301,042	474,732	57.7	2,865,232	4,010,114	40
華裔（不包括臺灣人）	2,432,046	3,322,350	36.6	288,391	457,382	58.6	2,720,437	3,779,732	38.9
菲律賓裔	1,908,125	2,649,973	38.9	456,690	766,867	67.9	2,364,815	3,416,840	44.5
印度裔	1,718,778	2,918,807	69.8	180,821	264,256	46.1	1,899,599	3,183,063	67.6
越南裔	1,169,672	1,632,717	39.6	54,064	104,716	93.7	1,223,736	1,737,433	42
韓裔	1,099,422	1,463,474	33.1	129,005	243,348	88.6	1,228,427	1,706,822	38.9
日裔	852,237	841,824	-1.2	296,695	462,462	55.9	1,148,932	1,304,286	13.5
其他亞裔	162,913	238,332	46.3	213,810	385,429	80.3	376,723	623,761	65.6
巴基斯坦裔	164,628	382,994	132.6	39,681	26,169	-34.1	204,309	409,163	100.3
柬埔寨裔	183,769	255,497	39	22,283	21,170	-5.0	206,052	276,667	34.3
寮國苗裔 Hmong	174,712	252,323	44.4	11,598	7,750	-33.2	186,310	260,073	39.6
泰國裔	120,918	182,872	51.2	29,365	54,711	86.3	150,283	237,583	58.1
寮國裔 Laotian	179,103	209,646	17.1	19,100	22,484	17.7	198,203	232,130	17.1
臺灣裔	118,827	199,192	67.6	11,564	16,249	40.5	130,391	215,441	65.2
孟加拉裔	46,905	142,080	202.9	10,507	5,220	-50.3	57,412	147,300	156.6
緬甸裔	14,620	95,536	553.5	2,100	4,664	122.1	16,720	100,200	499.3
印尼裔	44,186	70,096	58.6	18,887	25,174	33.3	63,073	95,270	51
尼泊爾裔	8,209	57,209	596.9	1,190	2,281	91.7	9,399	59,490	532.9
斯里蘭卡裔	21,364	41,456	94	3,223	3,925	21.8	24,587	45,381	84.6
馬來西亞裔	15,029	21,868	45.5	3,537	4,311	21.9	18,566	26,179	41
不丹裔	192	18,814	9,699.00	20	625	3,025.00	212	19,439	9,069.30
蒙古裔	3,699	15,138	309.2	2,169	3,206	47.8	5,868	18,344	212.6

族群	單一亞裔			亞裔與一種以上 其他族裔混合			單一亞裔或與 其他族裔族群混合		
	2000	2010	Percent change	2000	2010	Percent change	2000	2010	Percent change
（日本） 沖繩裔 Okinawan	6,138	5,681	-7.4	4,461	5,645	26.5	10,599	11,326	6.9
新加坡裔	2,017	4,569	126.5	377	778	106.4	2,394	5,347	123.4
馬爾地夫裔 Maldivian	29	102	251.7	22	25	13.6	51	127	149
（日本） 硫磺島裔 Iwo Jiman	18	2	-88.9	60	10	-83.3	78	12	-84.6

資料來源：美國人口普查局，2010年人口普查資料，2010美國亞裔人口。

表5. 美國中西部與南部亞裔人口增長與加州、夏威夷、紐約比較 (2000-2010)

	單一亞裔		單一土生夏威夷人與其他太平洋島嶼人口	
	佔人口百分比	變化	佔人口百分比	變化
南部州				
Arkansas	1.2	78.50%	0.2	251.50%
Alabama	1.1	71%	0.1	117%
Delaware	3.2	76%	-	-
Florida	2.4	70.80%	0.1	42.40%
Georgia	3.2	81.60%	0.1	42.40%
Kentucky	1.1	64.50%	0.1	71.30%
Maryland	5.5	51.20%	0.1	37.10%
N Carolina	2.2	83.80%	0.1	65.80%
S Carolina	1.3	64%	0.1	66.20%
Tennessee	1.4	61%	0.1	65.20%
Texas	3.8	71.50%	0.1	50%
Virginia	5.5	68.50%	0.1	51.50%
中西部州				
Indiana	1.6	73.30%	-	-
Iowa	1.7	44.90%	0.1	98.50%
Kansas	2.4	44.80%	0.1	70.40%
Minnesota	4	50.90%	-	-
Missouri	1.6	59.20%	0.1	97%
Nebraska	1.8	47.20%	0.1	53%
N Dakota	1	91.60%	-	-
S Dakota	0.9	73.80%	-	51.00%
Wisconsin	-	-	-	-
東北部州				
Vermont	1.3	52.30%	-	-
California	13	31.5	0.4	23.40%

	單一亞裔		單一土生夏威夷人與其他太平洋島嶼人口	
	佔人口百分比	變化	佔人口百分比	變化
Hawaii	38.6	3.20%	10	19.30%
New York	7.3	35.90%	-	-0.60%

資料來源：令狐萍根據2010年美國人口普查數據編纂。

附錄8　好評回饋

令狐萍新著《萍飄美國——新移民實錄》評介

　　公元2001年4月，臺北中研院招待所。令狐萍教授與筆者同赴「海外華人研究國際學會」（ISSCO）第四屆學術討論會。一日，令狐教授問我願否閱讀她剛剛殺青的書稿《萍飄美國——新移民實錄》。同為「留學生移民」的我，欣聞令狐教授將我輩成長奮鬥於太平洋兩岸之經歷與對美國之剖析付諸成書以示國人，興奮不已，當即應允。是夜，手捧書稿，難以成寐，一氣讀完洋洋二十八萬字之手稿。二年之後，大作問世，又受邀撰寫述評一篇。提筆之際，忽恐中文生疏——不覺未用中文寫作已年久矣，實感汗顏。然令狐教授之優美文筆，精彩剖析，實屬上乘，亦激勵筆者重拾母語，深感中華文化之博大精深。倉促成文，難免掛一漏萬，敬請令狐教授及讀者海涵。

　　《萍飄美國——新移民實錄》乃自傳體實錄，記述令狐教授自兒時至今日，重點著墨於作者旅美十八年的生活工作，籍以反映當今美國之社會動態及風土人情。本書之序言，短小精煉，言簡意賅，以一千六百五十字之篇幅概述作者成為美國史學家之始末。令狐教授「無心插柳柳成蔭」——縱無趕「海外華人自傳」紀實性文學之意，「更無為自己作傳之想」（自序，頁12），但本書卻彌補了海外華人紀實性文學中之缺憾——「留學生移民」的成長奮鬥史。作者十八年之美國經歷使筆者驟然想起八十年代初一部著名電視連續劇《敵營十八年》。十八年之數僅屬巧合，現今中美兩國均鮮少人士認為對方屬「敵營」，然如令狐教授所言，「美國究竟是『天堂』，是『地獄』，還是任何別的東西，希望讀者在讀完本書後，會有個答案。」（自序，頁12）

　　本書共分十章。除自序與第十章「結語」外，其餘九章大致可分為四個部分，筆者僅以「中國成長」、「美國奮鬥」、「田園溫馨」與「社會素描」為題逐一評述。

中國成長

第一章「名字是否昭示未來」以簡練筆觸概括了作者在山西生長二十九載之經歷。令狐教授出身望族，族中上至祖先，下至雙親，皆中華民族之棟樑精英。身為名門閨秀，家中幼女，令狐教授自小聰穎過人，備受疼愛。然而任何家庭都難以逃脫「文革」風暴，以令狐家世背景更屬「在劫難逃」。作者卻在風暴之中沉湎於書山學海，找到了自己的寧靜港灣，尤以攻讀史學與英文為樂。紮實功底，多才多藝，使令狐教授得以於文革後脫穎而出，如魚得水：由山西大學歷史系高才生、助教進而飛越太平洋，揭開人生新篇章。

美國奮鬥

第二章「波托馬克河畔的徘徊者」、第三章「西部風情」、第四章「中部生活」和第五章「進入白領階層，成為『模範少數族裔』一員」勾劃了作者旅美前十年的奮鬥歷程。熟知美國學界人士皆知在十年內獲取史學碩士與博士雙重學位並晉升至終身職副教授，即便是英語為母語的美國人也尚非易事，惶論一英文非母語的移民學者。令狐教授之成就縱有天資聰穎之利，良師益友之助，但個人的勤奮努力、優異學風更是不可或缺。十年之內，作者東岸落足（第二章），西岸求學（碩士研究生——第三章），中部勤奮（博士研究生——第四章），校園供職（第五章）。一路走來，既有求學艱辛的腳步，亦有事業成功之喜悅，更有親人團聚之歡愉。作者的奮鬥史概括了一代華人「留學生移民」（或稱「知識」移民）的相似經歷，同路人讀來倍感親切，後輩留學生以此鏡鑒，想亦將受益良多。

田園溫馨

第六章「實現美國夢」與第七章「接受再教育」筆鋒一轉，描繪出「美國夢成」之後一幅田園溫馨之景致。或購車置產，或綠卡公民，或懷孕生子，或養育學童，一一敘來，讀者彷彿身臨其境，在體驗作者家居生活，苦樂艱辛的同時，也觀察美國社會的商業文化、醫療教育及社會福利等方方面面。

社會素描

第八章「異族婚戀」及第九章「新舊唐人街」猶如美國社會之素描。異族婚戀及其子女歸屬認同問題是今日明朝美國社會的趨勢。美國2000年人口統計顯示全美已有2.4%人口自認是雙族裔或多族裔之後代，此百分比勢必有增無減。全書以綜述華人在美歷史現狀告終，涉及人口、職業、形象、社區及參政種種，資料豐富。

本書係自傳體裁，讀者感同身受，隨作者榮辱而沉浮。當作者獨自離鄉，夜來思念稚子於夢，讀者為之動容；當作者異鄉成就傲人，讀者為作者相慶之餘，更感中美文化交觸之震撼。然而作者並非以自傳為唯一目的，而是寓「史」於「實」，以「雙語雙文化」、「過來人」的角度，剖析美國的歷史與現狀，展示美國風土人情。這種史學家著傳，傳中有史的獨特方式對國內美國學研究及海外華人研究頗有貢獻，並具新意。非但學者可以從中獲益良多，其他讀者亦可從作者通俗流暢的文筆中感受到美國歷史文化，有意留美旅美人士更可直接受教於作者提供的背景材料，為越洋生活作準備。總之本書將史學與文學合一，個人與國情兼具，實乃中國知識移民的縮影，不可多得之佳作。

大凡評書者，總要「吹毛求疵」。筆者亦不例外。本書最後兩章以學術評論為主，與前七章之生動描述似有差異。書中並偶有重複之嫌。但此類微瑕不傷大雅，甚至難以覺察。

筆者願以林語堂先生詩一首結束此文，並就教於令狐教授：

> 我愛春天，但是太年輕。
> 我愛夏天，但是太氣傲。
> 所以我最愛秋天
> 它雖略帶憂傷
> 但是寧靜、成熟、豐富。
> 翠綠與金黃相混
> 悲傷與喜悅相染
> 希望與回憶相間。

筆者深感作者功成名就家庭幸福之餘，字裡行間隱現些許淡淡憂傷與悠悠鄉情。林語堂先生的詩彷彿最貼切地顯示了我輩之所想所為，或許《萍飄美國》之真諦在此：經歷了文革的「新三屆」和遠離故土的「洋插隊」，歲月流逝，我們已不再年輕更無氣傲，卻寧靜成熟，喜悅中夾雜惆悵，回憶間充滿希望。

　　未知令狐教授然否？

李唯

2004年5月4日

於美國亞利桑那州沙漠之舟坦佩市

令狐萍：學海無涯樂為萍

　　令狐萍，女，國際著名移民史研究專家，1956年出生於山西太原，現任華中師範大學「長江學者」講座教授、美國杜魯門州立大學歷史系教授，曾任該校亞洲研究學位委員會創會主席。著有《美國華裔婦女生存奮鬥史》、《金山謠──美國華裔婦女史》等十一部著述，曾獲美國福特基金會著作獎。

　　近年來，我一直關注於「民族主義」、「族裔問題」與中國現代文學的關係，因此少不了閱讀一些海外學者的相關研究資料。在閱讀這些資料時，一個名字經常在我眼前出現：Huping Ling。

　　這個署名所寫的學術論文，總是透露著特殊的靈氣，尤其對於亞裔族群的研究與評述，可以說幾乎字字出彩。憑直覺，我判斷這個名字是一位華裔學者，但我又不確定，他是一位姓胡的老師呢？還是一位姓令的教授？

　　帶著這個疑問，我通過萬能的網路，知曉了這位教授的中文名字：令狐萍。

　　此後，有幸與令狐萍教授通信幾次，在書信交往中，感知到了她的熱心與親切。這位成長於中國，治學於彼岸的華裔國際知名學者，確實宛如學界之萍，漂洋過海，篳路藍縷，溝通東西文化。

我不再為我的家庭出身而自卑

　　令狐家族的歷史源遠流長，知識分子輩出，長期以行醫、教書為業。令狐萍的父親令狐溥，早年曾畢業於中國大學，並參加了著名的「一二・九」學生運動。

　　在這場運動中，令狐溥被抓進了監獄，幾個月被釋放出來之後，在他的老師、中共早期黨員張友漁的安排協助下，逃出北京。為在亂世中求得活命，他輾轉到了軍閥孫殿英的部隊裡，做了一名宣傳抗戰的隨軍參謀，抗戰結束之後，他復員還鄉擔任國民黨山西黨部的書記。

　　這樣的身分，致使令狐溥在1949年之後必然受到不公正的待遇，他曾一度因「歷史問題」入獄，爾後釋放，顛沛流離多年，最後找到了一份工作：

與妻子一道擔任基層教師。

幾乎與令狐溥找到正式工作的同時的1956年，令狐萍出生於山西太原。

令狐萍出生之後，由於父母忙於工作，她被送入了全托的寄宿制幼兒園，她的獨立生活能力，從這一階段就開始培養，待到她念小學時，史無前例的「文革」爆發了。

文革中失學的那幾年裡，令狐萍開始利用家裡的藏書進行自學，音樂、中醫、文學等等，但凡能找到的書，令狐萍都不放過。

「在所有的這些雜七雜八的興趣中，有兩樣愛好我始終堅持不懈，一是手風琴，一是英語。」多年以後，令狐萍如是回憶自己當年的自學經歷，「1972年，我進入到相當於高中的師範班，學校暫時沒有音樂教師，校黨委決定要我教授全校的音樂課。」

之所以進入到師範班，乃是因為在當時高中畢業生要下鄉，出身不好的令狐萍，自然讀大學無門，因此，她只好選擇當地的一所師範學校就讀。

就在這所師範學校裡，她有幸認識了影響她一生的老師——曹克瑛。

曹克瑛先生是山西省中學語文教學名師，曾任山西省中學語文教學研究會祕書長。當時正好在令狐萍就讀的師範學校任教語文，並擔任班主任。

曹老師軍人出身，既對學生嚴格要求，又為人公正厚道，不像當時某些老師一樣，歧視「出身不好」的學生。多年來備受冷眼的令狐萍，在曹老師這裡獲得了特別的關愛。甚至還被「提拔」為班幹部，這在許多學生、老師的眼裡，幾乎是完全不可理解的事情，而且在令狐萍畢業留校時，曾經有許多人有強烈的反對意見，但是曹老師力排眾議，堅持讓各門成績優異，並有代課經驗的令狐萍，留在師範學校內擔任教師。

「曹老師擔任我們的班主任，從此影響了我們一生。」令狐萍對於曹老師當年的栽培，至今仍記憶猶新，「我對曹老師畢生感激的，是他在當時一切『惟成分論』的政治形勢下，不畏流俗，培養重用我這個『家庭成分不好』的學生，自此，我不再為我的家庭出身而自卑。」

只有小女兒趕上了好時代

1977年，中央恢復高考。

就在這一年，令狐萍的父親因為「文革」多年的折磨，病倒了。

作為小女兒，令狐萍一直照顧病榻上的父親，因此，她失去了高考復習

的最好時機。待到父親康復時，已經離高考時間不遠。

由於先前的過度勞累，令狐萍竟然記錯了高考的具體時間，結果在第二門考試時，竟然遲到了半個多小時，按照考場規則，令狐萍失去了參加這門考試的資格。如果一門考試為零分，其他三門考試，縱然分數再高，也無法被錄取。

正在此時，監考第一門的老師看到了站在考場門口的令狐萍，他對答卷迅速的令狐萍印象極深。這位老師與其他幾位老師商量之後，忽然轉身過來對令狐萍說：「我們破例讓妳入考場，是因為妳上午的數學考得特別好，我們不忍心讓這樣的考生失去入學的機會。」

在這樣的「特殊照顧」下，令狐萍考入了全區前十名，因為父親的身體原因，令狐萍決定就近報考山西大學歷史系，成為了「恢復高考」之後山西大學的「黃埔一期」。

大二那年，中美正式建交。「研究美國」成為了當時許多青年人的學術旨趣。令狐萍憑藉著自己「文革」時自學外語的功底，也開始對美國歷史進行了初步的研究，並在國內的學術期刊上發表了一些研究羅斯福外交論文。

本科畢業時，令狐萍本想報考武漢大學美國史權威劉緒貽教授的研究生，之前令狐萍已經和劉教授有過幾次通信，劉教授也很對令狐萍有較高的期望，但當時學校考慮，讓成績優異的令狐萍留校擔任助教。兩相權衡，令狐萍覺得自己研究生畢業之後，也是留校任教，而目前是直接留校，兩者應是殊途同歸。出於這樣的考慮，令狐萍決定：留在山西大學，擔任助教。

就在她留校兩年後的1984年，教育部決定派遣文科生出國進修。

就在那段時間裡，中國有無數青年學者踏上了去美國的航班，並獲得了美國高校的博士學位。譬如，北京大學西語系的青年教師張隆溪、中國社會科學院的助理研究員趙毅衡、上海社會科學院的助理研究員楊小濱等等，而他們恰組成了未來中國學界最重要的人文學者群。

令狐萍，也有幸成為了其中之一，28歲的她收到了喬治城大學的錄取通知書。

「我父親說，只有小女兒趕上了好時代。」令狐萍如是感嘆自己命運的轉折，「那一刻我知道，我真的要離開家人，獨自飛越太平洋，在異國漂流。」

這幾年我幾乎沒有看過電影

剛到美國時的令狐萍，可以用「生道艱難」來形容。

比起完全自費的留學生來講，令狐萍可以「享受」每月四百美金的獎學金，但就美國的生活而言，這筆錢基本上等於杯水車薪，幾乎僅夠最便宜的公寓的全部房租。

在美國求學時的令狐萍，克服了很多人都難以想像的艱難。但她只用了六年的時間，先後獲得美國俄勒岡大學碩士學位、邁阿密大學博士學位。相當於中國大陸碩士、博士的攻讀時間，令狐萍完成了在美國的求學之路。

在攻讀碩士期間，為了補貼生活，除了當助教以外，令狐萍先後還在學校圖書館、食堂與學生宿舍裡做過「打工妹」。

「除了圖書館的工作外，我又找了一份在學生食堂裡的工作。」這種辛苦的工作讓令狐萍對於美國有了新的理解，「在食堂我結識了許多被拒於象牙塔之外的美國人，瞭解到了美國生活的另一面。這個暑假，我還找了第三份工作，幫學生清理宿舍。」

而且，令狐萍還在中餐館做過服務生，並在一對猶太夫妻的家裡做過傭人。在艱難的求學、求生的留美之路上，令狐萍對於亞裔移民在美國的生存現狀，有了深刻的瞭解與把握。這也為她今後從事美國亞裔移民的研究，提供了直觀、客觀的寶貴經驗。

選擇攻讀博士階段的學校時，令狐萍為了更多感受美國文化，申請了中部的邁阿密大學，此時的令狐萍已經在美國有了一定的生活經驗，因此她不再如初來乍到一般，窘迫於房東的驅趕與打工的艱辛，而是逐步改善了自己的生活，而且還買了一輛二手車。

在邁阿密大學攻讀美國史博士學位期間，令狐萍依然「不走尋常路」，經歷了一年半的求學生涯之後，她毅然決定：申請提前參加博士生畢業考試。

「消息傳出後，全系大嘩，很多教授認為我是拿博士畢業資格來冒險。連我在俄勒岡的碩士生導師都打長途電話給我，告訴我不可急於求成，萬不可申請提前畢業。」多年之後，令狐萍如是回憶自己的這個選擇，「這幾年我幾乎沒有看過電影，也沒有任何休閒娛樂活動。」

就這樣，她從邁阿密大學博士畢業，應聘進入到了杜魯門州立大學。

待我長大後，我會到處漂遊

在杜魯門州立大學執教四年後，令狐萍獲得了美國的「終身教職」，並晉升為副教授。

在她執教杜魯門州立大學期間，她在學校裡開設了「亞裔文化研究」課程，成為美國中部最早開設這類課程的教師，並創辦了該校的「亞洲研究學位委員會」。而且，她還發表了不少學術論文，並出版了以《金山謠——美國華裔婦女史》、《聖路易華人——從唐人街到文化社區》為代表的學術專著。

本世紀初，她受聘擔任該校歷史系主任一職。華人在美國名校裡擔任系主任，這非常少見。令狐萍作為其中優秀代表，無疑非常難得，當然也與其數十年如一日的艱辛努力密不可分。1998年，令狐萍還受聘擔任華盛頓大學客座教授，從事當地華人族群的研究。

近年來，令狐萍可謂佳作迭出，進入到了名副其實的「高產期」。以《亞裔美國歷史與文化百科全書》（上下卷）為代表的大部頭著作，讓令狐萍獲得了國際學術聲譽。成為了國際學界「亞裔研究」的權威專家，因此，她也頻頻受邀到世界各地講學、出席會議。

與此同時，作為亞裔文化研究專家的她，從未忘記，自己也是「華裔」中的一員。

近年來，令狐萍一直在活躍於中國學術界，一度受聘武漢僑務理論研究中心、國務院僑務辦公室、暨南大學華人華僑研究院與廣東省人民政府等機構，擔任客座講席或兼職研究員，身體力行地推行國內的僑務理論、文化史與民族學在中國大陸研究的國際化，據筆者不完全統計，幾乎每年令狐萍都要回到中國，開辦各種講座與工作坊。

2012年，象徵著國內人文社科學界最高榮譽的「長江學者」講座教授聘任結果揭曉，令狐萍受聘華中師範大學，擔任該校「長江學者」講座教授。2013年，令狐萍開始在華中師範大學招收博士生，在令狐萍看來，這既是一種回報亦是自身的使命。

「待我長大後，我會到處漂遊。」這是令狐萍在回憶錄《萍漂美國》的序言中所寫的一句話，「萍」是四處飄蕩的植物，名如其人的令狐萍宛

如「學海之萍」，為溝通中美兩國學術研究，始終在不懈地踐行著自己的
努力。

韓晗

2013 年 6 月 1 日

萍飄美國——記著名旅美史學家、作家令狐萍教授

一部與此文同名的著作《萍飄美國》的中文版於2003年4月由山西北嶽文藝出版社出版發行。這部著作是美國杜魯門大學歷史系主任令狐萍教授的一部自傳性力作，也是作者獻給她敬愛的父母令狐溥和馬慧瑗的一份禮物。該書既是一部綜合全面討論美國歷史、政治、經濟、文化與價值觀念的社會文化史，也是一部造詣很高的文學作品。此書以「萍」為經，以「飄」為緯，以自傳體裁形式記敘中國移民在美國挣紮、奮鬥與成功的歷史。二十年來，作者在美國大地飄遊，從首都華盛頓到西海岸，又從西海岸到中西部，每到一處，作者喜歡觀察周遭的社會動態，體驗美國風土人情。將二十年旅美生活中的喜怒哀樂放置在美國的社會背景上，用史學的眼光，文學的筆調，通過作者與美國各界人士的交往，各種制度的接觸，對各種社會現象的觀察作風趣感人的記敘，來細致入微地解剖分析美國多元化的社會制度、人文習俗和價值觀念。書中的「萍」不僅代表作者的個人經歷，也反映眾多的中國新移民的群體經驗。該書通過中國新移民（指八十年代中國改革開放後留學或定居美國的華人）在美國的經歷，表現美國社會生活的各方面，以新移民特別是中國知識移民的眼光看待、評論美國。所以，該書也是出國留學人士必讀的實戰手冊，作者用在美國二十載留學、教學、研究的第一手資料，以及輔導留學申請的經驗，解答了青少年與家長最關心的有關出國留學的許多具體問題。彌補了海外華人紀實性文學中的缺憾——「留學生移民」的奮鬥成長史。全書共分十章，二十八萬字，收錄照片69幅，附錄兩篇。此書出版不久，就銷售一空，北嶽文藝出版社已擬再版發行。

令狐萍教授，山西太原人。出生時父母隨意為她取名「萍」，竟不其然昭示她日後的一段生命旅程。一九八五年，隨著中國大陸的改革開放所形成的出國浪潮，她以山西大學歷史系高材生和助教的身分漂洋過海赴美求學，先獲俄勒崗大學歷史學碩士，接著她再獲邁阿密大學歷史學博士。自一九九一年起，令狐萍博士受聘於密蘇里州東北部的杜魯門大學，教授東亞史與美國亞裔史。令狐萍博士現任密蘇里州立杜魯門大學歷史系教授、系主任，教授東亞史與美國亞裔史。

「令狐」是複姓，一如「司馬」、「諸葛」等。這一古老的姓氏源自山

西，也盛於山西，有著如華夏文明一樣悠久的歷史。令狐萍曾對自己的家族姓氏的淵源作過考證，她在《萍飄美國》一書中這樣記述：「令狐複姓原出姬姓，為周文王姬昌的後代。春秋時，文王的七世孫魏顆曾生擒秦國大將杜回，勞苦功高，被普君受封於令狐（今山西省臨猗縣西），其子魏頡遂『以邑為氏』而改姓令狐，令狐一族從此遂漸繁衍。」令狐姓氏不但其得姓的歷史十分悠久，至今已有兩千四百年以上，而且具有極為榮耀的家世淵源。令狐氏在歷代朝廷中為官入仕名留青史的不在少數，懸壺濟世、教書育人也是令狐氏族的兩大傳統最愛職業。如今，作為令狐氏的子孫後代，令狐萍成為一位史學家、作家和大學教授似乎是最順理成章的歷史必然，舍其何人？

令狐萍出身望族，族中上至祖先，下至雙親，都是中華民族的棟樑精英。身為名門閨秀，家中幼女，她自小聰穎過人，備受疼愛。令狐萍是同時代人中的「幸運者」，雖然因為父親的「歷史問題」在歷次政治運動中曾與父母兄姐一起蒙受過種種屈辱和苦難，但命運之神一直格外地照拂她，「天降大任於斯人，先苦其心志，勞其筋骨」，彷彿以往所有的劫難磨難只是為她日後成就大事業大成就而有意安排的磨練。她一路走來，從幼稚園、小學到中學直至考入大學，乘的都是順風船。她在割文化命的「十年文革」中沒有浪費自己寶貴的青春歲月，如饑似渴地大量閱讀了一切可以到手的精神食糧，尤以攻讀史學和英文為樂，在書山學海中找到了屬於自己的天地。學而優則師，她有幸在中學還沒有畢業就被安排了教職，教的是同齡人，從而也避過了席捲全國的上山下鄉浪潮。初中畢業後，令狐萍按照父母決定報考師範班，決定將來當老師。誰知抱同樣想法的人還真不少，師範班僅招收一百名學生，卻有近千人報名。太原市教育局領導遂決定通過考試甄選學生，陰差陽錯，令狐萍所在的中學竟然沒有接到考試通知，直至考試當天，令狐萍的表姐偶然從朋友處得知師範考試的消息。令狐萍倉促上陣，卻在近千名考生中名列第一。在師範學習期間，令狐萍每學期各科考試均為一百分。她的班主任老師因而感嘆不已地對全班學生總結說：你們三年也趕不上令狐萍！從此「三年趕不上」成為令狐萍師範同學給她的善意綽號。品學兼優，使她在家世背景嚴重不利，政治條件先天不足的環境中能左右逢源。文革結束後，她紮實的學識功底使她脫穎而出，如魚得水，遙遙領先於他人。

1977年，中國恢復全國高等院校招生考試制度後，令狐萍以優異成績考入山西大學歷史系，被學校任命為歷史系77級學習委員，爾後，又連選連任，直至大學畢業。山西大學歷史系是全國重點系，名牌教授雲集，令狐萍

在這裡接受了系統全面的史學教育，打下了堅實的功底。進入大三，令狐萍開始在《山大學報》、《史學月刊》等學術雜誌上發表關於羅斯福總統外交政策的論文，在國內史學界嶄露頭角。大學畢業後，由於令狐萍在大學四年考試總分名列全系第一（比第二名高出200多分），又在留校選拔考試中列居首位，山西大學校領導決定選拔令狐萍留校任助教。1985年，中國開始選派文科學生公費出國留學。令狐萍又過五關斬六將，順利通過英文EPT與專業的各項考試及政治審查，被國家選派出國留學。

令狐萍端方儒雅，待人溫文隨和，作講座引經據典、旁徵博引、風趣幽默，一派大學者的雍容氣度。天賦和勤奮，才能和機遇，都在她身上得到完美的體現，她彷彿是中國傳統和現代女性美的化身。古人不外乎「琴棋書畫」論才女，令狐萍學貫中西，不但同時能用中英文雙語寫作，而且多才多藝，她習繪畫，會拉琴，還深諳醫道。

身為華人與婦女，令狐萍教授對於美國華裔的歷史頗具使命感，希望藉對美國華裔的研究與寫作，展現華人一世紀半以來在美國艱苦奮鬥歷史，總結成功的經驗和屈辱的教訓，以便更有效地維護華人的權益，保證華人在美國學業與事業的成功。令狐萍教授對於美國華裔婦女歷史以及美國中西部亞裔歷史的研究成果，先後出版於數部學術專著，以及一百多篇專業學術論文。

令狐萍教授的另一部卓有影響的史學鉅作《金山謠——美國華裔婦女歷史》（Surviving on the Gold Mountain: A history of Chinese American Women and Their Lives）的英文版於1998年7月由紐約州立大學出版社正式出版，發行美國。作者歷時十二年辛勤耕耘方獲此碩果。全書四十餘萬字，珍貴歷史照片二十三張，圖表十一張，是學術界公認的第一部綜合全面研究美國華裔婦女歷史的學術著作。許多專家學者都給予極高的評價。世界著名華僑研究專家、新加坡國立大學東亞研究所主任王賡武教授力讚該書為「非常有獨到見解的開拓性的著作」。美國亞裔研究與種族研究首席權威羅傑·丹尼爾斯（Roger Daniels）教授認為該書「是對美國亞裔史、移民史、婦女史的重要貢獻。作者不但具有極強歷史學研究能力，而且具有難以取代的作為留學生移民的親身經歷。」美國康乃爾（Cornell）大學亞裔研究所主任Gary Y. Okihiro教授以為本書具有極高的知識性，「令狐萍以華人婦女的個人經歷展現一部昂貴的美國歷史。」加州大學柏克萊利分校種族研究與婦女研究教授、史學名著《第一代、第二代日裔與戰爭新娘》（Issei, Nisei, War Bride）

的作者Evelyn Nakano Glenn評論道：「令狐萍寫出了目前最為完整全面的美國華裔婦女史。囊括從1840年至今的整個歷史時期，她仔細考察各個地區不同類型的中國移民婦女的生活經歷，並著重討論移民、就業、家庭、社區等重大問題。書中美國華裔婦女的個人經歷、歷史照片、地區與檔案文獻，使她的論述更為生動、具有說服力。該書在討論廣度與學術深度兩方面都極為令人印象深刻，對從事於種族與亞裔歷史研究的學者與學生都具有極高的價值。」美國史密斯桑尼亞研究中心（Smithsonia Institution）助理主任Franklin Odo教授寫道：「令狐萍寫出了一部極為有價值的著作，從深度與廣度展現美國華裔婦女在美國歷史上與當代社會的投入。這部雄心勃勃的著作成功地討論了眾多個人與群體，包括娼妓、農婦、職業婦女與政治家。」該書成為學術研究必不可少的參考書與工具書，是大學院校中亞裔學、移民學與婦女研究的重要教科書。美國與亞洲、澳洲、歐洲許多國家大學的種族研究、亞裔研究以及婦女研究均將此書的英文版採納為主要教科書。該書既是一部具有很高史學價值的學術專著，也是一部通俗讀本。此書文筆簡潔生動，可讀性、知識性都很強，對於非專業的普通讀者，也具有很強的吸引力。

在密蘇里州立杜魯門大學任教後，針對美中西部亞裔人口較少的局面，令狐萍決心在美中西部開闢亞裔研究的課程與專業。自1991年起，她在杜魯門大學開設多門有關美國亞裔歷史的本科生與研究生課程，使杜魯門大學成為美中西部最早設立美國亞裔研究課程與專業的高等學府。

從1998年至1999年，令狐萍博士任華盛頓大學歷史系的客座教授，專門從事聖路易華人的研究寫作。其間，令狐萍教授埋頭於當地各類圖書檔案館，蒐集資料，訪問調查華人各類企業商行，訪談華人各界人士，並考察華人公墓碑碣。對於聖路易華人的往昔艱辛，她深感悲憤；對於聖路易華人的今日成就，她深為驕傲鼓舞。考察聖路易華人的近一世紀半的歷史，令狐萍教授深感再現聖路易華人對美國多元文化貢獻與拓寬美國華裔研究的必要性與迫切性。為了滿足聖路易華人社區瞭解歷史、展望未來的需要，在從事同名英文專業著作寫作的同時，她以歷史觀點，文學的筆調寫成中文長篇歷史紀實《聖路易的華人——從唐人街到文化社區》（Chinese St. Louis）。

《聖路易的華人——從唐人街到文化社區》一書宏概在聖路易的華人一個半世紀來的艱辛奮鬥史，是讀者與美亞研究學術界期待已久的集令狐萍教授十幾年研究成果的英文史學專著，由美國Temple大學出版社（Temple University Press）於2004年10月出版。全書分兩大部分。第一部分記載聖路易

最早唐人街的興起、昌盛至衰落，突出聖路易早期華人對主流社會的貢獻。第二部分敘述自20世紀60年代以來聖路易華人文化社區的形成、發展及其重大意義。20世紀60年代以來，特別是80年代之後，新型的華人社區在聖路易西郡各區迅速興起發展。不同以往華人社區具有商業與住宅合一的專門地理區域，而是以中文學校、華語教會以及華人社區組織為核心的一種特殊社區。作為史學著作，不僅要求史料豐富詳實，更重要的是要求作者有創新的史學觀點、方法和理論。令狐萍教授在分析、比較、研究北美歷史中各種類型的華人社區之後，將聖路易的華人社區定義為「文化社區（Cultural Community）」，並從理論上為文化社區的結構與特性定義。不同於美國東西海岸許多地區以商業為紐帶而形成的新型郊區唐人街，聖路易華人的文化社區是由中華文化凝聚力而產生的。華人聚集一堂，不是為了（或者不僅是為了）經商貿易，而是（或更多是）為了弘揚中華文化。同時，不同於傳統的唐人街或新型的郊區唐人街，聖路易華人的文化社區沒有明確的地理界限。聖路易的華人多數就業於主流社會的公司、機關與學校，定居在以白人為主的郊區中產階級住宅區，而在業餘時間與週末的文化活動中，聚集形成華人的文化社區。如每年五月在植物園舉辦的盛大「中華文化日」（Chinese Culture Days）、春節聯歡會等等。令狐萍教授首創的美國少數族裔的「文化社區」模式，成為全面確切解釋新型華裔社區與其他少數族裔社區的新理論和重要貢獻，在美國種族研究學術界引起很大的反響。

令狐萍教授多年從事美國亞裔史的研究寫作，在《聖路易的華人》新書面世前已有《美國華裔婦女生存奮鬥史》、《金山謠——美國華裔婦女史》、《萍飄美國——新移民實錄》等中英文學術專著出版，她還參與《中國古代史》、《臺灣的現代化和文化認同》、《二十世紀的重大事件》、《海外華人與中國的新研究》、《華人的文化適應和文化改造》、《起源與歸宿》和《亞裔美國歷史文化百科全書》等著作的寫作，並在各報刊雜誌上發表百餘篇史學專論。她的學術論文散見於《美國種族歷史研究》、《美國研究》、《美國城市研究》、《歷史教師》、《密蘇里史學研究》、《近代中國婦女史研究》等中、美主要學術期刊。她曾受聘《聖路易時報》，撰寫《聖路易華人》歷史專欄。令狐萍的著作獲多項著名國際國內學術獎，包括中華美國協會獎、美國福特基金會獎、美國學術著作出版基金獎、美國大學婦女教育基金會美國學者獎、傑普森教學獎等。從1995年至1998年令狐萍獲杜魯門大學優秀教師提名。令狐萍教授還擔任《亞裔美國研究》編委，以

及《國際移民評論》、《美國種族歷史研究》、《美國歷史研究》與《美國性史研究》等學術期刊的評審。她曾任美國亞裔美國研究協會理事。令狐萍教授現在剛完成《美國亞裔歷史文化百科全書》（上下卷）和《美國亞裔婦女》等兩部書稿。她又在主編《縱橫空間：亞裔在北美與南美的新型社區》（Negotiating Space: New Asian American Communities）與《崛起的呼聲：受忽視的亞裔美國族群的美國經歷》（Emerging Voices: The Experiences of the Underrepresented Asian Americans）等兩部書稿。

在辛勤教學和著書立說的同時，令狐萍教授也非常重視普及歷史知識，熱心在華人社區舉辦各種歷史講座，幫助亞裔社區群眾瞭解自己的歷史。

令狐萍博士曾在《美國華人——回顧與展望》幻燈片講座上指出，1920年以前，美國只有一百萬亞裔移民。1990年，則有七百萬亞裔移民，而2000年，亞裔美國人已逾一千一百萬，占全國人口的百分之四。她指出中國人移民越來越多，對此間社會影響漸深，對政治經濟之貢獻日益重要。她指出，華人移民美國始於一八四〇年代的黃金潮，但是一世紀半的歷史中華人充滿被排斥，被歧視的辛酸。1882年的排華法（Chinese Exclusion Act）禁止華工入境十年。1892年的蓋瑞法（Geary Act）延長排華法十年，並要求華工在美須有居住證。1904年的「移民法」無限期延長所有排華法令。第二次世界大戰成為美國華人歷史中的重大轉折點。

令狐萍教授將華裔在美國的歷史分為三個時期：（一）排華期或稱移民限制期，十九世紀中期至1943年；（二）戰後時期，1943-65年；（三）現代，1965年至今。這種新的時期劃分有別於傳統的三個時期的劃分方法。在每個時期內她又對移民動機、人口結構、職業分佈、美國政府對華裔政策、華裔社團活動特點及文化特徵等因素逐項進行分析和評論。

令狐萍在史學方面的成就引起主流社會的廣泛關注和高度重視，她成為聖路易市的電臺、電視臺和各家中英文報紙等媒體報導的焦點。她還經常被大學、社團和圖書館等邀請作講座，反響熱烈，收到了良好的社會效果。讓主流社會充分認識了華人的移民史，歷代在美華人的成就和對國家的貢獻。同時讓廣大華人瞭解過去苦難屈辱的歷史，看到現在取得的成就，對將來充滿希望和信心。令狐萍教授還多次應邀去中國大陸、臺灣、香港、韓國和日本等國家地區作考察和學術研討交流講座，並獲得各種榮譽和獎證。

令狐萍自幼酷愛文學與寫作，飽讀古今中外文學名著，在大學期間又鑽研中國古典文學，打下了深厚的文學基礎。旅美後，在寫作英文專業著作的

同時，她常抽暇用中文寫作散文遊記。1998年在考察香港和中國大陸近年的變化後，有感寫成《回國見聞》，文筆風趣生動，評論犀利中肯。2003年夏天，從全美眾多的商學院院長，系主任等申請人中，令狐萍被選拔作為日本經濟文化中心與美國商學院協進會贊助的日本考察團的八名團員之一，到日本進行為期十一天的訪問考察。考察團訪問了東京、濱松、名古屋、奈良、京都和鎌倉等地，與日本國會議員、商界總裁、學者教授進行交流座談。令狐萍將此行見聞觀感寫成《東瀛散記》十一篇連載於《聖路易時報》。該文是考察日本經濟、旅遊和社會文化的遊記式散文，文筆非常細膩生動。其中《東京攬勝》和《京都訪舊》兩篇以歷史眼光詳細介紹日本兩大都市東京與京都的名勝古蹟。它不但帶讀者神遊日本，更描寫出日本後泡沫經濟時代改革、失業、移民、社會人口老化現象等問題，使讀者獲益良多。

令狐萍說得中肯：積累需要過程。無論是知識的積累、資料的積累、史學成果的積累，都不可能一蹴而就。在美二十年裡，令狐萍不辭辛勞遍訪美國國家檔案館、大學圖書館、地方檔案館與圖書館，查閱了大梱大疊塵封發黃的早期有關華人的資料，並對許多華人進行口述訪談，搶救並保存了大量口述史料。令狐萍教授長期孜孜不倦地潛心鑽研於自己的史學領域，星轉斗移，她在不斷流逝的歲月中豐富著積累。厚積厚發，她的研究成果以論文和史學專著的形式一篇篇一部部問世。著作等身，名聲鵲起，「九萬里風鵬正舉」，令狐萍成為美中史學界的翹楚，然而她仍一如既往，謙虛謹慎，不驕不矜。

令狐萍是一位成就卓著的在美華人的歷史記載人，在替美國華人樹碑立傳的同時，她也在建築著自己學術成就的豐碑。

金能爾於聖路易
2005年7月18日初稿
2005年8月12日改稿
2005年8月18日再改稿

鑽研中國現代史，令狐萍胡佛挖寶

1	2
3	4

圖1　令狐萍的雙親令狐溥及馬慧瑗，攝於1945年。（令狐萍提供）
圖2　令狐萍教授（右）接受周密訪問。（周密提供）
圖3　令狐萍博士（右）與吳仙標副州長（左）同席演講，2007年9月22日。
圖4　令狐萍教授（左）在清華大學演講，2010年5月26日。

　　中華民國兩位前總統蔣介石和蔣經國的日記訴訟案，於2016年11月11日在臺北地方法院開庭處理。國史館發佈新聞，說明該館不得不對少數幾位蔣家人提告，是因為史丹福大學在美國提訴訟，以決定兩蔣日記的主權歸屬。但是國史館強調「相信蔣家人和國史館對於維護兩蔣文物的心意是一致的」，將繼續與蔣家人保持良好溝通，最終期望能讓國府順利取回兩蔣文物。

　　從蔣介石、孔祥熙、宋子文、史迪威到陳獨秀、彭述之、胡適、雷震等，這些在近代中國史名噪一時的人物，生前各自有恩怨，然而他們的私人文物卻和平共處一室。很多人大概想不到，竟然都在美國，也就是前述的加州史丹福大學胡佛研究所圖書檔案館（the Hoover Institution Library and

Archives）中。除了中國近代史料，胡佛研究所還有世界各地的近代史的收藏，都是與戰爭、革命與和平有關的檔案文件及書籍。

兩蔣日記於2004年12月由家屬應允借存在胡佛研究所，蔣方智怡並與胡佛研究所訂下協議，將存放50年或直到有一固定存放處所為止。蔣介石生前交付日記給蔣經國，再由蔣經國於生前交付兩蔣日記給蔣孝勇，蔣孝勇再交付給蔣方智怡。目前除蔣孝嚴、蔣友梅（蔣孝文女兒）、邱如雪（蔣緯國妻子）之外，多數蔣家後人已將對日記的權利捐贈給國府。

目前擔任史丹福大學胡佛研究所客座研究員的令狐萍說，胡佛研究所是全美最重要的智庫之一，她指出「胡佛研究所有全球最大的民國史料檔案」。她對兩蔣日記有濃厚的興趣，尤其是蔣介石日記橫跨55年，從1917年到1972年，誠屬近代史最重要的第一手資料。

令狐萍於2016年榮任胡佛研究所客座研究員

杜魯門大學令狐萍教授在學界以亞裔移民史的成就著稱。由於她在學界卓然有成，經審核與面試，榮獲胡佛研究所研究獎助金，於2016年成為該所客座研究員。她是第一位來自中國大陸的美國學者得此殊榮。目前胡佛研究所有兩位來自臺灣的專家，一位是胡佛研究所研究員郭岱君，另一位是胡佛研究所研究員（Research Fellow）、胡佛研究院胡佛檔案館東亞館藏部主任林孝庭。

令狐萍接受訪問時表示：「胡佛研究所甄選客座研究員時，除了候選人在學術界須為領軍人物，研究方向更是主要考量。」

令狐萍的研究題目是「劍青：蔣介石的親信」（譯名，Sword Blue: A Chiang Kai-shek's Man），很合乎該所戰爭、革命與和平研究之宗旨。這本書稿經由令狐溥（字劍青）個人的經歷，敘述從1910年到2010年長達一世紀的中國歷史。

令狐溥，字劍青，1910年出生於一個晉商家庭。令狐萍說，晉商意指山西商人，在中國近代以「誠信」著稱。劍青1937年畢業於中國大學政法系，時值日寇擴大侵華戰爭，攻陷北平，捕殺抗日志士與進步學生，他遂參加國民軍抗戰。1945年日本投降後擔任國民黨山西省黨部執行委員。同年與太原名媛馬慧瑗結婚，育有一子三女。令狐萍為幼女。國民政府於1949年兵敗撤退至臺灣，政權更替，此後共產黨執政，劍青以「敵人」的身分奮力存活了

半個世紀。

令狐萍在1990年代已經展開這項長期研究項目，這是她最珍視的一個研究，除從事口述歷史的訪問，還包括自己的父母、他們的同事以及家庭成員。多年來令狐萍分赴山西、北京、南京、臺灣的檔案館，以及美國各大研究機構做研究。

2017至2018學年，令狐萍將繼續擔任史丹福大學胡佛研究所客座研究員。令狐萍說，她將近一步深入研究胡佛研究所親近解密的珍貴檔案，特別是蔣介石日記、孔祥熙文件、宋子文文件、史迪威將軍（Joseph Stilwell）文件，以及國民黨檔案，同時採用她在二十年內收集的令狐溥檔案──包括令狐溥的日記、回憶錄、家庭歷史照片、令狐溥家譜及馬慧瑗家譜等，完成「劍青」一書。

「自共產黨於1949年接管中國大陸以來，鮮有書籍探討有關國民黨員在大陸的試煉與勝利。」令狐萍意味深長地表示，「他們如何應付隨之而來的種種暴力與刑罰，歷經超過半個世紀的身心磨難之後，仍然忠於他們的信念和夢想？這些蔣介石的追隨者對中國及其未來產生什麼樣的薪傳貢獻？經由家族歷史，這本書由衷的披露這些被遺忘的國民黨員、這些堅信民族主義革命的黨員，如何生存在共產黨治下的中國。」這個書寫計劃將闡明上述重要議題，期能引起學術界的關注。

新史學興盛，如何收集資料

龐大史料收集後的研究與歸納是必不可少的，令狐萍認為先要紮實做學問，有雄厚史學基礎，就會知道研究重點。她一路走來，都以原創性研究為目標。所謂原創就是「觀點不要重複別人的，史料必須是別人沒有用過的，或者是新發現的史料。然後，要能從不同的視角，發展出新的理論構建，而且應當有其獨特的說服力。縱使沒有太多新史料，專心治學也能產生新的解釋與新的看法。」

當今新史學興盛，很多華人退休後從事史學研究，樂此不疲。令狐萍以史學教授的身分特別就史料的發掘，做一分析。

她說，史料基本上分為原始資料（Primary source）和第二手資料（Secondary source），後者如博士論文、專著專論、雜誌、會議論文等。

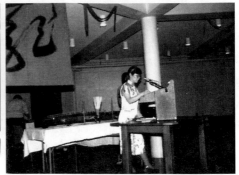

1 | 2　圖1　令狐萍（左二）擔任中國僑聯13卷《世界華僑史》的唯一海外編委，在北京出席編委會議，與王賡武教授和其他編委合影。2013年10月28日。
圖2　令狐萍在邁阿密大學讀博士學位時擔任中國學生學者聯誼會會長，主持全校慶祝中國新年的聯歡會，1988年2月。

　　有關原始資料的來源深廣不一，站在史學鑑定標準上，原始資料一定要選擇重要的有價值的資料。第一種是檔案資料，檔案分國際級的、國家級的和地方級的。

　　市政府或私人機構的報告紀錄是另一種重要的原始資料，比如說：政府人口普查，美國從19世紀即開始普查，在上世紀六〇年代開始更分出白人、非裔、亞太裔等不同族裔的來源。此外，有聯邦政府、國會、各州、市鎮的報告及年度預算、民間組織的會議紀錄。另外電話簿、各行業的出版物都可提供一定的線索。

　　比較新的一種原始史料叫作口述歷史。不論歷史學、考古人類學、社會學都廣為採納，這是自六〇年代末期從事婦女運動史、少數族裔史而開創的新方法。由於傳統只有君王大臣和大人物才有傳記，小人物沒有公開的紀錄，所以需要靠訪談收集資料。當然口述歷史肯定會有其謬誤，記憶有時候不大可靠，不論是有意或無意的錯誤都會發生，所以必須佐以交叉檢查。

　　最後一種原始資料是歷史文物，例如來自中國城的實物、歷史照片等，即可看出華裔的生活狀態。

令狐萍致力史學研究，充滿使命感

　　令狐萍說：「歷史乃過去之政治，學史是為了明鑑。」她不隨大流，專心於歷史事業，治學勤奮嚴謹。作者訪談時，發現到她的功夫下得很深，

原來她每天還花三個小時的時間閱讀新聞報章，英文方面的如紐約時報、華盛頓郵報、華爾街日報、BBC、CNN等。中文方面的包括北美世界日報、新華網、環球時報（人民日報海外版）、海外新華文摘（Chinese News Digest）等。碰到好的資料就把它剪貼存檔。

令狐萍的研究重點是美國中西區、亞裔婦女及亞裔少數族裔。她於2000年在杜魯門大學創立亞洲研究學位並任其負責人。她還擔任杜魯門州立大學出版社理事會理事，曾任美國亞裔研究旗艦期刊《美國亞裔研究》主編。她現任羅格斯大學出版社《今日亞美研究》叢書首創總編、中國華僑華人歷史研究所《華僑華人歷史研究》編委、中國華僑歷史學會海外榮譽理事等重要職務。

令狐萍教授著作等身，出版專著二十六部、論文一百多篇。其中《金山謠——美國華裔婦女史》（1999）是中國社會科學院「美國學叢書」之一，該書獲美國福特基金出版獎。《聖路易的華人》（2004）以及《芝加哥的華人——種族，跨國移民，社區》（2012）等，扭轉了美國亞裔研究中「重沿海，輕中部」的傳統局面，並弘揚美國中西部華裔社區對美國社會的貢獻與政治影響。

她曾獲得諸多學術研究獎、教學輔導及社區服務獎，近年來卓越的獎勵包括中華人民共和國教育部「長江學者」講座教授（2012-2015），她是該講座在2012年新訂後的第一位學者，以及2016和2017年度胡佛研究所客座研究員。

1 | 2 | 3

圖1　令狐萍新書發布會，2012年6月2日。
圖2　令狐萍（右）接受華中師大長江學者聘書，2013年5月6日。
圖3　令狐萍（左四）任中國教育部長江學者講座教授，在華中師大為研究生講述美國華僑史，2013年6月6日。

胡佛總統對中國歷史語言興趣濃厚

圖1　令狐萍教授（左起）捐贈令狐溥檔案給史丹福大學胡佛研究所圖書檔案館館長Dr. Eric Wakin，及該所檔案館東亞館藏部主任及研究員林孝庭，攝於2016年12月16日。（令狐萍提供）

圖2　胡佛研究所。

圖3　令狐萍教授（右）與胡佛研究所所長Dr. Tom Gilligan, 2016年4月11日。

　　說到這裡，我們應當瞭解胡佛研究所圖書檔案館的歷史淵源。這所聞名遐邇的機構成立於1919年，創辦人赫伯特‧胡佛（Herbert Clark Hoover）是史丹福大學首屆畢業生，於1895年畢業，主修地質。1929年，胡佛膺任第31屆美國總統，他和夫人住在白宮時，碰到不想讓人偷聽的話題，兩人就用中文交談。說起來他們和中國的淵源很深，可以追溯到清朝末年。

　　1899年，25歲的胡佛自澳洲轉到中國，和新婚妻子蘆‧亨利（Lou Henry）住在天津。他當時擔任開平煤礦的首席工程師及聯合經理。同為史丹福大學校友的蘆‧亨利開始學中文，據稱蘆是第一流的語言學家。

　　胡佛也學了些中文，對中國工人的工作狀態他提出改善方法，如：停止強制簽訂長期勞役合同，根據功績改進工人時數。後因義和團事件，夫妻倆於1900年六月被困在天津，將近一個月的時間租界戰火不斷，他們也投入戰

役。胡佛熟稔天津地勢，可以指導美國陸戰隊在天津的行軍，胡佛夫人則在不同的醫院做志工，甚至主動手握.38口徑手槍射擊，還射得相當精準。

他們對中文及中國歷史的興趣始於那時。1907年胡佛幫史丹福大學史學家派森‧崔特（Payson Treat）購買有關中國的各類書籍，尤其是中國史方面的。胡佛本人於1913年更捐贈了600本類似的中國書籍給史丹福大學，其中有些是少見的善本書。

對國際事務有著強烈興趣的胡佛，於1919年捐贈五萬美元給母校，協助收藏有關第一次世界大戰的史料，這就是著名的胡佛戰爭藏品計劃案，成立胡佛研究所圖書館和檔案館的契機於焉開始。

返美以後胡佛持續關注中國，二次大戰後，胡佛研究所圖書檔案館開創一個新計劃，廣泛收藏有關中國和日本的原始史料。經由胡佛以及國務院的諮商與協助，胡佛研究所得以建立一個遍及中日的聯絡網，這些人多半都是忠誠的史丹福校友或是曾任職該校的教授。

胡佛研究所圖書檔案館致力收藏中國現代史料

運氣好加上時機對，往後數十年源源不斷的個人文物流入胡佛研究所。這些分屬於中國人或非中國人的政府官員、軍方高層、外交官、傳教士、工程師、新聞記者、學者等等，他們樂於捐贈私人信函、日記，和其他文物給胡佛研究所。所裡有專人維護保存，並樂於公諸於世，歡迎各界人士閱讀研究。宋子文的文件是最著名的收藏之一。此外，與中國事務有密切關係的魏德邁將軍（Albert Wedemeyer）和史迪威將軍也把個人文物委託胡佛研究所保管。

胡佛研究所和中國國民黨於2003年達成協定，協助維護位於臺北之國民黨黨史館的大量檔案，包括從1894年興中會創立以來到2000年的全部黨史資料。胡佛研究所自言，這是重大突破，更加豐富胡佛已經頗為精彩的收藏。根據該所新聞稿：「國民黨作為亞洲歷史最悠久的政黨組織，是全亞洲首要的革命黨，直到1949年被共產黨擊敗，被迫撤退至臺灣為止。」這項饒富歷史意義的協定提供一個難得的機會，讓胡佛研究所把國民黨的官方檔案微縮攝影和數位化，其複製品並永久保存於該所。

宋子文的家屬於1973年捐贈第一批文物，後來分別在1980年和2004年春季捐出更多文件。2006年8月另一位現代中國史的重要人物孔祥熙，其文件

亦由家屬出借給胡佛研究所。2010年1月起，胡佛研究所為數一半的藏品都以微縮照片的形式公開讓眾人借閱研讀。這些獨特的現代中國檔案和特別收藏，其豐富的內容足可挑戰傳統的歷史記載，提供新角度來詮釋中國和臺灣等東亞歷史。

胡佛研究所對於令狐萍的研究十分重視，由於令狐溥的日記和回憶錄反映1930年代至1970年代中國歷史，相當珍貴，該所希望令狐溥檔案（Linghu Pu Papers）也能成為該所圖書檔案館收藏。令狐萍與其兄姐已同意捐贈，以供後世學者與史學愛好者使用。

周密

2017年1月22日

美國杜魯門大學教授令狐萍談新書
《金山謠──美國華裔婦女史》

秀威資訊作家專訪
2017年12月22日

令狐萍親訪秀威資訊。

令狐萍在秀威與副總編輯蔡登山相談甚歡。

訪問者：秀威資訊編輯（簡稱Q）受訪者：令狐萍老師（簡稱A）

Q：

　　令狐老師好，首先歡迎老師到臺灣來，希望老師您還習慣臺灣濕冷多雨的天氣。當我讀完老師您在兩年前所寫的《金山謠——美國華裔婦女史（增訂本）》後，深深覺得本書雖然是深具學術性質的書，但在閱讀的過程中卻不會覺得枯燥生硬，或許除了同為華人而對此書主題深感切身之外，還有部分也是因為感受到了老師您在書寫過程中的誠摯與專業吧。後面我會陸續請教幾個與《金山謠》一書相關的問題，大部分是我在閱讀的過程中萌發的，相信也會是其他讀者們可能會有的問題。此一專訪後續也會刊載在秀威的網站「作家生活誌」中，希望令狐老師可以不吝與讀者們分享。

　　首先，也許老師之前已經在自序中簡單分享過了，但作為一名好奇的讀者，還是不免想要請教老師，為什麼當初想要會想投入移民婦女史的研究呢？而在過了這麼多年後，未來老師您覺得在這一塊的研究方向會是什麼呢？不知道老師您是不是能再跟我們分享一下您的想法與經驗。

A：

　　我為亞裔婦女作傳：《金山謠》與《心聲》。

　　一九八五年，隨著中國大陸的改革浪潮，我被國家選派，漂洋過海，赴美求學。從此走上探索海外華人世界的不歸路。我的博士論文，是關於美國華裔婦女的歷史。研究寫作華人社會，除了兒時受中外遊記的影響之外，更是結合我的個人具體情況與學術界的研究狀況而定。依據我的個人情況，我來自中國，有較為深厚的中國文化功底；我是女性，又對美國社會史有興趣，自然應該選擇既能運用我的中國文化知識，又符合我對美國文化研究的興趣的題目。縱觀美國學術界的研究狀況，亞裔及華裔美國史的研究與教學，是美國人權運動的成果之一，是一九六〇年代末新興的一門學術研究領域，亟待發展。特別是對亞裔及華裔婦女的研究，更是鳳毛麟角，屈指可數。研究成果缺乏，說明該領域大有可為。因此，我決定博士論文的題目為美國華裔婦女歷史。從此，每年的暑期與節假日都是我埋頭檔案館，翻閱史料，或深入華人與亞裔社區，實地考察，訪談各界人士的極好機會。

　　我的博士論文在加工提煉之後，由紐約州立大學出版社於一九九八年出版。書名為《奮鬥金山——美國華裔婦女歷史》（Surviving on the Gold Mountain:

A History of Chinese American Women and Their Lives, State University of New York Press, 1998）。由於書中的新穎觀點與縝密研究，該書成為學術界公認的首部綜合全面研究美國華裔歷史的學術著作。許多專家學者都給予極高的評價。世界著名華僑研究專家王賡武教授力讚該書為「非常有獨到見解的開拓性的力作。」美國亞裔與族裔研究首席權威羅傑‧丹尼爾斯（Roger Daniels）教授認為該書「是對美國亞裔史、移民史、婦女史的重要貢獻。作者不但有極強的研究能力，而且具有難以取代的作為留學生移民的親身經歷。」該書的中文版《金山謠——美國華裔婦女史》，獲得福特基金出版獎，入選中國美國學會「中華美國學叢書」，由中國社會科學出版社於一九九九年出版，成為中國美國學研究的經典教科書。

　　《金山謠》的成功，使我受人民出版社邀請寫作《萍飄美國——新移民實錄》，由人民出版社的山西分社——北嶽文藝出版社於二○○三年出版。《萍飄美國》以史學的眼光，文學的筆調，從大陸新移民的角度，細緻入微地分析解剖了美國多元化的社會制度、人文習俗和價值觀念，是一部雅俗共賞的傳記文化史。此外，我以數十年來自美國留學、教學、研究中的第一手資料，在附錄中解答了青少年與家長最關心的有關出國留學與移民的具體問題，該書亦成為留學出國的實用指南。

　　從研究華裔婦女，我進一步擴展到研究亞裔婦女。在三十多年的研究生涯中，我訪談了三百多名年齡不等、各行各業、遍居美國各地的各族裔的亞裔婦女，針對她們的文化教育背景、移民美國的動機與方式、工作就業環境、子女教育、家庭生活、政治參與等諸方面，從中發現許多有關美國亞裔婦女在移民、就業與家庭等至關重要的問題的具有普遍意義的答案。第一，亞裔婦女的移民動機，雖因送出國經濟文化背景與移民時間的差異，不一而同，但是，仍受經典移民理論中「推力」（來自移民送出國的天災人禍、戰爭動亂、政治與宗教迫害）與「拉力」（來自移民接收國的民主自由，比送出國優越的就業教育機會等吸引力）兩大力量的制約。第二，美國亞裔婦女的就業情況，因受教育程度的高低，本土出生抑或外國移民而異。一般來說，擁有高學歷、高技能的移民婦女或本土生婦女就業機會較為優惠，多成為教育、研究或管理專業人士。而低學歷、低技能，英語語言能力差的婦女，特別是勞工階層的新移民婦女，往往困居唐人街，小西貢，小馬尼拉，成為車衣女工、餐館侍者、美容師等。在亞裔美國人的社會經濟狀況不斷改善的同時，亞裔美國人中與異族通婚的現象也日益普遍。

這些研究結果收入《心聲——美國亞裔婦女史》（Voices of the Heart: Asian American Women on Immigration, Work, and Family, Truman State University, 2007），由杜魯門州立大學出版社於2007年出版。該書是首部囊括美國亞裔各族裔婦女於一集的學術專著。該書從我二十多年來口述訪談的三百多名亞裔婦女中精選54例，生動再現美國亞裔婦女的歷史。這些亞裔婦女來自各行各業，既有美國土生，亦有移民入籍者，均娓娓傾訴心聲。她們如何移民尋夢，如何衝破種族偏見，如何處理家庭與事業的平衡，如何既融入美國社會又保存族裔遺產，讀者均可從書中找出答案。

同時，在對美國華裔與亞裔的研究中，華裔與亞裔社區形態與社區結構引起我的極大興趣，因為社區形態與社區結構是瞭解海外華人社會的樞紐與關鍵。針對美國亞裔與華裔研究中「重沿海，輕中部」的不平衡局面，我從八〇年代末起，專門研究美國中部亞裔社區。

記錄華人社會，寫出雙城記《聖路易的華人》與《芝加哥的華人》。

中國人不論走到哪裡，都會將幾千年來文明形成的獨特文化生活習慣帶到哪裡，形成與所在國文化不盡相同的華人聚居地與商業活動區，被稱為

圖1　令狐萍教授專著之一。
圖2　令狐萍教授專著之二。

「唐人街」。同時，所在國本土文化對華人的排斥，也迫使中國人建立唐人街，自保自立，得以在異域求生。在中國移民涉足較早的東南亞國家，到處都有唐人街。在歐洲各國的大城市徜徉，也都會發現唐人街。比如，在英國倫敦，唐人街以繁華的商業中心西敏市爵祿街為重心；在荷蘭阿姆斯特丹，唐人街與國際旅遊熱點——紅燈區毗鄰。

　　在美國大陸，多數華人定居於加州與紐約。唐人街在舊金山、洛杉磯、紐約更是生機勃勃，熱鬧興隆，成為美國多元化文化中不可或缺的重要組成部分。舊金山的唐人街最早建立，因而被稱為「大埠」。紐約、芝加哥的唐人街後來居上。紐約的唐人街，自本世紀以來，吸收了大部分的新移民。芝加哥唐人街規模宏大，故而被稱為「二埠」。這三地的唐人街，三足鼎立，成為美國傳統唐人街的三大中心。但是，學術界對於美國中部地區的研究，一直處於落後的狀態。我從1980年代後期開始，傾心研究美國中部地區。我先從聖路易著手，寫出《聖路易的華人》（Temple U. Press, 2004）。然後，立足芝加哥，完成《芝加哥的華人》（Stanford U. Press, 2012）。這兩部著作，記述美國中部兩大重鎮的亞裔社會，幫助扭轉了美國亞裔研究「重（東西）兩岸，輕中部」的局面。

1 ｜ 2　圖1　令狐萍教授專著《聖路易的華人》封面。
　　　　圖2　令狐萍教授專著《芝加哥的華人》封面。

1.《聖路易的華人》：首創「文化社區」模式

《聖路易的華人——從唐人街到文化社區》（Chinese St. Louis: From Enclave to Cultural Community. Temple University Press, 2004）宏概華人在聖路易一世紀半的艱辛奮鬥史。全書分兩大部分。第一部分記載聖路易唐人街的興起、興盛、凋零直至煙飛灰滅，突出聖路易早期華人對主流社會的貢獻。第二部分敘述自二十世紀六十年代以來聖路易華人文化社區的形成與發展及其重大意義。

二十世紀六十年代以來，特別是八十年代之後，新型的華人社區在聖路易西郡各市區迅速興起發展。不同於聖路易的老唐人街Hop Alley，新型的華人社區沒有華人商業與住宅合一的專門地理區域，而是以中文學校、華語教會，以及華人社區組織為核心的一種特殊的社區。我在分析、比較、研究北美歷史中各種類型的華人社區之後，將聖路易的華人社區定義為「文化社區」（Cultural Community），並從理論上為文化社區的結構與特性定義。不同於當代美國東西海岸許多地區以商業利益而形成的新型郊區唐人街，聖路易華人的文化社區是由於中華文化凝聚力而產生的社區；華人聚集一堂，不是為了（或者不僅是為了）經商貿易，而是（或者更多是）為了弘揚中華文化。同時，不同於傳統的唐人街或新型的郊區唐人街，聖路易華人的文化社區沒有明確的地理界限；聖路易的華人多數就業於主流社會的公司、機關與學校，定居於白人為主的郊區中產階級住宅區，而在業餘時間、週末或文化活動中，聚集形成華人的文化社區。

我首創的美國少數族裔「文化社區」的模式，成為全面確切解釋新型華裔社區與其他少數族裔社區的新理論，在美國種族研究學術界引起極大反響。美國權威種族研究學術雜誌《美國種族歷史研究》主編貝爾博士（Ronald H. Bayor）讚揚道：「令狐萍教授的文化社區模式不僅助益於我們理解其他華人社區，也有助於我們理解非亞裔社區。」美國亞裔研究的創始人與權威羅傑·丹尼爾斯博士（Roger Daniels）稱《聖路易的華人——從唐人街到文化社區》為「一部突破性的學術專著，是第一部全面記述美國中西部城市少數族裔的史著」。美國亞裔研究學會主席Franklin Ng博士評論道：「《聖路易的華人》的文化社區模式是對學術研究的重要貢獻，它將幫助我們思考理解華人社區並不局限於傳統的唐人街理念。作者技巧地將聖路易華

人社區置於美國城市歷史與華裔史學史的宏觀背景中，使該書富有見解，老練深奧。」

2.《芝加哥的華人》：跨國移民運動的影響

　　《芝加哥的華人》（Chinese Chicago: Race, Transnational Migration, and Community since 1870. Stanford University Press, 2012）是首部全面考查芝加哥華人的綜合歷史，記述芝加哥唐人街，從梅氏三兄弟於1870年代抵達風城，到當今三足鼎立的多元化美國族裔社會一百多年的歷史。該書運用跨國移民理論框架，探索芝加哥華人如何在這多文化融匯多族裔混雜的工業大都市，在種族歧視的社會大環境下，謹慎策略地斡旋於主流社會與邊緣社會之間，成功地劈出一塊族裔飛地，與欣欣向榮的族裔經濟。芝加哥的唐人街不僅為源源不斷的新移民提供就業與定居的場所，更推動美國中部地區族裔經濟貿易的發展，並促進美國社會的文化多元化與經濟全球化的步伐。

　　《芝加哥的華人》是首部全面概述芝加哥唐人街的學術專著，又是一部引人入勝的歷史傳奇，將中國移民胼手胝足、夾縫生存、堅韌頑強、靈活機智的特性淋漓展述。其中文版於2015年8月由世界圖書出版廣東有限公司出版。中文版新增許多英文原版沒有的寶貴參考資料：華僑華人大事年表、2010美國人口普查有關亞裔華裔的統計數據、中外華僑華人研究機構介紹、中外華僑華人社團組織、網站介紹等。

令狐萍教授專著《芝加哥的華人：1870年以來的種族、跨國移民和社區》封面。

Q：

　　在傳統的美國華人史研究中，多半將在美華人分為（一）1848-1882的自由移民時期，（二）1882-1943的禁止移民時期，以及（三）1943年至今的戰後時期等三個時期。老師您在本書《金山謠》中，在史學斷代與分期上別出心裁地使用了不同的分期法，將傳統上前兩個時期結合為一，並將1943-1965的戰後時期作為第二時期，而1965年《新移民法》頒布至今的當代則另做第三時期。暨南大學華僑華人研究院的高偉濃教授就指出，此舉可謂學界研究之創見。想請問老師，不曉得像這樣以1960年代民權運動與其影響做為分水嶺的時代斷限法，是否與這二十年來歷史學界開始對社會史、文化史和人權運動史的重視有關？或是有其他因素影響了老師您發展出此一新的分期模式？

A：

　　傳統的華裔史分期法將其分為三段。第一段為無限制的移民期，從一八四八年加利福尼亞黃金潮大批華工入美至一八八二年《排華法》的通過與實施，華工被禁止入境。第二段為移民限制期，從一八八二年至一九四三年排華法的廢除。第三段為戰後期，從一九四三年至今。在研究的過程中，我發現此種分期法不能如實正確地反映華裔婦女一個半世紀的歷史。因為早在所謂的「無限制的移民期」中國移民婦女已被阻擋境外。此外，將二戰以來的美國華裔婦女歷史統歸為一個時期，無法全面闡述自一九六〇年代以來發生於美國華裔婦女中的深刻經濟、社會、文化、政治和心理變化。因此，我將二戰以及一九六〇年代美國民權運動和一九六五年美國新移民法為兩個分水嶺，劃分美國華裔婦女歷史為如下三個時期。第一時期，從十九世紀中期至一九四三年所有排華法令的撤銷，研究早期中國移民婦女；第二時期，從一九四三年至一九六五年新移民法，重點考查戰後時期的美國華裔婦女；第三時期從一九六五年新移民法至今，討論當代美國華裔婦女。這種分期法，得到學術界的廣泛認同，許多學術著作開始使用我的分期法。

Q：

　　承續上一個問題，在閱讀《金山謠》的過程中，我注意到美國亞裔民權運動的傳播似乎有地區上的差異。大體而言，由西而東，而海岸大都市又比中西部與南部內陸來得更早些。除了時間斷限上的分類，不知道未來對美籍

華人史的研究，是否有可能引進地理區域的向度呢？或是學界早已有代表性的研究成果了？不知道老師能否談談此一部分。

A：

　　這個問題提得很好。美國華人的研究從初始，便是以地理區域為特徵的研究領域。為什麼會有如此特徵，與美國華人社會的發展息息相關。美國的華人社會，基本集中於都市，特別是口岸城市。華人旅美的經歷基本是一種城市現象。自二十世紀以來，根據美國人口統計局的數字，華人定居城市的比例逐漸上升。在一九三〇年代，64%的華人居於城市。一九四〇年代，該百分比上升至71%。至一九五〇年代，有90%的華人居於城市。這種趨勢在近年有增無減。因而，在美華研究中，城市研究必然成為學術界各學科的研究熱點。

　　北美華人城市社區的形成原因，可分為外部的推力（push）與內部的拉力（pull）兩種。外部的推力，主要包括美國政府一系列的反華排華政策及其實施，和美國社會的排華情緒與種族歧視現象。內部的拉力則包括華人的文化與經濟情結。

　　美國華裔社區的研究以地理區域分類，一般集中於對舊金山、紐約和洛杉磯等大的華裔集中地的研究。

　　華人社區的研究始於對舊金山唐人街的研究。倪偉德（Victor G.）和Betty de Bery Nee的研究基於口述訪談案例，闡述舊金山唐人街的種族和諧與華人的堅韌努力。華裔學者陳參盛（Thomas W. Chinn）的著述進一步考察舊金山唐人街的社會結構與人文環境。華裔學者盧秋蟬（Chalsa M. Loo）的專著則側重於研究與舊金山唐人街居民有關的社會問題。華裔歷史學家陳勇的史著考察一世紀以來舊金山華人在社會文化諸方面的深刻變化。印裔歷史學家Nayan Shah的研究則將舊金山唐人街置於該市的公眾衛生問題的背景之下。如上著述從不同側面推動了對舊金山唐人街的深入研究。

　　自一九八〇年代以來，美國華人社區經歷了深刻的變化，舊的唐人街或消亡或更新。面對華人社區的發展，學者們進一步闡述唐人街的結構與性質。華裔學者鄺治中（Peter Kwong）將紐約的唐人街分為「上城」（Uptown）與「下城」（Downtown）。他認為紐約的唐人街貌似種族和諧，但實質上存在階級分化。上城的職業工作者與商界領袖投資於房地產開發業，與居於下城的勞工階層嚴重對立。與此同時，華裔學者陳祥水（Hsiang-shui Chen）具體研究一九六五年以來紐約皇后區法拉盛（Flushing）

的臺灣移民社區，對華人社區得出新的結論，認為這些社區「唐人街不再」（Chinatown No More），而是多族裔混雜的社區。華裔學者林建（Jan Lin）進一步認為紐約的唐人街是「全球城」（Global Town）。如上著述顯示學術界對紐約的唐人街結構與性質的各樹一幟的多樣化詮釋。

美華研究的學者也對一九六〇年代之後的加州洛杉磯唐人街重新定義。華裔社會學家遞姆・馮（Timothy P. Fong）多方研究論證洛杉磯地區蒙特利公園市（Monterey Park City）的華人社區，將其定義為「郊區唐人街」。臺灣學者曾嬿盼（Yen-Fen Tseng）認為洛杉磯地區的華人族裔經濟已在聖蓋博谷（San Gabriel Valley）地區的郊區地帶形成多核心的集中。新移民資產與企業家的湧入將該地的華裔經濟與亞太圈經濟融為一體。華裔地理學家李唯（Wei Li）更提出洛杉磯地區多族裔定居為「族裔郊區」的新模式。如上著述近一步顯示學術界對新型華人社區研究的努力與貢獻。

我們知道，人類社區可以分解為地理空間與社會空間。地理空間包括某社區的地理區域，而社會空間則包括某社區的社團活動、文化慶祝活動、社區成員的文化需求、情感需求以及心理需求等因素。

上述理論模式均著重於對華人社區地理空間的考察與分析。二十世紀六〇年代以前的華人社區可以用唐人街的模式來解釋分析，但自從一九六五年美國《移民法》之後，新移民在紐約皇后區的法拉盛（Flushing）、在加州的里奇蒙德（Richmond）和舊金山的日落區（Sunset District），和洛杉磯的蒙特利公園市（Monterey Park City）等地建立了新型的華人社區。傳統的唐人街模式便不再適用於對這些新型華人社區的理解與詮釋。而在聖路易等地，新興的華人社區沒有一定的地理界線，因此「郊區唐人街」、「全球城」、「族裔郊區」等注重地理空間的模式都無力解釋聖路易的華人社區，學術界亟待新的理論構架對新華人社區定位與解讀。

經過多年的對聖路易華人社區的考察（筆者曾訪談過近百名聖路易華人社區各界人士，訪問華人餐館、雜貨店、保險業、律師事務所、診所，甚至研究了華人公墓，遍閱聖路易所有公立與私立檔案館、資料館與圖書館），和對所有華人社區理論構架的分析解讀，筆者逐步形成了「文化社區」（Cultural Community）的理論構思。該理論已發表於多家美國重要學術刊物。筆者的專著《聖路易的華人——從唐人街到文化社區》（Chinese St. Louis: From Enclave to Cultural Community）亦由美國天普大學出版社（Temple University Press）於二〇〇四年出版。

1.文化社區的定義（結構與特徵）

　　不同於以往的唐人街，聖路易的華人社區沒有華人商業與住宅合一的專門地理區域，而是以中文學校、華語教會以及華人社區組織為核心的一種特殊的社區。不同於當代美國東西海岸許多地區以商業利益而形成的新型郊區唐人街，聖路易華人的文化社區是由於中華文化凝聚力而產生的社區；華人聚集一堂，不是為了（或者不僅是為了）經商貿易，而是（或者更多是）為了弘揚中華文化。同時，不同於傳統的唐人街或新型的郊區唐人街，聖路易華人的文化社區沒有明確的地理界限；聖路易的華人多數就業於主流社會的公司、機關與學校，定居於白人為主的郊區中產階級住宅區，而在業餘時間、週末或文化活動中，聚集形成華人的文化社區。

2.文化社區的意義

　　首先，文化社區理論提供了詮釋華裔美國人社區的新視角。多數新型的華裔社區中的華裔美國人，在職業與經濟上已融入主流社會，而在文化上仍依戀於中華文化，因此，文化社區的理論適用於對這類社區的解讀。

　　其次，文化社區的模式有助於我們理解文化認同（cultural identity）的問題。文化社區的形成不再是為了互助自保的經濟需要，而是為了文化與種族認同的需求。當美籍華人散居於中產階級與高中產階級的住宅區，發現形成華人的地理集中區域既困難又不實際。但是，他們仍然有與同胞交流，保持與維護中華文化的渴求。這種渴求可以通過中文學校、華語教會、華人社團組織、長期或臨時性的各種政治委員會以及文化慶祝活動來宣洩、滿足。在這些場所與活動中，大規模的華人人口的聚集與出現，有助於他們找到自己的文化與種族的認同感。這種文化與種族認同為他們帶來心理的滿足與安慰，而這種滿足與安慰在他們日常的生活環境中是難以得到的。

　　第三，文化社區的模式展示美國歷史中移民同化過程中的一個階段。歷史已向我們揭示出美國社會中移民或少數族裔在政治與經濟發展過程中一般經過三個階段。[1]第一階段，為了經濟生存的需要而形成地理區域集中人口

---

[1]　Ling, *Chinese St. Louis: From Enclave to Cultural Community*, p.14.

聚居的種族區域。第二階段，為了種族認同的需要而形成文化聚集現象。第三階段，為了民主與正義而參與政治或與其他族裔結盟。

移民或少數族裔在美國社會首先需要生存。當美國社會對他們不友善甚至懷有敵意時，這種外部環境不可避免地導致移民或少數族裔採取互助自保的策略，形成移民或少數族裔社區。這種社區在美國歷史上被統稱為「貧民窟」（ghetto）或「族裔聚居地」（enclave），更具體化為「德國城」（German Town）、「猶太城」（Jewish Town）、「唐人街」（China Town）、「小東京」（Little Tokyo）、「小西貢」（Little Saigon）、「小馬尼拉」（Little Manila）、「小臺北」（Little Taipei）等。在此階段，這種地理區域與人口集中適應於移民與少數族裔的生存需求。

當移民或少數族裔在職業上與經濟上同化於主流社會時，他們的主要關注點便不再是互助自保以達到經濟生存的目的。這種心理變化導致移民或少數族裔聚居地的瓦解與消失。這些經濟上被同化的居住分散的少數族裔，現在主要關心的是如何在沒有少數族裔聚居地的情況下保持光大本族裔的傳統文化。時至二十世紀六〇年代，歐裔移民均被同化於美國的白人文化。但是，這些經濟上被同化的歐裔少數族裔，例如猶太人，仍然需要尋找與保持自己的種族與宗教認同。這種需求產生了各種展現猶太人文化的猶太教會、希伯來文學校、文化團體與文化聚會。亞裔移民也展現了類似的保持文化認同的模式。例如在紐約的韓裔移民在基督教會與社區組織中找到了穩定社區的因素。二十世紀六〇年代之後的聖路易華人形成了文化社區。在此階段，文化與社會空間，而不是地理空間，形成了少數族裔社區。

當少數族裔在經濟上具有安全感之後，他們會主動參與主流政治，通過選舉或與其他族裔結盟的方式，以維護民主與社會正義，同時也保護自己的利益。比如一九七三年成立的美華協會（Organization of Chinese Americans or OCA）與一九八九年成立的由百名華美各界名流組成的「百人團「（Committee of 100），就是華人參政的極好範例。

3.文化社區理論的後顧與前瞻

（1）文化社區理論的後顧

讀者可能會提出疑問，文化社區是否僅在聖路易一地存在？

回顧歷史，類似的移民社區曾出現於波士頓的移民中。如著名美國移民

史學家奧斯卡‧韓德林（Oscar Hadlin）在其《波士頓移民》一書中，提到波士頓的各族裔移民組織了不同的文化社團，以尋求自己的種族認同。[2]

在聖路易的歷史上，早期的德裔移民在十九世紀末二十世紀初，沒有集中的聚居地，而是形成了以各種社團為中心的「同樂社區」（筆者譯，gemuthlich community）。gemuthlichkeit是個難以直譯的德語名詞，包括同胞情、酷愛文化慶祝、玩紙牌、分享德國文化、狂飲德式啤酒等多種含義。所以「同樂社區」實際上是一種文化社區。根據筆者的研究，在堪薩斯城，也可以發現一個類似於聖路易文化社區的華人社區。無獨有偶，美國中部重鎮芝加哥，自一九八〇年代以來，也形成了南華埠、北華埠和郊區文化社區三足鼎立的華人社區。[3]

（2）文化社區理論的前瞻

讀者可能還會提出疑問，文化社區是否只是存在於某些地區？

筆者認為，文化社區不僅只是存在於聖路易華人社區的一種文化現象。文化社區理論適用於任何沒有地理聚集地的少數族裔社區。它也適用於少數族裔在經濟與就業方面已同化於主流社會，但在文化上仍保持其種族特性的社區。它特別適用於少數族裔多為職業工作者的社區。

文化社區現象標誌著少數族裔在美國社會的政治與經濟地位的上升。只要美國是個多元與多種族社會，就會有文化社區。

Q：

最後，老師在2015年的《金山謠》修訂版的結尾中，曾語重心長地提到，儘管華裔婦女在美國自1920年代以來已逐漸見於地方社區和聯邦政府的各級機構中，但一直要到2009年才出了第一位民選的華裔女性國會眾議員趙美心。對於華裔婦女在參、眾兩院長期缺乏代表的情況，老師您曾提到美國華裔政治活動家們已感受到此一問題的急迫性，不曉得最近幾年這樣的情況是否已有改善的跡象？如果沒有，又是什麼樣的原因？另外，普遍被視為對移民不友善的川普政府在今年上臺後的舉措，是否也會對增加華裔婦女在國會中的代表性一事造成影響？

---

[2] Oscar Handlin, *Boston's Immigrants, 1790-1865*, Cambridge: Harvard University Press, 1941, p.160.

[3] 參見令狐萍，Huping Ling, *Chinese Chicago: Race, Transnational Migration, and Community since 1870*, Stanford: Stanford University Press, 2012.

A：

　　很不幸，華裔婦女在參、眾兩院長期缺乏代表的狀況現在仍然持續。但是，值得慶幸的是，從亞裔美國人整體來看，亞裔參政的情況在近年有了長足的進展。二〇一七年一月四日，美國第115屆國會的新科議員宣誓就職，其中共有18位亞裔美國人議員（相比於114屆國會的14位亞美人國會議員）。

Q：

　　很感謝令狐老師您精彩詳盡的說明，也謝謝老師您替我們帶來《金山謠——美國華裔婦女史》這樣一本富有啟發性的著作。我想不管站在全球史、國別史、社會史或性別文化史來說，美國華裔婦女史真的都是相當重要的一章，需要持續地來書寫與探索。很期待老師未來的新作，能給學界和大眾讀者都帶來更多的啟發。

金山謠——美國華裔婦女史（增訂版）。

傳統唐人街　疫情過後何處去

令狐萍（簽字者）認為，這次疫情對美國唐人街打擊非常大。（令狐萍教授提供）

曼哈頓唐人街東百老匯上的華人客運公司因疫情暫停營業。（記者韓傑／攝影）

密蘇里州杜魯門州立大學（Truman State University）歷史學教授令狐萍說，這次疫情對美國唐人街的打擊非常大，主要體現在幾個方面：在經濟上，唐人街經濟已經停滯三個多月，許多中餐館倒閉關門；在心理上，第二、三代華人開始思考他們的種族認同問題；在政治上，華人對美國的忠誠度受到更多懷疑，而且因為病毒來自中國，許多美國人把華人移民視為「病毒」。

　　令狐萍表示，儘管從1965年到現在的55年中，亞裔人口大增，從低於1%到現在的6%，但華人仍是美國少數族裔中的少數。在亞裔中，華人人口最多，但是參政率很低，她說，中華文化提倡「悶頭發大財」。華人大多低調，不太發聲，能見度太低，是無形的族群。她指出，華人不要抱有任何幻想，必須自己爭取權利。華人也不必過分敏感，要大膽大度，敢於堅持正義，參政議政，不做「啞裔」。同時，還應積極籌款，做義工，維持華人社區的正面形象。

各地唐人街　經濟全停擺

　　令狐萍說：「由於疫情的影響，美國經濟停擺，損失慘重，全美共有2000多萬人失業，但對唐人街的打擊是致命性的。」在唐人街，華人從事的行業主要有餐館、雜貨店和洗衣房。其中中餐館是華人的支柱行業之一，「一旦餐飲業不能運作，對華人影響很大。」美國各地的唐人街基本上是一蹶不振。

　　她說，政府要求餐館不能內用，只能外賣。「我了解到，許多外賣店雖然營業，但是幾乎不賺錢。」而且，餐館還要和送餐公司合作，而送餐公司

曼哈頓唐人街主要的商業街上許多商店關門。（記者韓傑／攝影）

曼哈頓唐人街橋下的怡東商場，過去每
日車水馬龍，現在有的商場大門緊鎖。
（記者韓傑／攝影）

抽成達30%，再加上各種費用，因此餐館叫苦不迭。她所在的大學位於密蘇
里州東北部的一個小城裡，「這裡華人很少。」在那裡，過去6家中餐館在
疫情前減少到5家，疫情期間全部關門，沒有中餐館做外賣。5月初，密蘇里
州全州解禁，但是經濟恢復慢，餐館生意很差。

在密蘇里州，華裔主要居住在大城市，如聖路易市的唐人街，新移民在
唐人街租下店面，一樓開店，二樓住人。現在，城內華人商店和餐館外邊都
釘上木板，用鐵鍊攔住，只留一個小窗口，對外營業。

許多華人做小生意，雖然不開門，也要交房租，加上水電費、僱員工資
等，壓力很大。最為嚴重的是，客人沒有回來。她說，唐人街的餐館關閉，
許多華人失業，無錢支付房租，甚至被房東趕出來，流落街頭。因此，舊金
山有大量的流民，甚至在街邊大小便。在紐約唐人街，有的房東對房客苛
刻，限制熱水供應，因此租客要去親戚或朋友家洗澡。

中國城被搶　芝加哥例外

令狐萍表示，唐人街受到重創，不僅生意不行，還遭受打劫。芝加哥唐
人街成為唯一未被打砸搶的美國華人主要商業區。她認為，芝加哥華人槍會
（Gun Club）組織在華人商業區巡邏，嚇退企圖強劫的不良分子。「華人合
法擁有槍枝，可以保護華人商業區與居民區。」

曾經研究芝加哥唐人街多年的她說，芝加哥華人有個擁槍協會。「他們
組織起來，夜裡在唐人街巡邏。」一旦發現可疑的人進入，就開車跟蹤。

有些想打劫的罪犯，常常會把車牌蒙住，或不打開車燈。「他們看到華

為了安全，曼哈頓唐人街堅尼路的化驗中心，也釘上木板，只留一個小門進入。（記者韓傑／攝影）

人有準備，就跑掉了。」她說，芝加哥的華人商會與市政當局關係很好，平時多有互動。在疫情期間，市政府還派警察和國民兵去唐人街巡邏。因此，芝加哥唐人街逃過一劫。

在南加州幾個華人聚集的城市，許多華人居民都有槍，還組織起來，每天輪流出去買東西，然後再分給訂購的人家。因此，這次疫情也考驗了華人的組織能力。若是組織得好，華人居民受到的損失少，否則損失就大。

她認為，這次華人組織擁槍隊是接受了1992年非裔暴動搶劫韓國村的教訓。她說，1992年，因為洛杉磯警察毆打一名非裔，非裔組織起來暴動，並對商業進行打砸搶。而韓裔移民當時在非裔區做生意，但是不僱用非裔僱員，引起非裔的憤怒。於是，他們準備搶劫韓裔社區。但是，韓裔早有準備，而且家家有槍。於是，男人爬上房頂，向搶劫者開槍，驅走了準備搶掠的非裔，保住了韓裔社區。

華人接受了這個教訓，紛紛買槍，許多老闆都有槍，甚至有擁槍俱樂部。「他們不忍了，也不怕了。」但是，這次打砸搶來得太突然，讓這些華人措手不及。「他們第二天去看店鋪，發現已經被搶了」。

她說，紐約市的一個搶劫案比較典型。一個華人家庭開了一個首飾店，既賣金器，也幫助客人修理金器。但是，七名非裔身著黑衣，面戴口罩，進去搶劫。店裡共有三個保險箱，搶匪搶到一個，家人把另外兩個往車上搬，被搶匪攔住，打傷店主的妻子。「他們的女兒剛剛從醫學院畢業，本來想回來服務社區，但現在猶豫了。」

戴不戴口罩　成文化衝突

令狐萍說，疫情爆發後，戴不戴口罩竟然成為東西方文化衝突的焦點。早在1月21日，武漢宣布封城後，美國華人也高度關注這個新的疫情。為了預防，許多華人戴起了口罩。

她說，她從微信上看到疫情的消息後，就趕快去當地的藥店購買了口罩。「當時，藥店裡的口罩很多，沒有人買。」有的美國人看到華人戴口罩，就翻白眼、吐口水、言語辱罵，甚至動手打人。「打人的原因就是你戴口罩。」

在她住的那個小城市裡，戴著口罩外出也有壓力，因為當地沒有人戴。她說，她住的那個縣城九成以上人口是白人，亞裔很少，其中很大一部分是留學生。她去沃爾瑪買菜，發現裡面的店員也不戴口罩，也不保持社交距離。「如果你戴口罩出門，就會有人盯著你看。」

一開始，美國東西兩岸的華人開始戴口罩。後來，美國疾病防治中心（CDC）號召大家戴口罩，人們才開始戴口罩。除了華人戴口罩外，非華人也戴起口罩。她說，這時戴口罩的人逐漸多了起來，「我們的壓力也變小了。」

她觀察發現，戴口罩的人多是受過教育的人。大學教職員工戴口罩的比較多，而勞工階層如農民戴口罩的較少。她的兩個孩子都在矽谷工作，出門也戴口罩。她說，因為她居住地人口比較稀疏，感染新冠肺炎的人不多，人們不太重視。「商店要求單向行走，但是有人不遵守。」

自從CDC號召大家戴口罩後，人們才開始戴口罩。（記者韓傑／攝影）

令狐萍教授（右二）說，華人必須聯合其他亞裔一同參政。（令狐萍教授提供）

華人忠誠度　常常被質疑

令狐萍說，過去，第二、三代的亞裔普遍認同美國的文化價值。但是，這次疫情讓他們對這個想法產生懷疑。例如，一名韓裔第二代就撰文表示，他過去一直認為自己是美國人，但是現在開始懷疑，稱自己是「Americans or others」。

她說，以前，美國出生的亞裔年輕人總是爭取主流社會的認同，與第一代移民產生隔閡。他們稱第一代移民是「剛剛上岸者」（Fresh off the Boat），雖然已經入籍，但是並不是美國人，不被主流社會接受。

在政治上，亞裔美國人的忠誠度總是被懷疑。例如，許多華裔科學家被調查，懷疑他們為外國政府工作。「這與中美爭霸的大前提有關，但多數華人科學家是無辜的。」工作場所存在著對亞裔員工的歧視，有的歧視比較明顯，如公開反對華人；有的歧視是隱形的，一般看不出來。

她認為，新冠疫情也與這個情況有關，間接地影響到華人。例如，川普總統稱新冠病毒為「中國病毒」或「武漢病毒」。美國民眾一聽到就聯想到亞裔人，叫嚷要亞洲人滾回去。北美和歐洲同樣出現反華情緒，如西班牙有餐館禁止亞洲人進入。

不願搞政治　難有影響力

1882年，美國推出針對華人的《排華法案》，禁止華人勞工入境。同時，一系列的種族歧視政策禁止華人擁有田產、禁止華人與白人通婚。當

曼哈頓時報廣場屏幕上播放「黑人命也是命」（BLM）標誌。（記者韓傑／攝影）

時，美國出現經濟危機，白人沒有工作，卻遷怒於華人。作為研究美國華人移民史的專家，令狐萍表示，100多年前的排華更為慘烈，華人的商店和住宅被打砸搶，財物被燒毀，許多華人被槍殺。因此，華人移民史有著慘痛的一頁。

她說，過去40年是華人移民增長最快的40年。華人的增長給美國社會帶來的正面影響，促進美國經濟多元化，也復興唐人街經濟。「唐人街的商業與旅遊業結合，成為唐人街的新模式。」在政治方面，華人社會政治團體的重新分化與整合，適應了新的形勢。

令狐萍說，目前非裔人口占到美國總人口的12%，西語裔達到16%。但非裔的影響力非常大，比西語裔要強，比亞裔更強。例如，非裔運動員的比例較高、非裔製作的電影已成氣候、非裔國會議員的比率超過非裔人口的比率。非裔的國會核心實際上在左右著民主黨的走向，因此能夠掀起這次全國性抗議浪潮；而亞裔的參與度在美少數族裔中「是最低的」。

亞裔人口少　要聯合發聲

她說，明尼蘇達州發生非裔弗洛伊德（George Floyd）被白人警察壓頸致死案件，引發全美的「黑人命也是命」（BLM）運動，甚至導致某些地方的打砸搶的行為，而不是抗議者所希望的和平示威活動。「歷史人物的塑像被推倒，涉及到種族問題的電影被下架，否認過去和歷史。」有些中國大陸移民表示，這跟中國文革時發生的情況一樣。

這種情況與美國的貧富差距拉大、種族矛盾激化有關。2008年金融危機

以來，中產階級中很多人變成窮人，而1%的超級富人擁有30-50%以上的社會財富。同時，美國是全球化的重心國家。按照資本主義的規律，哪裡人工便宜，資本就去哪裡。因此，全球化導致美國製造業衰敗與外流。

相反，中國30多年前是發展中國家，勞力成本低，所以許多美國企業在中國設廠開店。許多美國華人企業也從美中貿易中獲利。但現在中國人的工資提高，是過去的幾十倍，失去了競爭優勢。因此，資本就會轉移到更加貧窮的國家，而不是回流美國。而極左、極右團體與黨派在此總統競選的前夜煽風點火，造成美國政治的白熱化與極端化，民主政治的糾正與自癒能力逐步退化。

她認為，亞裔現在處在一個十字路口。由於人口比例小，他們有必要與政治活躍的非裔、西裔結盟。此外，華裔人口占亞裔人口的四分之一，占美國總人口的1.5%，必須聯合其他亞裔一同參政。因此，華裔要聯合其他亞裔與非裔、西語裔，發出自己的呼聲，積極參與政治活動。不過，這是個漫長艱苦的路程。

韓傑

2020年6月28日

社會科學類　PC0780　Viewpoint53

萍飄美國
——新移民實錄【增訂版】

作　　者/令狐萍
責任編輯/杜國維、陳彥儒
圖文排版/楊家齊
封面設計/蔡瑋筠

發 行 人/宋政坤
法律顧問/毛國樑　律師
出版發行/秀威資訊科技股份有限公司
　　　　　114台北市內湖區瑞光路76巷65號1樓
　　　　　電話：+886-2-2796-3638　傳真：+886-2-2796-1377
　　　　　http://www.showwe.com.tw
劃撥帳號/19563868　戶名：秀威資訊科技股份有限公司
　　　　　讀者服務信箱：service@showwe.com.tw
展售門市/國家書店（松江門市）
　　　　　104台北市中山區松江路209號1樓
　　　　　電話：+886-2-2518-0207　傳真：+886-2-2518-0778
網路訂購/秀威網路書店：https://store.showwe.tw
　　　　　國家網路書店：https://www.govbooks.com.tw

2021年6月　BOD一版
定價：560元
版權所有　翻印必究
本書如有缺頁、破損或裝訂錯誤，請寄回更換

國家圖書館出版品預行編目

萍飄美國：新移民實錄【增訂版】/ 令狐萍著. -- 一版.
-- 臺北市：秀威資訊科技股份有限公司, 2021.06
　面；　公分. -- (Viewpoint ; 53)
BOD版
ISBN 978-986-326-888-8(平裝)

1. 令狐萍　2. 傳記

782.887　　　　　　　　　　　　110002071

讀者回函卡

感謝您購買本書，為提升服務品質，請填妥以下資料，將讀者回函卡直接寄回或傳真本公司，收到您的寶貴意見後，我們會收藏記錄及檢討，謝謝！
如您需要了解本公司最新出版書目、購書優惠或企劃活動，歡迎您上網查詢或下載相關資料：http:// www.showwe.com.tw

您購買的書名：＿＿＿＿＿＿＿＿＿＿＿＿＿＿＿＿＿＿＿＿＿＿＿＿

出生日期：＿＿＿＿＿＿年＿＿＿＿＿＿月＿＿＿＿＿日

學歷：□高中 (含) 以下　　□大專　　□研究所 (含) 以上

職業：□製造業　□金融業　□資訊業　□軍警　□傳播業　□自由業
　　　□服務業　□公務員　□教職　　□學生　□家管　□其它＿＿＿＿

購書地點：□網路書店　□實體書店　□書展　□郵購　□贈閱　□其他

您從何得知本書的消息？

　□網路書店　□實體書店　□網路搜尋　□電子報　□書訊　□雜誌

　□傳播媒體　□親友推薦　□網站推薦　□部落格　□其他＿＿＿＿＿＿

您對本書的評價：（請填代號　1.非常滿意　2.滿意　3.尚可　4.再改進）

　封面設計＿＿＿　版面編排＿＿＿　內容＿＿＿　文／譯筆＿＿＿　價格＿＿＿

讀完書後您覺得：

　□很有收穫　□有收穫　□收穫不多　□沒收穫

對我們的建議：＿＿＿＿＿＿＿＿＿＿＿＿＿＿＿＿＿＿＿＿＿＿＿

＿＿＿＿＿＿＿＿＿＿＿＿＿＿＿＿＿＿＿＿＿＿＿＿＿＿＿＿＿＿＿

＿＿＿＿＿＿＿＿＿＿＿＿＿＿＿＿＿＿＿＿＿＿＿＿＿＿＿＿＿＿＿

＿＿＿＿＿＿＿＿＿＿＿＿＿＿＿＿＿＿＿＿＿＿＿＿＿＿＿＿＿＿＿

11466
台北市內湖區瑞光路 76 巷 65 號 1 樓

秀威資訊科技股份有限公司 　　　收

BOD 數位出版事業部

....

（請沿線對折寄回，謝謝！）

姓　　名：＿＿＿＿＿＿＿＿＿＿　年齡：＿＿＿＿＿　性別：□女　□男

郵遞區號：□□□□□

地　　址：＿＿＿＿＿＿＿＿＿＿＿＿＿＿＿＿＿＿＿＿＿＿

聯絡電話：(日) ＿＿＿＿＿＿＿＿＿＿＿＿　(夜) ＿＿＿＿＿＿＿＿＿＿＿＿

E - m a i l：＿＿＿＿＿＿＿＿＿＿＿＿＿＿＿＿＿＿＿＿＿＿